上卷

夏晓虹 编

梁启超 文选

海峡出版发行集团|福建教育出版社

图书在版编目（CIP）数据

梁启超文选：全2卷/夏晓虹编． —福州：福建教育出版社，2020.3（2022.4重印）
ISBN 978-7-5334-8244-2

Ⅰ. ①梁… Ⅱ. ①夏… Ⅲ. ①梁启超（1873-1929）—选集 Ⅳ. ①B259.11

中国版本图书馆CIP数据核字（2018）第222991号

Liang Qichao Wenxuan（Shangxia Juan）

梁启超文选（上下卷）

夏晓虹　编

出版发行	福建教育出版社
	（福州市梦山路27号　邮编：350025　网址：www.fep.com.cn
	编辑部电话：0591-83716932
	发行部电话：0591-83721876　87115073　010-62024258）
出 版 人	江金辉
印　　刷	福建新华联合印务集团有限公司
	（福州市晋安区后屿路6号　邮编：350014）
开　　本	710毫米×1000毫米　1/16
印　　张	61
字　　数	906千字
插　　页	2
版　　次	2020年3月第1版　2022年4月第2次印刷
书　　号	ISBN 978-7-5334-8244-2
定　　价	158.00元（上下卷）

如发现本书印装质量问题，请向本社出版科（电话：0591-83726019）调换。

目　　录

编者前言 …………………………………… 1
《饮冰室文集》自序 ………………………… 1

时论编

变法通议（节录）…………………………… 3
　　自序 …………………………………… 3
　　论不变法之害 ………………………… 4
　　论变法不知本原之害 ………………… 10
　　学校总论 ……………………………… 15
　　论学会 ………………………………… 21
　　学校余论 ……………………………… 25
论中国积弱由于防弊 ……………………… 29
与严幼陵先生书 …………………………… 33
《春秋中国夷狄辨》序 …………………… 37

知耻学会叙 …………………………………… 39
公车上书请变通科举折 ………………… 41
国民十大元气论（节录） ……………… 44
    独立论 …………………………………… 44
中国积弱溯源论（节录） ……………… 47
    第一节　积弱之源于理想者 ………… 48
    第二节　积弱之源于风俗者 ………… 51
    第三节　积弱之源于政术者 ………… 60
十种德性相反相成义 …………………… 67
    其一　独立与合群 …………………… 68
    其二　自由与制裁 …………………… 69
    其三　自信与虚心 …………………… 70
    其四　利己与爱他 …………………… 72
    其五　破坏与成立 …………………… 73
    结论 …………………………………… 74
新民说（节录） ………………………… 75
    第一节　叙论 ………………………… 75
    第二节　论新民为今日中国第一急务 ……… 76

第三节　释新民之义 …………………………… 79
　　第五节　论公德 ………………………………… 80
　　第七节　论进取冒险 …………………………… 84
　　第九节　论自由 ………………………………… 91
　　第十一节　论进步 ……………………………… 100
　　第十七节　论尚武 ……………………………… 111
敬告我同业诸君 …………………………………… 121
释革 ………………………………………………… 125
鄙人对于言论界之过去及将来 …………………… 129
吾今后所以报国者 ………………………………… 134
外交欤？内政欤？（节录） ……………………… 137
　　一　国民运动之意义及价值 …………………… 137
　　二　中国有过国民运动没有？ ………………… 141
　　七　"我"所应该做的事 ………………………… 144

杂谈编

傀儡说 ……………………………………………… 149
动物谈 ……………………………………………… 151

饮冰室自由书（节录） ………… 153
  叙言 ………… 153
  成败 ………… 153
  俾士麦与格兰斯顿 ………… 155
  英雄与时势 ………… 156
  养心语录 ………… 157
  理想与气力 ………… 158
  国权与民权 ………… 158
  破坏主义 ………… 159
  善变之豪杰 ………… 160
  精神教育者，自由教育也 ………… 161
  祈战死 ………… 162
  中国魂安在乎？ ………… 163
  答客难 ………… 164
  忧国与爱国 ………… 164
  保全支那 ………… 165
  惟心 ………… 166
  慧观 ………… 167

天下无无价之物 …………………………………… 168

　　舌下无英雄，笔底无奇士 ………………………… 169

　　十九世纪之欧洲与二十世纪之中国 ……………… 169

　　无欲与多欲 ………………………………………… 171

　　说悔 ………………………………………………… 173

　　世界外之世界 ……………………………………… 175

　　舆论之母与舆论之仆 ……………………………… 177

　　文明与英雄之比例 ………………………………… 178

　　奴隶学 ……………………………………………… 180

　　希望与失望 ………………………………………… 180

　　国民之自杀 ………………………………………… 181

　　成败 ………………………………………………… 181

少年中国说 ……………………………………………… 183

呵旁观者文 ……………………………………………… 188

过渡时代论 ……………………………………………… 194

说希望 …………………………………………………… 199

人物编

戊戌政变记（节录） …………………… 205
    谭嗣同传 …………………………… 205
    康广仁传 …………………………… 209

南海康先生传 ………………………… 214
    第一章　时势与人物 ……………… 214
    第二章　家世及幼年时代 ………… 215
    第三章　修养时代及讲学时代 …… 216
    第四章　委身国事时代 …………… 218
    第五章　教育家之康南海 ………… 220
    第六章　宗教家之康南海 ………… 222
    第七章　康南海之哲学 …………… 226
    第八章　康南海之中国政策 ……… 237
    第九章　人物及其价值 …………… 239

李鸿章（节录） ……………………… 241
    第一章　绪论 ……………………… 241
    第二章　李鸿章之位置 …………… 243
    第十二章　结论 …………………… 247

（近世第一女杰）罗兰夫人传 …… 257

三十自述 …… 269

石醉六藏江建霞遗墨 …… 274

亡友夏穗卿先生 …… 275

南海先生七十寿言 …… 281

游历编

汗漫录（节录） …… 287

新大陆游记（节录） …… 293

  十三 …… 293

  十六 …… 295

  二十 …… 296

  四十 …… 298

欧游心影录（节录） …… 304

  欧游中之一般观察及一般感想 …… 304

  上篇　大战前后之欧洲 …… 304

    一　楔子 …… 304

    七　科学万能之梦 …… 305

7

八　文学的反射 …………………… 308
　　九　思想之矛盾与悲观 …………… 309
　　十　新文明再造之前途 …………… 310
　下篇　中国人之自觉 ……………………… 313
　　五　尽性主义 …………………………… 313
　　六　思想解放 …………………………… 314
　　七　彻底 ………………………………… 315
　　八　组织能力及法治精神 ……………… 316
　　十三　中国人对于世界文明之大责任 ……
　　　　　　　　　　　　　　　　　　　318

欧行途中 …………………………………… 320
　二　南洋所感 …………………………… 320

伦敦初旅 …………………………………… 324
　一　战后雾中之伦敦 …………………… 324
　二　威士敏士达寺 ……………………… 325
　五　下议院旁听 ………………………… 328
　六　巴力门逸话 ………………………… 330

战地及亚洛二州纪行 ……………………… 333

8

二　凡尔登 ……………………………… 333
　　三　亚尔莎士、洛林两州 ………………… 336

宗教编

保教非所以尊孔论 ……………………………… 347
　绪论 …………………………………………… 347
　第一　论教非人力所能保 ……………………… 348
　第二　论孔教之性质与群教不同 ……………… 348
　第三　论今后宗教势力衰颓之征 ……………… 349
　第四　论法律上信教自由之理 ………………… 350
　第五　论保教之说束缚国民思想 ……………… 351
　第六　论保教之说有妨外交 …………………… 352
　第七　论孔教无可亡之理 ……………………… 353
　第八　论当采群教之所长以光大孔教 ………… 354
　结论 …………………………………………… 355
宗教家与哲学家之长短得失 …………………… 356
论佛教与群治之关系 …………………………… 362
　一　佛教之信仰乃智信而非迷信 ……………… 363

二　佛教之信仰乃兼善而非独善 …………… 363

　　三　佛教之信仰乃入世而非厌世 …………… 364

　　四　佛教之信仰乃无量而非有限 …………… 365

　　五　佛教之信仰乃平等而非差别 …………… 366

　　六　佛教之信仰乃自力而非他力 …………… 366

佛典之翻译（节录） …………………………… 369

　　七 ……………………………………………… 369

翻译文学与佛典（节录） ……………………… 373

　　六　翻译文学之影响于一般文学 …………… 373

　　　　（第一）国语实质之扩大 ………………… 373

　　　　（第二）语法及文体之变化 ……………… 374

　　　　（第三）文学的情趣之发展 ……………… 376

评非宗教同盟 …………………………………… 378

　　一 ……………………………………………… 378

　　二 ……………………………………………… 379

　　三 ……………………………………………… 380

　　四 ……………………………………………… 382

历史编

新史学（节录） …………… 387
中国之旧史学 …………… 387
史学之界说 …………… 392
论正统 …………… 396
论书法 …………… 401

中国历史研究法（节录） …………… 405
自序 …………… 405
第三章 史之改造 …………… 406

研究文化史的几个重要问题
——对于旧著《中国历史研究法》之修补及修正
…………… 414

中国历史研究法补编（节录） …………… 420
总论 …………… 420
第一章 史的目的 …………… 420
第二章 史家的四长 …………… 426
第三章 五种专史概论 …………… 439
分论一 人的专史 …………… 446

第二章　人的专史的对相 …………………… 446

分论三　文物的专史 …………………… 454

第四章　文化专史及其做法 …………………… 454

编者前言

在近现代之交的中国，梁启超不但名气相当大，而且享名时间长，这在那个"江山代有才人出，各领风骚三五年"的时代，实属难得。

善于自我剖析的梁启超晚年曾向公众表白："我的学问兴味政治兴味都甚浓；两样比较，学问兴味更为浓些。我常常梦想能觳在稍为清明点子的政治之下，容我专作学者生涯。但又常常感觉：我若不管政治，便是我逃避责任。"在两种互相冲突、各不相让的兴趣左右与吸引下，梁启超的行动不免彷徨犹疑，视外界形势的变化，而或此或彼，偏重一端；但其内心深处，却始终期望"鱼"与"熊掌"两味兼得，故其人生的最高理想是，"做个学者生涯的政论家"（《外交欤？内政欤？》）。且不论政治家与学者这两种社会角色是否可以同时扮演得同样出色，倒是政治兴味与学问兴味的矛盾调适，确是梁启超成名早而又得名久的重要原因。

中日甲午战争以后登上历史舞台的维新派，其当然的精神领袖为康有为。在他随后发起的改良主义政治运动中，梁启超初时不过是作为一名康门弟子随师奔走，宣传康氏的主张。而一旦《时务报》于1896年创刊，他有幸出任该报主笔，便如鱼得水，即刻脱颖而出，显示了其以文字鼓动人心的特殊才干。系列政论文《变法通议》以明白畅达的语言，痛快淋漓地论述了变法势在必行的道理："法者天下之公器也，变者天下之公理也。"当今之势，是"变亦变，不变亦变"。主动变法，实为"保国""保种"最明智的选择（《论不变法之害》）。其时，梁启超的思想基本源于康有为，而他以报刊政论家身份所发表的言论，却使其对社会舆论的影响更为普遍，因而一时间声名鹊起，康梁并称，造成了在维新运动中梁氏几与其师平分秋色的态势。

戊戌以前，梁启超对康有为的称扬可谓不遗余力，而政变发生、亡命日本后，他受到现实的刺激——变法失败的打击与日本明治文化的冲击——"思想为之一变"，渐有与康氏分离的倾向。在1898年底于日本横滨创办的《清议报》中，尽管仍接刊《变法通议》的续论二篇，但梁启超思考的中心已不局限于对维新活动本身的检讨，而推及政变发生的远因。1901年发表的《中国积弱溯源论》，其栏目标题为"中国近十年史论"，原拟著成一书，对1894年中日战争以来的历史作一总体清理。首章《积弱溯源论》便放大视阈，对影响近代中国的思想、风俗、政治以及清代史事各种积因逐一阐发，开始关注国民性问题。批判国民性这一思路，在长达十余万言的《新民说》中得到了集中、充分的展现。认识到"国也者积民而成"，"欲其国之安富尊荣，则新民之道不可不讲"（《叙论》），梁启超已从痛恨顽固派守旧不变，扼杀新政，转而深入探讨更为基本的国民教育问题。通过对国民性的历史批判，倡导培养新国民必备的种种品德，而其最终期望，仍在"有新民，何患无新制度，无新政府，无新国家"（《论新民为今日中国第一急务》）。本着这一"开通民智"的新意识，梁启超此时的政论表现出更多责望于国民而不是政府的取向。比较传统的"贤人政治"理想，这应当被视为一种进步。而他于《新民说》中曾力加鼓吹的破坏主义，也应和了革命思潮的传播，引起持君主立宪、保皇改良主张的康有为的不满。"新民"理论的系统阐释，证明梁启超已具有对社会舆论独立发生影响的实力。而连载于1902年创刊的《新民丛报》上的《新民说》及其他以"新民"为主旨的论文，也为梁启超赢得了极高的声誉。他的开始于办报活动的政治生涯，在此时期达到了巅峰状态。

1903年以后，康有为的影响再度显现。游历美洲的经历，使梁启超对以美国为代表的共和民主制国家颇为失望，考察旅美华人社会的结果，也使他对国民性改造倍感艰难，因此放弃革命、破坏主张，改为宣扬"开明专制论"。而溯其思想转变的伏脉，却与"新民"理论不无关系：国民素质低，固不足以谈革命；而国民觉悟的提高，又有赖于开明君主的干涉、指导。这种议论，与革命派以革命开民智的说法截然对立。由于"新民"理论在现实政治斗争中的保守性，国民性改造问题很快退居其次，被更为紧迫而引入注目的推翻封建专制的革命所取代。同时，梁启超在舆论界的号召力也大为下降。

民国成立，梁启超结束了流亡生活，回到国内。与康有为不同，他并不固执于君主立宪的政治理想，而以承认现存国体、谋求改良政体为依据，对共和制度取认可态度。其后，他又以同样的理由，出任袁世凯政府的司法总长、币制局总裁以及段祺瑞政府的财政总长，并积极参与了倒袁运动及讨伐张勋复辟之役，在政治立场上与康有为完全分道扬镳。虽勉力于政治事务，比前此以报刊鼓吹政见更切近实际，然而，"理论的政谭家"作为"实行的政务家"原未必合格。梁启超殚精竭虑，可还是发现对于政务家的角色，他并不能胜任。于是，1917年底，他明智地退出了政界，结束了因之成名的政治生涯。

其实，即使在以政论家活动声名最盛的时期，梁启超也始终不曾忘情于学术。少年时代在广州学海堂所接受的旧学训练，一度令其"不知天地间于训诂、词章之外，更有所谓学也"（《三十自述》）。对于国学的兴趣由此培植，并且从未因其后的"舍去旧学"、趋向新学或干政从政而泯灭。一俟政治活动中稍有闲暇，梁启超的治学欲望便不可遏抑地生发。1901年作《中国史叙论》，原是有意撰写一部《中国通史》，然而时势动荡，牵虑政局，梁启超终无余力静心完成这一长篇史著。至1902年写作《新民说》，从历史的深处抉发国民性病源时，对中国旧学的清算也以极大声势展开。《新史学》接续着《中国史叙论》以国民史取代帝王史的思绪，批判旧史学"知有朝廷而不知有国家"，"知有个人而不知有群体"，"知有陈迹而不知有今务","知有事实而不知有理想",提出新史学的职志,为"叙述人群进化之现象,而求得其公理公例者也"(《中国之旧史学》《史学之界说》)。在对旧学的重镇——史学进行改造的同时,梁启超还融合西学,以"二十世纪,则两文明(按:指东、西文明)结婚之时代也"的先进眼光,重新阐述与评估中国学术传统,著作《论中国学术思想变迁之大势》,为新史学品格的建立提供了范式。不难看出,梁启超此期的学术研究,带有浓厚的现实政治色彩。《新史学》与《新民说》的互相呼应一目了然;《论中国学术思想变迁之大势》也与其介绍西方学术、思想的诸多论文用心一致,均在求引进西学,融贯中外,催生中国新文明,放大光华于世界,用梁启超的妙喻,即是"彼西方美人,必能为我家育宁馨儿以亢我宗也"(《总论》)。其间,最近乎纯学术的著述计划当为《中国通史》,不过,据梁氏自白,其立意也在"助爱国思想之发达"(《三十自述》)。因此,为经世而治学,是政治活动家梁启超从事学术工作的基本倾向。

以学问为改良政治的手段既被视作理所当然,为学问而学问自然心中不安,偶一涉足,梁启超不免自讼为"玩物丧志",自觉愧对"国方多难"之时局(《国文语原解·序》)。这种学者型政治家内心矛盾的表露,恰恰证明了学术研究还该有更超然的目的存在。归国之初的梁启超在对大学生发表演说时,即已劝导他们"以学问为目的,不当以学问为手段",理由是"学问为神圣之事业","若于学问目的之外,别有他种目的,则渎学问之神圣"(《莅北京大学校欢迎会演说辞》)。这可以表见暂时脱离政事干扰的梁启超向往学术独立的真实心态。然而,政治兴味甚浓的梁氏,很快又因卷入党派活动而步入政坛,从政论家出为政务家,公文丛集,公事缠身,更无余暇进行完整的学术著述。若仅以此政绩,梁启超殊不足以留大名于现代史。

幸好,于政治宣传之外,梁氏还别有所长。辞去政府职务后,他即埋首于蓄志已久的《中国通史》写作,数月后虽因病中辍,而积稿已十余万言。1918年底出游欧洲,历时一年余。归国当年,便以《清代学术概论》的撰写与面世为标志,显示了其学术研究的黄金时代已经到来。放弃政治活动,专心研治国学,这一人生路向的转换,也是梁启超重新对社会发生普泛影响的契机。尽管仍不免就时事发表意见，他却谨守社会名人的身份与更为超脱的姿态，倡导国民运动，抨击时弊恶行。更多的时间与精力，则投入著述与讲学，并且一发而不可收，新作迭出，方向广博。如诸子学、清学、佛学、文学，此时均做过专门研究，其中尤以史学为大宗。诚如郑振铎先生所言，梁启超后期的学术论著，大致是前期著述时代研究的加深与放大（《梁任公先生》）。而时间余裕，雄心勃勃的梁启超因此又筹划着大型撰著。《清代学术概论》之标为"中国学术史第五种"，《中国历史研究法》之题以"中国文化史稿第一编"，都是拟议中的宏大工程留下的遗迹。与《中国学术史》同年开笔的《中国佛教史》与《国学小史》，则成品更少。由于兴趣广泛且容易转移，梁启超迅速成型的这些计划又每每轻易放弃，使我们今日只能从个别枝节及全书目录来拟想其规模与气魄，因而发出惊叹与感到惋惜。

梁启超这一时期的治学路数，已与传统学者有了很大不同。重视系统性与总体把握，使其研究摆脱了乾嘉考据学派细碎、烦琐的狭小格局，而代之以成型的理论框架结构材料，科学性也得到突出强调。在《科学精神与东西文化》一文中，梁启超为"科学精神"所作的解说是"可以教人求得有系统之真智识的方法"，并据此批评中国旧学界的"笼统""武断""虚伪""因袭""散失"违背了科学的要求，希望以近代西方的良药医治中国的痼疾，正反映了这种意识的自觉。其论著中的下定义、用推理、作判断，在追求科学化的同时，也使学术研究进一步规范化。梁启超不仅自己做研究讲究方法的运用，如以问题、时代、宗派三种研究法的交叉使用为其学术史撰著的基本法则，而且诲人不倦，喜欢向人传授治学之道。凡此种种，均有益于新型学风的建设与普及。

虽然不再以学干政，而推崇"无所为而为"的治学精神，梁启超其实并非毫无功利的打算，只是不汲汲于现时的效应而已。与倾力从事国民教育的主旨相同，梁启超此时关心的是国民品格的培养，这自然是"新民"课题在现代的延续。不过，也有不同：前时重在批判，此刻重在表彰；前时取法西方，此刻取法传统。在《治国学的两条大路》中，梁启超明确将国学研究区分为"文献的学问"与"德性的学问"两类，并且凡语及治学，无不兼及道德修养。即使是以《先秦政治思想史》之名印行的专门论著，他也不忘附加上"中国圣哲之人生观及其政治哲学"的标题，以示别有会心。因而，梁启超此期的学术研究，实可称为"为人生而学问"。他这些与人生不即不离而又具有现代精神、新意浚发、纲目清朗的著述与讲学，便易于在五四以后的知识者尤其是青年学生中引起共鸣，从而名声大振。

概括而言，因政治活动而得名，以学术生涯而葆名，便是梁启超的成功之路。并且，二者相辅相成，去掉任何一方，梁启超的知名度都会大打折扣。

还应当指出的是，梁氏独特的文风，也有利于扩大其社会影响。他在戊戌东渡日本以后创造的"新文体"，"平易畅达，时杂以俚语韵语及外国语法，纵笔所至不检束"，"条理明晰，笔锋常带情感"，因此对于当时的读者，"别有一种魔力"（《清代学术概论》）。这种夹杂大量新名词、无所顾忌的采择众多文体（诸如古文、辞赋、骈文、佛典、语录、八股文、翻译文）的字法句式语调融合形成的新型散文，是对传统古体文的极大解放。而其最著名的代表作，即为《少年中国说》。该文首先反复对比老年人与少年人种种对立的性格，并以"老年人如夕照，少年人如朝阳"一连九对同类比喻加以强调，最后又气势磅礴地用"红日初升，其道大光；河出伏流，一泻汪洋"一段韵文结束，其鼓荡人心特别是对热血青年的感召力，便从密集排列的对比句与铿锵有力的节奏中产生。尽管"新文体"带有铺张过度、重叠拖沓、情感刺激过于频繁等明显的毛病，但这些宣传西学、别具一格、热情洋溢的文章，对当时向往新思想、新知识的知识分子，仍具有巨大吸引力。"新文体"之成为19世纪末20世纪初被模仿最多的文体，也是梁启超的文风笼盖社会的明证。

五四文学革命以后，白话文成为社会通行的文体，随时进步的梁启超也抛弃"新文体"，改用这一现代的文字工具。1920年刊出的《欧游心影录》，即是用相当漂亮、流畅的语体文写成。其后大量发表的讲演稿，更是极为生动、传神的口语的摹写。即使在写作学术论文时，梁启超的白话文仍有独特的魅力。它的文字尽管平实，却因与其学术通俗化的学风水乳交融，而能够深入浅出，举重若轻，给人以自由如意的轻松舒畅感。

实在说来，无论问政、述学，也无论治事、行文，统贯梁启超一生的精神追求始终不离乎"开通民智"。报刊政论家心中的读者大众，大学院导师面对的莘莘学子，都与古雅深奥的高头讲章相抵牾。对民众发言的意识既经确立，梁氏前期的介绍西学，倡导政治改良，以及后期的研治国学，促进教育普及，便都在内容与表述的通俗易懂上用力。他为人诟病的肤浅、粗疏，未尝不缘于此；而其广受社会欢迎，知名度居高不下，很大程度也得益于这种努力。

梁启超逝去虽已半个多世纪，他生前探讨的诸多问题，在今日却并未过时，且仍然令人关注。因此，从卷帙浩繁的梁氏著作中撷取有价值的篇章，汇为一编，供现代人阅读、回味，以期引发深入、继续的思考，便是一件很值得去做的事情。本着兼顾文化史意义与文学欣赏趣味的准则，将梁启超各个时期有代表性的文章择其精要，分类编排，力求窥一斑而知全豹，读其文而知其人，是本文选的努力目标。

入选文章分为十二类，类别顺序及每类文章的排列先后，均大体依照撰写年代以次编定。如以"时论编"居首，"文化编"殿后，便可以反映出梁启超前后期关注重心的转移。

梁启超一生笔耕不辍，遗留世间的文字总数约为一千四百万言，可谓著作等身。其生前身后曾出版过多种文集，收集最丰的为中华书局1936年初版的《饮冰室合集》四十册，然而也非全编。此书虽有集大成之长，却也不无瑕疵。以收入的文章而论，有些版本选择不当，校勘不精，并且为求体例的一致，五四以后使用新式标点的文章，也一律改成旧式句读，便是其中最可訾议之处。此次选编，尽量使用较早的版本为底本，与《饮冰室合集》对勘；入选文章，均经标点，原有标点者，只作少量校改，大体保持原样；除个别文章增加了段落划分，基本未加变动。考虑到本书为面向普通读者的通行本，故明显的错字已径行改正，另有拟改之字，以〔 〕标出，拟补之字，以（ ）标出，多衍之字，以〈 〉标出。因梁启超行文中征引前人诗文，常凭记忆，故每多讹误，有些收入《合集》的文字已做过校改，有些则仍保持初稿原貌。一般不致误会原意的，不做改正；而出入较大的，则据引用本校出。如《中国韵文里头所表现的情感》末二节，未在杂志上刊出，编集时也没能如前八节一般进行校订，错字较多，因此做了集中勘误。每篇文章后面，均注明已知最初的发表时间及出处，个别未审原刊处或完稿后隔年出版者，均标出写作时间。

着手编选时，以为费时无多；深入其中，方觉大非易事。初版本的寻觅、借阅困难，逐字校对，以及由引文而生出的额外校勘，都花费了相当多的精力。也想省点事，降低标准，又觉得对不起读者，也对不起自己。在长夏溽暑之中，总算编完了这几十万字，虽仍有不能令人满意之处，但自问是尽了力了。

1991 年 8 月 30 日于京西畅春园

此书乃是应我的大学同学沈楚瑾之邀而编，由她作为责编，中国广播电视出版社 1992 年印行了初版，因颇受欢迎，曾经重印。去年，福建教育出版社再来约请，本人又对原书进行了修订，删去一篇年代不明确者，另补足了《北海谈话记》全文，以其为呈现梁启超晚年思想的重要文献。而最重要的是，此次新增了"家书编"一编。梁家"一门三院士"的佳话早已为人熟知，实则家书中不只蕴含了教子之道，也坦诚地展现了梁启超的情感世界与精神生活，对前列各编所述梁氏的从政与治学，亦从家人的角度做了生动补充。

此次增订，仍对全书文字进行了重新校勘。其间，郭道平与马勤勤两位博士出力最多，在此谨致诚挚谢意。而此项工作花费时间之长完全超出想象，以致答应出版社的交稿日期也一再延展，特别是最初与我联系这一选题的老相识林冠珍竟然等不及拿到书稿，便已于上月退休，这让我非常懊悔。在感谢出版社的包容的同时，我也愿意借此机会，向我尊敬的职业编辑林冠珍致意——她出版的许多好书正站立在我的书架上。

2017 年 6 月 6 日补记

《饮冰室文集》自序

擎一编余数年来所为文，将汇而布之。余曰：恶，恶可！吾辈之为文，岂其欲藏之名山，俟诸百世之后也？应于时势，发其胸中所欲言。然时势逝而不留者也，转瞬之间，悉为刍狗。况今日天下大局日接日急，如转巨石于危崖，变异之速，匪翼可喻。今日一年之变，率视前此一世纪犹或过之。故今之为文，只能以被之报章，供一岁数月之遒铎而已；过其时，则以覆瓿焉可也。虽泰西鸿哲之著述，皆当以此法读之。而况乎末学肤受如鄙人者，偶有论述，不过演师友之口说，拾西哲之余唾，寄他人之脑之舌于我笔端而已。而世之君子，或奖借之，谬以厕于作者之林，非直鄙人之惭，抑亦一国之耻也。昔扬子云每著一篇，悔其少作。若鄙人者，无藏山传后之志，行吾心之所安，固靡所云悔。虽然，以吾数年来之思想，已不知变化流转几许次。每数月前之文，阅数月后读之，已自觉期期以为不可；况乃丙申、丁酉间之作，至今偶一检视，辄欲作呕，否亦汗流浃背矣。一二年后视今日之文，亦当若是，乌可复以此戋戋者为梨枣劫也？擎一曰："虽然，先生之文公于世者，抑已大半矣。纵自以为不可，而此物之存在人间者，亦既不可得削，不可得洒，而其言亦皆适于彼时势之言也。中国之进步亦缓矣，先生所谓刍狗者，岂遂不足以为此数年之用？而零篇断简，散见报纸，或欲求而未得见，或既见而不获存，国民以此相憾者亦多矣。先生之所以委身于文界，欲普及思想，为国民前途有所尽也。使天下学者多憾，天柱等实尸其咎矣，亦岂先生之志哉？"余重违其言，且自念最录此，以比较数年来思想之进退，用此自鞭策，计亦良得，遂颔焉。擎一乞自序，草此归之。西哲恒言：谬见者，真理之母也。是编或亦可为他日新学界真理之母乎？吾以是解嘲。

壬寅十月，梁启超

（1902年11月作，原刊何擎一编《饮冰室文集》，广智书局1903年3月初版）

时论编

变法通议（节录）

自 序

　　法何以必变？凡在天地之间者，莫不变。昼夜变而成日，寒暑变而成岁；大地肇起，流质炎炎，热镕冰迁，累变而成地球；海草螺蛤，大木大鸟，飞鱼飞鼍，袋兽脊兽，彼生此灭，更代迭变，而成世界；紫血红血，流注体内，呼炭吸养，刻刻相续，一日千变，而成生人。借曰不变，则天地人类，并时而息矣。故夫变者，古今之公理也。贡助之法变为租庸调，租庸调变为两税，两税变为一条鞭；井乘之法变为府兵，府兵变为彍骑，彍骑变为禁军；学校升造之法变为荐辟，荐辟变为九品中正，九品变为科目。上下千岁，无时不变，无事不变，公理有固然，非夫人之为也。为不变之说者，动曰守古守古，庸讵知自太古、上古、中古、近古以至今日，固已不知万百千变。今日所目为古法而守之者，其于古人之意，相去岂可以道里计哉！

　　今夫自然之变，天之道也，或变则善，或变则敝。有人道焉，则智者之所审也。语曰："学者上达，不学下达。"惟治亦然，委心任运，听其流变，则日趋于敝；振刷整顿，斟酌通变，则日趋于善。吾揆之于古，一姓受命，创法立制，数叶以后，其子孙之所奉行，必有以异于其祖父矣。而彼君民上下，犹偭焉以为吾今日之法吾祖，前者以之治天下而治，蔺然守之，因循不察，渐移渐变，百事废弛，卒至疲敝，不可收拾。代兴者审其敝而变之，斯为新王矣。苟其子孙达于此义，自审其敝而自变之，斯号中兴矣。汉唐中兴，斯固然矣。

《诗》曰："周虽旧邦，其命维新。"言治旧国必用新法也。其事甚顺，其义至明，有可为之机，有可取之法，有不得不行之势，有不容少缓之故。为不变之说者，犹曰守古守古，坐视其因循废弛，而漠然无所动于中。呜呼！可不谓大惑不解者乎？《易》曰："穷则变，变则通，通则久。"伊尹曰："用其新，去其陈，病乃不存。"夜不炳烛则昧，冬不御裘则寒，渡河而乘陆车者危，易证而尝旧方者死。今专标斯义，大声疾呼，上循士训诵训之遗，下依矇讽鼓谏之义，言之无罪，闻者足兴。为六十篇，分类十二。知我罪我，其无辞焉。

（原刊1896年8月9日《时务报》第1册）

论不变法之害

今有巨厦，更历千岁，瓦墁毁坏，榱栋崩折，非不枵然大也，风雨猝集，则倾圮必矣。而室中之人，犹然酣嬉鼾卧，漠然无所闻见；或则睹其危险，惟知痛哭，束手待毙，不思拯救；又其上者，补苴罅漏，弥缝蚁穴，苟安时日，以觊有功。此三人者，用心不同，漂摇一至，同归死亡。善居室者，去其废坏，廓清而更张之，鸠工庀材，以新厥构；图始虽艰，及其成也，轮焉奂焉，高枕无忧也。惟国亦然：由前之说罔不亡，由后之说罔不强。

印度大地最古之国也，守旧不变，夷为英藩矣。突厥地跨三洲，立国历千年，而守旧不变，为六大国执其权、分其地矣。非洲广袤，三倍欧土，内地除沙漠一带外，皆植物饶衍，畜牧繁盛，土人不能开化，拱手以让强敌矣。波兰为欧西名国，政事不修，内讧日起，俄、普、奥相约，择其肉而食矣。中亚洲回部，素号骁悍，善战斗，而守旧不变，俄人鲸吞蚕食，殆将尽之矣。越南、缅甸、高丽，服属中土，渐染习气，因仍弊政，葡靡不变，汉官威仪，今无存矣。今夫俄宅苦寒之地，受蒙古钤辖，前皇残暴，民气凋丧，岌岌不可终日；自大彼得游历诸国，学习工艺，归而变政，后王受其方略，国势日盛，辟地数万里也。今夫德列国分治，无所统纪，为法所役，有若奴隶；普人发愤，兴学练兵，遂蹶强法，霸中原也。今夫日本幕府专政，诸藩力征，受俄、德、美大创，国几不国；自明治维新，改弦更张，不三十年，而夺我琉球，割我台湾也。又如西班牙、荷兰，三百年前，属地遍天下；而内治稍弛，遂即陵弱，国度夷为四等。暹罗处缅、越之间，同一绵薄；而稍自振厉，则岿然尚存。记曰："不知来，视诸往。"又曰："前车覆，后车戒。"大地万国，上下百年间，强盛弱亡之故，不爽累黍，盖其几之可畏如此也！

中国立国之古等印度，土地之沃迈突厥，而因沿积敝不能振变，亦伯仲于二国之间，以故地利不辟，人满为患。河北诸省，岁虽中收，犹道殣相望。京师一冬，死者千计。一有水旱，道路不通，运赈无术，任其填委，十室九空。滨海小民，无所得食，逃至南洋、美洲诸地，鬻身为奴，犹被驱迫，丧斧以归。驯者转于沟壑，黠者流为盗贼。教匪会匪，蔓延九州，伺隙而动。工艺不兴，商务不讲，土货日见减色；而他人投我所好，制造百物，畅销内地，漏卮日甚，脂膏将枯。学校不立，学子于帖括外，一物不知；其上者考据词章，破碎相尚，语以瀛海，瞠目不信；又得官甚难，治生无术，习于无耻，曾不知怪。兵学不讲，绿营防勇，老弱癖烟，凶悍骚扰，无所可用；一旦军兴，临事募集，半属流丐，器械窳苦，饟糈微薄；偏裨以上，流品猥杂，一字不识，无论读图，营例不谙，无论兵法；以此与他人学问之将、纪律之师相遇，百战百败，无待交绥。官制不善，习非所用，用非所习，委权胥吏，百弊猬起；一官数人，一人数官，牵制推诿，一事不举；保奖朦混，鹭爵充塞，朝为市侩，夕登显秩；宦途壅滞，候补窘悴，非钻营奔竞，不能疗饥，俸廉微薄，供亿繁浩，非贪污恶鄙，无以自给；限年绳格，虽有奇才，不能特达，必俟其筋力既衰，暮气将深，始任以事，故肉食盈廷，而乏才为患。法敝如此，虽敌国外患，晏然无闻，君子犹或忧之，况于以一羊处群虎之间，抱火厝之积薪之下而寝其上者乎？

孟子曰："国必自伐，然后人伐之。"又曰："未闻以千里畏人者也。"又曰："能治其国家，谁敢侮之！"中国户口之众，冠于大地；幅员式廓，亦俄、英之亚也。矿产充溢，积数千年，未经开采；土地沃衍，百植并宜；国处温带，其民材智；君权统一，欲有兴作，不患阻挠：此皆欧洲各国之所无也。夫以旧法之不可恃也如彼，新政之易为功也又如此，何舍何从，不待智者可以决矣。

难者曰：今日之法，匪今伊昔，五帝三王之所递嬗，三祖八宗之所诒谋，累代率由，历有年所，必谓易道乃可为治，非所敢闻。释之曰：不能创法，非圣人也；不能随时，非圣人也。上观百世，下观百世，经世大法，惟本朝为善变。入关之初，即下薙发之令，顶戴翎枝，端罩马褂，古无有也，则变服色矣。用达海创国书，借蒙古字以附满洲音，则变文字矣。用汤若望、罗雅谷作宪书，参用欧罗巴法，以改大统历，则变历法矣。圣祖皇帝，永免滋生人口之赋，并入地赋，自商鞅以来，计人之法，汉武以来，课丁之法，无有也，则变赋法矣。举一切城工河防，以及内廷营造，行在治跸，皆雇民给直，三王于农隙使民，用民三日，且无有也，则变役法矣。平民死刑，别为二等，曰情实，曰缓决，犹有情实而不予句者，仕者罪虽至死，而子孙考试入仕如故，如前代所沿，夷三族之刑，发乐籍之刑，言官受廷杖、下镇抚司狱之刑，更无有也，则变刑法矣。至于国本之说，历代所重，自理密亲王之废，世宗创为密缄之法，高宗至于九降纶音，编为《储贰金鉴》，为世法戒，而瞀儒始知大计矣。巡幸之典，谏臣所争，而圣祖、高宗，皆数幸江南，木兰秋狝，岁岁举行，昧者或疑之。至仁宗贬谪松筠，宣示讲武习劳之意，而庸臣始识苦心矣。汉、魏、宋、明，由旁支入继大统者，辄议大礼，龂龂争讼；高宗援据《礼经》，定本生父母之称，取葬以士、祭以大夫之义，圣人制礼，万世不易，观于醇贤亲王之礼，而天下翕然称颂矣。凡此皆本朝变前代之法，善之又善者也。至于二百余年，重熙累洽，因时变制，未易缕数。数其荦荦大者：崇德以前，以八贝勒分治所部，太宗与诸兄弟，朝会则共坐，饷用则均出，俘虏则均分；世祖入关，始严天泽之分，裁抑诸王骄蹇之习，遂壹寰宇，诒谋至今矣。累朝用兵，拓地数万里，膺阃外之寄，多用满、蒙；逮文宗而兼用汉人，辅臣文庆，力赞成之，而曾、左诸公，遂称名将矣。八旗劲旅，天下无敌，既削平前三藩、后三藩，乾隆中屡次西征，犹复简调前往，朝驰羽檄，夕报捷书；逮宣宗时，而知索伦兵不可用，三十年来，歼荡流寇，半赖召募之勇以成功，而同治遂号中兴矣。内而治寇，始用坚壁清野之法，一变而为长江水师，再变而为防河圈禁矣；外而交邻，始用闭关绝市之法，一变而通商者十数国，再变而命使者十数国矣。此又以本朝变本朝之法者也。吾闻圣者虑时而动。使圣祖、世宗生于今日，吾知其变法之锐，必不在大彼得（俄皇名）、威廉第一（德皇名）、睦仁（日皇名）之下也。记曰："法先王者法其意。"今泥祖宗之法，而戾祖宗之意，是乌得为善法祖矣乎？

中国自古一统，环列皆小蛮夷，但虞内忧，不患外侮，故防弊之意多，而兴利之意少，怀安之念重，而虑危之念轻。秦后至今，垂二千年，时局匪有大殊，故治法亦可不改。国初因沿明制，稍加损益，税敛极薄，征役几绝。取士以科举，虽不讲经世，而足以飏太平；选将由行伍，虽未尝学问，然足以威雚苻；任官论资格，虽不得异材，而足以止奔竞。天潢外戚，不与政事，故无权奸僭恣之虞；督抚监司，互相牵制，故无藩镇跋扈之患。使能闭关画界，永绝外敌，终古为独立之国，则墨守斯法，世世仍之，稍加整顿，未尝不足以治天下；而无如其忽与泰西诸国相遇也。泰西诸国并立，大小以数十计，狡焉思启，互相猜忌，稍不自振，则灭亡随之矣。故广设学校，奖励学会，惧人才不足，而国无与立也；振兴工艺，保护商业，惧利源为人所夺，而国以穷蹙也；将必知学，兵必识字，日夜训练，如临大敌，船械新制，争相驾尚，惧兵力稍弱，一败而不可振也。自余庶政，罔不如是。日相比较，日相磨厉，故其人之才智，常乐于相师，而其国之盛强，常足以相敌，盖舍是不能图存也。而所谓独立之国者，目未见大敌，侈然自尊，谓莫己若；又欺其民之驯弱而凌铄之，虑其民之才智而束缚之，积弱凌夷，日甚一日。以此遇彼，犹以敝痈当千钧之弩，故印度、突厥（突厥居欧东，五十年前未与英、法诸国交涉，故亦为独立之国。）之覆辙，不绝于天壤也。

难者曰：法固因时而易，亦因地而行。今子所谓新法者，西人习而安之，故能有功，苟迁其地则弗良矣。释之曰：泰西治国之道，富强之原，非振古如兹也，盖自百年以来焉耳。举官新制，起于嘉庆十七年；（先是欧洲举议院及地方官，惟拥厚赀者能有此权。是年，拿破仑变西班牙之政，始令人人可以举官。）民兵之制，起于嘉庆十七年；工艺会所，起于道光四年；农学会，起于道光二十八年；国家拨款以兴学校，起于道光十三年；报纸免税之议，起于道光十六年；邮政售票，起于道光十七年；轻减刑律，起于嘉庆二十五年；汽机之制，起于乾隆三十四年；行海轮船，起于嘉庆十二年；铁路起于道光十年；电线起于道光十七年；自余一切保国之经、利民之策，相因而至，大率皆在中朝嘉、道之间。盖自法皇拿破仑倡祸以后，欧洲忽生动力，因以更新。至其前此之旧俗，则视今日之中国无以远过。（英人李提摩太近译《泰西新史揽要》，言之最详。）惟其幡然而变，不百年间，乃浡然而兴矣。然则吾所谓新法者，皆非西人所故有，而实为西人所改造。改而施之西方，与改而施之东方，其情形不殊，盖无疑矣。况蒸蒸然起于东土者，尚明有因变致强之日本乎？

难者曰：子言辩矣。然伊川被发，君子所叹，用彝变夏，究何取焉？释之曰：孔子曰："天子失官，学在四彝。"《春秋》之例，彝狄进至中国，则中国之。古之圣人，未尝以学于人为惭德也。然此不足以服吾子。请言中国：有土地焉，测之绘之，化之分之，审其土宜，教民树艺，神农、后稷，非西人也。度地居民，岁杪制用，夫家众寡，六畜牛羊，纤悉书之，《周礼·王制》，非西书也。八岁入小学，十五就大学，升造爵官，皆俟学成，庠序学校，非西名也。谋及卿士，谋及庶人，国疑则询，国迁则询，议郎博士，非西官也。（汉制，博士与议郎、议大夫同主论议，国有大事则承问，即今西人议院之意。）流宥五刑，疑狱众共，轻刑之法，陪审之员，非西律也。三老啬夫，由民自推，辟署功曹，不用它郡，乡亭之官，非西秩也。尔无我叛，我无强贾，商约之文，非西史也。交邻有道，不辱君命，绝域之使，非西政也。邦有六职，工与居一，国有九经，工在所劝，保护工艺，非西例也。当宁而立，当宁而立，礼无不答，旅揖士人，《礼经》所陈，非西制也。天子巡守，以观民风，皇王大典，非西仪也。地有四游，地动不止，日之所生为星，谶纬雅言，非西文也。腐水离木，均发均县，临鉴立景，蜕水谓气，电缘气生，墨翟、亢仓、关尹之徒，非西儒也。故夫法者天下之公器也。征之域外则如彼，考之前古则如此，而议者犹曰彝也彝也而弃之，必举吾所固有之物，不自有之，而甘心以让诸人，又何取耶？

难者曰：子论诚当。然中国当败衄之后，穷蹙之日，虑无余力克任此举；强敌交逼，眈眈思启，亦未必能吾待也。释之曰：日本败于三国，受迫通商，反以成维新之功。法败于普，为城下之盟，偿五千兆福兰格，割奥斯、鹿林两省，此其痛创，过于中国今日也；然不及十年，法之盛强，转逾畴昔。然则败衄非国之大患，患不能自强耳。孟子曰："国家闲暇，及是时明其政刑，虽大国必畏之矣。"又曰："国家闲暇，及是时般乐怠敖，是自求祸也。"泰西各国，磨牙吮血，伺于吾旁者固属有人；其顾惜商务，不欲发难者，亦未始无之。徒以我晦盲太甚，厉阶孔繁，用启戎心，亟思染指。及今早图，示万国以更新之端，作十年保太平之约，亡羊补牢，未为迟也。

天下之为说者，动曰一劳永逸，此误人家国之言也。今夫人一日三食，苟有持说者曰一食永饱，虽愚者犹知其不能也，以饱之后历数时而必饥，饥而必更求食也。今夫立法以治天下，则亦若是矣。法行十年或数十年、或百年而必敝，敝而必更求变，天之道也。故一食而求永饱者必死，一劳而求永逸者必亡。今之为不变之说者，实则非真有见于新法之为民害也，夸毗成风，惮于兴作，但求免过，不求有功。又经世之学，素所未讲，内无宗主，相从吠声。听其言论，则日日痛哭，读其词章，则字字孤愤；叩其所以图存之道，则眙然无所为，对曰天心而已，国运而已，无可为而已，委心袖手，以待覆亡。噫，吾不解其用心何在也！

要而论之，法者天下之公器也，变者天下之公理也。大地既通，万国蒸蒸，日趋于上。大势相迫，非可阏制。变亦变，不变亦变。变而变者，变之权操诸己，可以保国，可以保种，可以保教；不变而变者，变之权让诸人，束缚之，驰骤之，呜呼！则非吾之所敢言矣。是故变之途有四：其一，如日本，自变者也；其二，如突厥，他人执其权而代变者也（埃及、高丽等国皆是）；其三，如印度，见并于一国而代变者也（越南、缅甸等国皆是）；

其四，如波兰，见分于诸国而代变者也。吉凶之故，去就之间，其何择焉？《诗》曰："嗟我兄弟，邦人诸友，莫肯念乱，谁无父母？"《传》曰："嫠妇不恤其纬，而忧宗周之陨，为将及焉。"此固四万万人之所同也。彼犹太之种，迫逐于欧东；非洲之奴，充斥于大地。呜呼！夫非犹是人类也欤？

（原刊1896年8月19日《时务报》第2册）

论变法不知本原之害

难者曰：中国之法，非不变也。中兴以后，讲求洋务，三十余年，创行新政，不一而足，然屡见败衄，莫克振救，若是乎新法之果无益于人国也。释之曰：前此之言变者，非真能变也，即吾向者所谓补苴罅漏，弥缝蚁穴，漂摇一至，同归死亡；而于去陈用新、改弦更张之道，未始有合也。昔同治初年，德相毕士麻克语人曰：三十年后，日本其兴，中国其弱乎？日人之游欧洲者，讨论学业，讲求官制，归而行之；中人之游欧洲者，询某厂船炮之利，某厂价值之廉，购而用之。强弱之原，其在此乎？呜呼！今虽不幸而言中矣，惩前毖后，亡羊补牢，有天下之责者，尚可以知所从也。

今之言变法者，其荦荦大端，必曰练兵也，开矿也，通商也，斯固然矣。然将率不由学校，能知兵乎？选兵不用医生，任意招募，半属流丐，体之羸壮所不知，识字与否所不计，能用命乎？将俸极薄，兵饷极微，伤废无养其终身之文，死亡无恤其家之典，能洁己效死乎？图学不兴，厄塞不知，能制胜乎？船械不能自造，仰息他人，能如志乎？海军不游弋他国，将卒不习风波，一旦临敌，能有功乎？如是则练兵如不练。矿务学堂不兴，矿师乏绝，重金延聘西人，尚不可信，能尽地利乎？机器不备，化分不精，能无弃材乎？道路不通，从矿地运至海口，其运费视原价或至数倍，能有利乎？如是则开矿如不开。商务学堂不立，罕明贸易之理，能保富乎？工艺不兴，制造不讲，土货销场，寥寥无几，能争利乎？道路梗塞，运费笨重，能广销乎？厘卡满地，抑勒逗留，朘膏削脂，有如虎狼，能劝商乎？领事不报外国商务，国家不护侨寓商民，能自立乎？如是则通商如不通。其稍进者曰：欲求新政，必兴学校。可谓知本矣。然师学不讲，教习乏人，能育才乎？科举不改，聪明之士，皆务习帖括，以取富贵，趋舍异路，能俯就乎？官制不改，学成而无所用，投闲置散，如前者出洋学生故事，奇才异能，能自安乎？既欲省、府、州、县皆设学校，然立学诸务，责在有司，今之守令，能奉行尽善乎？如是则兴学如不兴。自余庶政，若铁路，若轮船，若银行，若邮政，若农务，若制造，莫不类是。盖事事皆有相因而至之端，而万事皆同出于一本原之地，不挈其领而握其枢，犹治丝而棼之，故百举而无一效也。

　　今之言变法者，其蔽有二：其一欲以震古铄今之事，责成于肉食官吏之手；其二则以为黄种之人，无一可语，委心异族，有终焉之志。夫当急则治标之时，吾固非谓西人之必不当用；虽然，则乌可以久也？中国之行新政也，用西人者，其事多成；不用西人者，其事多败。询其故，则曰西人明达，华人固陋；西人奉法，华人营私也。吾闻之：日本变法之始，客卿之多，过于中国也；十年以后，按年裁减；至今一切省署，皆日人自任其事，欧洲之人，百不一存矣。今中国之言变法，亦既数十年，而犹然借材异地，乃能图成，其可耻孰甚也！夫以西人而任中国之事，其爱中国与爱其国也孰愈，夫人而知之矣。况吾所用之西人，又未必其彼中之贤者乎！

　　若夫肉食官吏之不足任事，斯固然矣。虽然，吾固不尽为斯人咎也。帖括陋劣，国家本以此取之，一旦而责以经国之远猷，乌可得也？捐例猥杂，国家本以此市之，一旦而责以奉公之廉耻，乌可得也？一人之身，忽焉而责以治民，忽焉而责以理财，又忽焉而责以治兵，欲其条理明澈，措置悉宜，乌可得也？在在防弊，责任不专，一事必经数人，互相牵掣，互相推诿，欲其有成，乌可得也？学校不以此教，察计不以此取，任此者弗赏，弗任者弗罚，欲其振厉黾勉图功，乌可得也？途壅俸薄，长官层累，非奔竞末由得官，非贪污无以谋食，欲其忍饥寒，蠲身家，以从事于公义，自非圣者，乌可得也？今夫人之智愚贤不肖，不甚相远也。必谓西人皆智，而华人皆愚，西人皆贤，而华人皆不肖，虽五尺之童，犹知其非。然而西官之能任事也如彼，华官之不能任事也如此，故吾曰不能尽为斯人咎也，法使然也。立法善者，中人之性可以贤，中人之才可以智；不善者反是，塞其耳目而使之愚，缚其手足而驱之为不肖，故一旦有事，而无一人可为用也。不此之变，而鳃鳃然效西人之一二事，以云自强，无惑乎言变法数十年，而利未一见，弊已百出，反为守旧之徒，抵其隙而肆其口也。

吾今为一言以蔽之曰：变法之本，在育人才；人才之兴，在开学校；学校之立，在变科举；而一切要其大成，在变官制。难者曰：子之论探本穷原，靡有遗矣。然兹事体大，非天下才，惧弗克任，恐闻者惊怖其言以为河汉，遂并向者一二西法而亦弃之而不敢道，奈何？子毋宁卑之无甚高论，令今可行矣。释之曰：不然。夫渡江者泛乎中流，暴风忽至，握舵击楫，虽极疲顿，无敢云者，以偷安一息，而死亡在其后也。庸医疑证，用药游移；精于审证者，得病源之所在，知非此方不愈此疾，三年畜艾，所弗辞已。虽曰难也，将焉避之？抑岂不闻东海之滨，区区三岛，外受劫盟，内逼藩镇，崎岖多难，濒于灭亡，而转圜之间，化弱为强，岂不由斯道矣乎？则又乌知乎今之必不可行也？有非常之才，则足以济非常之变。呜呼！是所望于大人君子者矣。

去岁李相国使欧洲，问治国之道于德故相俾士麦。俾士麦曰：我德所以强，练兵而已。今中国之大，患在兵少而不练，船械窳而乏也。若留意于此二者，中国不足强也（见去年七八月间上海、香港各报所译西文报中）。今岁张侍郎使欧，与德国某爵员语，其言犹俾相言（见七月上海某日报）。中国自数十年以来，士夫已寡论变法；即有一二，则亦惟兵之为务，以谓外人之长技，吾国之急图，只此而已。众口一词，不可胜辨。既闻此言也，则益自张大，谓西方之通人，其所论固亦如是。梁启超曰：嗟乎！亡天下者，必此言也。吾今持春秋无义战、墨翟非攻、宋钘寝兵之义以告中国，闻者必曰：以此孱国而陈高义以治之，是速其亡也。不知使有国于此，内治修，工商盛，学校昌，才智繁，虽无兵焉，犹之强也。彼美国是也。美国兵不过二万，其兵力于欧洲，不能比最小之国，而强邻眈眈，谁敢侮之？使有国于此，内治斁，工商窳，学校塞，才智希，虽举其国而兵焉，犹之亡也。彼土耳其是也。土耳其以陆军甲天下，俄、土之役，五战而土三胜焉，而卒不免于今日。若是乎国之强弱在兵，而所以强弱者不在兵，昭昭然矣。今有病者，其治之也，则必涤其滞积，养其荣卫，培其元气，使之与无病人等，然后可以及它事。此不易之理也。今授之以甲胄，予之以戈铤，而曰尔盍从事焉，吾见其舞蹈不终日，而死期已至也。彼西人之练兵也，其犹壮士之披甲胄而执戈铤也。若今日之中国，则病夫也，不务治病，而务壮士之所行。故吾曰亡天下者，必此言也。

然则西人曷为为此言？曰：嗟乎！狡焉思启封疆以灭社稷者，何国蔑有？吾深惑乎吾国之所谓开新党者，何以于西人之言，辄深信谨奉，而不敢一致疑也。西人之政事，可以行于中国者，若练兵也，置械也，铁路也，轮船也，开矿也，西官之在中国者，内焉聒之于吾政府，外焉聒之于吾有司，非一日也；若变科举也，兴学校也，改官制也，兴工艺、开机器厂也，奖农事也，拓商务也，吾未见西人之为我一言也。是何也？练兵而将帅之才，必取于彼焉；置械而船舰枪炮之值，必归于彼焉；通轮船、铁路，而内地之商务，彼得流通焉；开矿而地中之蓄藏，彼得染指焉；且有一兴作，而一切工料，一切匠作，无不仰给之于彼，彼之士民，得以养焉。以故铁路、开矿诸事，其在中国，不得谓非急务也；然自西人言之，则其为中国谋者十之一，自为谋者十之九。若乃科举、学校、官制、工艺、农事、商务等，斯乃立国之元气，而致强之本原也。使西人而利吾之智且强也，宜其披肝沥胆，日日言之；今夫彼之所以得操大权、沾大利于中国者，以吾之弱也愚也，而乌肯举彼之所以智所以强之道而一以畀我也？恫乎英士李提摩太之言也，曰：西官之为中国谋者，实以保护本国之权利耳。余于光绪十年回英，默念华人博习西学之期，必已不远，因拟谒见英、法、德等国学部大臣，请示振兴新学之道，以储异日传播中华之用。迨至某国，投刺晋谒其学部某大臣，叩问学校新规，并请给一文凭，俾得遍游全国大书院。大臣因问余考察本国新学之意，余实对曰：欲以传诸中华也。语未竟，大臣艴然变色曰：汝教华人尽明西学，其如我国何？其如我各与国何？文凭遂不可得。又曰：西人之见华官，每以谀词献媚曰：贵国学问，实为各国之首。以骄其自以为是之心，而坚其藐视新学之志，必使无以自强而后已。（并见李所自著《西铎》卷七。《西铎》以乙未年刻于京师。）今夫李君，亦西人也，其必非为谰言以污蔑西人，无可疑也。而其言若此，吾欲我政府有司之与西人酬酢者，一审此言也。李相国之过德也，德之官吏及各厂主人，盛设供帐，致敬尽礼，以相款宴，非有爱于相国也，以谓吾所欲购之船舰枪炮，利将不赀，而欲胁肩捷足以夺之也。及哭龙姆席间一语，咸始废然。英、法诸国，大哗笑之（事见去年《万国公报》）。然则德人之津津然以练兵置械相劝勉者，由他国视之，若见肺肝矣。且其心犹有叵测者。彼德人固欧洲新造之雄国也，又以为苟不得志于东方，则不能与俄、英、法诸国竞强弱也。中国之为俎上肉久矣，商务之权利握于英，铁路之权利握于俄，边防之权利握于法、日及诸国。德以后起，越国鄙远，择肥而噬，其道颇难，因思握吾邦之兵权，制全国之死命。故中国之练洋操、聘教习也，德廷必选知兵而有才者以相畀，令其以教习而兼统领之任。今岁鄂省武备学堂之聘某德弁也，改令只任教习，不充统领，而德廷乃至移书总署，反覆力争。此其意欲何为也？使吾十八行省，各练一洋操，各统以德弁教之诲之，日与相习，月渐岁摩，一旦瓜分事起，吾国绿营、防勇，一无所恃，而其一二可用者，惟德人号令之是闻。如是则德之所获利益，乃不在俄、英、法、日诸国下。此又德人隐忍之阴谋，而莫或觉者也。当中、日订通商条约之际，德国某日报云：我国恒以制造机器等售诸中国、日本。日本仿行西法，已得制造之要领。今若任其再流之中国，恐德国之商务，扫地尽矣（亦见《西铎》卷七）。去岁《字林西报》载某白人来书云：昔上海西商，争请中国，务须准将机器进口，欧格讷公使回国时，则谓此事非西国之福。今按英国所养水陆各军，专为扩充商务、保护工业起见，所费不赀。今若以我英向来制造之物，而令人皆能制造以夺我利，是自作孽也（见《时务报》第八册）。

呜呼！西人之言学校、商务也，则妒我如此；其言兵事也，则爱我如彼。虽负床之孙，亦可以察其故矣。一铁甲之费，可以支学堂十余年；一快船之费，可以译西书数百卷；克虏伯一尊之费，可以设小博物院三数所；洋操一营之费，可以遣出洋学生数十人。不此之务，而惟彼之图，吾甚惜乎以司农仰屋艰难罗掘所得之金币，而晏然馈于敌国，以易其用无可用之物，数年之后，又成盗粮，往车已折，来轸方遒；独至语以开民智、植人才之道，则咸以款项无出，玩日愒时，而曾不肯舍此一二，以就此千万也。吾又感乎变通科举、工艺专利等事，不劳国家铢金寸币之费者，而亦相率依违，坐视吾民失此生死肉骨之机会，而不肯一导之也。吾它无敢怼焉，吾不得不归罪于彼族设计之巧，而其言惑人之深也。《诗》曰："无信人之言，人实诳汝。"

（原刊1896年8月29日、1897年9月17日《时务报》第3册、第39册）

学校总论

吾闻之，《春秋》三世之义，据乱世以力胜，升平世智、力互相胜，太平世以智胜。草昧伊始，蹄迹交于中国，鸟兽之害未消，营窟悬巢，乃克相保，力之强也。顾人虽文弱，无羽毛之饰、爪牙之卫，而卒能槛豻兕、虎，驾役驼、象，智之强也。数千年来，蒙古之种，回回之裔，以虏掠为功，以屠杀之乐，屡躏各国，几一寰宇，力之强也。近百年间，欧罗巴之众，高加索之族，借制器以灭国，借通商以辟地，于是全球十九，归其统辖，智之强也。世界之运，由乱而进于平；胜败之原，由力而趋于智。故言自强于今日，以开民智为第一义。

智恶乎开？开于学。学恶乎立？立于教。学校之制，惟吾三代为最备：家有塾，党有庠，术有序，国有学，立学之等也；八岁入小学，十五而就大学，入学之年也；六年教之数与方名，九年教之数日，十年学书计，十有三年学乐诵诗，成童学射御，二十学礼，受学之序也；比年入学，中年考校，以离经辨志为始事，以知类通达为大成，课学之程也。《大学》一篇，言大学堂之事也；《弟子职》一篇，言小学堂之事也；《内则》一篇，言女学堂之事也；《学记》一篇，言师范学堂之事也。管子言"农、工、商，群萃而州处，相语以事，相示以功，故其父兄之教不肃而成，其子弟之学不劳而能"：是农学、工学、商学，皆有学堂也。孔子言"以不教战，是谓弃民"；晋文始入而教其民，三年而后用之；越王栖于会稽，教训十年：是兵学有学堂也。其有专务他业，不能就学者，犹以十月事讫，使父老教于校室（见《公羊传》宣十五年注）；有不帅教者，乡官简而以告，其视之重而督之严也如此。故使一国之内，无一人不受教，无一人不知学。兔罝之野人，可以备捍城；小戎之女子，可以敌王忾；贩牛之郑商，可以退敌师；斫轮之齐工，可以语治道；听舆人之诵，可以定霸；采乡校之议，可以闻政。举国之人，与国为体；填城溢野，无非人才。所谓以天下之目视，以天下之耳听，以天下之虑虑，三代盛强，盖以此也。

马贵与曰："古者户口少而才智之民多，今户口多而才智之民少。"余悲其言。虽然，盖有由也：先王欲其民智，后世欲其民愚。天下既定，敌国外患既息，其所虑者，草泽之豪杰，乘时而起，与议论之士，援古义以非时政也。于是乎为道以钤制之。国有大学，省有学院，郡县有学官，考其名犹夫古人也，视其法犹夫古人也，而问其所以为教，则曰制义也，诗赋也，楷法也，不必读书通古今而亦能之，则中材以下，求读书求通古今者希矣。非此一途不能自进，则奇才异能之士，不得不辍其所学，以俯焉而从事矣。其取之也无定，其得之也甚难，则倜傥之才，必有十年不第，穷愁感叹，销磨其才气，而无复余力以成其学矣。如是则豪杰与议论之士必少，而于驯治天下也甚易。故秦始皇之燔诗书，明太祖之设制艺，遥遥两心，千载同揆，皆所以愚黔首，重君权。驭一统之天下，弭内乱之道，未有善于此者也。譬之居室，虑其僮仆窃其宝货，束而缚之，置彼严室，加扃镭焉，则可以高枕而卧，无损其秋毫矣；独惜强寇忽至，入门无门，入闺无闺，悉索所有，席卷以行，而受缚之人，徒相对咋舌，见其主之难，而无以为救也。

凡国之民，都为五等：曰士，曰农，曰工，曰商，曰兵。士者学子之称，夫人而知也。然农有农之士，工有工之士，商有商之士，兵有兵之士。农而不士，故美国每年农产值银三千一百兆两，俄国值二千二百兆两，法国值一千八百兆两，而中国只值三百兆两。工而不士，故美国每自创新艺，报官领照者，二万二百十事，法国七千三百事，英国六千九百事，而中国无闻焉。商而不士，故英国商务价值二千七百四十兆两，德国一千二百九十六兆两，法国一千一百七十六兆两，而中国仅二百十七兆两。兵而不士，故去岁之役，水师军船，九十六艘，如无一船，榆关防守兵，几三百营，如无一兵。今夫有四者之名，无士之实，则其害且至于此。矧于士而不士，聚千百帖括、卷折、考据、词章之辈，于历代掌故，瞠然未有所见，于万国形势，瞢然未有所闻者，而欲与之共天下、任庶官、行新政、御外侮，其可得乎？

今之言治国者，必曰仿效西法，力图富强，斯固然也。虽然，非其人莫能举也。今以有约之国十有六，依西人例，每国命一使；今之周知四国，娴于辞令，能任使才者，几何人矣？欧、美、澳洲，日、印、缅、越、南洋诸岛，其有中国人民侨寓之地，不下四百所；今之熟悉商务，明察土宜，才任领事者，几何人矣？教案、界务、商务，纷纷屡起；今之达彝情，明公法，熟约章，能任总署章京、各省洋务局者，几何人矣？泰西大国常兵皆数十万，战时可调至数百万，中国之大，练兵最少亦当及五十万，为千营，每营营哨官六员；今之习于地图，晓畅军事，才任偏裨者，几何人矣？娴练兵法，谙习营制，能总大众，遇大敌，才任统帅者，几何人矣？中国若整顿海军，但求与日本相敌，亦须有兵船百四十余艘；今之深谙海战，能任水弁者，几何人矣？久历风涛，熟悉沙线，堪胜船主、大副、二副者，几何人矣？陆军每营，水师每船，皆需医师二三人；今之练习医理，精达伤科，才任军医者，几何人矣？每造铁路，十英里需用上等工匠二员，次等六十员；今之明于机器，习于工程学，才任工师者，几何人矣？中国矿产，封锢千年，得旨开采，设局渐多；今之能察矿苗，化分矿质，才任卝人者，几何人矣？各省议设商务局以保利权；今之明商理，习商情，才任商董者，几何人矣？能制造器械，乃能致强，能制造货物，乃能致富；今之创新法，出新制，足以方驾彼族，衣被天下者，几何人矣？坐是之故，往往有一切新法，尽美尽善，人人皆知，而议论数十年，不能举行者；苟漫然举之，则偾辙立见，卒为沮抑新法者所诟詈；其稍有成效之一二事，则任用洋员者也。而轮船招商局、开平矿局、汉阳铁厂之类，每年开销之数，洋人薪水，几及其半。金陵自强军所聘西人，半属彼中兵役，而攘我员弁之厚薪。海关厘税，岁入三千万，为国饷源，而听彼族盘踞，数十年不能取代。即此数端论之，任用洋员之明效，大略可睹矣。然犹幸而借此以成就一二事，若决然舍旃，则将并此一二事者而亦无之。呜呼！同是圆颅方趾，戴天履地，而必事事俯首拱手，待命他人，岂不可为长太息矣乎？

若夫四海之大，学子之众，其一二识时之彦，有志之士，欲矢志独学，求中外之故，成一家之言者，盖有人矣。然不通西文，则非已译之书不能读，其难成一也；格致诸学，皆借仪器，苟非素封，末由购置，其难成二也；增广学识，尤借游历，寻常寒士，安能远游，其难成三也；一切实学，如水师必出海操练，矿学必入山察勘，非借官力，不能独行，其难成四也；国家既不以此取士，学成亦无所用，犹不足以赡妻子，免饥寒，故每至半途，废然而返，其难成五也。此所以通商数十年，而士之无所凭借，能卓然成异材为国家用者，殆几绝也。今夫农夫未尝播种，而思获秋，虽愚者知其不能矣。操豚蹄而祝满篝，旁观犹或笑之，况彼数百年来，于人材盛衰消长之故，如秦人视越人之肥瘠，犹复束缚之，驰骤之，销磨而钤制之，一旦有事，乃欲以多材望天下，安可得耶？安可得耶？

然犹曰洋务为然也。若夫内外各官，天子所以共天下也；而今日之士，他日之官也。问国之大学，省之学院，郡县之学官，及其所至之书院，有以历代政术为教者乎？无有也。有以本朝掌故为教者乎？无有也。有以天下郡国利病为教者乎？无有也。当其学也，未尝为居官之地；其得官也，则当尽弃其昔者之所学，而从事于所未学。《传》曰："吾闻学而后入政，未闻以政学者也。"以政学犹且不可，况今之既入官而仍读书者，能有几人也？以故一切公事，受成于胥吏之手，六部书办，督抚幕客，州县房科，上下其手，持其短长，官无如何也。何以故？胥吏学之，而官未学也。遂使全局糜烂，成一吏例，利之天下，祸中腹心，疾不可为。是故西学之学校不兴，其害小；中学之学校不兴，其害大。西学不兴，其一二浅末之新法，犹能任洋员以举之；中学不兴，宁能尽各部之堂司、各省之长属，而概用洋员以承其乏也？此则可为流涕者也。

不宁惟是。中国孔子之教，历数千载，受教之人，号称四百兆，未为少也。然而妇女不读书，去其半矣；农、工、商、兵不知学，去其十之八九矣；自余一二占毕呫嗄以从事于四书五经者，彼其用心，则为考试之题目耳，制艺之取材耳，于经无与也，于教无与也；其有通人志士，或笺注校勘，效忠于许、郑，或束身自爱，归命于程、朱，然于古人之微言大义，所谓诵诗三百可以授政，春秋经世先王之志者，盖寡能留意，则亦不过学其所学，于经仍无与也，于教仍无与也。故号为受教者四万万人，而究其实能有几人，则非吾之所敢言也。故吾尝谓今日之天下，幸而犹以经义取士耳，否则读吾教之经者，殆几绝也。此言似过，然有铁证焉：彼《礼经》十七篇，孔子之所雅言，今试问缀学之子，能诵其文、言其义者，几何人也？何也？科举所不用也。然则堂堂大教，乃反借此疲敝之科举以图存。夫借科举之所存者，其与亡也相去几何矣？而况今日之科举，其势必不能久。吾向者所谓变亦变，不变亦变，与其待他人之变，而一切澌灭以至于尽，则何如吾自变之，而尚可以存其一二也。记曰："下无学，贼民兴，丧无日矣。"传曰："小雅尽废，则四夷交侵，而中国微。"忾我儒教，爰自东京，即已不竞；晋宋之间陷于老，隋唐以来沦于佛；外教一入，立见侵夺。况于彼教之徒，强聒不舍，挟以国力，奇悍无伦。今吾盖见通商各岸之商贾，西文学堂之人士，攘臂弄舌，动曰四书六经为无用之物；而教士之著书发论，亦侃侃言曰：中国之衰弱，由于教之未善。夫以今日帖括家之所谓经，与考据家之所谓经，虽圣人复起，不能谓其非无用也，则恶能禁人之不轻薄之而遗弃之也！故准此不变，吾恐二十年以后，孔子之教，将绝于天壤，此则可为痛哭者也。

亡而存之，废而举之，愚而智之，弱而强之，条理万端，皆归本于学校。西人学校之等差、之名号、之章程、之功课，彼士所著《德国学校》《七国新学备要》《文学兴国策》等书，类能言之，无取吾言也。吾所欲言者，采西人之意，行中国之法；采西人之法，行中国之意。其总纲三：一曰教，二曰政，三曰艺。其分目十有八：一曰学堂，二曰科举，三曰师范，四曰专门，五曰幼学，六曰女学，七曰藏书，八曰纂书，九曰译书，十曰文字，十一曰藏器，十二曰报馆，十三曰学会，十四曰教会，十五曰游历，十六曰义塾，十七曰训废疾，十八曰训罪人（所拟章程皆附于各篇之后）。

今之同文馆、广方言馆、水师学堂、武备学堂、自强学堂、实学馆之类，其不能得异才，何也？言艺之事多，言政与教之事少。其所谓艺者，又不过语言文字之浅、兵学之末，不务其大，不揣其本，即尽其道，所成已无几矣。又其受病之根有三：一曰科举之制不改，就学乏才也；二曰师范学堂不立，教习非人也；三曰专门之业不分，致精无自也。故此中人士，阁束六经，吐弃群籍，于中国旧学，既一切不问，而叩以西人富强之本，制作之精，亦罕有能言之而能效之者。昔尝戏言：古人所患者，离乎夷狄，而未合乎中国；今之所患者，离乎中国，而未合乎夷狄。推其成就之所至，能任象鞮之事，已为上才矣；其次者乃适足为洋行买办冈必达之用；其有一二卓然成就，达于中外之故，可备国家之任者，必其人之聪明才力，能借他端以自精进，而非此诸馆、诸学堂之为功也。夫国家之设学，欲养人才以共天下，而其上才者仅如此，次下者乃如彼，此必非朝廷作人之初意也。今朝士言论，汲汲然以储才为急者，盖不乏人。学校萌芽，殆自兹矣。其亦有洞澈病根之所在，而于此三端者少为留意已乎？

抑今学校之议不行，又有由也：经费甚巨，而筹措颇难，虽知其急，莫克任也。今夫农之治畴也，逾春涉夏，以粪以溉，称贷苦辛，无或辞者，以为非如是则秋成无望也。中人之家，犹且节衣缩食以教子弟，冀其成就，光大门闾。今国家而不欲自强则已，苟欲自强，则悠悠万事，惟此为大，虽百举未遑，犹先图之。吾闻泰西诸大国学校之费，其多者八千七百余万，其少者亦八百万；（小学堂费，英国每年三千三百万元，法国一千四百万元，德国三千四百万元，俄国五百万元，美国八千四百万元；中学、大学共费，英国每年八百六十万元，法国三千万元，德国二百万元，俄国四百余万元，美国三百余万元。）日本区区三岛，而每年所费，亦至八九百万。人之谋国者，岂其不思搏节之义，而甘掷黄金于虚牝乎？彼日人二十年兴学之费，取偿于吾之一战而有余矣。使吾向者举其所谓二万万而百分之，取其一二以兴群学，则二十年间，人才大成，去年之役，宁有是乎？呜呼！前事不忘，后事之师。及今不图，恐他日之患，其数倍于今之所谓二万万者，未有已时。迨痛创复至，而始悔今之为误，又奚及乎？今不惜縻重帑以治海军，而不肯舍薄费以营学校，重其所轻，而轻其所重。譬之孺子，怀果与金示之，则弃金而取果；譬之野人，持寸珠与百钱示之，则遗珠而攫钱。徒知敌人胜我之具，而不知所以胜之具，旷日穷力，以从事于目前之所见，而蔽于其所未见，究其归宿，一无所成，此其智视孺子、野人何如矣？

西人之策中国者，以西国之人数与中国之人数为比例，而算其应有之学生，与其学校之费，谓小学之生，宜有四千万人，每年宜费二万二千六百万元；中学之生，宜有一百十八万四千余人，每年宜费五千九百万余元；大学之生，宜有十六万五千余人，每年宜费七千一百万余元。今不敢为大言，请如西人百分之一，则亦当有小学生四十万人，中学生一万一千八百四十人，大学生一千八百五十余人，每年当费三百五十六万元。中国房屋衣食等费，视西人仅三之一，则每年不过一百余万元耳。犹有一义于此：中国科第之荣，奔走天下久矣。制艺、楷法，未尝有人奖劝而驱策之，而趋者若鹜，利禄之路然也。今创办之始，或经费未充，但使能改科举，归于学校，以号召天下，学中惟定功课，不给膏火，天下豪杰之士，其群集而俯焉从事者，必不乏人。如是则经费又可省三之一，岁费七十余万足矣。而学中所成之人材，即以拔十得五计之，十年之后，大学生之成就者，已可得八千人。用以布列上下，更新百度，沛然有余矣。夫以日本之小，每年此费，尚至八九百万，而谓堂堂中国，欲得如日本十二分一之费，而忧其无所出邪？必不然矣。

（原刊1896年9月17日、27日《时务报》第5—6册）

论 学 会

道莫善于群，莫不善于独。独故塞，塞故愚，愚故弱；群故通，通故智，智故强。星地相吸而成世界，质点相切而成形体。数人群而成家，千百人群而成族，亿万人群而成国，兆京陔秭壤人群而成天下。无群焉，曰鳏寡孤独，是谓无告之民。虎豹师子，象驼牛马，庞大傀硕，人槛之驾之，惟不能群也。非洲之黑人，印度之棕色人，美洲、南洋、澳岛之红人，所占之地，居地球十六七，欧人剖之钤之，若槛师象而驾驼马，亦曰惟不能群之故。

群之道，群形质为下，群心智为上。群形质者，蝗蚊蜂蚁之群，非人道之群也；群之不已，必蠹天下，而卒为群心智之人所制。蒙古、回回种人，皆以众力横行大地，而不免帖耳于日耳曼之裔，蝗蚊蜂蚁之群，非人道之群也。

群心智之事则赜矣。欧人知之，而行之者三：国群曰议院，商群曰公司，士群曰学会。而议院、公司，其识论业艺，罔不由学；故学会者，又二者之母也。学校振之于上，学会成之于下，欧洲之人，以心智雄于天下，自百年以来也。

学会起于西乎？曰：非也，中国二千年之成法也。《易》曰："君子以朋友讲习。"《论语》曰："有朋自远方来。"又曰："君子以文会友。"又曰："百工居肆以成其事，君子居学以致其道。"孔子养徒三千，孟子从者数百，子夏西河，曾子武城，荀卿祭酒于楚、宋，史公讲业于齐、鲁，楼次子之著录九千，徐遵明之会讲逾万，鹅湖、鹿洞之盛集，东林、几、复之大观，凡兹前模，具为左证。先圣之道，所以不绝于地，而中国种类，不至夷于蛮越，曰惟学会之故。学会之亡，起于何也？曰：国朝汉学家之罪，而纪昀为之魁也。汉学家之言曰：今人但当著书，不当讲学。纪昀之言曰："汉亡于党锢，宋亡于伪学，明亡于东林。"呜呼！此何言耶？此十常侍所以倾李膺、范滂，蔡京、韩侂胄所以锢司马公、朱子，魏忠贤、阮大铖所以陷顾、高、陈、夏，而为此言也。吾不知小人无忌惮之纪昀，果何恶于李、范诸贤，而甘心为十常侍、蔡京、韩侂胄、魏忠贤、阮大铖之奴隶也。而举天下缀学之士，犹群焉宗之，忼伲低首，为奴隶之奴隶，疾党如仇，视会为贼。是以金壬有党，而君子反无党；匪类有会，而正业反无会。是率小人以食君子之肉，驱天下之人而为鳏寡孤独，而入于象驼牛马，而曾蜂蝗蚊蚁之不若，而后称善人。呜呼！岂不痛哉！岂不痛哉！

今天下之变亟矣。稍达时局者，必曰兴矿利，筑铁路，整商务，练海军。今试问驱八股八韵考据词章之士，而属之以诸事，能乎否乎？则曰有同文馆、水师学堂诸生徒在。今且无论诸生徒之果成学与否，试问以区区之生徒，供天下十八行省变法之用，足乎否乎？人才乏绝，百举具废，此中国所以讲求新法三十年，而一无所成，卒为一孔守旧之论，间执其口也。今海内之大，四万万人之众，其豪杰之士，聪明材力，足以通此诸学者，盖有之矣。然此诸学者，非若考据词章之可以闭户獭祭而得也。如矿利则必游历各省，察验矿质，博求各国开矿、分矿、炼矿之道，大购其机器仪器而试验之，尽购其矿务之书而翻译之，集陈万国所有之矿产而比较之。练军则必集万国兵法之书而读之，集万国制造枪炮药弹、筑修营垒船舰之法而学之。学此诸法，又非徒手而学也，必游历其国，观其操演，遍览各厂，察其制造，大陈汽机，习其用式。自余群学，率皆类是。故无三十七万金之天文台，三十五万金之千里镜，则天学必不精；不能环游地球，即游矣，而不能遍各国省府州县，皆有车辙马迹，则地学必不精。试问一人之力，能任否乎？此所以虽有一二有志之士，不能成学，不能致用，废弃以没世也。

西人之为学也，有一学即有一会。故有农学会，有矿学会，有商学会，有工艺会，有法学会，有天学会，有地学会，有算学会，有化学会，有电学会，有声学会，有光学会，有重学会，有力学会，有水学会，有热学会，有医学会，有动、植两学会，有教务会，乃至于照像、丹青、浴堂之琐碎，莫不有会。其入会之人，上自后妃、王公，下及一命、布衣，会众有集至数百万人者，会资有集至数百万金者。会中有书，以便翻阅，有器以便试验，有报以便布知新艺，有师友以便讲求疑义，故学无不成，术无不精，新法日出，以前民用，人才日众，以为国干，用能富强甲于五洲，文治轶于三古。

今夫五印度数万里之大，五十年间，晏然归于英国；广州之役，割香港，开口岸，举动轰赫，天下震慑，而不知皆彼中商学会为之也。通商以来，西人领文凭，游历边腹各省，测绘舆图，考验物矿者，无岁无之；中国之人，疑其奸细，而无术以相禁，而不知皆彼中地学会为之也。故西国国家之于诸会也，尊重保护而奖借之：或君主亲临，以重其事；或拨帑津贴，以助其成。会日盛而学日进，盖有由也。

今欲振中国，在广人才；欲广人才，在兴学会。诸学分会，未能骤立，则先设总会。设会之目：一曰胪陈学会利益，专折上闻，以定众心；

二曰建立孔子庙堂，陈主会中，以著一尊；三曰贻书中外达官，令咸捐输，以厚物力；四曰函招海内同志，咸令入会，以博异才；五曰照会各国学会，常通音问，以广声气；六曰函告寓华西士，邀致入会，以收他山；七曰咨取官局群籍，概提全分，以备储藏；八曰尽购已翻西书，收庋会中，以便借读；九曰择购西文各书，分门别类，以资翻译；十曰广翻地球各报，布散行省，以新耳目；十一曰精搜中外地图，悬张会堂，以备流览；十二曰大陈各种仪器，开博物院，以助试验；十三曰编纂有用书籍，广印廉售，以启风气；十四曰严定会友功课，各执专门，以励实学；十五曰保选聪颖子弟，开立学堂，以育人才；十六曰公派学成会友，游历中外，以资著述。

举国之大，而仅有一学会，其犹一蚊一虻之劳也。今以四万万人中，忧天下求自强之士，无地无之，则宜所至广立分会。一省有一省之会，一府有一府之会，一州县有一州县之会，一乡有一乡之会，虽数十人之寡，数百金之微，亦无害其为会也。积小高大，扩而充之，天下无不成学之人矣。

遵此行之，一年而豪杰集，三年而诸学备，九年而风气成。欲兴农学，则农学会之才，不可胜用也；欲兴矿利，则矿学会之才，不可胜用也；欲兴工艺，则工艺会之才，不可胜用也；欲兴商务，则商务会之才，不可胜用也；欲求使才，则法学会之才，不可胜用也；欲整顿水陆军，则兵学会之才，不可胜用也；欲制新器，广新法，则天、算、声、光、化、电等学会之才，不可胜用也。以雪雠耻，何耻不雪？以修庶政，何政不成？若徇纪昀之詟言，率畏首之旧习，违乐群之公理，甘无告之恶名，则非洲、印度、突厥之覆辙，不绝于天壤。西方之人，岂有爱乎？一木只柱，无所砥于横流；佩玉鸣琚，非所救于急难。《诗》曰："迨天之未阴雨，彻彼桑土，绸缪牖户。今此下民，或敢侮予？"呜呼！凡百君子，其无俟风雨漂摇，乃始晓音瘏口，而莫能相救也。

（原刊1896年11月5日《时务报》第10册）

学校余论

军兴以前，中国之学堂，惟有同文馆、广方言馆等，所在屈指可数，生徒不满千计，是以梁启超忧之。军兴以后，庙谟谆谆，野议缤缤，则咸以振兴学校为第一义。上自京师，下及省会，讫于岩邑，两岁之间，踵武数十。其以故有书院，改课增课者称是；其倡议而未成，成而未及知者，亦称是。虽比之泰西各国，万不逮一，然风气之开，不可谓无其几也。然而梁启超愈益忧之。忧之奈何？曰：今之以学校为第一义者，岂不以育人才乎哉？虽然，彼向之同文馆、水师学堂等，其设心也，曷尝不惟育才之为务？然至今数十年，未尝有非常之才，出乎其间，以效用于天下，天下所共闻也。今之兴学堂者，其意宁不曰：吾今之为此，必有以异于彼所云也。然而吾窃量其他日之所成就，必无以远过于彼，且犹或弗逮。何也？表正者影直，表移者景邪，此公理之易明者也。彼同文馆等之设，其原奏档案所称，不过以交涉日伙，輶寄需人，思通其语言，毋受矇蔽。故其所成就，上焉者足备总署、使馆之翻译，下焉者可充海关、洋行之通事。彼其所求之者，固如是而已，故虽以丁韪良、傅兰雅等为之教习，不可谓非彼中文学之士，然而所成卒不过是。何也？所以为教者，未得其道也。今教之之道，举无以过于彼；而教习之才，又远出丁、傅下。其聘用西人者，半属无赖之工匠，不学之教士；其用华人者，则皆向者诸馆之学生，学焉而未成，成焉而不适于用者也，其尤下者，香港、宁波之衣食于西人者也。教之之道既如彼，教之之人复如此，以故吾敢量其它日之所成且或弗逮也。

夫所谓教之未得其道者何也？自古未有不通他国之学，而能通本国之学者；亦未有不通本国之学，而能通他国之学者。西人之教也，先学本国文法，乃进求万国文法；先受本国舆地、史志、教宗、性理，乃进求万国舆地、史志、教宗、性理，此各国学校之所同也。今中国之为洋学者，其能识华字，联缀书成俗语者，十而四五焉；其能通华文文法者，百而四五焉，其能言中国舆地、史志、教宗、性理者，殆几绝也。此其故何也？彼设学之始，其意以为吾之教此辈也，不过责之以译文传语，为交涉之间所有事；若夫经世之义，修齐治平之道，别有所谓揣摩讲章，唾掇甲第之人，以讲求之，而不必以望之于此辈。故其学中所设，虽有华文功课一门，不过循例奉行，苟以塞责，实则视为无足重轻之事。其西文总教习等，既于中学毫发未有所闻；而其所谓华文分教习者，又大半乡曲学究，抱兔园册子，谓为绝学。以此而欲造人才，乌可得也！然使于中学虽不甚厝意，而于西学实有所大成，犹可言也。凡学西文者，大率五六年后，乃始能尽通其文规，可以读其书、知其义，无所于阂。而今之治此学者，往往学四五年，辄以译人之才，嚣然自大，出而谋衣食，自此以往，即与学绝。而究其前数年所学者，不过语句、拼字、文法之类，去西学尚远甚。今夫能作华语，粗解华文之人，不能命为中学之人才，此五尺之童之所共明也；然则能作西语，粗解西文之人，不能命为西学之人才，昭昭然矣。故恒有彝其语，彝其服，日以西学自鸣于口岸，而叩以彼中政治、学术形势情实，其所见闻，视我辈之待命舌人者，尚或有间。何则？学与不学之异也。夫此四五年之间，于中国之学，既已循例若赘，阁束一切，则其所诵经书，只能谓之认字，其所课策论，只能谓之习文法，而绝不能谓之中学；其西学亦然，极其能事，乃亦不过在认字与习文法之二事，是直谓之未学焉可已。今以国家之所旁求，天下之所侧望，翘首企踵，以谓他日拨乱反正之才，将取于是，而其究竟，乃卒归于未学，此余所以悁悁而悲也。

  然则奈何？曰：无徒重西文教习，而必聘通儒为华文教习，以立其本；无仅学西文，而必各持一专门之西学，以致其用。斯二义者立，夫乃谓之学。今日之学，当以政学为主义，以艺学为附庸。政学之成较易，艺学之成较难；政学之用较广，艺学之用较狭。使其国有政才，而无艺才也，则行政之人，振兴艺事，直易易耳；即不尔，而借材异地，用客卿而操纵之，无所不可也。使其国有艺才，而无政才也，则绝技虽多，执政者不知所以用之，其终也必为他人所用。今之中国，其习专门之业，稍有成就，散而处于欧、墨各国者，固不乏人，独其讲求古今中外治天下之道，深知其意者，殆不多见，此所以虽有一二艺才，而卒无用也。抑欲为艺学者，奉一专门名家之西人以为师，虽于中国之学，不识一字可也；欲为政学者，必于中国前古之积弊，知其所以然，近今之情势，知其所终极，故非深于中学者不能治此业。彼夫西人之著书，为我借箸者，与今世所谓洋务中人，介于达官市侩之间，而日日攘臂言新法者，其于西政，非不少有所知也，而于吾中国之情势政俗，未尝通习，则其言也，必窒碍不可行。非不可行也，行之而不知其本，不以其道也。于是有志经世者，或取其言而试行之，一行而不效，则反以为新法之罪。近今之大局，未始不坏于此也。故今日欲储人才，必以通习六经经世之义、历代掌故之迹，知其所以然之故，而参合之于西政，以求致用者为第一等。求之古人，则有若汉之长沙、子政、武侯，秦之景略，后周之王朴，宋之荆公、夹漈、永嘉，元之贵与，明之姚江，国朝之船山、梨洲、亭林、默深，庶几近之。求之西域，则彼中政治学院之制，略以公理（人与人相处所用，谓之公理。）公法（国与国相处所用，谓之公法，实亦公理耳。）之书为经，以希腊、罗马古史为纬，以近政近事为用。其学焉而成者，则于治天下之道，及古人治天下之法，与夫治今日之天下所当有事，若集两造而辨曲直，陈缁羔而指白黑，故入官以后，敷政优优。所谓学其所用，用其所学，以故逢掖之间无弃才，而国家收养士之效。日本之当路知此义，变法则独先学校，学校则首重政治，采欧洲之法，而行之以日本之道，是以不三十年，而崛起于东瀛也。今中国而不思自强则已，苟犹思之，其必自兴政学始。宜以六经诸子为经，（经学必以子学相辅，然后知经学之用。诸子亦皆欲以所学易天下者也。）而以西人公理公法之书辅之，以求治天下之道；以历朝掌故为纬，而以希腊、罗马古史辅之，以求古人治天下之法；以按切当今时势为用，而以各国近政近事辅之，以求治今日之天下所当有事。苟由此道，得师而教之，使学者知今日之制度，何者合于古，何者戾于古，何者当复古，何者当变古；古人之制度，何者视今日为善，何者视今日为不善，何者可行于今日，何者不可行于今日；西人之制度，何者可行于中国，何者不可行于中国，何者宜缓，何者宜急；条理万端，烛照数计，成竹在胸，遇事不挠。此学若成，则真今日救时之良才也。《易》曰：正其本，万事理。失之毫厘，缪以千里。不此之务，则虽縻巨万之资，竭数十年之力，仅为洋人广蓄买办之才，縻救于国，縻造于民，吾恐它日必有达识之士，以学堂为诟病者。彼海军一政，日本讲之而得强，中国讲之而得削。其名不殊，其实大异。乌乎！其无使今日之学堂，等于昔日之海军也。

问者曰：子偏重政学，子薄艺学乎？艺学者，西人所以致富强之原也。释之曰：予乌敢薄艺学？顾欲治艺学者，必广备诸器，以借试验，历履诸地，以资测勘，教习必分请颛门，学生必储之绮岁，吾度今者诸学堂经费之所入，尚未足以语于此也。若治政学者，则坐一室可以知四海，陈群籍可以得折衷，虽十室之邑，中人之产，犹能举之。故吾谓政学之成较易，艺学之成较难也。若夫有大力者，能创博物之院，开比较之厂，聚其才俊，以前民用，此又国之命脉也，夫乌得而薄之？吾直异夫今之言学堂者，上焉于政无所达，下焉于艺无所成，而徒考绩于口舌之间，自画于同文方言之一义，而欲以天下才，望之于其徒也。

（原刊1897年8月18日《时务报》第36册）

论中国积弱由于防弊

先王之为天下也公，故务治事；后世之为天下也私，故务防弊。务治事者，虽不免小弊，而利之所存，恒足以相掩；务防弊者，一弊未弭，百弊已起，如茸漏屋，愈茸愈漏，如补破衲，愈补愈破。务治事者，用得其人则治，不得其人则乱；务防弊者，用不得其人，而弊滋多，即用得其人，而事亦不治。自秦迄明，垂二千年，法禁则日密，政教则日夷，君权则日尊，国威则日损。上自庶官，下自亿姓，游于文网之中，习焉安焉，驯焉扰焉，静而不能动，愚而不能智。历代民贼，自谓得计，变本而加厉之。及其究也，有不受节制，出于所防之外者二事：曰彝狄，曰流寇。二者一起，如汤沃雪，遂以灭亡。于是昔之所以防人者，则适足为自敝之具而已。

梁启超曰：吾尝读史鉴古今成败兴废之迹，未尝不悁悁而悲也。古者长官有佐无贰，所以尽其权，专其责，易于考绩。(《王制》《公羊传》《春秋繁露》所述官制，莫不皆然；独《周礼》言"建其正，立其贰"，故既有冢宰、司徒、宗伯、司马、司寇、司空，复有小宰、小司徒、小宗伯、小司马、小司寇、小司空。凡正皆卿一人，凡贰皆中大夫二人，此今制一尚书、两侍郎之所自出。《周礼》伪书，误尽万世者也。)汉世九卿，尚沿斯制。(汉、晋间，太常等尚无少卿，后魏太和十五年，始有之。)后世惧一部之事，一人独专其权也，于是既有尚书，复有侍郎，重以管部，计一部而长官七人，人人无权，人人无责。防之诚密矣，然不相掣肘，即相推诿，无一事能举也。古者大国百里，小国五十，各亲其民，而上统于天子。诸侯所治之地，犹今之县令而已。汉世犹以郡领县，而郡守则直达天子。后世惧亲民之官，权力过重也，于是为监司以防之；又虑监司之专权也，为巡抚、巡按等以防之；又虑抚、按之专权也，为节制、总督以防之。防之诚密矣，然而守令竭其心力以奉长官，犹惧不得当，无暇及民事也；朘万姓脂膏，为长官苞苴，虽厉民而位则固也。古者任官，各举所知，内不避亲，外不避仇。汉、魏之间，尚存此意，故左雄在尚书，而天下号得人；毛玠、崔琰为东曹掾，而士皆砥砺名节。后世虑选人之请托，铨部之徇私也，于是崔亮、裴光庭定为年劳资格之法，孙丕扬定为掣签之法。防之诚密矣，然而奇才不能进，庸才不能退，则考绩废也；不为人择地，不为地择人，则吏治隳也。古者乡官，悉用乡人，（《周礼》《管子》《国语》具详之。）汉世掾尉，皆土著为之，（《京房传》：房为魏郡太守，自请得除用他郡人。可知汉时掾属，无不用本郡人者，房之此请，乃是破格。）盖使耳目相近，督察易力。后世虑其舞弊也，于是隋文革选，尽用他郡，然犹南人选南，北人选北。（宋政和六年，诏知县注选，虽甚远无过三十驿。三十驿者，九百里也。）明之君相，以为未足，于是创南北互选之法。防之诚密矣，然赴任之人，动数千里，必须举债，方可到官，非贪污无以自存也。土风不谙，语言难晓，政权所寄，多在猾胥，而官为缀旒也。古者公卿，自置室老，汉世三府，开阁辟士，九卿、三辅、郡国，咸自署吏，（顾氏《日知录》云：鲍宣为豫州牧，郭钦奏其举错烦苛，代二千石署吏。是知署吏乃二千石之职，州牧代之，尚为烦苛；今以天子而代之，宜乎事烦而职不举。）所以臂指相使，情义相通。后世虑其植党市恩也，于是一命以上，皆由吏部。防之诚密矣，然长佐不习，耳目不真，或长官有善政，而末由奉行，或小吏有异才，而不能自见也。古者用人，皆久于其任。封建世卿无论矣，自余庶官，或一职而终身任之，且长子孙焉。爰及汉世，犹存此意，故守令称职者，玺书褒勉，或累秩至九卿，终不迁其位，盖使习其地，因以竟其功。后世恐其久而弊生也，于是定为几年一任之法，又数数迁调，宜南者使之居北，知礼者使之掌刑。防之诚密矣，然或欲举一事，未竟而去官，则其事废也；每易一任，必经营有年，乃更举一事，事未竟而去如初，故人人不能任事。而其盘踞不去，世其业者，乃在胥吏，则吏有权而官无权也。古者国有大事，谋及庶人。汉世亦有议郎、议大夫、博士、议曹，不属事，不直事，以下士而议国政，（余别有《古议院考》。）所以通下情，固邦本。后世恐民之讪己也，蔑其制，废其官。防之诚密矣，然上下隔绝，民气散奂，外患一至，莫能为救也。古者三公，坐而论道，其权重大，其体尊严；（三公者，一相、二伯。）汉制丞相用人行政，无所不统。盖君则世及，而相则传贤，以相行政，所以救家天下之穷也。后世恐其专权敌君也，渐收其权归之尚书，渐收而归之中书，而归之侍中，而归之内阁；渐易其名为尚书令，为侍中，为左右仆射、中书侍郎、门下侍郎，为平章政事同三品，为大学士；渐增其员为二人，为四人，乃至十人；渐建其贰为同平章事、参知政事，为协办大学士。其位日卑，其权日分，于是宰相遂为天子私人。防之诚密矣，然政无所出，具官盈廷，徒供画诺，推诿延阁，百事丛脞也。古者科举，皆出学校，教之则为师，官之则为君。汉、晋以降，犹采虚望。后世虑士之沽名，官之徇私也，于是为帖括诗赋以锢之，浸假而锁院，而搜检，而糊名，而誊录，而回避。若夫试官，固天子近侍亲信之臣，亲试于廷，然后出之者也；而使命一下，严封其宅焉，所至严封其寓焉，行也严封其舟车焉，若槛重囚。防之诚密矣，然暗中摸索，探筹赌戏，驱人于不学，导人以无耻，而关节请托之弊，卒未尝绝也。古之学者，以文会友；师儒之官，以道得民。后世恐其聚众而持清议也，于是戒会党之名，严讲学之禁。防之诚密矣，然而儒不谈道，独学孤陋，人才凋落，士气不昌，徒使无忌惮之小人，借此名以陷君子，为一网打尽之计也。古者疑狱，泛与众共，悬法象魏，民悉读之，盖使知而不犯，冤而得伸。后世恐其民之狡赖也，端坐堂皇以耸之，陈列榜杨以胁之。防之诚密矣，然刁豪者益借此以吓小民，愿弱者每因此而戕身命，猾吏附会例案，上下其手，冤气充塞，而莫能救正也。古者天子时巡，与国人交，君于其臣，贱亦答拜。汉世丞相谒天子，御座为起，在舆为下，郡县小吏，常得召见。后世恐天泽之分不严也，九重深闭，非执政末由得见。防之诚密矣，然生长深宫，不闻外事，见贤士大夫之时少，亲宦官宫妾之时多，则主德必昏也。上下暌孤，君视臣如犬马，臣视君如国人也。凡百庶政，罔不类是，虽更数仆，悉数为难。

悠悠二千岁，莽莽十数姓，谋谟之臣比肩，掌故之书充栋，要其立法之根，不出此防弊之一心。谬种流传，遂成通理。以慎密安静为美德，以好事喜功为恶词；容容者有功，硁硁者必缺；在官者以持禄保位为第一义，缀学者以束身自好为第一流。大本既拨〔拔〕，末亦随之。故语以开铁路，必曰恐妨舟车之利也；语以兴机器，必曰恐夺小民之业也；语以振商务，必曰恐坏淳朴之风也；语以设学会，必曰恐导标榜之习也；语以改科举，必曰恐开躁进之门也；语以铸币楮，必曰恐蹈宋、元之辙也；语以采矿产，必曰恐为晚明之续也；语以变武科，必曰恐民挟兵器以为乱也；语以轻刑律，必曰恐民蔑法纪而滋事也。坐此一念，百度不张。譬之怔病，自惊自怛，以废寝食；譬之痿病，不痛不痒，僵卧床蓐，以待死期，岂不异哉！岂不伤哉！

防弊之心乌乎起？曰：起于自私。请言公私之义。西方之言曰：人人有自主之权。何谓自主之权？各尽其所当为之事，各得其所应有之利，公莫大焉，如此则天下平矣。防弊者欲使治人者有权，而受治者无权，收人人自主之权，而归诸一人，故曰私。虽然，权也者，兼事与利言之也。使以一人能任天下人所当为之事，则即以一人独享天下人所当得之利，君子不以为泰也。先王知其不能也，故曰"不患寡而患不均"。又曰"君子有絜矩之道"，言公之为美也。地者积人而成，国者积权而立，故全权之国强，缺权之国殃，无权之国亡。何谓全权？国人各行其固有之权。何谓缺权？国人有有权者，有不能自有其权者。何谓无权？不知权之所在也。无权恶乎起？曰：始也欲以一人而夺众人之权，然众权之繁之大，非一人之智与力所能任也；既不能任，则其权将糜散堕落，而终不能以自有；虽然，向者众人所失之权，其不能复得如故也，于是乎不知权之所在。故防弊者，始于争权，终于让权。何谓让权？天下有事，上之天子，天子曰议以闻，是让权于部院；部院议可，移文疆吏，是让权于督抚；督抚以颁于所属，是让权于州县；州县以下于有司，是让权于吏胥。一部之事，尚、侍互让；一省之事，督、抚互让；一国之事，君、民互让。争固不可也，让亦不可也。争者损人之权，让者损己之权。争者半而让者半，是谓缺权；举国皆让，是谓无权。夫自私之极，乃至无权，然则防弊何为乎？吾请以一言蔽之曰：因噎而废食者必死，防弊而废事者必亡。

（原刊1896年10月27日《时务报》第9册）

与严幼陵先生书

幼陵先生：

二月间读赐书二十一纸，循环往复诵十数过，不忍释手，甚为感佩，乃至不可思议。今而知天下之爱我者，舍父师之外无如严先生；天下之知我而能教我者，舍父师之外无如严先生。得书即思作报，而终日冗迫，欲陈万端，必得半日之力始罄所怀，是以迟迟，非敢慢也。

承规各节，字字金玉。数月以来，耳目所接，无非谀词，贡高之气，日渐增长，非有先生之言，则启超堕落之期益近矣。启超于学，本未尝有所颛心肆力，但凭耳食稍有积累；性喜论议，信口辄谈，每或操觚，已多窒阂。当《时务报》初出之第一二次也，心犹矜持而笔不欲妄下。数月以后，誉者渐多，而渐忘其本来。又日困于宾客，每为一文，则必匆迫草率，稿尚未脱，已付钞胥，非直无悉心审定之时，并且无再三经目之事。非不自知其不可，而潦草塞责，亦几不免。又常自恕，以为此不过报章信口之谈，并非著述，虽复有失，靡关本原。虽然，就今日而自观前此之文，其欲有所更端者，盖不啻数十百事矣。先生谓苟所学自今以往继续光明，则视今之言必多可悔。乌乎！何其与启超今日之隐念相合也。然启超常持一论，谓凡任天下事者，宜自求为陈胜、吴广，无自求为汉高，则百事可办。故创此报之意，亦不过为椎轮，为土阶，为天下驱除难，以俟继起者之发挥光大之。故以为天下古今之人之失言者多矣，吾言虽过当，亦不过居无量数失言之人之一，故每妄发而不自择也。先生谓毫厘之差，流入众生识田，将成千里之谬，得无视启超过重，而视众生太轻耶？以魂魄属大小囟之论，闻诸穗卿；拉丁文一年有成之言，闻诸眉叔。至今自思魂魄之论，觉有不安，而欧、印性理之学，皆未厝治，未能豁然。拉丁文之说，再质之眉叔，固亦谓其不若是之易也。此亦先生所谓示人以可歆，而反为人所借口者矣。

变法之难，先生所谓一思变甲，即须变乙，至欲变乙，又须变丙，数语尽之。启超于此义，亦颇深知，然笔舌之间无可如何，故诸论所言，亦恒自解脱。当其论此事也，每云必此事先办，然后他事可办；及其论彼事也，又云必彼事先办，然后余事可办。比而观之，固已矛盾；而其实互为先后，迭相循环，百举毕兴，而后一业可就。其指事责效之论，抚以自问，亦自笑其欺人矣。然总自持其前者椎轮、土阶之言，因不复自束，徒纵其笔端之所至，以求振动已冻之脑官，故习焉于自欺而不觉也。先生以觉世之责相督，非所敢承。既承明教，此后敢益加矜慎，求副盛意耳。

《古议院考》，乃数年前读史时偶有札记游戏之作。彼时归粤，倚装匆匆，不能作文，故以此塞责。实则启超生平最恶人引中国古事以证西政，谓彼之所长，皆我所有。此实吾国虚骄之结习。初不欲蹈之，然在报中为中等人说法，又往往自不免。得先生此论以权为〔为权〕断，因证中国历古之无是物，益自知其说之讹谬矣。然又有疑者，先生谓黄种之所以衰，虽千因万缘，皆可归狱于君主，此诚悬之日月不刊之言矣；顾以为中国历古无民主，而西国有之，启超颇不谓然。西史谓民主之局，起于希腊、罗马，启超以为彼之世非民主也。若以彼为民主也，则吾中国古时亦可谓有民主也。《春秋》之言治也有三世：曰据乱，曰升平，曰太平。启超常谓据乱之世则多君为政，升平之世则一君为政，太平之世则民为政。凡世界，必由据乱而升平，而太平；故其政也，必先多君而一君，而无君。多君复有二种：一曰封建，二曰世卿。故其政无论自天子出，自诸侯出，自大夫出，陪臣执国命，而皆可谓之多君之世（古人自士以上皆称君）。封建之为多君也，人多知之；世卿之为多君也，人恒昧之。其实其理至易明。世卿之俗，必分人为数等，一切事权皆操之上等人，其下等人终身累世为奴隶。上等之与下等，不通昏姻，不交语，不并坐，故其等永不相乱，而其事权永不相越。以启超所闻，希腊、罗马昔有之议政院，则皆王族世爵主其事。其为法也，国中之人可以举议员者，无几辈焉；可以任议员者，益无几辈焉。惟此数贵族展转代兴，父子兄弟世居要津相继相及耳。至于蚩蚩之氓，岂直不能与闻国事，彼其待之且将不以人类。彼其政也，不过如鲁之三桓，晋之六卿，郑之七穆，楚之屈、景，故其权恒不在君而在得政之人。后之世家不察，以为是实民权，夫彼民则何权欤？周厉无道，流之于彘而共和执政。国朝入关以前，太宗与七贝勒朝会燕飨皆并坐，饷械虏掠皆并分，谓之八公。此等事谓之君权欤，则君之权诚不能专也；谓之民权欤，则民权究何在也？故启超以为此皆多君之世，去民主尚隔两层。此似与先生议院在权之论复相应，先生以为何如？地学家言土中层累，皆有一定，不闻花刚石之下有物迹层，不闻飞鼍大鸟世界以前复有人类。惟政亦尔，既有民权以后，不应改有君权。故民主之局，乃地球万国古来所未有，不独中国也。西人百年以来，民气大伸，遂尔浡兴。中国苟自今日昌明斯义，则数十年其强亦与西国同，在此百年内进于文明耳。故就今日视之，则泰西与支那，诚有天渊之异，其实只有先后，并无低昂。而此先后之差，自地球视之，犹旦暮也。地球既入文明之运，则蒸蒸相逼，不得不变，不特中国民权之说即当大行，即各地土番野猺亦当丕变，其不变者即澌灭以至于尽。此又不易之理也。南海先生尝言，地球文明之运，今始萌芽耳。譬之有文明百分，今则中国仅有一二分，而西人已有八九分，故常觉其相去甚远；其实西人之治亦犹未也。然则先生进种之说至矣，匪直黄种当求进也，即白种亦当求进也。先生又谓何如？

来书又谓教不可保，而亦不必保。又曰保教而进，则又非所保之本教矣。读至此，则据案狂叫，语人曰："不意数千年闷胡芦，被此老一言揭破！"不服先生之能言之，而服先生之敢言之也。国之一统未定，群疑并起，天下多才士；既已定鼎，则黔首戢戢受治，蔼然无人才矣。教之一尊未定，百家并作，天下多学术；既已立教，则士人之心思才力，皆为教旨所束缚，不敢作他想，窒闭无新学矣。故庄子束教之言，天下之公言也。此义也，启超习与同志数人私言之，而未敢昌言之。若其著论之间，每为一尊之言者，则区区之意又有在焉。国之强弱悉推原于民主，民主斯固然矣。君主者何？私而已矣。民主者何？公而已矣。然公固为人治之极则，私亦为人类所由存。譬之禁攻、寝兵，公理也；而秦桧之议和，不得不谓之误国。视人如己，公理也；而赫德之定税则，不能不谓之欺君。《天演论》云："克己太深，而自营尽泯者，其群亦未尝不败。"然则公私之不可偏用，亦物理之无如何者矣。今之论且无遽及此，但中国今日民智极塞，民情极涣，将欲通之，必先合之。合之之术，必择众人目光心力所最趋注者而举之以为的，则可合；既合之矣，然后因而旁及于所举之的之外，以渐而大，则人易信而事易成。譬犹民主，固救时之善图也；然今日民义未讲，则无宁先借君权以转移之。彼言教者，其意亦若是而已。此意先生谓可行否？抑不如散其藩篱之所合为尤广也？此两义互起灭于胸中者久矣，请先生为我决之。

南海先生读大著后，亦谓眼中未见此等人。如穗卿，言倾佩至不可言喻。惟于择种留良之论，不全以尊说为然，其术亦微异也。书中之言，启超等昔尝有所闻于南海，而未能尽。南海曰："若等无诧为新理，西人治此学者，不知几何家几何年矣。"及得尊著，喜幸无量。启超所闻于南海有出此书之外者，约有二事：一为出世之事，一为略依此书之义而演为条理颇繁密之事。南海亦曰："此必西人之所已言也。"顷得穗卿书，言先生谓斯宾塞尔之学，视此书尤有进。闻之益垂涎不能自制，先生盍怜而饷之！

以上所复各节，词气之间有似饰非者，有似愎谏者，实则启超于先生爱之敬之，故有所疑辄欲贡之以自决，不惟非自是之言，抑且非自辨之言也。对灯展纸，意之所及，即拉杂书之，未尝属稿，故不觉言之长。恐有措语不善，类于断断致辨也者，不复省察，以负先生厚意。知我爱我如先生，其亦必不以其见疑也。侪辈之中，见有浏阳谭君复生者，其慧不让穗卿，而力过之，真异才也。著《仁学》三卷，仅见其上卷，已为中国旧学所无矣。此君前年在都与穗卿同识之，彼时觉无以异于常人；近则深有得于佛学，一日千里，不可量也。并以奉告。启超近为《说群》一篇，未成，将印之《知新报》中，实引申诸君子之言，俾涉招众生有所入耳。本拟呈先生改定乃付印，顷彼中督索甚急，遂以寄之。其有谬误，请先生他日具有以教之也。又来书谓《时务》诸论有与尊意不相比附者尚多，伏乞仍有以详教。

[1897年春作，收入《（乙丑重编）饮冰室文集》卷四，中华书局1926年9月初版]

《春秋中国夷狄辨》 序

　　自宋以后，儒者持攘彝之论日益盛，而彝患亦日益烈，情见势绌，极于今日。而彼嚣然自大者，且日哓哓而未有止也。叩其所自出，则曰是实《春秋》之义。乌乎！吾三复《春秋》，而未尝见有此言也；吾遍读先秦两汉先师之口说，而未尝见有此言也。孔子之作《春秋》，治天下也，非治一国也；治万世也，非治一时也。故首张"三世"之义，所传闻世，治尚粗粗，则内其国而外诸夏；所闻世，治进升平，则内诸夏而外彝狄；所见世，治致太平，则天下远近大小若一，彝狄进至于爵。故曰"有教无类"，又曰"洋溢乎中国，施及蛮貊。……凡有血气，莫不尊亲"。其治之也，有先后之殊；其视之也，无爱憎之异。故闻有用夏以变彝者矣，未闻其攘绝而弃之也。今论者持升平世之义，而谓《春秋》为攘彝狄也，则亦何不持据乱世之义，而谓《春秋》为攘诸夏也？且《春秋》之号彝狄也，与后世特异。后世之号彝狄，谓其地与其种族；《春秋》之号彝狄，谓其政俗与其行事。不明此义，则江汉之南，文王旧治之地，汧雍之间，西京宅都之所，以云中国，孰中于是？而楚、秦之为彝狄，何以称焉？不宁惟是，昭十二年，晋伐鲜虞，晋也而狄之；（《春秋繁露·楚庄王篇》：晋伐鲜虞，何恶乎晋，而同彝狄也？何注：伐同姓欲以立威行霸，故狄之。）成三年，郑伐许，郑也而狄之；（《繁露·竹林篇》：郑伐许，何恶乎郑，而彝狄之也？伐丧无义，叛盟无信，故大恶之。）桓十五年，邾娄人、牟人、葛人来朝，邾娄等也而狄之；（何注：桓公行恶，而三人朝事之，故彝狄之。）隐七年，戎伐凡伯于楚丘以归，卫也而狄之；（《榖梁传》：戎者，卫也。伐天子之使，贬而戎之也。）哀六年，城邾娄葭，鲁也而狄之。（何注：城者，取之也。邾娄未尝加非于鲁，鲁数围取邾娄邑，不知足，有彝狄之行。）夫晋、郑、邾、卫，中原之名国也，鲁者，尤《春秋》所托焉以明王法者也，而其为彝狄又何以称焉？董子云："《春秋》之常辞也，不予彝狄而与中国为礼。至邲之战，偏然反之，何也？曰：《春秋》无通辞，从变而移。今晋变而为彝狄，楚变而为君子，故移其辞以从其事。"（《竹林篇》）大哉言乎！然则《春秋》之中国、彝狄，本无定名。其有彝狄之行者，虽中国也，靦然而彝狄矣；其无彝狄之行者，虽彝狄也，彬然而君子矣。然则藉曰攘彝焉云尔，其必攘其有彝狄之行者，而不得以其号为中国而恕之，号为彝狄而弃之，昭昭然矣。何谓彝狄之行？《春秋》之治天下也，天下为公，选贤与能，讲信修睦，禁攻寝兵，勤政爱民，劝商惠工，土地辟，田野治，学校昌，人伦明，道路修，游民少，废疾养，盗贼息。由乎此者，谓之中国；反乎此者，谓之彝狄。痛乎哉！《传》之言也，曰："然则曷为不使中国主之？中国亦新彝狄也。"（昭二十三年）然则吾方日兢兢焉求免于《春秋》所谓彝狄者之不暇，而安能彝人，而安能攘人哉？是故以治天下治万世之义言之，则其不必攘也如彼；以治一国治一时之义言之，则其不能攘也如此。吾卒不知攘彝之言，果何取也！

徐君君勉，既学于南海，治《春秋》经世之义，乃著《中国彝狄辨》三卷，一曰中国而彝狄之，二曰彝狄而中国之，三曰中国彝狄。进退微旨，于以犁千年之谬论，抉大同之微言。后之读者，深知其意，则哓哓自大之空言，或可以少息也；中国之彝患，或可以少衰也；天下远近大小若一之治，或可以旦暮遇之也。虽然，以孔子之圣，犹曰"知我罪我，其惟《春秋》乎"，然则世之以是书罪徐君，而因以罪余者，又不知凡几矣。

（原刊1897年8月18日《时务报》第36册）

知耻学会叙

《春秋》曰："蒙大辱以生者，无宁死。"(《春秋繁露·竹林篇》)痛乎哉！以吾中国四万万戴天履地、含生负气之众，轩辕之胤，仲尼之徒，尧、舜、文王之民，乃伈伈俔俔，忍尤攘垢，靦然为臣为妾为奴为隶为牛为马于他族，以偷余命而保残喘也。记曰："哀莫大于心死。"心死者诟之而不闻，曳之而不动，唾之而不怒，役之而不惭，刲之而不痛，縻之而不觉。此其术也，自老氏言之，谓之"至道"；而自孔子、孟子言之，谓之"无耻"。呜呼！吾不解今天下老氏之徒，何其多也。越惟无耻，故安于城下之辱，陵寝之蹂躏，宗祐之震恐，边民之涂炭，而不思一雪，乃反托虎穴以自庇，求为小朝廷，以乞旦夕之命；越惟无耻，故坐视君父之难，忘越镝之义，昧鏊纬之恤，朝睹烽燧，则苍黄瑟缩，夕闻和议，则歌舞太平。官惟无耻，故不学军旅，而敢于掌兵；不谙会计，而敢于理财；不习法律，而敢于司李。瞽聋跛疾，老而不死，年逾耄颐，犹恋栈豆；接见西官，栗栗变色，听言若闻雷，睹颜若谈虎；其下焉者，饱食无事，趋衙听鼓，旅进旅退，濡濡若驱群豕，曾不为怪。士惟无耻，故一书不读，一物不知；出穿窬之技以作搭题，甘囚房之容以受搜检；襄八股八韵，谓极宇宙之文，守高头讲章，谓穷天人之奥。商惟无耻，故不讲制造，不务转运，攘窃于室内，授利于渔人；其甚者习言语为奉承西商之地，入学堂为操练买办之才；充犬马之役，则耀于乡间，假狐虎之威，乃轹其同族。兵惟无耻，故老弱赢病，苟且充额，力不能胜匹雏，耳未闻谭战事；以养兵十年之蓄，饮酒看花，距前敌百里而遥，望风弃甲。民惟无耻，百人之中，识字者不及三十，安之若素；五印毒物，天下所视为岨、命为鸩，乃遍国种之，遍国嗜之，男妇老弱，十室八九，依之若命；缠足陋习，倡优之容，天刑之惨，习之若性。嗟乎！之数无耻者，身有一于此罔不废，家有一于此罔不破，国有一于此罔不亡。使易其地居殷周之世，则放巢流彘之事，兴不旋踵；使移此辈实欧墨之域，则波兰、突厥之辙，将塞天壤。吾不解天之所毒中国者，何以如此其甚也；吾又不解中国人之自绝于天者，又何以如此其至也！

　　孟子曰："无耻之耻无耻矣。"吾中国四万万人者，惟不知无耻之为可耻，以有今日。亦既知之，亦既耻之：子胥耻父，乃鞭楚墓；范蠡耻君，乃沼吴室；张良耻国，乃墟秦社；大彼得耻愚以兴俄，华盛顿耻弱以造美；惠灵吞耻挫以拒法，嘉富洱耻散以合意；威良、卑士麦耻受辖而德称雄，爹亚士耻割地而法再造；日本君臣民耻劫盟而幡然维新，更张百度，遂有今日。若是者，虽耻何害！而惜乎吾中国知之者尚少，方且掩匿弥缝其可耻者，以冀他人之不我知；而未闻有出天下之公耻，以与天下共耻之者也。宗室寿君，以天潢之亲，明德之后，奋然耻之，特标此义，立会以号召天下，而走告于启超。启超曰：嗟乎！吾侪四万万蒙耻之夫，苟犹有人心，犹是含生负气、戴天履地者，其庶诵《春秋》之义，抉老学之毒，以从寿君之后，意者天其未绝中国欤！虽然，吾犹将有言：愿吾侪自耻其耻，无责人之耻；贤者耻大，不贤耻小，人人耻其耻而天下平。自讳其耻，时曰无耻；自诵其耻，时曰知耻。启超请诵耻以倡于天下。呜呼！圣教不明，民贼不息，太平之治不进，大同之象不成，斯则启超之耻也。

　　　　　　　　　　（原刊1897年9月26日《时务报》第40册）

公车上书请变通科举折

具呈举人梁启超等，为国事危急，由于科举乏才，请特下明诏，将下科乡、会、试，及此后岁科试停止八股试帖，推行经济六科，以育人才而御外侮，伏乞代奏事。

窃顷者强敌交侵，割地削权，危亡岌岌，人不自保。皇上临轩发叹，天下扼腕殷忧，皆以人才乏绝，无以御侮之故。然尝推求本原，皆由科第不变致之也。夫近代官人，皆由科举，公卿百执，皆自此出，是神器所由寄，百姓所由托，其政至重也。邑聚千数百童生，而擢十数人为生员，省聚万数千生员，而拔百数十人为举人，天下聚数千举人，而拔百数人为进士，复于百数进士，而拔数十人入翰林，此其选之精也；然内政、外交、治兵、理财，无一能举者，则以科举之试，以诗文楷法取士，学非所用、用非所学故也。凡登第皆当壮艾之年，况当官即为政事所累，婚宦交逼，应接实繁，故待从政而后读书，必无之理。此所以相率为无用之才也。非徒无用而已，又更愚之。二十行省童生数百，乃皆民之秀也，而试之以割裂搭截、枯困纤小不通之题；学额极隘，百十不得一，则有穷老尽气，终身从事于割裂搭截、枯困纤小侮圣之文，而不暇它及者，是使数百万之秀民皆为弃才也。若为生员，宜可为学矣，则制艺功令，禁用后世书、后世事；于是天下父兄师长，虑子弟之文以驳杂见黜，禁其读书，非徒子史不观，甚且正经不读，既可惰学，又便速化，谁不从之？至朝殿试，临轩重典，亦仅试楷法，或挑破体，故虽为额甚隘，得之甚艰，老宿奇才，亦多黜落；而乳臭之子，没字之碑，粗解庸滥墨调，能为楷法，亦多侥幸登第者。其循资至公卿，可为总裁阅卷；其资浅下者，亦放同考试差。谬种流传，天下同风。故自考官及多士，多有不识汉唐为何朝，贞观为何号者；至于中国之舆地不知，外国之名形不识，更不足责也。其能稍通古今者，郡邑或不得一人；其能通达中外，博达政教之故，及有专门之学者，益更寡矣。以彼人才至愚极陋如此，而当官任政如彼，而以当泰西十六之强国，万亿之新学新艺，其为所凌弱宰割，拱手受缚，乃其固然也。乾隆时舒赫德尝请废之矣，礼官泥于旧习，谓举业发明义理，名臣多出其间，千年立国，未尝有害。此似是而非之谬论，亡我国、割我地者，皆自此言也。夫明孔孟之义理，为论体已可，何为试割裂题以侮圣言，限以八股代言之制，而等于倡优哉！"名臣多出其间，可以治国无害"者，乃先抑天下于至愚，而用其稍智者治之。此施于一统闭关之世则可，若以较之泰西列国人才，则昔所谓名臣者，亦非有专门之学，通中外之故，不过才局可用，其为愚如故也。

且科举之法，非徒愚士大夫无用已也，又并其农、工、商、兵、妇女而皆愚而弃之。夫欲富国，必自智其农、工、商始；欲强其兵，必自智其兵始。泰西民六七岁，必皆入学，识字学算，粗解天文舆地，故其农、工、商、兵、妇女皆知学，皆能阅报。吾之生童，固农、工、商、兵、妇女之师也。吾生童无专门之学，故农不知植物，工不知制造，商不知万国物产，兵不知测绘算数，妇女无以助其夫。是皇上抚有四万万有用之民，而弃之无用之地，至兵不能御敌，而农、工、商不能裕国，岂不大可痛哉！

今科举之法，岂惟愚其民，又将上愚王公。自非皇上天亶圣明，不能不假于师学。近支王公，皆学于上师房之师傅。师傅皆出自楷法、八股之学，不通古今中外之故，政治专门之业，近支王公，又何从而开其学识，以为议政之地乎？故科举为法之害，莫有重大于兹者。

夫当诸国竞智之时，吾独愚其士人，愚其民，愚其王公，以与智敌，是自掩闭其耳目，断刖其手足，以与乌获、离娄搏，岂非自求败亡哉！昔我圣祖仁皇帝已赫然变之矣，然此后复行之而无害者，窃谓当闭关卧治、士民乐业之时，无强敌之比较，无奸宄之生心，虽率由千年，群愚熙熙，固无害也。无如大地忽通，强邻四逼，水涨堤高，专视比较，有一不及，败绩立见。人皆智而我独愚，人皆练而我独暗，岂能立国乎？故言守八股、楷法不变者，皆不学之人，便其苟窃科第之私耳。我皇上则以育才造士、任官御侮为主，何爱于割裂、枯困、空疏之文，方光乌端楷之字，而循庸谬之人，委以神器之重，以自弃其数百万之秀民，而割千万里之地，以亡我三百年祖宗艰难缔构之天下乎？

顷者伏读上谕，举行经制之科，天下咸仰见旁求之盛意矣。而以旧科未去，经制常科，额又甚隘。举人等从田间来，见生童昼夜咿唔，尚诵读割裂搭截、庸恶陋劣之文如故；举人等亦未免习写楷法，以备过承策问之用。当时局危急如此，而天下人士为无用之学如彼，岂不可为大忧哉！此非徒多士之无耻，亦有司议例之过，以误我皇上，以亡我中国也。夫《易》尚穷变，《礼》观会通。今臣工频请开中西学堂，皇上频诏有司开京师大学矣；然窃观直省生童之为八股以应科举，一邑百千，皆非郡邑教官教之者，盖上以是求，下以是应。昔齐桓服紫，一国皆服紫；楚灵细腰，宫人饿死。皇上抚有四万万之民，倍于欧罗巴全洲十六国之数，有雷霆万钧之力，转移天下之权，举天下之人而陶冶成才，以御侮兴治，在一反掌间耳，奚惮而不为哉？查经制常科，已由总理各国事务衙门王大臣，会同礼部议准颁行，伏乞皇上忧恤国家，哀怜多士，奉圣祖仁皇帝之初制，尽行经制科之条例，断自圣衷，不必令礼官再议，特下明诏，宣布天下：今自丁酉、戊戌乡、会试之后，下科乡、会试，停止八股试帖，皆归并经制六科举行；其生童岁科试，以经古场为经制正场，四书文为二场，并废八股试帖体格。天下向风，改视易听，必尽废其咿唔、割裂、腐烂之文，而从事于经制之学。得此三年讲求，下科人才，必有可观。风化转移，人才不可胜用。皇上挟以复仇雪耻，何所往而不可哉！变法之要，莫过于此。

举人等素习举业，并讲楷法，于兵、农、工、商、内政、外交之学，向未讲求；至外国新法及一切情形，尤所未睹。将来幸被贡举，皇上授官任政，不出举人等，既内自惭悚，实恐误国。顷上痛误国，下恤身家，不敢复恋旧习，以徇私便，同声知误，更无异辞。谨合辞上渎。伏乞代奏皇上圣鉴。谨呈。

（原刊1898年6月9日《知新报》第55册）

国民十大元气论（节录）
（一名《文明之精神》）

独立论

独立者何？不借他力之扶助，而屹然自立于世界者也。人而不能独立，时曰奴隶，于民法上不认为公民；国而不能独立，时曰附庸，于公法上不认为公国。嗟乎！独立之不可以已如是也。《易》曰："君子以独立不惧。"孟子曰："若夫豪杰之士，虽无文王犹兴。"又曰："彼丈夫也，我丈夫也，吾何畏彼哉！"人苟不自居君子而自居细人，不自命豪杰而自命凡民，不自为丈夫而甘为妾妇，则亦已矣；苟其不然，则当自养独立之性始。

人有三等：一曰，困缚于旧风气之中者；二曰，跳出于旧风气之外者；三曰，跳出旧风气而后能造新风气者。夫世界之所以长不灭而日进化者，赖有造新风气之人而已。天下事往往有十年以后，举世之人，人人能思之，能言之，能行之；而在十年以前，思之、言之、行之仅一二人，而举世目为狂悖，从而非笑之。夫同一思想、言论、行事也，而在后则为同，在前则为独，同之与独，岂有定形哉！既曰公理，则无所不同。而于同之前必有独之一界，此因果阶级之定序必不可避者也。先于同者则谓之独。古所称先知先觉者，皆终其身立于独之境界者也。惟先觉者出其所独以公诸天下，不数年而独者皆为同矣。使于十年前无此独立之一二人以倡之，则十年以后之世界，犹前世界也。故独立性者，孕育世界之原料也。

俗论动曰：非古人之法言不敢道，非古人之法行不敢行。此奴隶根性之言也。夫古人自古人，我自我。我有官体，我有脑筋，不自用之，而以古人之官体为官体，以古人之脑筋为脑筋，是我不过一有机无灵之土木偶，是不啻世界上无复我之一人也。世界上缺我一人不足惜，然使世界上人人皆如我，人人皆不自有其官体脑筋，而一以附从之于他人，是率全世界之人而为土木偶，是不啻全世界无复一人也。若是者，吾名之曰水母世界。（木玄虚《海赋》曰"水母目虾"，谓水母无目，以虾目为目也。）故无独立性者，毁灭世界之毒药也。

阳明学之真髓曰："知行合一。"知而不行，等于不知。独立者实行之谓也。或者曰：我欲行之，惜无同我而助我者，行之无益也。吾以为此亦奴隶根性之言也。我望助于人，人亦望助于我，我以无助而不行，人亦以无助而不行，是天下事终无行之时也。西谚曰："天常助自助者。"又曰："我之身即我之第一好帮手也。"凡事有所待于外者，则其精进之力必减，而其所成就必弱。自助者其责任既专一，其所成就亦因以加厚，故曰天助自助者。孤军陷重围，人人处于必死，怯者犹能决一斗。而此必死之志，决斗之气，正乃最后之成功也。独立云者，日日以孤军冲突于重围之中者也，故能与旧风气战而终胜之。孔子曰："天下有道，丘不与易。"孟子曰："当今之世，舍我其谁！"独立之谓也，自助之谓也。

天下不能独立之人，其别亦有二：一曰望人之助者，二曰仰人之庇者。望人之助者盖凡民也，犹可言；仰人之庇者，真奴隶也，不可言也。呜呼！吾一语及此，而不禁太息痛恨于我中国奴隶根性之人何其多也。试一思之，吾中国四万万人，其不仰庇于他人者几何哉？人人皆有其所仰庇者，所仰庇之人，又有其所仰庇者，层积而上之，至于不可纪极，而求其真能超然独立与世界直接者，殆几绝也。公法，凡国之仰庇于他国者，则其国应享之权利尽归于所仰庇国之内，而世界上不啻无此国。然则人之仰庇于他人者，亦不啻世界上无此人明矣。而今吾中国四万万皆仰庇于他人之人，是名虽四万万，实则无一人也。以全国之大，而至于无一人，天下可痛之事孰过此也！

孟德斯鸠曰："凡君主国之人民，每以斤斤之官爵名号为性命相依之事，往往望贵人之一颦一笑，如天帝如鬼神者。"孟氏言之，慨然有余痛焉，而不知我中国之状态，更有甚于此百倍者也。今夫畜犬见其主人，摆颈摇尾，前趋后蹑者，为求食也；今夫游妓遇其所欢，涂脂抹粉，目挑心招者，为缠头也。若夫以有灵觉之人类，以有血性之男子，而其实乃不免为畜犬、游妓之所为，举国如是，犹谓之有人焉，不可得也。吾今为此言，人必坐吾以刻薄之罪，吾亦固不忍言之。虽然，试观今日所谓士大夫者，其于求富贵利达之事，与彼畜犬、游妓之所异者能几何也？士大夫一国之代表也，而竟如是，谓国之有人，不可得也。夫彼求富贵利达者，必出于畜犬、游妓之行何也？以有所仰庇也。此一种仰庇于人之心，习之成性，积数千年铭刻于脑筋而莫或以为怪，稍有倡异议者，不以为大逆不道，则以为丧心病狂也。彼其论殆谓人不可一日不受庇于人者，今日不受庇于甲，明日必当受庇于乙；如彼史家所论，谓不可一日无正统是也。又其人但能庇我，吾则仰之，不论其为何如人；如彼史家所纪载，今日方目之为盗贼，明日已称之为神圣文武太祖高皇帝是也。故数千年来受庇于大盗之刘邦、朱元璋，受庇于篡贼之曹丕、司马师、刘裕、赵匡胤，受庇于贱种之刘渊、石勒、耶律、完颜、成吉思，皆觍然不之怪，从其摆颈摇尾、涂脂抹粉以为分所宜然，但求无一日无庇我之人足矣。呜呼！吾不知我中国此种畜根奴性，何时始能划除之而化易之也？今来庇我者，又将易他人矣，不见乎入耶稣教、天主教者遍于行省乎？不见乎求入英籍、日本籍者，接踵而立乎？不见乎上海、香港之地皮涨价至百数十倍乎？何也？为求庇耳。有心者，方欲以瓜分、革命之惨祸致动众人，而不知彼畜根奴性之人，营狡兔之三窟，固已久矣。此根性不破，虽有国不得谓之有人，虽有人不得谓之有国。

　　哀时客曰：今之论者，动曰西人将以我为牛马、为奴隶。吾以为特患同胞之自为牛马、自为奴隶而已；苟不尔，则必无人能牛马之、奴隶之者。我国民盍兴乎来！

（原刊1899年12月23日《清议报》第33册）

中国积弱溯源论（节录）

呜呼！中国之弱，至今日而极矣。居今日而懵然不知中国之弱者，可谓之无脑筋之人也；居今日而恝然不思救中国之弱者，可谓之无血性之人也。乃或虽略知之而不察其所以致弱之原，则亦虽欲救之而不得所以为救之道。譬有患痨病者，其脏腑之损坏，其精血之竭蹶，已非一日，昧者不察，谓为无病；一旦受风寒暑湿之侵暴，或饮食消养之失宜，于是病象始大显焉。庸医处此，谓其感冒也，而投辛散之剂以表之，谓其滞食也，而投峻削之剂以攻之；不知伏于新病之前者，有旧病焉，为外病之导线者，有内病焉，治其新而遗其旧，务其外而忽其内，虽欲治之，乌从而治之？其稍进者，见其羸弱瘠瘵之亟当培养也，而又习闻夫参苓桂术之可以引年也，于是旁采旧方，进以补剂；然而积痼未除，遽投斯品，不惟不能收驱病之效，且恐反为增病之媒，虽欲治之，又乌从而治之？是故善医者必先审病源。其病愈久，则其病源愈深而远；其病愈重，则其病源愈多而繁。浅而近者易见，深而远者难明。简而单者，虽庸医亦能抉其藩；多而繁者，虽国手亦或眯于目。夫是以医者如牛毛，而良者如麟角也。医一身且然，而况医一国者乎？

嗟乎！吾中国今日之病，顾犹未久耶？吾中国今日之病，顾犹未重耶？昔扁鹊过齐，齐桓侯客之。入朝，见曰："君有疾，在腠理，不治将深。"桓侯曰："寡人无疾。"后五日，扁鹊复见，曰："君有疾，在血脉，不治将深。"桓侯曰："寡人无疾。"后五日复见，曰："君有疾，在肠胃间，不治将深。"桓侯不应。扁鹊出，桓侯不悦。后五日，扁鹊复见，望见桓侯而退走。桓侯使人问其故，鹊曰："疾之在腠理也，汤熨之所及也；在血脉，针石之所及也；其在肠胃，酒醪之所及也；其在骨髓，虽司命无奈之何。今在骨髓，臣是以无请也。"后五日，桓侯体病，使人召扁鹊，鹊已逃去。桓侯遂死。嗟乎！吾中国今日之受病，有以异于此乎？夫病犹可为也；病而不自知其病，不可为也。不自知其病，犹可为也；有告以病者，且疑而恶之，不可为也。呜呼！吾国之受病，盖政府与人民，各皆有罪焉。其驯致之也非一时，其酿成之也非一人，其败坏之也非一事。《易》曰："履霜坚冰至"，"所由来者渐矣"。浅识者流，徒见夫江河日下之势，极于今时，因以为中国之弱，直此数年间事耳；不知其积弱之源，远者在千数百年以前，近者亦在数十年之内。积之而愈深，引之而愈长。夫使蚤三十年而治之，则一汤熨之劳耳；使早十年而治之，亦一针石之力耳；而乃蹉跎蹉跎，极于今日。夫岂无一二先觉，怀抱方术，大声疾呼，思欲先时而拯之者？其奈举世梦梦，昊天悠悠，非特不采其术，不听其言，直将窘之逐之，戮之绝之，使举国之人，无不讳疾忌医以图苟全。至于今日，殆扁鹊望而退走之时矣。虽然，孟子不云乎："犹七年之病，求三年之艾，苟为不蓄，终身不得。"今日始知为病而始谋医之，虽曰迟乎，然使失今不为，更阅数年，必有欲求如今日而不可复得者。我同胞国民，夫岂无怵惕恻隐于其心者乎？抑吾尤惧夫所称国手者，不审夫所以致弱之原因，不得其所以救之之道，处今日危急存亡间不容发之顷，而犹出庸医之伎俩，撮拾目前一二小节，弥缝补苴，药不对症，一误再误，而终断送我国于印度、埃及、土耳其之乡也。故于叙述近事之前，先造此论，取中国病源之繁杂而深远者，一一论列之，疏通之，证明之。我同胞有爱国者乎，按脉论而投良药焉，今虽瞑眩，后必有瘳；其慎勿学齐桓侯之至死而不寤也。

第一节　积弱之源于理想者

国家之强弱，一视其国民之志趣品格以为差。而志趣品格，有所从出者一物焉，则理想是已。理想者何物也？人人胸中所想像，而认为通常至当之理者也。凡无论何族之民，必有其社会数千年遗传之习惯，与其先哲名人之所垂训、所传述，渐渍深入于人人之脑中，涤之不去，磨之不磷，是之谓理想。理想者天下之最大力量者也，其力能生出种种风俗，种种事业。凡有一旧理想久行于世界者，而忽焉欲以一反比例之新理想夺而易之，非有雷霆万钧之力不能。

中国人脑中之理想，其善而可宝者固不少，其误而当改者亦颇多。欧西、日本有恒言曰：中国人无爱国心。斯言也，吾固不任受焉。而要之吾国民爱国之心，比诸欧西、日本殊觉薄弱焉，此实不能为讳者也。而爱国之心薄弱，实为积弱之最大根源。吾尝穷思极想，推究其所以薄弱之由，而知其发源于理想之误者，有三事焉：

一曰，不知国家与天下之差别也。中国人向来不自知其国之为国也。我国自古一统，环列皆小蛮夷，无有文物，无有政体，不成其为国，吾民亦不以平等之国视之。故吾中国数千年来，常处于独立之势，吾民之称禹域也，谓之为天下，而不谓之为国。既无国矣，何爱之可云？夫国也者以平等而成，爱也者以对待而起。《诗》曰："兄弟阋于墙，外御其侮。"苟无外侮，则虽兄弟之爱，亦几几忘之矣。故对于他家，然后知爱吾家；对于他族，然后知爱吾族。游于他省者，遇其同省之人，乡谊殷殷，油然相爱之心生焉；若在本省，则举目皆同乡，泛泛视为行路人矣。惟国亦然，必对于他国，然后知爱吾国。欧人爱国之心，所以独盛者，彼其自希腊以来，即已诸国并立，此后虽有变迁，而其为列国也依然。互比较而不肯相下，互争竞而各求自存，故人人脑中之理想，常有一"国"字浮于其间。其爱国也，不教而自能，不约而自同。我中国则不然。四万万同胞，自数千年来，同处于一小天下之中，视吾国之外，无他国焉。缘此理想，遂生二蔽：一则骄傲而不愿与他国交通，二则怯懦而不欲与他国争竞。以此而处于今日交通自由竞争最烈之世界，安往而不窒碍耶？故此为中国受病之第一根源。虽然，近年以来，此理想有迫之使不得不变更消灭者矣。

二曰，不知国家与朝廷之界限也。吾中国有最可怪者一事，则以数百兆人立国于世界者数千年，而至今无一国名也。夫曰支那也，曰震旦也，曰钗拿也，是他族之人所以称我者，而非吾国民自命之名也。曰唐虞夏商周也，曰秦汉魏晋也，曰宋齐梁陈隋唐也，曰宋元明清也，皆朝名也，而非国名也。盖数千年来，不闻有国家，但闻有朝廷。每一朝之废兴，而一国之称号即与之为存亡，岂不大可骇而大可悲耶？是故吾国民之大患，在于不知国家为何物，因以国家与朝廷混为一谈，浸假而以国家为朝廷之所有物焉。此实文明国民之脑中所梦想不到者也。今夫国家者，全人之公产也；朝廷者，一姓之私业也。国家之运祚甚长，而一姓之兴替甚短；国家之面积甚大，而一姓之位置甚微。朝廷云者，不过偶然一时为国民中巨擘之巨室云尔。有民而后有君，天为民而立君，非为君而生民；有国家而后有朝廷，国家能变置朝廷，朝廷不能吐纳国家。其理本甚易明。而我国民数千年醉迷于误解之中，无一人能自拔焉，真可奇也。试观二十四史所载，名臣名将，功业懿铄、声名彪炳者，舍翊助朝廷一姓之外，有所事事乎？其曾为我国民增一分之利益，完一分之义务乎？而全国人顾啧啧焉称之曰：此我国之英雄也。夫以一姓之家奴走狗，而冒一国英雄之名，国家之辱，莫此甚也！乃至舍家奴走狗之外，而数千年几无可称道之人，国民之耻，更何如也！而我四万万同胞，顾未尝以为辱焉、以为耻焉，则以误认朝廷为国家之理想，深入膏肓而不自知也。夫使认朝廷为国家，而于国家之成立无所损，吾亦何必断断焉？无如国家之思想不存，即独立之志气全萎。但使有一姓能钳制我而鞭箠我者，我即从而崇拜之、拥护之；驯至异种他族，践吾土而食吾毛，亦眴然奉之为朝廷，且侈然视之为国家，若是者盖千余年于兹矣。推此理想也，则今日之印度，岂尝无朝廷哉！我国民其亦将师印度而恬不为怪。中国所以永远沉埋之根源，皆在于此。此理想不变，而欲能立国于天地之间，其道无由。

　　三曰，不知国家与国民之关系也。国也者积民而成。国家之主人为谁？即一国之民是也。故西国恒言，谓君也、官也，国民之公奴仆也。凡官吏以公事致书于部民，其简末自署，必曰：汝之仆某某。盖职分所当然也，非其民之妄自尊大也；所以尊重国民之全体而不敢亵，即所以巩护国家之基础而勿使坏也。乃吾中国人之理想，有大异于是者。唐韩愈之言曰："君者出令者也；臣者行君之令而致诸民者也；民者出粟米麻丝、作器皿、通货财以事其上者也。君不出令，则失其所以为君；臣不行君令，则失其所以为臣；民不出粟米麻丝、作器皿、通货财以事其上，则诛。"嗟乎！愈之斯言也，举国所传诵，而深入于人人之脑中者也。嗟乎！如愈之言，吾壹不解夫斯民之在斯世，竟如是其赘疣而无谓也；吾壹不解夫自主独立之国民，为今世文明之国所最尊重者，竟当尽诛而靡有孑遗也。今使有豪奴于此，夺其主人之财产为己有，而曰主人供亿若稍不周，行将鞭挞而屠戮之，虽五尺童子，未有不指为大逆不道者。今愈之言，何以异是乎？而我国民守之为金科玉律，曾不敢稍生疑议焉，更无论驳词也，是真不可解者也。孟子曰："生于其心，害于其政；发于其政，害于其事。"盖我国民所以沉埋于十八层地狱，而至今不获见天日者，皆由此等邪说，成为义理，而播毒种于人心也。数千年之民贼，既攘国家为己之产业，縶国民为己之奴隶，曾无所于怍，反得援大义以文饰之，以助其凶焰，遂使一国之民，不得不转而自居于奴隶，性奴隶之性，行奴隶之行，虽欲爱国，而有所不敢，有所不能焉。何也？奴隶而干预家事，未有不获戾者也。既不敢爱、不能爱，则惟有漠然视之，袖手而观之。家之昌也，则欢娱焉，醉饱焉；家之败也，则褰裳以去，别投新主而已：此奴隶之恒情也。故夫西人以国为君与民所共有之国，如父兄子弟，通力合作以治家事，有一民即有一爱国之人焉。中国不然，有国者仅一家之人，其余则皆奴隶也。是故国中虽有四万万人，而实不过此数人也。夫以数人之国与亿万人之国相遇，安所往而不败也。

以上三者，实为中国弊端之端，病源之源，所有千疮百孔，万秽亿腥，皆其子孙也。今而不欲救中国则已耳，苟欲救之，非从此处拔其本、塞其源，变数千年之学说，改四百兆之脑质，虽有善者，无能为功。乃我同胞之中，知此义者既已如凤毛麟角矣，或知之而不敢言，或言之而行不远，此所以流失败坏，极于今时，而后顾茫茫，未知税驾于何日者也。

第二节　积弱之源于风俗者

今之论国事者，每一启齿，未有不太息痛恨，唾骂官吏之无状矣。夫吾于官吏，则岂有恕辞焉？吾之著此书，即将当局者十年来殃民误国之罪，一一指陈之而不为讳者也。虽然，吾以为官吏之可责者固甚深，而我国民之可责者亦复不浅。何也？彼官吏者，亦不过自民间来，而非别有一种族，与我国民渺不相属者也。故官吏由民间而生，犹果实从根干而出。树之甘者其果恒甘，树之苦者其果恒苦。使我国民而为良国民也，则任于其中签掣一人为官吏，其数必赢于良；我国民而为劣国民也，则任于其中慎择一人为官吏，其数必倚于劣。此事有必至，理有固然者也。久矣夫，聚群盲不能成一离娄，聚群聋不能成一师旷，聚群怯不能成一乌获。以今日中国如此之人心风俗，即使日日购船炮，日日筑铁路，日日开矿务，日日习洋操，亦不过披绮绣于粪墙，镂龙虫于朽木，非直无成，丑又甚焉。故今推本穷源，述国民所以腐败之由，条列而偻论之，非敢以玩世嫉俗之言，骂尽天下也；或者吾国民一读而猛省焉，庶几改之，予日望之。今将风俗之为积弱根源者，举其荦荦大端如下：

一曰奴性。数千年民贼之以奴隶视吾民，夫既言之矣。虽然，彼之以奴隶视吾民，犹可言也；吾民之以奴隶自居，不可言也。孟子曰："人必自侮，然后人侮之。"故使我诚不甘为奴隶，则必无能奴隶我者。嗟乎！吾不解吾国民之秉奴隶性者何其多也！其拥高官、籍厚禄盘踞要津者，皆禀奴性独优之人也。苟不有此性，则不能一日立于名场利薮间也。一国中最有权势者，既在于此辈，故举国之人，他无所学，而惟以学为奴隶为事。驱所谓聪明俊秀第一等之人，相率而入于奴隶学校，不以为耻，反以为荣，天下可骇可痛之事，孰有过此者！此非吾过激之言也。诸君未尝游京师，未尝入宦场，虽闻吾言，或不信焉；苟躬历其境，见其昏暮乞怜之态，与其趑趄嗫嚅之形，恐非徒怵惕而有不慊于心，更必且赧怍而不忍挂诸齿。孟子曰："人之所以求富贵者，其妻妾见之而不相泣者几希矣。"诚至言哉！诚至言哉！夫居上流之人既如此矣，寻常百姓，又更甚焉。乡曲小民，视官吏如天帝，望衙署如宫阙，奉搢绅如神明。昔西报尝有戏言，谓在德国为俾士麦，不如在中国做一知县；在英国为格兰斯顿，不如在中国做一县丞。非过言也。然则官吏之所以骄横暴戾，日甚一日者，未始不由民间骄纵之而养成之也。且天下惟能谄人者，为能骄人；亦惟能骄人者，为能谄人。州县之视百姓，则奴隶矣；及其对道府以上，则自居于奴隶也。监司道府之视州县，则奴隶矣；及其对督抚，则自居于奴隶也。督抚视司道以下，皆奴隶矣；及其对君后，则自居于奴隶也。其甚者乃至对枢垣阁臣，或对至秽至贱宦寺宫妾，而亦往往自居奴隶也。若是乎，举国之大，竟无一人不被人视为奴隶者，亦无一人不自居奴隶者，而奴隶视人之人，亦即为自居奴隶之人，岂不异哉！岂不痛哉！盖其自居奴隶时所受之耻辱苦孽，还以取偿于彼所奴隶视之人，故虽日日为奴，而不觉其苦，反觉其乐，不觉其辱，反觉其荣焉。不见夫土豪乎，皂役乎，彼入而见长官也，局踏瑟缩无所容，吮痈舐痔无不至，及出而武断乡曲，则如虎傅翼，择肉而食；而小民之畏彼媚彼奔走而奉养彼者，固自不乏人矣。若是乎，彼之所得者足以偿所失而有余也；若是乎，奴隶不可为而果可为也。是以一国之人转相仿效，如蚁附膻，如蝇逐臭，如疫症之播染，如肺病之传种。昔有某画报，绘中国人之状态者。图为一梯，梯有级，级有人，级千百焉，人无量数焉。每级之人，各皆向其上级者稽首顶礼，各皆以足蹴踏其下级者。人人皆顶礼人焉，人人皆蹴踏人焉。虽曰虐谑，亦实情也。故西国之民，无一人能凌人者，亦无一人被凌于人者。中国则不然，非凌人之人，即被凌于人之人，而被凌于人之人，旋即可以为凌人之人。咄咄怪事！咄咄妖孽！吾无以名之，名之曰奴性而已。故西国之民，有被压制于政府者，必群集抗论之、抵拒之，务底于平而后已。政府之压制且然，外族之压制更无论矣。若中国则何有焉？忍气吞声，视为固然，曰惟奴性之故。嗟乎！奴隶云者，既无自治之力，亦无独立之心。举凡饮食男女、衣服起居，无不待命于主人，而天赋之人权，应享之幸福，亦遂无不奉之主人之手。衣主人之衣，食主人之食，言主人之言，事主人之事。倚赖之外无思想，服从之外无性质，谄媚之外无笑语，奔走之外无事业，伺候之外无精神。呼之不敢不来，麾之不敢不去，命之生不敢不生，命之死亦无敢不死。得主人之一盼，博主人之一笑，则如获异宝，如膺九锡，如登天堂，嚣然夸耀侪辈以为荣宠；及婴主人之怒，则俯首屈膝，气下股栗，虽极其凌蹴践踏，不敢有分毫抵忤之色，不敢生分毫愤奋之心。他人视为大耻奇辱，不能一刻忍受，而彼怡然安为本分。是即所谓奴性者也。今试还视我国人，彼蚁民之事官吏，下僚之事长官，有一不出于此途者乎？不宁惟是而已，凡民之受压制于官吏而能安之者，必其受压制于异族而亦能安之者也。法儒孟德斯鸠之言曰："民之有奴性者，其与国家交涉，止有服役、纳税二事。"二者固奴隶之业，自余则靡得与闻也。故虽国事危急之际，彼蚩蚩者狃于历朝亡国之习惯，以为吾知纳税与服役，尽吾奴隶之责任耳；脱有他变，则吾亦纳税与服役，尽吾奴隶之责任耳。失一家更得一家，去一主更易一主，天下至大，主人至众，安所往而不得奴隶？譬犹犬也，豢而饲我，则为之守夜而吠人；苟易他主，仍复豢而饲我，则吾亦为之守夜而吠人。其身既与国家无丝毫之关系，则直不知国家为何物，亦不必问主国家者为何人。别辟一浑噩之天地，别构一醉梦之日月，以成为刀刺不伤、火爇不痛之世界。呜呼！有如此性，有如此民，积之千岁，毒遍亿身。生如无生，人而非人，欲毋堕落，恃奚以存？匪敌亡我，繄我自沦；斯害不去，国其灰尘。此吾不能不痛心疾首，而大棒大喝于我国民者也。

　　二曰愚昧。凡人之所以为人者，不徒眼耳鼻舌手足脏腑血脉而已，而尤必有司觉识之脑筋焉。使四肢五官具备，而无脑筋，犹不得谓之人也。惟国亦然。既有国形，复有国脑；脑之不具，形为虚存。国脑者何？则国民之智慧是已。有智慧则能长其志气，有智慧则能增其胆识，有智慧则能生其实力，有智慧则能广其谋生之途，有智慧则能美其合群之治。集全国民之良脑而成一国脑，则国于以富，于以强；反是则日以贫，日以弱。国脑之不能离民智而独成，犹国体之不能离民体而独立也。信如斯也，则我中国积弱之源，从可知也。四万万人中，其能识字者，殆不满五千万人也。此五千万人中，其能通文意、阅书报者，殆不满二千万人也。此二千万人中，其能解文法执笔成文者，殆不满五百万人也。此五百万人中，其能读经史，略知中国古今之事故者，殆不满十万人也。此十万人中，其能略通外国语言文字，知有地球五大洲之事故者，殆不满五千人也。此五千人中，其能知政学之本源，考人群之条理，而求所以富强吾国、进化吾种之道者，殆不满百数十人也。以堂堂中国，而民智之程度，乃仅如此，此有心人所以暗暗而长悲也。而吾所最悲者，不悲夫少特达智慧之人，而悲夫少通常智慧之人。盖特达智慧者，人类中之至难得者也，非惟中国不多有之，即西国亦不多有之。若夫通常智慧，则异是矣。西国之民，自六七岁时，无论男女，皆须入学校，至十四五岁然后始出校。其校中所读之书籍，皆有定本，经通儒硕学之手编成，凡所以美人性质，长人志趣，浚人识见，导人材艺者，无不备焉。即使至贫之家，至钝之童，皆须在校数年，即能卒业数卷，而其通常之智慧，则固既有之矣。故无论何人，皆能自治其身，自谋其生。一寻常之信，人人皆能写；一浅近之报，人人皆能读。但如是，而其国脑之强，已不可思议；其国基之固，已不可动摇矣。且天下未有通常智慧之人多，而不能出一特达智慧之人者；亦未有通常智慧之人少，而能出特达智慧之人者。以天赋聪明而论，中国人岂必让于西人哉？然以我国第一等智慧之人，与西国第一等智慧之人比较，而常觉其相去霄壤者，则以乏通常智慧故也。今之所谓搢绅先生者，咿哑占毕，欺骄乡愚，曾不知亚细、欧罗，是何处地方，汉祖、唐宗，系那朝皇帝，然而秀才、举人出于斯焉，进士、翰林出于斯焉，浸假而州县监司出于斯焉，军机、督抚出于斯焉，我二十余省之山河，四百兆人之性命，一举而付于其手矣。若以此为不足语耶，舍而求之于市廛之商旅，乡井之农氓，更每下愈况矣。何也？我国固无通常智慧之人也。以此而处于今日脑与脑竞之世界，所谓"盲人骑瞎马，夜半临深池"，天下之险象，孰有过是者也！虽然，明知其险而无以易之，此所以日弱一日而至于今也。夫今日拳匪之祸，论者皆知为一群愚昧之人召之也。然试问全国之民庶，其不与拳匪一般见识者几何人？全国之官吏，其不与通拳诸臣一般见识者几何人？国脑不具，则今日一拳匪去，明日一拳匪来耳。而我二十余省之山河，四百兆人之性命，遂将从此而长已也。是不可不深长思者也。

　　三曰为我。天下人亦孰不爱己乎？孰不思利己乎？爱己利己者，非圣人之所禁也。虽然，人也者，非能一人独立于世界者也，于是乎有群；又非能以一群占有全世界者也，于是乎有此群与彼群。一人与一人交涉，则内吾身而外他人，是之谓一身之我；此群与彼群交涉，则内吾群而外他群，是之谓一群之我。同是我也，而有大我小我之别焉。当此群与彼群之角立而竞争也，其胜败于何判乎？则其群之结合力大而强者必赢，其群之结合力薄而弱者必绌。此千古得失之林矣。结合力何以能大？何以能强？必其一群之人常肯绌身而就群，捐小我而卫大我。于是乎爱他利他之义最重焉。圣人之不言为我也，恶其为群之贼也。人人知有身不知有群，则其群忽涣落摧坏，而终被灭于他群，理势之所必至也。中国人不知群之物为何物，群之义为何义也，故人人心目中，但有一身之我，不有一群之我。昔日本将构衅于中国，或有以日本之小，中国之大，疑势力之不敌者。日相伊藤博文曰："中国名为一国，实则十八国也。其为一国，则诚十余倍于日本；其为十八国，则无一能及日本之大者。吾何畏焉！"乃果也战端既起，而始终以直隶一省敌日本全国，以取大败。非伊藤之侥幸而言中也，中国群力之薄弱，固早已暴著于天下矣。又岂惟分为十八国而已，彼各省督抚者，初非能结合其所治之省而为一群也，不过侥幸战祸不及于己辖，免失城革职之处分，借设防之名，以观成败而已，其命意为一己，而非为一省也；彼各省之民，亦非能联合其同省者以为一群也，幸锋镝未临于眉睫，而官吏亦不强我使急公家之急，因饱食以嬉焉，袖手而观焉，其命意亦为一己也。昔吾闻明怀宗煤山殉国之日，而吾广东省城，日夜演戏。初吾不甚信之。及今岁到上海，正值联军入北京之日，而上海笙歌箫鼓，熙熙焉，融融焉，无以少异于平时，乃始椎胸顿足，痛恨于我国民之心既已死尽也。此无他，为我而已矣。谚有之曰："各人自扫门前雪，不管他人瓦上霜。"吾国民人人脑中，皆横亘此二语，奉为名论，视为秘传，于是四万万人，遂成为四万万国焉。亡此国而无损于我也，则束手以任其亡，无所芥蒂焉；甚且亡此国而有益于我也，则出力以助其亡，无所惭怍焉。此诚为我者魑魅魍魉之情状也。以此而立于人群角逐之世界，欲以自存，能乎不能？

  四曰好伪。好伪之极，至于如今日之中国人，真天下所希闻，古今所未有也。君之使其臣，臣之事其君，长之率其属，属之奉其长，官之治其民，民之待其官，士之结其耦，友之交其朋，无论何人，无论何事，无论何地，无论何时，而皆以"伪"之一字行之。章奏之所报者，无一非伪事；条告之所颁者，无一非伪文；应对之所接者，无一非伪语。举国官缺，大半无事可办，有职如无职，谓之伪职；一部律例，十有九不遵行，有律如无律，谓之伪律。文之伪也，而以八股墨卷，谓为圣贤之微言；武之伪也，而以弓刀箭石，谓为干城之良选。以故统兵者扣额克饷，而视为本分之例规；购械者以一报十，而视为应得之利益。阉寺名分至贱，而可以握一国之实权；胥隶执业至丑，而可以掌全署之威福。凡兹百端，皆生于伪。然伪犹可疗也，伪而好之，不可瘳也。世有号称清流名士者流，其面常有忧国之容，其口不少哀时之语；读其文，则字字皆贾生之痛哭涕零，诵其诗，则篇篇皆少陵之孤忠义愤；而考其行，则醇酒妇人也，察其心，则且食蛤蜊也。夫既无心爱国，无心忧国，则亦已矣，而为此无病之呻吟何为焉？虽然，彼固不自觉其为伪也，因好之深而习惯之，以为固然也。尤有咄咄怪事者，如前者日本之役，今兹团匪之难，竟有通都大邑之报馆，摭拾《残唐》《水浒》之谰语，以构为刘永福空城之计，李秉衡黄河之阵者，而举国之人，靡然而信之。夫靡然而信之，则是为作伪者所欺也，犹可言也；及其事过境迁，作伪情状，既已败露，而前此之信之者，尚津津然乐道之。叩其说，则曰过屠门而大嚼，虽不得肉，且快意焉。是则所谓好伪也，不可言也。呜呼！中国人好伪之凭据，万绪千条，若尽说者，更仆难尽。孔子曰："民无信不立。"至举国之人，而持一伪字以相往来，则亦成一虚伪泡幻之国而已。本则先拨〔拔〕，虽无外侮之来，亦岂能立于天地间耶？

五曰怯懦。中国民俗，有与欧西、日本相反者一事，即欧、日尚武，中国右文是也。此其根源，殆有由理想而生者。《中庸》曰："宽柔以教，不报无道，南方之强也。"《孝经》曰："身体发肤，受之父母，不敢毁伤。"孟子曰："好勇斗狠，以危父母，不孝也。"凡此诸论，在先圣昔贤，盖有为而言，所谓"言非一端，各有所当"者也。降及末流，误用斯言，浸成锢疾。以冒险为大戒，以柔弱为善人，至有"好铁不打钉，好仔不当兵"之谚。抑岂不闻孔子又有言曰："能执干戈以卫社稷，可无殇也。"吾尝观欧西、日本之诗，无不言从军乐者；又尝观中国之诗，无不言从军苦者。甲午、乙未间，日本报章，所载赠友人从军诗，以千亿计，皆祝其勿生还者也。兵之初入营者，咸觉赠之以标，曰祈战死。以视杜甫《兵车行》，所谓"车辚辚，马萧萧，行人弓箭各在腰。爷娘妻子走相送，尘埃不见咸阳桥。牵衣顿足拦道哭，哭声直上干云霄"，其一勇一怯，相去何太远耶？何怪乎中日之役，旗、绿、湘、淮军数十万，皆鼓声甫作，已弃甲曳兵而走也。夫兵者不祥，圣贤之无义战，宁非至道欤？虽然，为君相者不可以好兵，而为国民者不可以无勇。处今日生存竞争最剧最烈、百虎眈视、万鬼环瞰之世界，而蔺然偷息，酣然偃卧，高语仁义，宁非羞耶？《诗》曰："天之方蹶，无为夸毗。"《传》曰：夸毗，谓柔脆无骨之人也。夫人而柔脆无骨，谓之非人焉可也。合四万万柔脆无骨之人而成一国民，吾不知其如何而可也。中国世俗，有传为佳话者一二语，曰百忍成金，曰唾面自干，此误尽天下之言也。夫人而至于唾面自干，天下之顽钝无耻，孰过是焉！天生人而畀之以权利，且畀之以自保权利之力量，随即畀之以自保权利之责任者也。故人而不思保护其权利者，即我对于我而有未尽之责任也。故西儒之言曰：侵人自由权者为第一大罪，放弃己之自由权者罪亦如之。放弃何以有罪？谓其长恶人之气焰，损人类之资格也。犯而不校，在盛德君子，偶一行之，虽有足令人起敬者，然欲使尽天下而皆出于此途，是率天下人而为无骨无血无气之怪物，而弱肉强食之祸，将不知所终极也。中国数千年来，误此见解，习非成是，并为一谈，使勇者日即于销磨，而怯者反有所借口。遇势力之强于己者，始而让之，继而畏之，终而媚之，弱者愈弱，强者愈强。奴隶之性，日深一日，民权由兹而失，国权由兹而亡。彼当局之人，日日割地而不以为怍者，岂非所谓能让者耶？岂非所谓唾面自干者耶？无勇之害，一至于此。彼西方之教，曷尝不曰爱敌如友，降己下人乎？然其人民遇有压力之来，未有不出全力以抗拒之者。为国流血，为民流血，为道流血，数千年西史，不绝书焉。先圣昔贤之单语片言，固非顽钝无耻者所可借以藏身也。吾闻日本人有所谓日本魂者，谓尚武之精神是也。呜呼！吾国民果何时始有此精神乎？吾中国魂果安在乎？吾欲请帝遣巫阳而招之。

六曰无动。老子有言曰："无动为大。"此实千古之罪言也。夫日非动不能发光热，地非动不能育万类，人身之血轮，片刻不动，则全身冻且僵矣。故动者万有之根原也。《易》曰："天行健，君子以自强不息。"《论语》曰："逝者如斯夫，不舍昼夜。"动之谓也。乃今世之持论者则有异焉，曰安静也，曰持重也，曰老成也，皆誉人之词也；曰喜事也，曰轻进也，曰纷更也，皆贬人之词也。有其举之莫敢废，有其废之莫敢举，一则曰依成法，再则曰查旧例，务使全国之人如木偶，如枯骨，入于隤然不动之域然后已。吾闻官场有六字之秘诀，曰多叩头，少讲话。由今观之，又不惟官场而已，举国之人，皆从此六字陶熔出来者也。是故污吏压制之也而不动，虐政残害之也而不动，外人侵慢之也而不动；万国富强之成效，灿然陈于目前也而不动，列强瓜分之奇辱，咄然迫于眉睫也而不动。谭浏阳先生《仁学》云："自李耳出，遂使数千年来成乎似忠信似廉洁一无刺无非之乡愿天下。言学术则曰宁静，言治术则曰安静。处事不计是非，而首禁更张，躁妄喜事之名立，百端由是废弛矣。用人不问贤不肖，而多方遏抑，少年意气之论起，柄权则颓暮矣。陈言者则命之曰希望恩泽，程功者则命之曰露才扬己。既为糊名以取之，而复隘其途；既为年资以用之，而复严其等。财则惮辟利源，兵则不贵朝气。统政府六部九卿督抚司道之所朝夕孜孜不已者，不过力制四万万人之动，縶其手足，涂塞其耳目，尽驱以入乎一定不移之乡愿格式。夫群四万万乡愿以为国，教安得不亡，种类安得而可保也？"呜呼！吾每读此言，未尝不废书而叹也。抑吾又闻之重学之公例，谓凡物之有永静性者，必加之以外力而始能动也。故吾向者犹有所冀焉，冀外力之庶几助我乎。顾近年以来，中国受外力之加者，亦既屡见不一见矣，而其不动也依然，岂重学之例，犹有未足据者耶？抑其外力所加者尚微弱，而与本性中所含之静力，尚未足成比例耶？虽然，外力而加强焉，加重焉，窃恐有不能受者矣。若是乎，此无动为大之中国，竟长此而终古也，是则可忧也。

以上六者，仅举大端，自余恶风，更仆难尽，递相为因，递相为果。其深根固蒂也，经历夫数千余年，年年之渐渍，莫或使然，若或使然；其传染蔓延也，盘踞夫四百兆人，人人之脑筋，甲也如是，乙也如是。万方一概，杜少陵所以悲吟；长此安穷，贾长沙能无流涕？呜呼！我同胞苟深思焉，猛省焉，必当憬然于前此致弱之故，有不能专科罪于当局诸人，又怵然于此后救弱之法，有不能专责望于当局诸人者。吾请更质言其例。今日全国人所最集矢者，在枢臣之中，岂非载漪乎？刚毅乎？赵舒翘乎？在疆臣之中，岂非裕禄乎？毓贤乎？李秉衡乎？夫漪、刚、赵、裕、毓、李之误国殃民，万死不足蔽罪，无待言矣。今以漪、刚、赵为不可用，屏而去之，而代之以他之亲王、大学士、尚书、侍郎，其有以愈于漪、刚、赵乎？吾未见其能也。以亲王、大学士、尚书、侍郎为皆不可用，而代以九卿、学士，其有以愈于尚、侍以上乎？以九卿、学士为皆不可用，而代以科、道、编、检部员，其有以愈于九卿、学士乎？吾未见其能也。今以裕、毓、李为不可用，屏而去之，而代以他之将军、督抚，其有以愈于裕、毓、李乎？吾未见其能也。以将军、督抚为皆不可用，而代以藩、臬、道、府，其有以愈于将军、督抚乎？以藩、臬、道、府为皆不可用，而代以同、通、州、县，其有以愈于藩、臬、道、府乎？吾未见其能也。充其类而极之，乃至以现时京外大小臣工为皆不可用，屏而去之，而代之以未注朝籍之士民，其有以远愈于现时大小臣工乎？吾未见其能也。何也？吾见夫举国之官吏士民，其见识与漪、刚、赵、裕、毓、李相伯仲也，其意气相伯仲也，其性质相伯仲也，其才能相伯仲也。盖先有无量数漪、刚、赵、裕、毓、李之同类，而漪、刚、赵、裕、毓、李，乃乘时而出焉。之数人者，不过偶然为其同类之代表而已。一漪、刚、赵、裕、毓、李去，而百千万亿之漪、刚、赵、裕、毓、李，方且比肩而立，接踵而来，李僵而桃代，狼却而虎前，有以愈乎？无以愈乎？吾请更以一言正告我国民：国之亡也，非当局诸人遂能亡之也，国民亡之而已；国之兴也，非当局诸人遂能兴之也，国民兴之而已。政府之良否，恒与国民良否为比例，如寒暑针之与空气然，分秒无所差忒焉，丝毫不能假借焉。若我国民徒责人而不知自责，徒望人而不知自勉，则吾恐中国之弱，正未有艾也。

第三节　积弱之源于政术者

然则当局者遂无罪乎？曰：恶，是何言欤！是何言欤！纵成今日之官吏者，则今日之国民是也；造成今日之国民者，则昔日之政术是也。数千年民贼，既以国家为彼一姓之私产，于是凡百经营，凡百措置，皆为保护己之私产而设，此实中国数千年来政术之总根源也。保护私产之术将奈何？彼私产者，固由纱国民之臂，而夺得其公产以为己物者也，故其所最患者，在原主人一旦起而复还之。原主人者谁？即国民是也。国民如何然后能复还其公产？必有气焉而后可，必有智焉而后可，必有力焉而后可，必有群焉而后可，必有动焉而后可。但使能挫其气、窒其智、消其力、散其群、制其动，则原主人永远不能复起，而私产乃如磐石苞桑而无所患。彼民贼其知之矣，故其所施政术，无一不以此五者为鹄，千条万绪而不紊其领，百变亿化而不离其宗。多历一年，则其网愈密；多更一事，则其术愈工。故夫今日之政术，不知经几百千万枭雄险鸷、敏练桀黠之民贼所运算布画，斟酌损益，而今乃集其大成者也。吾尝遍读二十四朝之政史，遍历现今之政界，于参伍错综之中，而考得其要领之所在。盖其治理之成绩有三：曰愚其民，柔其民，涣其民是也。而所以能收此成绩者，其持术有四：曰驯之之术，曰餂之之术，曰役之之术，曰监之之术是也。

所谓驯之之术者何也？天生人而使之有求智之性也，有独立之性也，有合群之性也。是民贼所最不利者也，故必先使人失其本性，而后能就我范围。不见夫花匠乎？以松柏之健劲，而能蟠屈缭纠之，使如盘、如梯、如牖、如立人、如卧兽、如蟠蛇，何也？自其勾萌茎达之时而戕贼之也。不见夫戏兽者乎？以马之骏，以猴之黠，以狮之戾，以象之钝，而能使趋跄率舞于一庭，应弦合节，戢戢如法者，何也？自乳哺幼稚之日而调伏之也。历代政治家所以驯其民者，有类于是矣。法国大儒孟德斯鸠曰："凡半开专制君主之国，其教育之目的，惟在使人服从而已。"日本大儒福泽谕吉曰："支那旧教，莫重于礼乐。礼也者，使人柔顺屈从者也；乐也者，所以调和民间勃郁不平之气，使之恭顺于民贼之下者也。"夫以此科罪于礼乐，吾虽不敢谓然，而要之中国数千年来，所以教民者，其宗旨不外乎此，则断断然矣。秦皇之焚书坑儒以愚黔首也，秦皇之拙计也，以焚坑为焚坑，何如以不焚坑为焚坑？宋艺祖开馆辑书，而曰"天下英雄，在吾彀中"。明太祖定制艺取士，而曰"天下莫予毒"。本朝雍正间，有上谕禁满人学八股，而曰"此等学问，不过笼制汉人"。其手段方法，皆远出于秦皇之上，盖术之既久而日精也。试观今日所以为教育之道者何如，非舍八股之外无他物乎？八股犹以为未足，而又设为割裂截搭、连上犯下之禁，使人入于其中，销磨数十年之精神，犹未能尽其伎俩，而遑及他事。犹以为未足，禁其用后世事后世语，务驱此数百万佅佅袗缨之士，使束书不观，胸无一字，并中国往事且不识，更奚论外国？并日用应酬且不解，更奚论经世？犹以为未足，更助之以试帖，使之习为歌匠；重之以楷法，使之学为钞胥。犹以为未足，犹恐夫聪明俊伟之士，仅以八股、试帖、楷法不足尽其脑筋之用，而横溢于他途也，于是提倡所谓考据、词章、金石、校勘之学者，一以涵盖笼罩之，使上下四方，皆入吾网。犹以为未足，有伪托道学者出，缘饰经传中一二语，曰"惟辟作福，惟辟作威"，曰"天下有道，则庶人不议"，曰"位卑而言高罪也"，曰"生斯世也，为斯世也，善斯可矣"，曰"既明且哲，以保其身"。盖圣经贤传中有千言万语，可以开民智、长民气、厚民力者，彼一概抹煞而不征引，惟摭拾一二语足以便己之私图者，从而推波助澜，变本加厉，谬种流传，成为义理。故愤时忧国者则斥为多事，合群讲学者则目为朋党；以一物不知者为谨愿，以全无心肝者为善良。此等见地，深入人心，遂使举国皆盲聋之态，尽人皆妾妇之容。夫奴性也，愚昧也，为我也，好伪也，怯懦也，无动也，皆天下最可耻之事也。今不惟不耻之而已，遇有一不具奴性、不甘愚昧、不专为我、不甚好伪、不安怯懦、不乐无动者，则举国之人，视之为怪物，视之为大逆不道。是非易位，憎尚反常，人之失其本性，乃至若是。吾观于此，而叹彼数千年民贼之所以驯伏吾民者，其用心至苦，其方法至密，其手段至辣也。如妇女之缠足者然，自幼而缠之，历数十年；及其长也，虽释放之，而亦不能良于行矣，盖足之本性已失也。曾国藩曰："今日之中国，遂成一不痛不痒之世界。"嗟乎！谁为为之，而令我国民一至于此极也？

所谓刮之之术者何也？孟德斯鸠曰："专制政体之国，其所以持之经久而不坏裂者，有一术焉。盖有一种矫伪之气习，深入于臣僚之心，即以爵赏自荣之念是也。彼专制之国，其臣僚皆怀此一念，于是各竞于其职，孜孜莫敢怠；以官阶之高下，禄俸之多寡，互相夸耀；往往望贵人之一颦一笑，如天帝、如鬼神然。"此语也，盖道尽中国数千年所以饴民之具矣。彼其所以驯吾民者，既已能使之如妾妇、如禽兽矣，夫待妾妇、禽兽之术，则何难之有？今夫畜犬见其主人，摇头摆尾，前趋后蹑者，为求食也；今夫游妓遇其所欢，涂脂抹粉，目挑心招者，为缠头也。故苟持一脔之肉以饴畜犬，则任使之如何跳掷，如何回旋，无不如意也；缠千金于腰以饴游妓，则任使之如何献媚，如何送情，无不如意也。民贼之饴吾民，亦若是已耳。齐桓公好紫，一国服紫；汉高祖恶儒，诸臣无敢儒冠。曹操号令于国中曰："有从我游者，吾能富而贵之。"盖彼踞要津、握重权之人，出其小小手段，已足令全国之人载颠载倒，如狂如醉，争先恐后，奔走而趋就之矣。而其趋之最巧、得之最捷者，必一国中聪明最高、才力最强之人也。既已饴得此最有聪明才力者，皆入于其彀中，则下此之猥猥碌碌者，更何有焉？直鞭箠之、圈笠之而已。彼蚁之在于垤也，自吾人视之，觉其至微贱、至么麽而可怜也，而其中有大者王焉，有小者侯焉，群蚁营营逐逐以企仰此无量之光荣，莫肯让也，莫或怠也。彼越南之沦于法也，一切政权、土地权、财权，皆握于他人之手，本国人无一得与闻，自吾人视之，觉其局天蹐地，无生人之趣也；而不知越南固仍有其所谓官职焉，仍有其所谓科第焉，每三年开科取士，其状元之荣耀，无以异于昔时，越人之企望而趋争者，至今犹若鹜〔鹜〕焉。当顺治、康熙间，天下思明，反侧不安。圣祖仁皇帝，一开博学鸿词科，再设明史馆，搜罗遗佚，征辟入都，位之以一清秩、一空名，而天下帖帖然、戢戢然矣。盖所以饴民者得其道也。此术也，前此地球各专制之国，莫不用之；而其最娴熟精巧而著有成效者，则中国为最矣。

所谓役之之术者何也？彼民贼既攘国家为己一家之私产矣，然国家之大，非一家子弟数人，可以督治而钤辖之也，不得不求助我者，于是官吏立焉。文明国之设官吏，所以为国民理其公产也，故官吏皆受职于民；专制国之设官吏，所以为一姓保其私产也，故官吏皆受职于君。此源头一殊，而末流千差万别，皆从此生焉。故专制国之职官，不必问其贤否才不才，而惟以安静、谨慎、愿朴，能遵守旧规、服从命令者为贵。中国之任官也，首狭其登进之途，使贤才者无自表见；又高悬一至荣耀、至清贵之格，以奖厉夫至无用之学问，使举国无贤无愚，皆不得不俯首以就此途，以消磨其聪明才力。消磨略尽，然后用之。用之又非器其才也，限之以年，绳之以格；资格既老，虽盲瘖亦能跻极品，年俸未足，虽隽才亦必屈下僚。何也？非经数十年之磨砻陶冶，恐其英气未尽去，而服从之性质未尽坚也；恐一英才得志，而无数英才，慕而学之，英才多出，而旧法将不能束缚之也。故昔者明之太祖，本朝之高宗，其操纵群臣之法，有奇妙不可思议者，直如玩婴儿于股掌，戏猴犬于剧场；使立其朝者，不复知廉耻为何物，道义为何物，权利为何物，责任为何物，而惟屏息蜷伏于一王之下。夫既无国事民事之可办，则任豪杰以为官吏，与任木偶为官吏等耳；而驾驭豪杰，总不如驾驭木偶之易易。彼历代民贼筹之熟矣，故中国之用官吏，一如西人之用机器，有呆板之位置，有一定之行动。满盘机器，其事件不下千百万，以一人转捩之，而绰绰然矣；全国官吏，其人数不下千百万，以一人驾驭之，而戢戢然矣。而其所以能如此者，则由役之得其术也。夫机器者，无脑无骨无血无气之死物也。今举国之官吏，皆变成无脑无骨无血无气之死物，所以为驾驭计者则得矣，顾何以能立于今日文明竞进之世界乎？

所谓监之之术者何也？夫既得驯之、恬之、役之之术，则举国臣民入其彀者，十而八九矣。虽然，一国之大，安保无一二非常豪杰，不甘为奴隶、为妾妇、为机器者？又安保无一二不逞之徒，蹈其瑕隙，而学陈涉之辍耕陇畔，效石勒之倚啸东门者？是不可以不监。是故有官焉，有兵焉，有法律焉，皆监民之具也；取于民之租税，所以充监民之经费也；设科第，开仕途，则于民中选出若干人而使之自监其俦也。故他国之兵，所以敌外侮；而中国之兵，所以敌其民。昔有某西人语某亲王曰："贵国之兵太劣，不足与列强驰骋于疆场，盍整顿之？"某亲王曰："吾国之兵，用以防家贼而已。"呜呼！此三字者，盖将数千年民贼之肺肝和盘托出者也。夫既以国民为家贼，则防之之道，固不得不密。伪尊六艺，屏黜百家，所以监民之心思，使不敢研究公理也；厉禁立会，相戒讲学，所以监民之结集，使不得联通声气也；仇视报馆，兴文字狱，所以监民之耳目，使不得闻见异物也；罪人则孥，邻保连坐，所以监民之举动，使不得独立无惧也。故今日文明诸国所最尊最重者，如思想之自由，信教之自由，集会之自由，言论之自由，著述之自由，行动之自由，皆一一严监而紧缚之。监之缚之之既久，贤智无所容其发愤，桀黠无所容其跳梁，则惟有灰心短气，随波逐流，仍入于奴隶、妾妇、机器之队中，或且捷足争利，摇尾乞怜，以苟取富贵，雄长侪辈而已。故夫国民非生而具此恶质也，亦非人人皆顽钝无耻也。其有不能驯者，则从而恬之；其有不受役者，则从而监之；举国之人，安有能免也？今日中国国民腐败，至于斯极，皆此之由。

观于此，而中国积弱之大源，从可知矣。其成就之者在国民，而孕育之者仍在政府。彼民贼之呕尽心血，遍布罗网，岂不以为算无遗策，天下人莫余毒乎？顾吾又尝闻孟德斯鸠之言矣："专制政体，以使民畏惧为宗旨。虽美其名曰辑和万民，实则斫丧元气，必至举其所以立国之大本而尽失之。昔有路衣沙奴之野蛮，见果实累累缀树上，攀折不获，则以斧斫树而掇取之。专制政治，殆类是也。然民受治于专制之下者，动辄曰：但使国祚尚有三数十年，则吾犹可以偷生度日；及吾已死，则大乱虽作，吾又何患焉？然则专制国民之苟且偷靡，不虑其后，亦与彼野蛮之斫树无异矣。故专制之国所谓辑和者，其中常隐然含有扰乱之种子焉。"呜呼！孟氏此言，不啻专为我中国而发也。夫历代民贼之用此术以驯民、恬民、役民、监民，数千年以迄今矣。其术之精巧完备如此，宜其永保私产、子孙帝王万世之业，顾何以刘兴项仆，甲攘乙夺，数千年来，莽然而不一姓也？孟子曰："天下之生久矣，一治一乱。"以吾观之，则数千年之所谓治者，岂真治哉？特偶乘人心厌乱之既极，又加以杀人过半，户口顿减，谋食较易，相与帖然苟安而已。实则其中所含扰乱之种子，正多且剧也。夫国也者积民而成，未有以民为奴隶、为妾妇、为机器、为盗贼而可以成国者。中国积弱之故，盖导源于数千年以前，日积月累，愈久愈深，而至今承其极敝而已。顾其极敝之象，所以至今日而始大显者何也？昔者为一统独治之国，内患虽多，外忧非剧，故扰乱之种子，常得而弥缝之，纵有一姓之兴亡，无关全种之荣瘁。今也不然，全地球人种之竞争，愈转愈剧，万马之足，万锋之刃，相率而向我支那。虽合无量数聪明才智之士以应对之，犹恐不得当；乃群无脑无骨无血无气之侪，偃然高坐、酣然长睡于此世界之中，其将如何而可也？彼昔时之民贼，初不料其有今日之时局也，故务以驯民、餂民、役民、监民为独一无二之秘传，譬犹居家、设廛者，虑其子弟、伙伴之盗其物也，于是一一桎梏之，拘挛之，或闭之于暗室焉。夫如是，则吾固信其无能为盗者矣，其如家务、廛务之废弛何？废弛犹可救也，一旦有外盗焉，哄然坏其门、入其堂，括其货物，迁其重器，彼时为子弟、伙伴者，虽欲救之，其奈桎梏拘挛而不能行，暗室仍闭而莫为启，则惟有瞠目结舌，听外盗之入此室处，或划然长啸以去而已。今日我中国之情形，有类于是。彼有司牧国民之责者，其知之否耶？抑我国民其知之否耶？

（原刊1901年4月29日—6月16日《清议报》第77—82册）

（此文为拟写专著《中国近十年史论》之第一章，全书未成，故文章刊出于"中国近十年史论"一栏，题为《积弱溯源论》。）

十种德性相反相成义

《中庸》曰："万物并育而不相害，道并行而不相悖。"大哉言乎！野蛮时代所谓道德者，其旨趣甚简单而常不相容；文明时代所谓道德者，其性质甚繁杂而各呈其用。而吾人所最当研究而受用者，则凡百之道德，皆有一种妙相，即自形质上观之，划然立于反对之两端；自精神上观之，纯然出于同体之一贯者。譬之数学，有正必有负；譬之电学，有阴必有阳；譬之冷热两暗潮，互冲而互调；譬之轻重两空气，相薄而相剂。善学道者，能备其繁杂之性质而利用之，如佛说华严宗所谓相是无碍、相入无碍。苟有得于是，则以之独善其身而一身善，以之兼善天下而天下善。

朱子曰："教学者如扶醉人，扶得东来西又倒。"凡我辈有志于自治，有志于觉天下者，不可不重念此言也。天下固有绝好之义理，绝好之名目，而提倡之者不得其法，遂以成绝大之流弊者。流弊犹可言也，而因此流弊之故，遂使流俗人口实之，以此义理、此名目为诟病；即热诚达识之士，亦或疑其害多利少而不敢复道，则其于公理之流行，反生阻力，而文明进化之机，为之大窒。庄子曰："其作始也简，其将毕也巨。"可不惧乎？可不慎乎？故我辈讨论公理，必当平其心，公其量，不可徇俗以自画，不可惊世以自喜。徇俗以自画，是谓奴性；惊世以自喜，是谓客气。

吾今者以读书思索之所得，觉有十种德性，其形质相反，其精神相成，而为凡人类所当具有，缺一不可者。今试分别论之。

其一　独立与合群

独立者何？不倚赖他力，而常昂然独往独来于世界者也。《中庸》所谓"中立而不倚"，是其义也。人之所以异于禽兽者以此，文明人所以异于野蛮者以此。吾中国所以不成为独立国者，以国民乏独立之德而已：言学问则倚赖古人，言政术则倚赖外国；官吏倚赖君主，君主倚赖官吏；百姓倚赖政府，政府倚赖百姓；乃至一国之人，各各放弃其责任，而惟倚赖之是务。究其极也，实则无一人之可倚赖者。譬犹群盲偕行，甲扶乙肩，乙牵丙袂，究其极也，实不过盲者依赖盲者。一国腐败，皆根于是。故今日救治之策，惟有提倡独立。人人各断绝倚赖，如孤军陷重围，以人自为战之心，作背城借一之举，庶可以扫拔已往数千年奴性之壁垒，可以脱离此后四百兆奴种之沉沦。今世之言独立者，或曰"拒列强之干涉而独立"，或曰"脱满洲之羁轭而独立"。吾以为不患中国不为独立之国，特患中国今无独立之民。故今日欲言独立，当先言个人之独立，乃能言全体之独立；先言道德上之独立，乃能言形势上之独立。危哉微哉！独立之在我国乎？

合群云者，合多数之独而成群也。以物竞天择之公理衡之，则其合群之力愈坚而大者，愈能占优胜权于世界上，此稍学哲理者所能知也。吾中国谓之为无群乎？彼固庞然四百兆人经数千年聚族而居者也。不宁惟是，其地方自治之发达颇早，各省中所含小群无数也；同业联盟之组织颇密，四民中所含小群无数也。然终不免一盘散沙之诮者，则以无合群之德故也。合群之德者，以一身对于一群，常肯绌身而就群；以小群对于大群，常肯绌小群而就大群。夫然后能合内部固有之群，以敌外部来侵之群。乃我中国之现状，则有异于是矣。彼不识群义者不必论，即有号称求新之士，日日以合群呼号于天下，而甲地设一会，乙徒立一党，始也互相轻，继也互相妒，终也互相残。其力薄者旋起旋灭，等于无有；其力强者且将酿成内讧，为世道忧。此其故亦非尽出于各人之私心焉，盖国民未有合群之德，欲集无数之不能群者强命为群，有其形质，无其精神也。故今日吾辈所最当讲求者，在养群德之一事。

独与群，对待之名词也。人人断绝倚赖，是倚群毋乃可耻？常绌身而就群，是主独无乃可羞？以此间隙，遂有误解者与托名者之二派出焉：其老朽腐败者，以和光同尘为合群之不二法门，驯至尽弃其独立，阉然以媚于世；其年少气锐者，避奴隶之徽号，乃专以尽排侪辈、惟我独尊为主义。由前之说，是合群为独立之贼；由后之说，是独立为合群之贼。若是乎两者之终不能并存也。今我辈所亟当说明者有二语，曰独立之反面，依赖也，非合群也；合群之反面，营私也，非独立也。虽人自为战，而军令自联络而整齐，不过以独而扶其群云尔；虽全机运动，而轮轴自分劳而赴节，不过以群而扶其独云尔。苟明此义，则无所容其托，亦不必用其避。譬之物质然，合无数阿屯而成一体，合群之义也；每一阿屯中皆具有本体所含原质之全分，独立之义也。若是者谓之合群之独立。

其二　自由与制裁

自由者，权利之表证也。凡人所以为人者有二大要件，一曰生命，二曰权利。二者缺一，时乃非人。故自由者亦精神界之生命也。文明国民每不惜掷多少形质界之生命，以易此精神界之生命，为其重也。我中国谓其无自由乎？则交通之自由，官吏不禁也；住居行动之自由，官吏不禁也；置管产业之自由，官吏不禁也；信教之自由，官吏不禁也；书信秘密之自由，官吏不禁也；集会、言论之自由，官吏不禁也。（近虽禁其一部分，然比之前世纪之法、普、奥等国，相去远甚。）凡各国宪法所定形式上之自由，几皆有之。虽然，吾不敢谓之为自由者何也？有自由之俗，而无自由之德也。自由之德者，非他人所能予夺，乃我自得之而自享之者也。故文明国之得享用自由也，其权非操诸官吏，而常采诸国民。中国则不然，今所以幸得此习俗之自由者，恃官吏之不禁耳；一旦有禁之者，则其自由可以忽消灭而无复踪影。而官吏之所以不禁者，亦非尊重人权而不敢禁也，不过其政术拙劣，其事务废弛，无暇及此云耳。官吏无日不可以禁，自由无日不可以亡，若是者谓之奴隶之自由。若夫思想自由，为凡百自由之母者，则政府不禁之，而社会自禁之。以故吾中国四万万人，无一可称完人者，以其仅有形质界之生命，而无精神界之生命也。故今日欲救精神界之中国，舍自由美德外，其道无由。

制裁云者，自由之对待也。有制裁之主体，则必有服从之客体。既曰服从，尚得为有自由乎？顾吾尝观万国之成例，凡最尊自由权之民族，恒即为最富于制裁力之民族。其故何哉？自由之公例曰："人人自由，而以不侵人之自由为界。"制裁者制此界也，服从者服此界也。故真自由之国民，其常要服从之点有三：一曰服从公理，二曰服从本群所自定之法律，三曰服从多数之决议。是故文明人最自由，野蛮人亦最自由，自由等也，而文野之别，全在其有制裁力与否。无制裁之自由，群之贼也；有制裁之自由，群之宝也。童子未及年，不许享有自由权者，为其不能自治也，无制裁也。国民亦然，苟欲享有完全之自由权，不可不先组织巩固之自治制。而文明程度愈高者，其法律常愈繁密，而其服从法律之义务亦常愈严整，几于见有制裁，不见有自由。而不知其一群之中，无一能侵他人自由之人，即无一被人侵我自由之人，是乃所谓真自由也。不然者，妄窃一二口头禅语，暴戾恣睢，不服公律，不顾公益，而漫然号于众曰："吾自由也。"则自由之祸，将烈于洪水猛兽矣。昔美国一度建设共和政体，其基础遂确乎不拔，日益发达，继长增高，以迄今日；法国则自一七八九年大革命以后，君民两党，互起互仆，垂半世纪余，而至今民权之盛，犹不及英美者，则法兰西民族之制裁力，远出英吉利民族之下故也。然则自治之德不备，而徒漫言自由，是将欲急之，反以缓之，将欲利之，反以害之也。故自由与制裁二者，不惟不相悖而已，又乃相待而成，不可须臾离。言自由主义者，不可不于此三致意也。

其三　自信与虚心

自信力者，成就大业之原也。西哲有言曰："凡人皆立于所欲立之地。"是故欲为豪杰，则豪杰矣；欲为奴隶，则奴隶矣。孟子曰："自谓不能者，自贼者也。"又曰："自暴者不可与有言也，自弃者不可与有为也。"天下人固有识想与议论过绝寻常,而所行事不能有益于大局者,必其自信力不足者也;有初时持一宗旨,任一事业,及为外界毁誉之所刺激,或半途变更废止,不能达其目的地者,必其自信力不足者也。居今日之中国,上之不可不冲破二千年顽谬之学理,内之不可不鏖战四百兆群盲之习俗,外之不可不对抗五洲万国猛烈侵略、温柔笼络之方策,非有绝大之气魄,绝大之胆量,岂能于此四面楚歌中,打开一条血路,以导我国民于新世界者乎?伊尹曰:"余天民之先觉者也,余将以斯道觉斯民也,非余觉之而谁也?"孟子曰:"夫天未欲平治天下也,如欲平治天下,当今之世,舍我其谁也?"抑何其言之大而夸欤?自信则然耳。故我国民而自以为国权不能保,斯不能保矣;若人人以自信力奠定国权,强邻孰得而侮之?国民而自以为民权不能兴,斯不能兴矣;若人人以自信力奋争民权,民贼孰得而压之?而欲求国民全体之自信力,必先自志士各人之自信力始。

或问曰:吾见有顽锢之辈,抱持中国一二经典古义,谓可以攘斥外国、凌轹全球者,若是者非其自信力乎?吾见有少年学子,摭拾一二新理新说,遂自以为足,废学高谈,目空一切者,若是者非其自信力乎?由前之说,则中国人中富于自信力者,莫如端王、刚毅;由后之说,则如格兰斯顿之耄而向学,奈端之自视欿然,非其自信力之有不足乎?曰:恶,是何言欤!自信与虚心,相反而相成者也。人之能有自信力者,必其气象阔大,其胆识雄远,既注定一目的地,则必求贯达之而后已。而当其始之求此目的地也,必校群长以择之;其继之行此目的地也,必集群力以图之。故愈自重者愈不敢轻薄天下人,愈坚忍者愈不敢易视天下事。海纳百川,任重致远,殆其势所必然也。彼故见自封,一得自喜者,是表明其器小易盈之迹于天下。如河伯之见海若,终必望洋而气沮;如辽豕之到河东,卒乃怀惭而不前:未见其自信力之能全始全终者也。故自信与骄傲异:自信者常沉着,而骄傲者常浮扬;自信者在主权,而骄傲者在客气。故豪杰之士,其取于人者,常以三人行必有我师为心;其立于己者,常以百世俟圣而不惑为鹄。夫是之谓虚心之自信。

其四　利己与爱他

　　为我也，利己也，私也，中国古义以为恶德者也。是果恶德乎？曰：恶，是何言！天下之道德法律，未有不自利己而立者也。对于禽兽而倡自贵知类之义，则利己而已，而人类之所以能主宰世界者赖是焉；对于他族而倡爱国保种之义，则利己而已，而国民之所以能进步繁荣者赖是焉。故人而无利己之思想者，则必放弃其权利，弛掷其责任，而终至于无以自立。彼芸芸万类，平等竞存于天演界中，其能利己者必优而胜，其不能利己者必劣而败，此实有生之公例矣。西语曰："天助自助者。"故生人之大患，莫甚于不自助而望人之助我，不自利而欲人之利我。夫既谓之人矣，则安有肯助我而利我者乎？又安有能助我而利我者乎？国不自强，而望列国之为我保全；民不自治，而望君相之为我兴革：若是者，皆缺利己之德而已。昔中国杨朱以"为我"立教，曰："人人不拔一毫，人人不利天下，天下治矣。"吾昔甚疑其言，甚恶其言。及观英德诸国哲学大家之书，其所标名义，与杨朱吻合者，不一而足；而其理论之完备，实有足以助人群之发达，进国民之文明者。盖西国政治之基础，在于民权，而民权之巩固，由于国民竞争权利，寸步不肯稍让，即以人人不拔一毫之心，以自利者利天下。观于此，然后知中国人号称利己心重者，实则非真利己也。苟其真利己，何以他人剥夺己之权利，握制己之生命，而恬然安之，恬然让之，曾不以为意也？故今日不独发明墨翟之学足以救中国，即发明杨朱之学亦足以救中国。

　　问者曰：然则爱他之义，可以吐弃乎？曰：是不然。利己心与爱他心，一而非二者也。近世哲学家谓人类皆有两种爱己心：一本来之爱己心，二变相之爱己心。变相之爱己心者，即爱他心是也。凡人不能以一身而独立于世界也，于是乎有群。其处于一群之中而与俦侣共营生存也，势不能独享利益，而不顾俦侣之有害与否；苟或尔尔，则己之利未见而害先暗矣。故善能利己者，必先利其群，而后己之利亦从而进焉。以一家论，则我之家兴，我必蒙其福；我之家替，我必受其祸。以一国论，则国之强也，生长于其国者罔不强；国之亡也，生长于其国者罔不亡。故真能爱己者，不得不推此心以爱家、爱国，不得不推此心以爱家人、爱国人，于是乎爱他之义生焉。凡所以爱他者，亦为我而已。故苟深明二者之异名同源，固不必侈谈"兼爱"以为名高，亦不必讳言"为我"以自欺蔽。但使举利己之实，自然成为爱他之行；充爱他之量，自然能收利己之效。

其五　破坏与成立

破坏亦可谓之德乎？破坏犹药也，药所以治病。无病而药，则药之害莫大；有病而药，则药之功莫大。故论药者不能泛然论其性之良否，而必以其病之有无与病药二者相应与否，提而并论，然后药性可得而言焉。破坏本非德也，而无如往古来今之世界，其蒙垢积污之时常多，非时时摧陷廓清之，则不足以进步，于是而破坏之效力显焉。今日之中国，又积数千年之沉疴，合四百兆之痼疾，盘踞膏肓，命在旦夕者也。非去其病，则一切调摄、滋补、荣卫之术，皆无所用。故破坏之药，遂成为今日第一要件，遂成为今日第一美德。世有深仁博爱之君子，惧破坏之剧且烈也，于是窃窃然欲补苴而幸免之。吾非不惧破坏，顾吾尤惧夫今日不破坏，而他日之破坏终不可免，且愈剧而愈烈也。故与其听彼自然之破坏而终不可救，无宁加以人为之破坏而尚可有为。自然之破坏者，即以病致死之喻也；人为之破坏者，即以药攻病之喻也。故破坏主义之在今日，实万无可避者也。《书》曰："若药不瞑眩，厥疾不瘳。"西谚曰："文明者非徒购之以价值而已，又购之以苦痛。"破坏主义者，实冲破文明进步之阻力，扫荡魑魅罔两之巢穴，而救国救种之下手第一着也。处今日而犹惮言破坏者，是毕竟保守之心盛，欲布新而不欲除旧，未见其能济者也。

破坏之与成立，非不相容乎？曰：是不然。与成立不相容者，自然之破坏也；与成立两相济者，人为之破坏也。吾辈所以汲汲然倡人为之破坏者，惧夫委心任运听其自腐自败，而将终无成立之望也，故不得不用破坏之手段以成立之。凡所以破坏者为成立也，故持破坏主义者，不可不先认此目的。苟不尔，则满朝奴颜婢膝之官吏，举国醉生梦死之人民，其力自足以任破坏之役而有余，又何用我辈之汲汲为也？故今日而言破坏，当以不忍人之心，行不得已之事。彼法国十八世纪末叶之破坏，所以造十九世纪近年之成立也；彼日本明治七八年以前之破坏，所以造明治二十三年以后之成立也。破坏乎，成立乎，一而二、二而一者也。虽然，天下事成难于登天，而败易于下海。故苟不案定目的，而惟以破坏为快心之具，为出气之端，恐不免为无成立之破坏。譬之药不治病，而徒以速死，将使天下人以药为诟，而此后讳疾忌医之风将益炽。是亦有志之士不可不戒者也。

结　论

呜呼！老朽者不足道矣。今日以天下自任而为天下人所属望者，实惟中国之少年。我少年既以其所研究之新理新说公诸天下，将以一洗数千年之旧毒，甘心为四万万人安坐以待亡国者之公敌，则必毋以新毒代旧毒，毋使敌我者得所口实，毋使旁观者转生大惑，毋使后来同志者反因我而生阻力。然则其道何由？亦曰知有合群之独立，则独立而不轧轹；知有制裁之自由，则自由而不乱暴；知有虚心之自信，则自信而不骄盈；知有爱他之利己，则利己而不偏私；知有成立之破坏，则破坏而不危险。所以治身之道在是，所以救国之道亦在是。天下大矣，前途远矣，行百里者半九十，是在少年！是在吾党！

（原刊1901年6月16日、7月6日《清议报》第82、84册）

新民说（节录）

第一节　叙论

　　自世界初有人类以迄今日，国于环球上者何啻千万，问其岿然今存，能在五大洲地图占一颜色者，几何乎？曰百十而已矣。此百十国中，其能屹然强立，有左右世界之力，将来可以战胜于天演界者，几何乎？曰四五而已矣。夫同是日月，同是山川，同是方趾，同是圆颅，而若者以兴，若者以亡，若者以弱，若者以强，则何以故？或曰：是在地利。然今之亚美利加，犹古阿美利加，而盎格鲁撒逊（英国人种之名也）民族何以享其荣？古之罗马，犹今之罗马，而拉丁民族何以坠其誉？或曰：是在英雄。然非无亚历山大，而何以马基顿今已成灰尘？非无成吉思汗，而何以蒙古几不保残喘？呜呼噫嘻！吾知其由。国也者积民而成。国之有民，犹身之有四肢、五脏、筋脉、血轮也。未有四肢已断，五脏已瘵，筋脉已伤，血轮已涸，而身犹能存者；则亦未有其民愚陋、怯弱、涣散、混浊，而国犹能立者。故欲其身之长生久视，则摄生之术不可不明；欲其国之安富尊荣，则新民之道不可不讲。

（原刊 1902 年 2 月 8 日《新民丛报》第 1 号）

第二节　论新民为今日中国第一急务

吾今欲极言新民为当务之急，其立论之根柢有二：一曰关于内治者，二曰关于外交者。

所谓关于内治者何也？天下之论政术者多矣，动曰某甲误国，某乙殃民；某之事件，政府之失机，某之制度，官吏之溺职。若是者，吾固不敢谓为非然也。虽然，政府何自成，官吏何自出，斯岂非来自民间者耶？某甲某乙者，非国民之一体耶？久矣夫聚群盲不能成一离娄，聚群聋不能成一师旷，聚群怯不能成一乌获。以若是之民，得若是之政府、官吏，正所谓种瓜得瓜，种豆得豆，其又奚尤？西哲常言：政府之与人民，犹寒暑表之与空气也。室中之气候，与针里之水银，其度必相均，而丝毫不容假借。国民之文明程度低者，虽得明主贤相以代治之，及其人亡则其政息焉；譬犹严冬之际，置表于沸水中，虽其度骤升，水一冷而坠如故矣。国民之文明程度高者，虽偶有暴君污吏，虔刘一时，而其民力自能补救之而整顿之；譬犹溽暑之时，置表于冰块上，虽其度忽落，不俄顷则冰消而涨如故矣。然则苟有新民，何患无新制度，无新政府，无新国家！非尔者，则虽今日变一法，明日易一人，东涂西抹，学步效颦，吾未见其能济也。夫吾国言新法数十年，而效不睹者何也？则于新民之道未有留意焉者也。

今草野忧国之士，往往独居深念，叹息想望曰：安得贤君相，庶拯我乎？吾未知其所谓贤君相者，必如何而始为及格。虽然，若以今日之民德、民智、民力，吾知虽有贤君相，而亦无以善其后也。夫拿破仑旷世之名将也，苟授以旗、绿之惰兵，则不能敌黑蛮；哥仑布航海之大家也，苟乘以朽木之胶船，则不能渡溪沚。彼君相者非能独治也，势不得不任疆臣，疆臣不得不任监司，监司不得不任府县，府县不得不任吏胥。此诸级中人但使其贤者半、不肖者半，犹不足以致治，而况乎其百不得一也。今为此论者，固知泰西政治之美，而欲吾国之效之矣。但推其意，得毋以若彼之政治，皆由其君若相独力所制造耶？试与一游英、美、德、法之都，观其人民之自治何如，其人民与政府之关系何如。观之一省，其治法俨然一国也；观之一市、一村落，其治法俨然一国也；观之一党会、一公司、一学校，其治法俨然一国也；乃至观之一人，其自治之法，亦俨然治一国也。譬诸盐有咸性，积盐如陵，其咸愈酽；然剖分此如陵之盐为若干石，石为若干斗，斗为若干升，升为若干颗，颗为若干阿屯，无一不咸，然后大咸乃成。抟沙搅粉而欲以求咸，虽隆之高于泰岱，犹无当也。故英美各国之民，常不待贤君相而足以致治。其元首，则尧舜之垂裳可也，成王之委裘亦可也；其官吏，则曹参之醇酒可也，成瑨之坐啸亦可也。何也？以其有民也。故君相常倚赖国民，国民不倚赖君相。小国且然，况吾中国幅员之广，尤非一二人之长鞭所能及者耶！

则试以一家譬一国。苟一家之中，子妇弟兄，各有本业，各有技能，忠信笃敬，勤劳进取，家未有不浡然兴者。不然者，各委弃其责任，而一望诸家长，家长而不贤，固阖室为饿莩，借令贤也，而能荫庇我者几何？即能荫庇矣，而为人子弟，累其父兄，使终岁勤动，日夕忧劳，微特于心不安，其毋乃终为家之累耶？今之动辄责政府、望贤君相者，抑何不恕？抑何不智？英人有常言曰："That's your mistake. I couldn't help you."译意言："君误矣，吾不能助君也。"此虽利己主义之鄙言，而实鞭策人自治自助之警句也。故吾虽日望有贤君相，吾尤恐即有贤君相亦爱我而莫能助也。何也？责望于贤君相者深则自责望者必浅，而此责人不责己、望人不望己之恶习，即中国所以不能维新之大原。我责人人亦责我，我望人人亦望我，是四万万人，遂互消于相责相望之中，而国将谁与立也？新民云者，非新者一人，而新之者又一人也，则在吾民之各自新而已。孟子曰："子力行之，亦以新子之国。"自新之谓也，新民之谓也。

所谓关于外交者何也？自十六世纪以来（约四百年前），欧洲所以发达，世界所以进步，皆由民族主义（Nationalism）所磅礴冲激而成。民族主义者何？各地同种族、同言语、同宗教、同习俗之人，相视如同胞，务独立自治，组织完备之政府，以谋公益而御他族是也。此主义发达既极，驯至十九世纪之末（近二三十年），乃更进而为民族帝国主义（National Imperialism）。民族帝国主义者何？其国民之实力，充于内而不得不溢于外，于是汲汲焉求扩张权力于他地，以为我尾闾。其下手也，或以兵力，或以商务，或以工业，或以教会，而一用政策以指挥调护之是也。近者如俄国之经略西伯利亚、土耳其，德国之经略小亚细亚、阿非利加，英国之用兵于波亚，美国之县夏威、掠古巴、攘非律宾，皆此新主义之潮流，迫之不得不然也。而今也于东方大陆，有最大之国，最腴之壤，最腐败之政府，最散弱之国民。彼族一旦窥破内情，于是移其所谓民族帝国主义者，如群蚁之附膻，如万矢之向的，离然而集注于此一隅。彼俄人之于满洲，德人之于山东，英人之于扬子江流域，法人之于两广，日人之于福建，亦皆此新主义之潮流，迫之不得不然也。

夫所谓民族帝国主义者，与古代之帝国主义迥异。昔者有若亚历山大，有若查理曼，有若成吉思汗，有若拿破仑，皆尝抱雄图，务远略，欲蹂躏大地，吞并弱亡。虽然，彼则由于一人之雄心，此则由于民族之涨力；彼则为权威之所役，此则为时势之所趋。故彼之侵略，不过一时，所谓暴风疾雨，不崇朝而息矣；此之进取，则在久远，日扩而日大，日入而日深。吾中国不幸而适当此盘涡之中心点，其将何以待之？曰：彼为一二人之功名心而来者，吾可以恃一二之英雄以相敌；彼以民族不得已之势而来者，非合吾民族全体之能力，必无从抵制也。彼以一时之气焰骤进者，吾可以鼓一时之血勇以相防；彼以久远之政策渐进者，非立百年宏毅之远猷，必无从幸存也。不见乎瓶水乎，水仅半器，他水即从而入之；若内力能自充塞本器，而无一隙之可乘，他水未有能入者也。故今日欲抵当列强之民族帝国主义，以挽浩劫而拯生灵，惟有我行我民族主义之一策。而欲实行民族主义于中国，舍新民末由。

今天下莫不忧外患矣；虽然，使外而果能为患，则必非一忧之所能了也。夫以民族帝国主义之顽强突进如彼其剧，而吾犹商榷于外之果能为患与否，何其愚也！吾以为患之有无，不在外而在内。夫各国固同用此主义也，而俄何以不施诸英，英何以不施诸德，德何以不施诸美，欧美诸国何以不施诸日本？亦曰有隙与无隙之分而已。人之患瘵者，风寒暑湿燥火，无一不足以侵之；若血气强盛、肤革充盈者，冒风雪，犯暴暵，冲瘴疠，凌波涛，何有焉？不自摄生，而怨风雪、暴暵、波涛、瘴疠之无情，非直彼不任受，而我亦岂以善怨而获免耶？然则为中国今日计，必非恃一时之贤君相而可以弭乱，亦非望草野一二英雄崛起而可以图成，必其使吾四万万人之民德、民智、民力，皆可与彼相埒，则外自不能为患，吾何为而患之！此其功虽非旦夕可就乎，然孟子有言："七年之病，求三年之艾，苟为不蓄，终身不得。"今日舍此一事，别无善图，宁复可蹉跎蹉跎，更阅数年，将有欲求如今日而不可复得者。呜呼！我国民可不悚耶？可不勖耶？

（原刊1902年2月8日《新民丛报》第1号）

第三节　释新民之义

新民云者，非欲吾民尽弃其旧以从人也。新之义有二：一曰，淬厉其所本有而新之；二曰，采补其所本无而新之。二者缺一，时乃无功。先哲之立教也，不外因材而笃与变化气质之两途，斯即吾淬厉所固有、采补所本无之说也。一人如是，众民亦然。

凡一国之能立于世界，必有其国民独具之特质，上自道德法律，下至风俗习惯、文学美术，皆有一种独立之精神，祖父传之，子孙继之，然后群乃结，国乃成。斯实民族主义之根柢源泉也。我同胞能数千年立国于亚洲大陆，必其所具特质，有宏大高尚完美、厘然异于群族者，吾人所当保存之而勿失坠也。虽然，保之云者，非任其自生自长，而漫曰"我保之我保之"云尔。譬诸木然，非岁岁有新芽之茁，则其枯可立待；譬诸井然，非息息有新泉之涌，则其涸不移时。夫新芽、新泉，岂自外来者耶？旧也而不得不谓之新，惟其日新，正所以全其旧也。濯之拭之，发其光晶；锻之炼之，成其体段；培之浚之，厚其本原；继长增高，日征月迈，国民之精神，于是乎保存，于是乎发达。世或以"守旧"二字为一极可厌之名词，其然岂其然哉！吾所患不在守旧，而患无真能守旧者。真能守旧者何？即吾所谓淬厉其固有而已。

仅淬厉固有而遂足乎？曰不然。今之世非昔之世，今之人非昔之人。

昔者吾中国有部民而无国民，非不能为国民也，势使然也。吾国巍巍然屹立于大东，环列皆小蛮夷，与他方大国，未一交通，故我民常视其国为天下。耳目所接触，脑筋所濡染，圣哲所训示，祖宗所遗传，皆使之有可以为一个人之资格，有可以为一家人之资格，有可以为一乡一族人之资格，有可以为天下人之资格，而独无可以为一国国民之资格。夫国民之资格，虽未必有以远优于此数者，而以今日列国并立、弱肉强食、优胜劣败之时代，苟缺此资格，则决无以自立于天壤。故今日不欲强吾国则已，欲强吾国，则不可不博考各国民族所以自立之道，汇择其长者而取之，以补我之所未及。今论者于政治、学术、技艺，皆莫不知取人长以补我短矣，而不知民德、民智、民力，实为政治、学术、技艺之大原。不取于此而取于彼，弃其本而摹其末，是何异见他树之翁郁，而欲移其枝以接我槁干；见他井之汩〔汩〕涌，而欲汲其流以实我晋源也。故采补所本无以新我民之道，不可不深长思也。

世界上万事之现象，不外两大主义：一曰保守，二曰进取。人之运用此两主义者，或偏取甲，或偏取乙，或两者并起而相冲突，或两者并存而相调和。偏取其一，未有能立者也。有冲突则必有调和，冲突者调和之先驱也。善调和者，斯为伟大国民，益格鲁撒逊人种是也。譬之颐步，以一足立，以一足行；譬之拾物，以一手握，以一手取。故吾所谓新民者，必非如心醉西风者流，蔑弃吾数千年之道德、学术、风俗，以求伍于他人；亦非如墨守故纸者流，谓仅抱此数千年之道德、学术、风俗，遂足以立于大地也。

（原刊 1902 年 2 月 8 日《新民丛报》第 1 号）

第五节　论公德

我国民所最缺者，公德其一端也。公德者何？人群之所以为群，国家之所以为国，赖此德焉以成立者也。人也者，善群之动物也（此西儒亚里士多德之言）。人而不群，禽兽奚择？而非徒空言高论曰群之群之，而遂能有功者也；必有一物焉贯注而联络之，然后群之实乃举。若此者谓之公德。

道德之本体一而已，但其发表于外，则公私之名立焉。人人独善其身者谓之私德，人人相善其群者谓之公德，二者皆人生所不可缺之具也。无私德则不能立，合无量数卑污虚伪残忍愚懦之人，无以为国也；无公德则不能团，虽有无量数束身自好、廉谨良愿之人，仍无以为国也。吾中国道德之发达，不可谓不早，虽然，偏于私德，而公德殆阙如。试观《论语》《孟子》诸书，吾国民之木铎，而道德所从出者也。其中所教，私德居十之九，而公德不及其一焉。如《皋陶谟》之九德，《洪范》之三德，《论语》所谓"温良恭俭让"，所谓"克己复礼"，所谓"忠信笃敬"，所谓"寡尤寡悔"，所谓"刚毅木讷"，所谓"知命知言"，《大学》所谓"知止慎独"，"戒欺求慊"，《中庸》所谓"好学力行知耻"，所谓"戒慎恐惧"，所谓"致曲"，《孟子》所谓"存心养性"，所谓"反身强恕"，凡此之类，关于私德者，发挥几无余蕴，于养成私人（私人者对于公人而言，谓一个人不与他人交涉之时也。）之资格，庶乎备矣。虽然，仅有私人之资格，遂足为完全人格乎？是固不能。今试以中国旧伦理，与泰西新伦理相比较：旧伦理之分类，曰君臣，曰父子，曰兄弟，曰夫妇，曰朋友；新伦理之分类，曰家族伦理，曰社会（即人群）伦理，曰国家伦理。旧伦理所重者，则一私人对于一私人之事也；（一私人之独善其身，固属于私德之范围；即一私人与他私人交涉之道义，仍属于私德之范围也。此可以法律上公法、私法之范围证明之。）新伦理所重者，则一私人对于一团体之事也。（以新伦理之分类，归纳旧伦理，则关于家族伦理者三：父子也，兄弟也，夫妇也；关于社会伦理者一：朋友；关于国家伦理者一：君臣。然朋友一伦，决不足以尽社会伦理；君臣一伦，尤不足以尽国家伦理。何也？凡人对于社会之义务，决不徒在相知之朋友而已，即绝迹不与人交者，仍于社会上有不可不尽之责任。至国家者，尤非君臣所能专有，若仅言君臣之义，则使以礼、事以忠，全属两个私人感恩效力之事耳，于大体无关也，将所谓逸民不事王侯者，岂不在此伦范围之外乎？夫人必备此三伦理之义务，然后人格乃成。若中国之五伦，则惟于家族伦理，稍为完整，至社会、国家伦理，不备滋多。此缺憾之必当补者也，皆由重私德、轻公德所生之结果也。）夫一私人之所以自处，与一私人之对于他私人，其间必贵有道德者存，此奚待言！虽然，此道德之一部分，而非其全体也。全体者，合公私而兼善之者也。

私德公德，本并行不悖者也。然提倡之者既有所偏，其末流或遂至相妨。若微生亩讥孔子以佞，公孙丑疑孟子以好辨，此外道浅学之徒，其不知公德，不待言矣；而大圣达哲，亦往往不免。吾今固不欲撷拾古人片言只语有为而发者，摘之以相诟病。要之吾中国数千年来，束身寡过主义，实为德育之中心点。范围既日缩日小，其间有言论行事，出此范围外，欲为本群本国之公利公益有所尽力者，彼曲士贱儒，动辄援"不在其位，不谋其政"等偏义，以非笑之、挤排之。谬种流传，习非胜是，而国民益不复知公德为何物。今夫人之生息于一群也，安享其本群之权利，即有当尽于其本群之义务；苟不尔者，则直为群之蠹而已。彼持束身寡过主义者，以为吾虽无益于群，亦无害于群，庸讵知无益之即为害乎！何则？群有以益我，而我无以益群，是我逋群之负而不偿也。夫一私人与他私人交涉，而逋其所应偿之负，于私德必为罪矣，谓其害之将及于他人也。而逋群负者，乃反得冒善人之名何也？使一群之人，皆相率而逋焉，彼一群之血本，能有几何？而此无穷之债客，日夜蠹蚀之而瓜分之，有消耗、无增补，何可长也？然则其群必为逋负者所拽倒，与私人之受累者同一结果，此理势之所必然矣。今吾中国所以日即衰落者，岂有他哉？束身寡过之善士太多，享权利而不尽义务，人人视其所负于群者如无有焉。人虽多，曾不能为群之利，而反为群之累，夫安得不日蹙也？

父母之于子也，生之育之，保之教之，故为子者有报父母恩之义务。人人尽此义务，则子愈多者，父母愈顺，家族愈昌；反是则为家之索〔累〕矣。故子而逋父母之负者，谓之不孝，此私德上第一大义，尽人能知者也。群之于人也，国家之于国民也，其恩与父母同。盖无群无国，则吾性命财产无所托，智慧能力无所附，而此身将不可以一日立于天地。故报群报国之义务，有血气者所同具也。苟放弃此责任者，无论其私德上为善人为恶人，而皆为群与国之蟊贼。譬诸家有十子，或披剃出家，或博弈饮酒，虽一则求道，一则无赖，其善恶之性质迥殊，要之不顾父母之养，为名教罪人则一也。明乎此义，则凡独善其身以自足者，实与不孝同科。案公德以审判之，虽谓其对于本群而犯大逆不道之罪，亦不为过。

某说部寓言，有官吏死而冥王案治其罪者，其魂曰："吾无罪，吾作官甚廉。"冥王曰："立木偶于庭，并水不饮，不更胜君乎！于廉之外一无所闻，是即君之罪也。"遂炮烙之。欲以束身寡过为独一无二之善德者，不自知其已陷于此律而不容赦也。近世官箴，最脍炙人口者三字，曰清、慎、勤。夫清、慎、勤岂非私德之高尚者耶？虽然，彼官吏者受一群之委托而治事者也，既有本身对于群之义务，复有对于委托者之义务，曾是清、慎、勤三字，遂足以塞此两重责任乎？此皆由知有私德，不知有公德。故政治之不进，国华之日替，皆此之由。彼官吏之立于公人地位者且然，而民间一私人更无论也。我国民中无一人视国事如己事者，皆公德之大义未有发明故也。

且论者亦知道德所由起乎？道德之立，所以利群也。故因其群文野之差等，而其所适宜之道德，亦往往不同，而要之以能固其群、善其群、进其群者为归。夫英国宪法，以侵犯君主者为大逆不道；（各君主国皆然。）法国宪法，以谋立君主者为大逆不道；美国宪法，乃至以妄立贵爵名号者为大逆不道。（凡违宪者皆大逆不道也。）其道德之外形相反如此，至其精神则一也。一者何？曰：为一群之公益而已。乃至古代野蛮之人，或以妇女公有为道德，（一群中之妇女，为一群中之男子所公有物，无婚姻之制也。古代斯巴达尚不脱此风。）或以奴隶非人为道德，（视奴隶不以人类，古贤柏拉图、阿里士多德皆不以为非；南北美战争以前，欧美人尚不以此事为恶德也。）而今世哲学家，犹不能谓其非道德。盖以彼当时之情状，所以利群者，惟此为宜也。然则道德之精神，未有不自一群之利益而生者；苟反于此精神，虽至善者，时或变为至恶矣。（如自由之制，在今日为至美，然移之于野蛮未开之群，则为至恶；专制之治，在古代为至美，然移之于文明开化之群，则为至恶，是其例证也。）是故公德者，诸德之源也，有益于群者为善，无益于群者为恶，（无益而有害者为大恶，无害亦无益者为小恶。）此理放诸四海而准，俟诸百世而不惑者也。至其道德之外形，则随其群之进步以为比例差，群之文野不同，则其所以为利益者不同，而其所以为道德者亦自不同。德也者，非一成而不变者也，（吾此言颇骇俗，但所言者德之条理，非德之本原，其本原固亘万古而无变者也。读者幸勿误会。本原惟何？亦曰利群而已。）非数千年前之古人所能立一定格式以范围天下万世者也。（私德之条目变迁较少，公德之条目变迁尤多。）然则吾辈生于此群，生于此群之今日，宜纵观宇内之大势，静察吾族之所宜，而发明一种新道德，以求所以固吾群、善吾群、进吾群之道；未可以前王先哲所罕言者，遂以自画而不敢进也。知有公德，而新道德出焉矣，而新民出焉矣。（今世士夫谈维新者，诸事皆敢言新，惟不敢言新道德，此由学界之奴性未去，爱群、爱国、爱真理之心未诚也。盖以为道德者，日月经天，江河行地，自无始以来，不增不减，先圣昔贤，尽揭其奥，以诏后人，安有所谓新焉旧焉者？殊不知道德之为物，由于天然者半，由于人事者亦半，有发达，有进步，一循天演之大例。前哲不生于今日，安能制定悉合今日之道德？使孔孟复起，其不能不有所损益也亦明矣。今日正当过渡时代，青黄不接。前哲深微之义，或湮没而未彰，而流俗相传简单之道德，势不足以范围今后之人心，且将有厌其陈腐，而一切吐弃之者。吐弃陈腐，犹可言也；若并道德而吐弃，则横流之祸，曷其有极！今此祸已见端矣。老师宿儒或忧之，劬劬焉欲持宋元之余论以遏其流，岂知优胜劣败，固无可逃？捧坏土以塞孟津，沃杯水以救薪火，虽竭吾才，岂有当焉？苟不及今急急斟酌古今中外，发明一种新道德者而提倡之，吾恐今后智育愈盛，则德育愈衰，泰西物质文明尽输入中国，而四万万人且相率而为禽兽也。呜呼！道德革命之论，吾知必为举国之所诟病。顾吾特恨吾才之不逮耳；若夫与一世之流俗人挑战决斗，吾所不惧，吾所不辞。世有以热诚之心爱群、爱国、爱真理者乎？吾愿为之执鞭，以研究此问题也！）

公德之大目的，既在利群，而万千条理，即由是生焉。本论以后各子目，殆皆可以"利群"二字为纲以一贯之者也。故本节但论公德之急务，而实行此公德之方法，则别著于下方。

（原刊1902年3月10日《新民丛报》第3号）

第七节　论进取冒险

天下无中立之事，不猛进斯倒退矣；人生与忧患俱来，苟畏难斯落险矣。吾见夫今日天下万国中，其退步之速，与险象之剧者，莫吾中国若也，吾为此惧。

欧洲民族所以优强于中国者，原因非一，而其富于进取冒险之精神，殆其尤要者也。今勿征诸远，请言其近者。当罗马解纽以后，欧洲人满为忧，纷竞不可终日。时则有一婆人子，孓身万里，四度航海，舟人失望瞋怒之极，欲杀之而饮其血，而顾勇挠不屈，有进无退，卒觅得亚美利加，为生灵开出新世界者，则西班牙之哥仑布士（Columbus）其人也。当罗马教皇威力达于极点，各国君主，俯伏肘下。时则有一介僧侣，（天主教之教士不娶妻，故日本假佛教"僧"字以名之，今从其号。）悍然揭九十六条檄文于大府，鸣旧教之罪恶，倡新说以号召天下。教皇率百数十王侯，开法会拘而讯之，使更前说，而顾从容对簿，侃侃抗言，不屈不挠，卒能开信教自由之端绪，为人类进幸福者，则日耳曼之马丁·路得（Martin Luther）其人也。扁舟绕地球一周，凌重涛，冒万死，三年乃还，卒开通太平洋航路，为两半球凿交通之孔道者，则葡萄牙之麦志伦Magellan其人也。只身探险于亚非利加内地，越万里之撒哈拉沙漠，与瘴气战，与土蛮战，与猛兽战，数十年如一日，卒使全非开通，为白人殖民地，则英国之立温斯敦（Livingstone）其人也。十六七世纪间，新旧教之争正烈，日耳曼剿灭新教徒，殆无遗类。时则有波罗的海岸一蕞尔国，奋其螳臂，为人类请命，为上帝复仇，卒以万六千之精兵，横行欧陆，拯民涂炭，牺牲一身而不悔者，则瑞典王亚多法士（Adolphus）其人也。俄罗斯经蒙古蹂躏之后，元气新复，积弱蛮陋，无足比数。时则有以万乘之尊，微服外游，杂伍佣作，学其文明技术，传与其民，使其国为今日世界第一雄国，骎骎乎有囊括宇内之观者，则俄皇大彼得（Peter the Great）其人也。英国自额里查白（英女皇名）以后，积胜而骄，立宪美政，渐以坠地。时则有一穷壤牧夫，攘臂以举义旗，兴国会军，血战八年，卒俘独夫，重兴民政，使北海三岛，为文明政体之祖国，国旗辉于大地者，则英吉利之克林威尔（Cromwell）其人也。美受英轭，租税烦重，人权蹂躏，民不聊生。时则有一穹谷侠农，叩自由之钟，揭独立之旗，毫无凭借，以抗大敌，卒能建雄邦于新世界，今日几为廿世纪地球之主人翁者，则美总统华盛顿（Washington）其人也。法国大革命后，风潮迅激，大陆震憾，举国不宁。时则有一小军队中一小将校，奋其功名心，征埃及，征意大利，席卷全欧，建大帝国；犹率四十万貔貅临强俄，逐北千里，虽败而其气不挫，则法皇拿破仑（Napoleon）其人也。荷为班属，宗教压制，虐政憔悴，缇骑遍国。时则有一亡命志士，集劲旅于日耳曼，归图恢复，血战三十七年，卒复国权，身毙于钼麂之手而不悔者，则荷兰之维廉额们（William Egmont）其人也。美国当数十年前，奴政盛行，人道灭绝，南北异趣，国几分裂。时则有一舟人之子，以正理为甲胄，以民义为戈矛，断然排俗情，兴义战，牺牲少数以活多数，草芥一身以献国民，卒能实行平等博爱之理想，定国宪以为天下法，则美总统林肯（Lincoln）其人也。罗马云亡，遗烈久沫，寄息他族，奴畜禽视。时则有弱冠翩翩一少年，投秘密结社，倾伪政府，不能得志，遄窜异域，专务青年教育，唤起国魂，卒能使其国成独立统一之功，列于世界第一等国者，则意大利之玛志尼（Mazzini）其人也。若此者，不过聊举数贤以为例耳。其他豪杰之类此者，比肩接踵于历史，胪其事实，则五车不能容，即算其姓名，亦更仆不能尽。於戏！何其盛哉！后世读史者，挹其芬，汲其流，崇拜而歌舞之，而不知其当时道天下所不敢道，为天下所不敢为。其精神有江河学海不到不止之形，其气魄有破釜沉舟一瞑不视之概。其徇其主义也，有天上地下惟我独尊之观；其向其前途也，有鞠躬尽瘁死而后已之志。其成也，涸脑精以买历史之光荣；其败也，迸鲜血以赎国民之沉孽。呜呼！曷克有此？曰惟进取故，曰惟冒险故。

进取冒险之性质何物乎？吾无以名之，名之曰浩然之气。孟子释浩然之气曰："其为气也，配义与道，无是馁也。"又曰："是集义所生者，非义袭而取之也。行有不慊于心，则馁矣。"故此性质者，人有之则生，无之则死；国有之则存，无之则亡。而所以养成之、发现之者，其根柢甚深厚，而非器性薄弱之人所能假借。试推其所原，有四端焉：

一曰生于希望。"亚历山大之亲征波斯也，濒行，举其子女玉帛，悉分予诸臣，无一余者。诸臣曰：然则王更何有乎？王曰：吾有一焉，曰希望。"甚哉希望之于人如此其伟大而有力也！凡人生莫不有两世界：其在空间者，曰实迹界，曰理想界；其在时间者，曰现在界，曰未来界。实迹与现在，属于行为；理想与未来，属于希望。而现在所行之实迹，即为前此所怀理想之发表；而现在所怀之理想，又为将来所行实迹之券符。然则实迹者理想之子孙，未来者现在之父母也。故人类所以胜于禽兽，文明人所以胜于野蛮，惟其有希望故，有理想故，有未来故。希望愈大，则其进取冒险之心愈雄。越王勾践之栖会稽，以薪为蓐，以胆为粮，彼其心未尝一日忘沼吴也。摩西率顽冥险躁之犹太人民，彷徨于亚剌伯沙漠四十余年，彼盖日有一葡萄滋熟、蜜乳芬郁之迦南乐土，来往于其胸中也。王阳明诗云："人人有路透长安，坦坦平平一直看。"岂惟吴会，岂惟迦南，盖丈夫之所以立于世者，莫不有第二之世界，以为其归宿之一故乡，各怀希望以奔于无极之长途，此世运所以日进步也。以此希望故，故其于现在界，于实迹界，不惜绞其脑，滴其汗，胼胝其手足，甚乃献其血，蜕其骸，岂徒然哉？其将有所易也。西哲有言："上帝语众生曰：汝所欲之物，吾悉畀汝，但汝当纳其代价。"进取冒险者，希望之代价也。彼禽兽与野蛮人，饥则求食，饱则嬉焉，知有今日而不知有明日。人之所以为人，文明之所以为文明，亦曰知明日而已。惟明日能系我于无极，而三日焉，而五日焉，而七日焉，而一旬焉，而一月焉，而一年焉，而十年焉，而百年焉，而千万年焉，而亿兆京垓无量数不可思议年焉，皆明日之积也。保守今日，故进取之念消；偷安今日，故冒险之气亡。若此者，是弃其所以为人之具，而自侪于群动也。吾乃知进取冒险之不可以已如此其甚也。

二曰生于热诚。吾读《史记·李将军列传》，至"广出猎，见草中石，以为虎，射之。中石，没羽。视之，石也。因复更射之，终不能复入石矣。"未尝不叹人生之能力，无一定界限，无一定程度，而惟以其热诚之界限程度为比例差，其动机也希微，其结果也殊绝。而深知夫天下古今之英雄豪杰、孝子烈妇、忠臣义士以至热心之宗教家、政治家、美术家、探险家，所以能为惊天地泣鬼神之事业震宇宙而昭苏之者，其所得皆有由也。西儒姚哥氏有言："妇人弱也，而为母则强。"夫弱妇何以能为强母？唯其爱儿至诚之一念，则虽平日娇不胜衣，情如小鸟，而以其儿之故，可以独往独来于千山万壑中，虎狼吼咻，魍魉出没，而无所于恐，无所于避。大矣哉！热诚之爱之能易人度也。朱寿昌之弃官行乞，跋涉风雪，爱其亲也；豫让之漆身为厉，被发为奴，爱其君也；诸葛武侯之扶病出师，洒一掬之泪于五丈原头而不辞者，爱知己也；克林威尔冒弑君之大不韪，且两度解散国会，受专制之嫌而无惮者，爱国民也；林肯不顾国内之分裂，不恤战争之涂炭，而毅然布放奴令于南美者，爱公理也；十六七世纪之间，新教徒抵抗教皇者二百余年，死者以千数百万计，而未尝悔者，爱上帝、爱自由也；十九世纪，革命风潮，遍于全欧，掷无量数之头颅血肉，前者仆而后者继，亦以其民之爱国而自爱也。彼男女之相悦，则固常背父母、犯舆论，千回百折以相从矣，甚者乃相为死矣。夫人情孰不爱生而恶死？倾其所爱有甚于生者，故或可以得生而不用也。《战国策》言：有攫金于齐市者，士官拘而鞠之。其人曰：吾攫金时，只见金，不见人。彼夫英雄豪杰、孝子烈妇、忠臣义士以至热心之宗教家、政治家、美术家、探险家，当其徇其主义，赴其目的，何一非见金不见人之类也！若是者，莫之为而为，莫之致而至，岂惟不见有人，并不见有我焉。无以名之，名之曰"烟士披里纯"（Inspiration）。"烟士披里纯"者，热诚最高潮之一点，而感动人、驱迫人使上于冒险进取之途者也。而此热诚又不惟于所爱者有之，乃至哀之极、怒之极、危险之极，亦常为驱发热诚之导线。处火宅者，弱女能运千钧之笱；临敌阵者，疲马亦作突围之想。故曰不搏不跃，不激不行。可爱者而不知爱，可哀者而不知哀，可怒者而不知怒，可危者而不知危，此所谓无人性也。吾乃知进取冒险之不可以已如此其甚也。

  三曰生于智慧。凡人之有所畏缩也，必其于事理见之未明者也。孩童妇妪最畏鬼，暮夜则不敢出也，蛮野民族最畏机祥，龟筮不从则不敢动作也，日食彗见则恐惧潜藏也，礼拜五日不宜出行也，十三人不敢共膳也（二者皆西俗）：此皆知有所蔽，而行遂有所怯也。滩石错落，河流激湍，非习水性者不敢渡焉；大雪漫野，坑谷皆盈，非识地势者不敢凌焉。见之不审，则其气先馁，馁则进取之精神萎地矣。故王阳明以知行合一为教义，诚得其本也。哥仑布之敢于航大西洋而西也，盖深信地图之理，而知彼岸必有极乐世界也；格兰斯顿之坚持爱尔兰自治案也，盖深信民族主义、自由平等主义，知非此而英、爱不能相安也。猛虎蹑于后，则越涧穿林如平地；大火燎于栋，则飞檐走壁如转蓬：知虎与火之能杀人，而不得不冒次险以避最险也。若乳婴之子，不知虎之暴而火之烈，则嬉然安之而已。故进取冒险之精神，又常以其见地之浅深高下为比例差。欲养气者必先积智，非虚言也。而不然者，为教宗之奴隶，为先哲之奴隶，为习俗之奴隶，为居上位有权势者之奴隶，乃至自为其心之奴隶，其心又为四支百体之奴隶，重重缚轭，奄奄就死，无复生人之趣矣。吾乃知进取冒险之不可以已如此其甚也。

四曰生于胆力。拿破仑曰："'难'之一字，惟愚人所用字典为有之耳。"又曰："'不能'二字，非佛兰西人所用也。"讷尔逊曰："吾未见所谓可畏者，吾不识'畏'之为何物也。"（讷尔逊，英国名将，即扫荡拿破仑海军者也。当五岁时，常独游山野，遇迅雷风烈，入夜不归。其家遣人觅得之，则危坐于山巅一破屋也。其祖母责之曰："嘻！异哉！何物怪童，此可怖之现象，竟不能驱汝归家耶？"讷则答曰："Fear? I never saw fear! I do not know what it is."即此文是也。译为华言，不能得其精神于万一。）呜呼！至今读此言，神气犹为之王焉。岂伟人之根器，固非吾辈所能企乎，抑自有之而自不用也？拿破仑所历至难之境正多，讷尔逊所遇可畏之端亦不少，而拿、讷若行所无事者，无他，其气先足以胜之也。佛说三界惟心，万法唯识。吾以为不能焉，以为可畏焉，斯不能矣，斯可畏矣；吾以为能焉，以为无畏焉，斯亦能矣，斯亦无畏矣。此其理真非钝根众生之所能悟也。虽然，犹有二义焉。凡人之有疾病者，虽复齿痛鼻眩之微末，而其日之精神志气，辄为之萎缩，盖气力与体魄，常相依而为用者也。此一说也。又庄敬日强，安惰日偷，生理之大经也。曾文正曰："身体虽弱，却不宜过于爱惜。精神愈用则愈出，阳气愈提则愈盛。若存一爱惜精神的意思，将前将却，奄奄无气，决难成事。"此又一说也。若是乎体魄之不可不自壮，而胆力亦未尝不可以养成也。若拿破仑，若讷尔逊，若曾国藩，皆进取冒险之豪杰，永为后辈型者也。（曾文正最讲踏实地步、谨慎小心，然其中自有冒险之精神。细读全集，自能见之。）吾乃知进取冒险之不可以已如此其甚也。

危乎微哉！吾中国人无进取冒险之性质，自昔已然，而今且每况愈下也。曰知足不辱，知止不殆；曰知白守黑，知雄守雌；曰不为物先，不为物后；曰未尝先人，而常随人：此老氏之谰言，不待论矣。而所称诵法孔子者，又往往遗其大体，撷其偏言：取其"狷"主义，而弃其"狂"主义；取其"勿"主义，而弃其"为"主义；（"勿"主义者，惩忿窒欲之学也，如"非礼勿视"四句等义是；"为"主义者，开物成务之学也，如"天下有道，某不与易"等义是。）取其"坤"主义，而弃其"乾"主义；（地道、妻道、臣道，此"坤"主义也；自强不息，此"乾"主义也。）取其"命"主义，而弃其"力"主义。（《列子》有《力命》篇，《论语》称子罕言命，又称子不语力，其实力、命两者，皆孔子所常言。知命之训，力行之教，昭昭然矣。）其所称道者，曰乐则行之，忧则违之也；曰无多言，多言多患，无多事，多事多败也；曰危邦不入，乱邦不居也；曰孝子不登高、不临深也：夫此诸义，亦何尝非孔门所传述？然言非一端，义各有当，孔子曷尝以此义尽律天下哉！而末俗承流，取便利己，遂蒙老马以孔皮，易尼鄹以聃莒，于是进取冒险之精神，澌灭以尽。试观一部十七史之列传，求所谓如哥仑布、立温斯敦者有诸乎？曰无有也。求所谓如马丁·路得、林肯者有诸乎？曰无有也。求所谓如克林威尔、华盛顿者有诸乎？曰无有也。藉有一二，则将为一世之所戮辱而非笑者也，不曰好大喜功，则曰忘身及亲也。积之数千年，浸之亿万辈，而霸者复阳芟之而阴锄之，务使一国之人，鬼脉阴阴，病质奄奄，女性纤纤，暮色沉沉。呜呼！一国之大，有女德而无男德，有病者而无健者，有暮气而无朝气，甚者乃至有鬼道而无人道，恫哉恫哉！吾不知国之何以立也！君梦如何，我忧孔多。抚弦慷慨，为《少年进步之歌》。歌曰：

  Never look behind, boys,
    When you're on the way;
  Time enough for that, boys,
    On some future day.

  Though the way be long, boys,
    Face it with a will;
  Never stop to look behind,
    When climbing up a hill.

  First be sure you're right, boys,
    Then with courage strong

Strap your pack upon your back,
　　And tramp, tramp along.

When you're near the top, boys,
　　Of the rugged way,
Do not think your work is done,
　　But climb, climb away.

Success is at the top, boys,
　　Waiting there until
Patient, plodding, plucky boys,
　　Have mounted up the hill.

（原刊1902年4月8日《新民丛报》第5号）

第九节　论自由

"不自由毋宁死！"斯语也，实十八九两世纪中，欧美诸国民所以立国之本原也。

自由之义，适用于今日之中国乎？曰：自由者，天下之公理，人生之要具，无往而不适用者也。虽然，有真自由，有伪自由，有全自由，有偏自由，有文明之自由，有野蛮之自由。今日自由云自由云之语，已渐成青年辈之口头禅矣。新民子曰：我国民如欲永享完全文明真自由之福也，不可不先知自由之为物果何如矣。请论自由。

自由者，奴隶之对待也。综观欧美自由发达史，其所争者不出四端：一曰政治上之自由，二曰宗教上之自由，三曰民族上之自由，四曰生计上之自由（即日本所谓经济上自由）。政治上之自由者，人民对于政府而保其自由也。宗教上之自由者，教徒对于教会而保其自由也。民族上之自由者，本国对于外国而保其自由也。生计上之自由者，资本家与劳力者相互而保其自由也。而政治上之自由，复分为三：一曰平民对于贵族而保其自由，二曰国民全体对于政府而保其自由，三曰殖民地对于母国而保其自由，是也。自由之征诸实行者，不外是矣。

以此精神，其所造出之结果，厥有六端：（一）四民平等问题：凡一国之中，无论何人，不许有特权（特别之权利与齐民异者），是平民对于贵族所争得之自由也。（二）参政权问题：凡生息于一国中者，苟及岁而即有公民之资格，可以参与一国政事，是国民全体对于政府所争得之自由也。（三）属地自治问题：凡人民自殖于他土者，得任意自建政府，与其在本国时所享之权利相等，是殖民地对于母国所争得之自由也。（四）信仰问题：人民欲信何教，悉由自择，政府不得以国教束缚干涉之，是教徒对于教会所争得之自由也。（五）民族建国问题：一国之人，聚族而居，自立自治，不许他国若他族握其主权，并不许干涉其毫末之内治，侵夺其尺寸之土地，是本国人对于外国所争得之自由也。（六）工群问题（日本谓之劳动问题或社会问题）：凡劳力者，自食其力，地主与资本家，不得以奴隶畜之，是贫民对于素封者所争得之自由也。试通览近世三四百年之史记，其智者敝口舌于庙堂，其勇者涂肝脑于原野，前者仆，后者兴，屡败而不悔，弗获而不措者，其所争岂不以此数端耶？其所得岂不在此数端耶？试一述其崖略：

昔在希腊、罗马之初政，凡百设施，谋及庶人。共和自治之制，发达盖古。然希腊纯然贵族政体，所谓公民者，不过国民中一小部分，而其余农、工、商及奴隶，非能一视也。罗马所谓公民，不过其都会中之拉丁民族，而其攻取所得之属地也，非能一视也。故政治上之自由，虽远滥觞于希、罗，然贵族之对平民也，母国之对属地也，本国人之对外国也，地主之对劳力者也，其种种侵夺自由之弊，亦自古然矣。及耶稣教兴，罗马帝国立，而宗教专制、政治专制乃大起。中世之始，蛮族猖披，文化蹂躏，不待言矣。及其末也，则罗马皇帝与罗马教皇，分司全欧人民之躯壳、灵魂两界，生息于肘下而不能自拔。故中世史者，实泰西之黑暗时代也。及十四五世纪以来，马丁·路得兴，一抉旧教藩篱，思想自由之门开，而新天地始出现矣。尔后二三百年中，列国或内争，或外伐，原野餍肉，溪谷填血，天日惨淡，神鬼苍黄，皆为此一事而已。此为争宗教自由时代。及十七世纪，格林威尔起于英；十八世纪，华盛顿兴于美；未几而法国大革命起，狂风怒潮，震撼全欧。列国继之，云渝水涌，遂使地中海以西，亘于太平洋东岸，无一不为立宪之国，加拿大、澳洲诸殖民地，无一不为自治之政，直至今日，而其机未止。此为争政治自由时代。自十六世纪，荷兰人求脱西班牙之轭，奋战四十余年，其后诸国踵兴，至十九世纪，而民族主义磅礴于大地。伊大利、匈加利之于奥大利，爱尔兰之于英伦，波兰之于俄、普、奥三国，巴干半岛诸国之于土耳其，以至现今波亚之于英，菲律宾之于美，所以死亡相踵而不悔者，皆曰"非我种族不得有我主权"而已。虽其所向之目的，或达或不达，而其精神一也。此为争民族自由时代。（民族自由与否，大半原于政治，故此二者其界限常相混。）前世纪（十九）以来，美国布禁奴之令，俄国废农佣之制，生计界大受影响。而廿卅年来，同盟罢工之事，所在纷起，工厂条例，陆续发布，自今以往，此问题遂将为全地球第一大案。此为争生计自由时代。凡此诸端，皆泰西四百年来改革进步之大端，而其所欲以去者，亦十之八九矣。嘻嘻！是遵何道哉？皆"不自由毋宁死"之一语，耸动之，鼓舞之，出诸壤而升诸霄，生其死而肉其骨也。於戏！璀璨哉，自由之花！於戏！庄严哉，自由之神！

今将近世史中争自由之大事，列一年表如下：

一五三二年　旧教徒与新教徒结条约，许信教自由 ……………… 宗教上之自由

一五二〔三〕四年　瑞士信新教，诸市府始联合行共和政 ……………… 同

一五三六年　丁抹国会始定新教为国教 ……………………………… 同

一五七〇年　法国内讧暂熄，新教徒始自由 ………………………… 同

一五九八年　法国许新教徒以参政权 ……………………………… 同

一六四八年　荷兰国与西班牙积四十年苦战始得自立 …… 民族上之自由亦因宗教

一六一八至　｛西班牙、佛兰西、瑞典、日耳曼、丁扶等｝
一六四八年　｛国连兵不止，卒定新旧教同享平等权利｝……… 宗教上之自由

一六四九年　英民弑其王查理士第一，行共和政 ……………… 政治上之自由

一七七六年　北美合众国布告独立 ……………………… 同（殖民地之关系）

一七八九年	法国大革命起	同（贵族平民之关系）
一八二二年	墨西哥独立	政治上之自由（殖民地之关系）
一八一九至一八三一年	南美洲诸国独立	同
一八三二年	英国改正选举法	同
一八三三年	英国布禁奴令于殖民地	生计上之自由
一八四八年	法国第二次革命	政治上之自由
同　　年	奥国维也纳革命起	同
同　　年	匈加利始立新政府，次年奥匈开战	民族上之自由
同　　年	意大利革命起	同
同　　年	日耳曼谋统一不成	同
同　　年	意大利、瑞士、丁抹、荷兰发布宪法	政治上之自由
一八六一年	俄国解放隶农	生计上之自由
一八六三年	希腊脱土耳其自立	民族上之自由
同　　年	波兰人拒俄乱起	同
同　　年	美国因禁奴事南北相争	同
一八六七年	北德意志联邦成	民族上与政治上之自由
一八七〇年	法国第三次革命	政治上之自由
一八七一年	意大利统一功成	民族上与政治上之自由
一八七五至一八七八年	土耳其所属门的内哥、塞尔维亚、赫斯戈伟讷等国皆起倡独立	民族上与宗教上之自由
一八八一年	俄皇亚历山大第二将布宪法，旋为虚无党所弑	政治上之自由
一八八二年	美国大同盟罢工起，此后各国有之，岁岁不绝	生计上之自由
一八八九年	巴西独立，行共和政	政治上之自由（殖民地之关系）
一八九三年	英国布爱尔兰自治案	民族上之自由
一八九九年	菲立宾与美国战	同
同　　年	波亚与英国战	同
一九〇一年	澳洲自治联邦成	政治上之自由

　　由此观之，数百年来世界之大事，何一非以"自由"二字为之原动力者耶？彼民之求此自由也，其时不同，其国不同，其所需之种类不同，故其所求者亦往往不同，要其用诸实事而非虚谈，施诸公敌而非私利一也。

试以前所列之六大问题，覆按诸中国，其第一条四民平等问题，中国无有也，以吾自战国以来，即废世卿之制，而阶级陋习，早已消灭也。其第三条属地自治问题，中国无有也，以其无殖民地于境外。其第四条信仰问题，中国更无有也，以吾国非宗教国，数千年无教争也。其第六条工群问题，他日或有之，而今则尚无有也，以其生计界尚沉滞，而竞争不剧烈也。然则今日吾中国所最急者，唯第二之参政问题，与第四之民族建国问题而已。此二者事本同源，苟得其乙，则甲不求而自来；苟得其甲，则乙虽弗获犹无害也。若是夫吾侪之所谓自由，与其所以求自由之道，可以见矣。

自由之界说曰："人人自由，而以不侵人之自由为界。"夫既不许侵人自由，则其不自由亦甚矣。而顾谓此为自由之极则者何也？自由云者，团体之自由，非个人之自由也。野蛮时代，个人之自由胜，而团体之自由亡；文明时代，团体之自由强，而个人之自由减。斯二者盖有一定之比例，而分毫不容忒者焉。使其以个人之自由为自由也，则天下享自由之福者，宜莫今日之中国人若也。绅士武断于乡曲，受鱼肉者莫能抗也；驵商逋债而不偿，受欺骗者莫能责也。夫人人皆可以为绅士，人人皆可以为驵商，则人人之自由亦甚矣。不宁惟是，首善之区，而男妇以官道为圊牏，何其自由也！市邑之间，而老稚以鸦片为菽粟，何其自由也！若在文明国，轻则罚锾，重则输城旦矣。诸类此者，若悉数之，则更仆而不能尽。由是言之，中国人自由乎，他国人自由乎？顾识者揭橥自由之国，不于此而于彼者何也？野蛮自由，正文明自由之蟊贼也。文明自由者，自由于法律之下，其一举一动，如机器之节腠，其一进一退，如军队之步武。自野蛮人视之，则以为天下之不自由，莫此甚也。夫其所以必若是者何也？天下未有内不自整，而能与外为竞者。外界之竞争无已时，则内界之所以团其竞争之具者，亦无已时。使滥用其自由，而侵他人之自由焉，而侵团体之自由焉，则其群固已不克自立，而将为他群之奴隶，夫复何自由之能几也？故真自由者必能服从。服从者何？服法律也。法律者，我所制定之，以保护我自由，而亦以钳束我自由者也。彼英人是已。天下民族中，最富于服从性质者莫如英人，其最享自由幸福者亦莫如英人。夫安知乎服从之即为自由母也。嗟夫！今世少年，莫不嚣嚣言自由矣，其言之者，固自谓有文明思想矣，曾不审夫泰西之所谓自由者，在前此之诸大问题，无一役非为团体公益计，而决非一私人之放恣桀骛者所可托以藏身也。今不用之向上以求宪法，不用之排外以伸国权，而徒耳食一二学说之半面，取便私图，破坏公德，自返于野蛮之野蛮，有规语之者，犹敢觍然抗说曰："吾自由，吾自由。"吾甚惧乎"自由"二字，不徒为专制党之口实，而实为中国前途之公敌也。

"爱"主义者，天下之良主义也。有人于此，汲汲务爱己，而曰我实行爱主义可乎？"利"主义者，天下之良主义也。有人于此，孳孳务利己，而曰我实行利主义可乎？"乐"主义者，亦天下之良主义也，有人于此，媞媞务乐己，而曰我实行乐主义可乎？故凡古贤今哲之标一宗旨以易天下者，皆非为一私人计也。身与群校，群大身小，诎身伸群，人治之大经也。当其二者不兼之际，往往不爱己、不利己、不乐己，以达其爱群、利群、乐群之实者有焉矣。佛言："我不入地狱，谁入地狱？"佛之说法，岂非欲使众生脱离地狱者耶？而其下手必自亲入地狱始。若是乎有志之士，其必悴其形焉，困衡其心焉，终身自栖息于不自由之天地，然后能举其所爱之群与国而自由之也，明矣。今世之言自由者，不务所以进其群、其国于自由之道，而惟于薄物细故、日用饮食，断断然主张一己之自由，是何异箪豆见色，而曰我通功利派之哲学；饮博无赖，而曰我循快乐派之伦理也。《战国策》言："有学儒三年，归而名其母者。"吾见夫误解自由之义者，有类于是焉矣。

然则自由之义，竟不可行于个人乎？曰：恶，是何言！团体自由者，个人自由之积也。人不能离团体而自生存，团体不保其自由，则将有他团焉自外而侵之、压之、夺之，则个人之自由更何有也！譬之一身，任口之自由也，不择物而食焉，大病浸起，而口所固有之自由亦失矣；任手之自由也，持梃而杀人焉，大罚浸至，而手所固有之自由亦失矣。故夫一饮一食、一举一动，而皆若节制之师者，正百体所以各永保其自由之道也，此犹其与他人他体相交涉者。吾请更言一身自由之事。

一身自由云者，我之自由也。虽然，人莫不有两我焉：其一，与众生对待之我，昂昂七尺，立于人间者是也；其二，则与七尺对待之我，莹莹一点，存于灵台者是也。〔孟子曰："物交物，则引之而已矣。"物者，我之对待也，上"物"指众生，下"物"指七尺（即耳目之官），要之皆物而非我也。我者何？"心之官"是已。"先立乎其大者，则其小者不能夺也。"惟我为大，而两界之物皆小也。小不夺大，则自由之极轨焉矣。〕是故人之奴隶我不足畏也，而莫痛于自奴隶于人；自奴隶于人犹不足畏也，而莫惨于我奴隶于我。庄子曰："哀莫大于心死，而身死次之。"吾亦曰：辱莫大于心奴，而身奴斯为末矣。夫人强迫我以为奴隶者，吾不乐焉，可以一旦起而脱其绊也，十九世纪各国之民变是也。以身奴隶于人者，他人或触于慈祥焉，或迫于正义焉，犹可以出我水火而苏之也，美国之放黑奴是也。独至心中之奴隶，其成立也，非由他力之所得加；其解脱也，亦非由他力之所得助。如蚕在茧，著著自缚；如膏在釜，日日自煎。若有欲求真自由者乎，其必自除心中之奴隶始。

吾请言心奴隶之种类，而次论所以除之之道。

一曰，勿为古人之奴隶也。古圣贤也，古豪杰也，皆尝有大功德于一群，我辈爱而敬之宜也。虽然，古人自古人，我自我。彼古人之所以能为圣贤、为豪杰者，岂不以其能自有我乎哉？使不尔者，则有先圣无后圣，有一杰无再杰矣。譬诸孔子诵法尧舜，我辈诵法孔子，曾亦思孔子所以能为孔子，彼盖有立于尧舜之外者也。使孔子而为尧舜之奴隶，则百世后必无复有孔子者存也。闻者骇吾言乎？盍思乎世运者进而愈上，人智者浚而愈莹。虽有大哲，亦不过说法以匡一时之弊，规当世之利，而决不足以范围千百万年以后之人也。泰西之有景教也，其在中古，曷尝不为一世文明之中心点？逮夫末流，束缚驰骤，不胜其敝矣。非有路得、倍根、笛卡儿、康德、达尔文、弥勒、赫胥黎诸贤，起而附益之，匡救之，夫彼中安得有今日也！中国不然，于古人之言论行事，非惟辨难之辞不敢出于口，抑且怀疑之念不敢萌于心。夫心固我有也，听一言，受一义，而曰我思之，我思之，若者我信之，若者我疑之，夫岂有刑戮之在其后也？然而举世之人，莫敢出此。吾无以譬之，譬之义和团。义和团法师之被发仗剑、踽步念念有词也，听者苟一用其思索焉，则其中自必有可疑者存。而信之者竟遍数省，是必其有所慑焉，而不敢涉他想者矣；否则有所假焉，自欺

97

欺人以逞其狐威者矣。要之为奴隶于义和团一也。吾为此譬，非敢以古人比义和团也。要之四书六经之义理，其非一一可以适于今日之用，则虽临我以刀锯鼎镬，吾犹敢断言而不惮也。而世之委身以嫁古人，为之荐枕席而奉箕帚者，吾不知其与彼义和团之信徒果何择也。我有耳目，我物我格；我有心思，我理我穷。高高山顶立，深深海底行。其于古人也，吾时而师之，时而友之，时而敌之，无容心焉，以公理为衡而已。自由何如也！

二曰，勿为世俗之奴隶也。甚矣人性之弱也！"城中好高髻，四方高一尺；城中好广袖，四方全幅帛。"古人夫既谣之矣。然曰乡愚无知，犹可言也；至所谓士君子者，殆又甚焉。当晚明时，举国言心学，全学界皆野狐矣；当乾嘉间，举国言考证，全学界皆蠹鱼矣。然曰岁月渐迁，犹可言也；至如近数年来，丁戊之间，举国慕西学若膻，己庚之间，举国避西学若厉，今则厉又为膻矣。夫同一人也，同一学也，而数年间可以变异若此，无他，俯仰随人，不自由耳。吾见有为猴戏者，跳焉则群猴跳，掷焉则群猴掷，舞焉则群猴舞，笑焉则群猴笑，哄焉则群猴阅，怒焉则群猴骂。谚曰："一犬吠影，百犬吠声。"悲哉！人秉天地清淑之气以生，所以异于群动者安在乎？胡自污蔑以与猴犬为伦也！夫能铸造新时代者上也，即不能，而不为旧时代所吞噬所汩沉，抑其次也。狂澜滔滔，一柱屹立，醉乡梦梦，灵台昭然，丈夫之事也。自由何如也！

三曰，勿为境遇之奴隶也。人以一身立于物竞界，凡境遇之围绕吾旁者，皆日夜与吾相为斗而未尝息者也。故战境遇而胜之者则立，不战而为境遇所压者则亡。若是者，亦名曰天行之奴隶。天行之虐，逞于一群者有然，逞于一人者亦有然。谋国者而安于境遇也，则美利坚可无独立之战，匈加利可无自治之师，日耳曼、意大利可以长此华离破碎为虎狼奥之附庸也。使谋身者而安于境遇也，则贱族之的士礼立，（英前宰相，与格兰斯顿齐名者，本犹太人。犹太人在英，视为最贱之族。）何敢望挫俄之伟勋？蛋儿之林肯，（前美国大统领，渔人了也，少极贫。）何敢企放奴之大业？而西乡隆盛当以患难易节，玛志尼当以窜谪灰心也。吾见今日所谓识时之彦者，开口辄曰：阳九之厄，劫灰之运，天亡中国，无可如何。其所以自处者，非贫贱而移,则富贵而淫,其最上者遇威武而亦屈也。一事之挫跌,一时之潦倒,而前此权奇磊落、不可一世之概,销磨尽矣。咄!此区区者果何物,而顾使之操纵我心如转蓬哉?善夫,《墨子·非命》之言也,曰:"执有命者,是覆天下之义,而说百姓之谇也。"天下善言命者,莫中国人若,而一国之人,奄奄待死矣。有力不庸,而惟命是从,然则人也者,亦天行之刍狗而已,自动之机器而已。曾无一毫自主之权,可以达己之所志,则人之生也,奚为哉?奚乐哉?英儒赫胥黎曰:"今者欲治道之有功,非与天争胜焉不可也。固将沉毅用壮,见大丈夫之锋颖,强立不反,可争可取而不可降。所遇善,固将宝而维之;所遇不善,亦无惮焉。"陆象山曰:"利害毁誉,称讥苦乐,名曰八风。八风不动,入三摩地。"邵尧夫之诗曰:"卷舒一代兴亡手,出入千重云水身。"眇兹境遇,曾不足以损豪杰之一脚指,而岂将入其笠也?自由何如也!

四曰,勿为情欲之奴隶也。人之丧其心也,岂由他人哉?孟子曰:"向为身死而不受,今为宫室之美、妻妾之奉、所识穷乏者得我而为之,是亦不可以已乎?"夫诚可以已,而能已之者百无一焉,甚矣情欲之毒人深也!古人有言:心为形役。形而为役,犹可愈也;心而为役,将奈之何?心役于他,犹可拔也;心役于形,将奈之何?形无一日而不与心为缘,则将终其生趑趄瑟缩于六根六尘之下,而自由权之萌蘖俱断矣。吾常见有少年岳岳荦荦之士,志愿才气,皆可以开拓千古,推倒一时;乃阅数年而馁焉,更阅数年而益馁焉。无他,凡有过人之才者,必有过人之欲;有过人之才,有过人之欲,而无过人之道德心以自主之,则其才正为其欲之奴隶,曾几何时,而销磨尽矣。故夫泰西近数百年,其演出惊天动地之大事业者,往往在有宗教思想之人。夫迷信于宗教而为之奴隶,固非足贵;然其借此以克制情欲,使吾心不为顽躯浊壳之所困,然后有以独往独来,其得力固不可诬也。日本维新之役,其倡之成之者,非有得于王学,即有得于禅宗。其在中国近世,勋名赫赫在人耳目者,莫如曾文正。试一读其全集,观其困知勉行、厉志克己之功何如?天下固未有无所养而能定大艰、成大业者。不然,日日恣言曰吾自由吾自由,而实为五贼(佛典亦以五贼名五官。)所驱遣,劳苦奔走以借之兵而赍其粮耳,吾不知所谓自由者何在也？孔子曰："克己复礼为仁。"己者对于众生称为己，亦即对于本心而称为物者也。所克者己，而克之者又一己。以己克己，谓之自胜，自胜之谓强。自胜焉，强焉，其自由何如也！

吁！自由之义，泰西古今哲人，著书数十万言剖析之，犹不能尽也。浅学如余，而欲以区区片言单语发明之，乌知其可？虽然，精义大理，当世学者既略有述焉，吾故就团体自由、个人自由两义，刺取其浅近直捷者，演之以献于我学界。世有爱自由者乎，其慎勿毒自由以毒天下也！

（原刊1902年5月8日、5月22日《新民丛报》第7—8号）

第十一节　论进步

（一名《论中国群治不进之原因》）

泰西某说部，载有西人初航中国者，闻罗盘针之术之传自中国也，又闻中国二千年前即有之也，默忖此物入泰西，不过数纪，而改良如彼其屡，效用如彼其广，则夫母国数千年之所增长，更当何若！登岸后不遑他事，先入市购一具，乃问其所谓最新式者，则与历史读本中所载十二世纪时亚剌伯人传来之罗盘图，无累黍之异。其人乃废然而返云。此虽讽刺之寓言，实则描写中国群治濡滞之状，谈言微中矣。

吾昔读黄公度《日本国志》，好之，以为据此可以尽知东瀛新国之情状矣。入都见日使矢野龙溪，偶论及之。龙溪曰："是无异据《明史》以言今日中国之时局也。"余怫然，叩其说。龙溪曰："黄书成于明治十四年。我国自维新以来，每十年间之进步，虽前此百年不如也。然则二十年前之书，非《明史》之类如何？"吾当时犹疑其言，东游以来，证以所见，良信。斯密亚丹《原富》，称元代时有意大利人玛可波罗游支那，归而著书，述其国情，以较今人游记，殆无少异。吾以为岂惟玛氏之作，即《史记》《汉书》二千年旧籍，其所记载，与今日相去能几何哉？夫同在东亚之地，同为黄族之民，而何以一进一不进，霄壤若此？

中国人动言郅治之世在古昔，而近世则为浇末、为叔季。此其义与泰西哲学家进化之论最相反。虽然，非谰言也，中国之现状实然也。试观战国时代，学术蜂起，或明哲理，或阐技术，而后此则无有也。两汉时代，治具粲然，宰相有责任，地方有乡官，而后此则无有也。自余百端，类此者不可枚举。夫进化者，天地之公例也。譬之流水，性必就下；譬之抛物，势必向心。苟非有他人焉从而搏之，有他物焉从而吸之，则未有易其故常者。然则吾中国之反于彼进化之大例，而演出此凝滞之现象者，殆必有故。求得其故而讨论焉发明焉，则知病而药于是乎在矣。

论者必曰：由于保守性质之太强也。是固然也。虽然，吾中国人保守性质，何以独强，是亦一未解决之问题也。且英国人以善保守闻于天下，而万国进步之速，殆莫英若，又安见夫保守之必为群害也？吾思之，吾重思之，其原因之由于天然者有二，由于人事者有三。

一曰大一统而竞争绝也。竞争为进化之母，此义殆既成铁案矣。泰西当希腊列国之时，政学皆称极盛；洎罗马分裂，散为诸国，复成近世之治，以迄于今，皆竞争之明效也。夫列国并立，不竞争则无以自存。其所竞者，非徒在国家也，而兼在个人；非徒在强力也，而尤在德智。分途并趋，人自为战，而进化遂沛然莫之能御。故夫一国有新式枪炮出，则他国弃其旧者恐后焉，非是不足以操胜于疆场也；一厂有新式机器出，则他厂亦弃其旧者恐后焉，非是不足以求赢于阛阓也。惟其然也，故不徒耻下人，而常求上人。昨日乙优于甲，今日丙驾于乙，明日甲还胜丙，互相傲，互相妒，互相师，如赛马然，如斗走然，如竞漕然。有横于前，则后焉者自不敢不勉；有蹑于后，则前焉者亦不敢即安：此实进步之原动力所由生也。中国惟春秋战国数百年间，分立之运最久，而群治之进，实以彼时为极点。自秦以后，一统局成，而为退化之状者，千余年于今矣。岂有他哉？竞争力销乏使然也。

二曰环蛮族而交通难也。凡一社会与他社会相接触，则必产出新现象，而文明遂进一步。上古之希腊殖民，近世之十字军东征，皆其成例也。然则统一非必为进步之障也，使统一之于内，而交通之于外，则其飞跃或有更速者也。中国环列皆小蛮夷，其文明程度，无一不下我数等，一与相遇，如汤沃雪，纵横四顾，常觉有上天下地唯我独尊之概。始而自信，继而自大，终而自画，至于自画，而进步之途绝矣。不宁惟是，所谓诸蛮族者，常以其牛羊之力，水草之性，来破坏我文明，于是所以抵抗之者，莫急于保守我所固有。中原文献，汉官威仪，实我黄族数千年来战胜群裔之精神也。夫外之既无可师法以为损益之资，内之复不可不兢兢保持以为自守之具，则其长此终古也亦宜。

以上由于天然者。

三曰言文分而人智局也。文字为发明道器第一要件，其繁简难易，常与民族文明程度之高下为比例差。列国文字，皆起于衍形，及其进也，则变而衍声。夫人类之语言，递相差异，经千数百年后，而必大远于其朔者，势使然也。故衍声之国，言文常可以相合；衍形之国，言文必日以相离。社会之变迁日繁，其新现象、新名词必日出，或从积累而得，或从交换而来。故数千年前一乡一国之文字，必不能举数千年后万流汇沓、群族纷拏时代之名物、意境而尽载之、尽描之，此无可如何者也。言文合，则言增而文与之俱增。一新名物、新意境出，而即有一新文字以应之。新新相引，而日进焉。言文分，则言日增而文不增，或受其新者而不能解，或解矣而不能达，故虽有方新之机，亦不得不窒。其为害一也。言文合，则但能通今文者，已可得普通之智识，其古文之学（如泰西之希腊、罗马文字），待诸专门名家者之讨求而已。故能操语者即能读书，而人生必需之常识，可以普及。言文分，则非多读古书、通古义，不足以语于学问，故近数百年来学者，往往瘁毕生精力于《说文》《尔雅》之学，无余裕以从事于实用，夫亦有不得不然者也。其为害二也。且言文合而主衍声者，识其二三十之字母，通其连缀之法，则望文而可得其音，闻音而可解其义。言文分而主衍形者，则《苍颉篇》三千字，斯为字母者三千；《说文》九千字，斯为字母者九千；《康熙字典》四万字，斯为字母者四万。夫学二三十之字母，与学三千、九千、四万之字母，其难易相去何如？故泰西、日本，妇孺可以操笔札，车夫可以读新闻；而吾中国或有就学十年，而冬烘之头脑如故也。其为害三也。夫群治之进，非一人所能为也，相摩而迁善，相引而弥长，得一二之特识者，不如得百千万亿之常识者，其力逾大而效逾彰也。我国民既不得不疲精力以学难学之文字，学成者固不及什一；即成矣，而犹于当世应用之新事物、新学理多所隔阂；此性灵之浚发所以不锐，而思想之传播所以独迟也。

四曰专制久而民性漓也。天生人而赋之以权利，且赋之以扩充此权利之智识，保护此权利之能力。故听民之自由焉，自治焉，则群治必蒸蒸日上；有桎梏之、戕贼之者，始焉窒其生机，继焉失其本性，而人道乃几乎息矣。故当野蛮时代，团体未固，人智未完，有一二豪杰起而代其责，任其劳，群之利也；过是以往，久假不归，则利岂足以偿其弊哉！譬之一家一廛之中，家长之待其子弟，廛主之待其伴佣，皆各还其权利而不相侵，自能各勉其义务而不相佚，如是而不浡焉以兴，吾未之闻也。不然者，役之如奴隶，防之如盗贼，则彼亦以奴隶盗贼自居，有可以自逸、可以自利者，虽牺牲其家其廛之公益以为之，所不辞也，如是而不萎焉以衰，吾未之闻也。故夫中国群治不进，由人民不顾公益使然也；人民不顾公益，由自居于奴隶盗贼使然也；其自居于奴隶盗贼，由霸者私天下为一姓之产而奴隶盗贼吾民使然也。善夫立宪国之政党政治也！彼其党人，固非必皆秉公心、禀公德也，固未尝不自为私名私利计也。虽然，专制国之求势利者，则媚于一人；立宪国之求势利者，则媚于庶人。媚一也，而民益之进不进，于此判焉。政党之治，凡国必有两党以上，其一在朝，其他在野。在野党欲倾在朝党而代之也，于是自布其政策，以掊击在朝党之政策，曰使吾党得政，则吾所施设者如是如是，某事为民除公害，某事为民增公益。民悦之也，而得占多数于议院，而果与前此之在朝党易位，则不得不实行其所布之政策，以副民望而保大权，而群治进一级焉矣。前此之在朝党，既幡而在野，欲恢复其已失之权力也，又不得不勤察民隐，悉心布画，求更新更美之政策而布之曰：彼党之所谓除公害、增公益者，犹未尽也；使吾党而再为之，则将如是如是，然后国家之前途愈益向上。民悦之也，而复占多数于议院，复与代兴之在朝党易位，而亦不得不实行其所布之政策，以副民望而保大权，而群治又进一级焉矣。如是相竞相轧，相增相长，以至无穷。其竞愈烈者，则其进愈速。欧美各国政治迁移之大势，大率由此也。是故无论其为公也，即为私焉，而其有造于国民固已大矣。若夫专制之国，虽有一二圣君贤相，徇公废私，为国民全体谋利益，而一国之大，鞭长难及，其泽之真能遍逮者，固已希矣。就令能之，而所谓圣君贤相者，旷百世不一遇，而桓、灵、京、桧，项背相望于历史。故中国常语，称"一治一乱"，又曰"治日少而乱日多"。岂无萌蘖，其奈此连番之狂风横雨何哉！进也以寸，而退也以尺；进也以一，而退也以十，所以历千百年而每下愈况也。

五曰学说隘而思想窒也。凡一国之进步，必以学术思想为之母，而风俗、政治皆其子孙也。中国惟战国时代，九流杂兴，道术最广。自有史以来，黄族之名誉，未有盛于彼时者也。秦汉而还，孔教统一。夫孔教之良，固也；虽然，必强一国人之思想使出于一途，其害于进化也莫大。自汉武表章六艺，罢黜百家，凡非在六艺之科者绝勿进，尔后束缚驰骤，日甚一日。虎皮羊质，霸者假之以为护符；社鼠城狐，贱儒缘之以谋口腹：变本加厉，而全国之思想界销沉极矣。叙欧洲史者，莫不以中世史为黑暗时代。夫中世史则罗马教权最盛之时也，举全欧人民，其躯壳界则糜烂于专制君主之暴威，其灵魂界则匍伏于专制教主之缚轭，故非惟不进，而以较希腊、罗马之盛时，已一落千丈强矣。今试读吾中国秦汉以后之历史，其视欧洲中世史何如？吾不敢怨孔教，而不得不深恶痛绝夫缘饰孔教、利用孔教、诬罔孔教者之自贼而贼国民也。

以上由于人事者。

夫天然之障，非人力所能为也，而世界风潮之所簸荡、所冲激，已能使吾国一变其数千年来之旧状。进步乎，进步乎，当在今日矣！虽然，所变者外界也，非内界也。内界不变，虽日烘动之、鞭策之于外，其进无由。天下事无无果之因，亦无无因之果。我辈积数千年之恶因，以受恶果于今日。有志世道者，其勿遽责后此之果，而先改良今日之因而已。

新民子曰：吾不欲复作门面语，吾请以古今万国求进步者独一无二、不可逃避之公例，正告我国民。其例维何？曰破坏而已。

不祥哉！破坏之事也。不仁哉！破坏之言也。古今万国之仁人志士，苟非有所万不得已，岂其好为俶诡凉薄，愤世嫉俗，快一时之意气，以事此事而言此言哉？盖当夫破坏之运之相迫也，破坏亦破坏，不破坏亦破坏。破坏既终不可免，早一日则受一日之福，迟一日则重一日之害。早破坏者，其所破坏可以较少，而所保全者自多；迟破坏者，其所破坏不得不益甚，而所保全者弥寡。用人力以破坏者，为有意识之破坏，则随破坏随建设，一度破坏，而可以永绝第二次破坏之根，故将来之乐利，可以偿目前之苦痛而有余；听自然而破坏者，为无意识之破坏，则有破坏无建设，一度破坏之不已而至于再，再度不已而至于三，如是者可以历数百年千年，而国与民交受其病，至于鱼烂而自亡。呜呼！痛矣哉破坏！呜呼！难矣哉不破坏！

闻者疑吾言乎？吾请与读中外之历史。中古以前之世界，一脓血世界也。英国号称近世文明先进国，自一千六百六十年以后，至今二百余年无破坏，其所以然者，实自长期国会之一度大破坏来也。使其惮破坏，则安知乎后此之英国，不为十八世纪末之法兰西也？美国自一千八百六十五年以后，至今五十余年无破坏，其所以然者，实自抗英独立、放奴战争之两度大破坏来也。使其惮破坏，则安知乎后此之美国，不为今日之秘鲁、智利、委内瑞辣、亚尔然丁也？欧洲大陆列国，自一千八百七十年以后，至今三十余年无破坏，其所以然者，实自法国大革命以来绵亘七八十年空前绝后之大破坏来也。使其惮破坏，则安知乎今日之日耳曼、意大利不为波兰，今日之匈加利及巴干半岛诸国不为印度，今日之奥大利不为埃及，今日之法兰西不为畴昔之罗马也？日本自明治元年以后，至今三十余年无破坏，其所以然者，实自勤王讨幕、废藩置县之一度大破坏来也。使其惮破坏，则安知乎今日之日本不为朝鲜也？夫吾所谓二百年来、五十年来、三十年来无破坏云者，不过断自今日言之耳，其实则此诸国者，自今以往，虽数百年千年无破坏，吾所敢断言也。何也？凡破坏必有破坏之根原。孟德斯鸠曰："专制之国，其君相动曰辑和万民，实则国中常隐然含有扰乱之种子，是苟安也，非辑和也。"故扰乱之种子不除，则蝉联往复之破坏，终不可得免。而此诸国者，实以人力之一度大破坏，取此种子芟夷蕴崇之，绝其本根而勿使能殖也。故夫诸国者，自今以往，苟其有金革流血之事，则亦惟以国权之故，构兵于域外，容或有之耳；若夫国内相阋糜烂鼎沸之惨剧，吾敢决其永绝而与天地长久也。今我国所号称识时俊杰，莫不艳羡乎彼诸国者，其群治之光华美满也如彼，其人民之和亲康乐也如彼，其政府之安富尊荣也如彼，而乌知乎皆由前此之仁人志士，挥破坏之泪、绞破坏之脑、敝破坏之舌、秃破坏之笔、沥破坏之血、填破坏之尸以易之者也！呜呼！快矣哉破坏！呜呼！仁矣哉破坏！

此犹仅就政治一端言之耳。实则人群中一切事事物物，大而宗教、学术、思想、人心、风俗，小而文艺、技术、名物，何一不经过破坏之阶级以上于进步之途也！故路得破坏旧宗教而新宗教乃兴，倍根、笛卡儿破坏旧哲学而新哲学乃兴，斯密破坏旧生计学而新生计学乃兴，卢梭破坏旧政治学而新政治学乃兴，孟德斯鸠破坏旧法律学而新法律学乃兴，歌白尼破坏旧历学而新历学乃兴，推诸凡百诸学，莫不皆然。而路得、倍根、笛卡儿、斯密、卢梭、孟德斯鸠、歌白尼之后，复有破坏路得、倍根、笛卡儿、斯密、卢梭、孟德斯鸠、歌白尼者。其破坏者，复有踵起而破坏之者。随破坏随建设，甲乙相引，而进化之运，乃递衍于无穷。（凡以铁以血而行破坏者，破坏一次，则伤元气一次。故真能破坏者，则一度之后，不复再见矣。以脑以舌而行破坏者，虽屡摧弃旧观，只受其利而不蒙其害，故破坏之事无穷，进步之事亦无穷。）又如机器兴而手民之利益不得不破坏，轮舶兴而帆樯之利益不得不破坏，铁路、电车兴而车马之利益不得不破坏，公司兴而小资本家之利益不得不破坏，"托辣士特"（Trust）兴而寻常小公司之利益不得不破坏。当其过渡迭代之顷，非不酿妇叹童号之惨，极棼乱杌陧之观也；及建设之新局既定，食其利者乃在国家，乃在天下，乃在百年，而前此蒙破坏之损害者，亦往往于直接间接上得意外之新益。善夫西人之恒言曰："求文明者，非徒须偿其价值而已，而又须忍其苦痛。"夫全国国民之生计，为根本上不可轻摇动者。而当夫破坏之运之相代乎前也，犹且不能恤小害以掷大利，而况于害有百而利无一者耶！故夫欧洲各国自宗教改革后而教会教士之利益被破坏也，自民立议会后而暴君豪族之利益被破坏也。英国改正选举法（千八百三十二年），而旧选举区之特别利益被破坏也；美国布禁奴会〔令〕（千八百六十五年），而南部素封家之利益被破坏也。此与吾中国之废八股而八股家之利益破坏，革胥吏而胥吏之利益破坏，改官制而宦场之利益破坏，其事正相等。彼其所谓利者，乃偏毗于最少数人之私利，而实则陷溺大多数人之公敌也。谚有之："一家哭何如一路哭。"于此而犹曰不破坏不破坏，吾谓其无人心矣。夫中国今日之事，何一非蠹大多数人而陷溺之者耶？而八股、胥吏、官制，其小焉者也。

欲行远者不可不弃其故步，欲登高者不可不离其初级。若终日沾滞呆立于一地，而徒望远而欷，仰高而羡，吾知其终无济也。若此者，其在毫无阻力之时、毫无阻力之地，而进步之公例，固既当如是矣。若夫有阻之者，则凿榛莽以辟之，烈山泽而焚之，固非得已；苟不尔，则虽欲进而无其路也。谚曰："螫蛇在手，壮士断腕。"此语至矣。不观乎善医者乎？肠胃症结，非投以剧烈吐泻之剂，而决不能治也；疮痈肿毒，非施以割剖洗涤之功，而决不能疗也。若是者，所谓破坏也。苟其惮之，而日日进参苓以谋滋补，涂珠珀以求消毒，病未有不日增而月剧者也。夫其所以不敢下吐泻者，虑其耗亏耳；所以不敢施割剖者，畏其苦痛耳。而岂知不吐泻而后此耗亏将益多，不割剖而后此之苦痛将益剧，循是以往，非至死亡不止，夫孰与忍片刻而保百年，苦一部而养全体也？且等是耗亏也，等是苦痛也，早治一日，则其创夷必较轻；缓治一日，则其创夷必较重，此又理之至浅而易见者也。而谋国者乃昧焉，此吾之所不解也。大抵今日谈维新者有两种：其下焉者，则拾牙慧，蒙虎皮，借此以为阶进之路，西学一八股也，洋务一苞苴也，游历一暮夜也，若是者固不足道矣。其上焉者，则固尝悴其容焉，焦其心焉，规规然思所以长国家而兴乐利者。至叩其术，最初则外交也，练兵也，购械也，制械也；稍进焉则商务也，开矿也，铁路也；进而至于最近，则练将也，警察也，教育也。此荦荦诸大端者，是非当今文明国所最要不可缺之事耶？虽然，枝枝节节而行焉，步步趋趋而摹仿焉，其遂可以进于文明乎？其遂可以置国家于不败之地乎？吾知其必不能也。何也？披绮罗于嫫母，只增其丑；施金鞍于驽骀，只重其负；刻山龙于朽木，只驱其腐；筑高楼于松壤，只速其倾：未有能济者也。今勿一一具论，请专言教育。夫一国之有公共教育也，所以养成将来之国民也。而今之言教育者何如？各省纷纷设学堂矣，而学堂之总办、提调，大率皆最工于钻营奔竞、能仰承长吏鼻息之候补人员也。学堂之教员，大率皆八股名家弋窃甲第、武断乡曲之巨绅也。其学生之往就学也，亦不过曰此时世妆耳，此终南径耳，与其从事于闭房退院之诗云子曰，何如从事于当时得令之ABCD。考选入校，则张红然爆以示宠荣；(吾粤近考取大学堂学生者皆如是。)资派游学，则苞苴请托以求中选。若此者，皆今日教育事业开宗明义第一章，而将来为一国教育之源泉者也。试问循此以往，其所养成之人物，可以成一国国民之资格乎？可以任为将来一国之主人翁乎？可以立于今日民族主义竞争之潮涡乎？吾有以知其必不能也。不能则有教育如无教育，而于中国前途何救也？请更征诸商务。生计界之竞争，是今日地球上一最大问题也。各国所以亡我者在此，我国之所以争自存者亦当在此。商务之当整顿，夫人而知矣。虽然，振兴商务，不可不保护本国工商业之权利；欲保护权利，不可不颁定商法；仅一商法不足以独立也，则不可不颁定各种法律以相辅；有法而不行，与无法等，则不可不定司法官之权限；立法而不善，弊更甚于无法，则不可不定立法权之所属，坏法者而无所惩，法旋立而旋废，则不可不定行法官之责任。推其极也，非制宪法，开议会，立责任政府，而商务终不可得兴。今之言商务者，漫然曰吾兴之、吾兴之而已，吾不知其所以兴之者持何术也。夫就一二端言之，既已如是矣，推诸凡百，莫不皆然，吾故有以知今日所谓新法者之必无效也。何也？不破坏之建设，未有能建设者也。夫今之朝野上下，所以汲汲然崇拜新法者，岂不以非如是则国将危亡乎哉？而新法之无救于危亡也若此，有国家之责任者当何择矣？

然则救危亡、求进步之道将奈何？曰：必取数千年横暴混浊之政体，破碎而齑粉之，使数千万如虎如狼、如蝗如蛹、如蛾如蛆之官吏，失其社鼠城狐之凭借，然后能涤荡肠胃以上于进步之途也；必取数千年腐败柔媚之学说，廓清而辞辟之，使数百万如蠹鱼、如鹦鹉、如水母、如畜犬之学子，毋得摇笔弄舌、舞文嚼字为民贼之后援，然后能一新耳目以行进步之实。而其所以达此目的之方法有二：一曰无血之破坏，二曰有血之破坏。无血之破坏者，如日本之类是也；有血之破坏者，如法国之类是也。中国如能为无血之破坏乎，吾馨香而祝之；中国如不得不为有血之破坏乎，吾衰绖而哀之。虽然，哀则哀矣，然欲使吾于此二者之外，而别求一可以救国之途，吾苦无以为对也。呜呼！吾中国而果能行第一义也，则今日其行之矣！而竟不能，则吾所谓第二义者遂终不可免。呜呼，吾又安忍言哉！呜呼，吾又安忍不言哉！

吾读宗教改革之历史，见夫二百年干戈云扰，全欧无宁宇，吾未尝不颇蹙。吾读一千七百八十九年之历史，见夫杀人如麻、一日死者以十数万计，吾未尝不股栗。虽然，吾思之，吾重思之，国中如无破坏之种子，则亦已耳，苟其有之，夫安可得避？中国数千年以来历史，以天然之破坏相终始者也。远者勿具论，请言百年以来之事。乾隆中叶，山东有所谓教匪者王伦之徒起，三十九年平。同时有甘肃马明心之乱，踞河州、兰州，四十六年平。五十一年，台湾林爽文起，诸将出征，皆不有功，历二年（五十二年）而福康安、海兰察督师乃平。而安南之役又起，五十三年乃平。廓尔喀又内犯，五十九年乃平。而五十八年，诏天下大索白莲教首领不获，官吏以搜捕教匪为名，恣行暴虐，乱机满天下。五十九年，贵州苗族之乱遂作。嘉庆元年，白莲教遂大起于湖北，蔓延河南、四川、陕西、甘肃，而四川之徐天德、王三槐等，又各拥众数万起事，至七年乃平。八年，浙江海盗蔡牵又起，九年，与粤之朱渍合，十三年乃平。十四年，粤之郑乙又起，十五年乃平。同年，天理教徒李文成又起，十八年乃平。不数年，而回部之乱又起，凡历十余年，至道光十一年乃平。同时湖南之赵金龙又起，十二年平。天下凋敝之既极，始稍苏息，而鸦片战役又起矣。道光十九年，英舰始入广东；二十年，旋逼乍浦、犯宁波；廿一年，取舟山、厦门、定海、宁波、乍浦，遂攻吴淞、下镇江；廿二年，结南京条约乃平。而两广之伏莽，已遍地出没无宁岁。至咸丰元年，洪、杨遂乘之而起，蹂躏天下之半。而咸丰七年，复有英人入广东掳总督之事。九年，复有英法联军犯北京之事。而洪氏踞金陵凡十二年，至同治二年始平。而捻党犹逼京畿，危在一发，七年始平。而回部、苗疆之乱犹未已，复血刃者数载，及其全平，已光绪三年矣。自同治九年天津教案起，尔后民教之哄，连绵不绝。光绪八年，遂有法国安南之役，十一年始平。二十年，日本战役起，廿一年始平。廿四年，广西李立亭、四川余蛮子起，廿五年始平。同年，山东义和团起，蔓延直隶，几至亡国，为十一国所挟，廿七年始平。今者二十八年之过去者，不过一百五十日耳，而广宗、巨鹿之难，以袁军全力，历两月乃始平之；广西之难，至今犹蔓延三省，未知所届；

而四川又见告矣。由此言之，此百余年间，我十八行省之公地，何处非以血为染？我四百余兆之同胞，何日非以肉为糜？前此既有然，而况乎继此以往，其剧烈将仟佰而未有艾也。昔人云："一惭之不忍，而终身惭乎？"吾亦欲曰：一破坏之不忍，而终古以破坏乎？我国民试矫首一望，见夫欧美日本之以破坏治破坏而永绝内乱之萌蘖也，不识亦曾有动于其心，而为临渊之羡焉否也？

且夫惧破坏者，抑岂不以爱惜民命哉？姑无论天然无意识之破坏，如前所历举内乱诸祸，必非煦煦孑孑之所能弭也；即使弭矣，而以今日之国体，今日之政治，今日之官吏，其以直接间接杀人者，每岁之数，又岂让法国大革命时代哉？十年前山西一旱，而死者百余万矣。郑州一决，而死者十余万矣。冬春之交，北地之民，死于冻馁者，每岁以十万计。近十年来，广东人死于疫疠者，每岁以数十万计。而死于盗贼，与迫于饥寒自为盗贼而死者，举国之大，每岁亦何啻十万。夫此等虽大半关于天灾乎，然人之乐有群也，乐有政府也，岂不欲以人治胜天行哉？有政府而不能为民捍灾患，然则何取此政府为也？（天灾之事，关系政府责任，余别有论。）呜呼！中国人之为戮民久矣。天戮之，人戮之，暴君戮之，污吏戮之，异族戮之。其所以戮之之具，则饥戮之，寒戮之，夭戮之，疠戮之，刑狱戮之，盗贼戮之，干戈戮之。文明国中有一人横死者，无论为冤惨、为当罪，而死者之名，必出现于新闻纸中三数次乃至百数十次。所谓贵人道、重民命者，不当如是耶？若中国则何有焉？草薙耳，禽狝耳，虽日死千人焉万人焉，其谁知之！其谁殖之！亦幸而此传种学最精之国民，野火烧不尽，春风吹又生，其林林总总者如故也。使稍矜贵者，吾恐周余子遗之诗，早实见于今日矣。然此犹在无外竞之时代为然耳。自今以往，十数国之饥鹰饿虎，张牙舞爪，呐喊蹴踏，以入我囷而择我肉。数年数十年后，能使我如埃及然，将口中未下咽之饭，挖而献之，犹不足以偿债主；能使我如印度然，日日行三跪九叩首礼于他族之膝下，乃仅得半腹之饱。不知爱惜民命者，何以待之？何以救之？我国民一念及此，当能信吾所谓"破坏亦破坏，不破坏亦破坏"者之非过言矣。而二者吉凶去从之间，我国民其何择焉，其何择焉？昔日本维新主动力之第一人曰吉田松阴者，尝语其徒曰：

"今之号称正义人，观望持重者，比比皆是，是为最大下策。何如轻快拙速，打破局面，然后徐图占地布石之为愈乎！"日本之所以有今日，皆恃此精神也，皆遵此方略也。（吉田松阴，日本长门藩士，以抗幕府被逮死。维新元勋山县、伊藤、井上等，皆其门下士也。）今日中国之敝，视四十年前之日本又数倍焉，而国中号称有志之士，舍松阴所谓最大下策者，无敢思之，无敢道之，无敢行之，吾又乌知其前途之所终极也？

虽然，破坏亦岂易言哉？玛志尼曰："破坏也者，为建设而破坏，非为破坏而破坏。使为破坏而破坏者，则何取乎破坏，且亦将并破坏之业而不能就也。"吾请更下一解曰：非有不忍破坏之仁贤者，不可以言破坏之言；非有能回破坏之手段者，不可以事破坏之事。而不然者，率其牢骚不平之气，小有才而未闻道，取天下之事事物物，不论精粗美恶，欲一举而碎之灭之，以供其快心一笑之具，寻至自起楼而自烧弃，自莳花而自斩刈，嚣嚣然号于众曰：吾能割舍也，吾能决断也。若是者，直人妖耳。故夫破坏者，仁人君子不得已之所为也。孔明挥泪于街亭，子胥泣血于关塞，彼岂忍死其友而遗其父哉？

（原刊1902年6月20日、7月5日《新民丛报》第10—11号）

第十七节　论尚武

世人之恒言曰：野蛮人尚力，文明人尚智。呜呼！此知二五而不知一十之言，迂偏而不切于事势者也。罗马文化，灿烁大地，车辙马迹，蹂躏全欧，乃一遇日耳曼森林中之蛮族，遂踣蹶而不能自立，而帝国于以解纲。夫当日罗马之智识程度，岂不高出于蛮族万万哉？然柔弱之文明，卒不能抵野蛮之武力。然则尚武者国民之元气，国家所恃以成立，而文明所赖以维持者也。俾斯麦之言曰：天下所可恃者非公法，黑铁而已，赤血而已。宁独公法之无足恃，立国者苟无尚武之国民、铁血之主义，则虽有文明，虽有智识，虽有众民，虽有广土，必无以自立于竞争剧烈之舞台。

而独不见斯巴达乎？斯巴达之教育，一干涉严酷之军人教育也。婴儿之生，必由官验其体格，不及格者，扑灭之。生及七岁，即使入幼年军队，教以体育，跣足裸体，恶衣菲食，以养成其任受劳苦、凌犯寒暑、忍耐饥渴之习惯，饮食教诲，皆国家专司其事。成年结婚而后，亦不许私处家中，日则会食于公堂，夜则共寝于营幕。乃至妇人女子，亦与男子同受严峻之训练。虽老妇少女，亦皆有剽悍勇侠之风。其母之送子从军也，命之曰："祝汝负楯而归，否则以楯负汝而归。"举国之男女老少，莫不轻死好胜，习以成性。故其从征赴敌，如习体操，如赴宴会，冒死喋血，曾不知有畏怯退缩之一事。彼斯巴达一弹丸之国耳，举国民族，寥寥不及万人，顾乃能内制数十万之异族，外挫十余万之波军，雄霸希腊，与雅典狎主齐盟也，曰惟尚武故。而独不见德意志乎？十九世纪之中叶，日耳曼民族分国散立，萎靡不振，受拿破仑之蹂躏。既不胜其屈辱，乃改革兵制，首创举国皆兵之法。国民岁及二十，悉隶兵籍，是以举国之人，无不受军人之教育，具军人之资格。卑斯麦复以铁血之政略，达民族之主义，日讨国人而训之，划涤其涣漫蘭靡之旧习，养成其英锐不屈之精神。今皇继起，以雄武之英姿，力扩其民族帝国之主义。其视学之敕语曰：务当训练一国之少年，使其资格可以辅朕雄飞于世界。故其国民，勇健奋发，而德意志遂为世界唯一之武国。彼德新造之邦，至今乃仅三十年，顾乃能摧奥仆法，伟然雄视于欧洲也，曰惟尚武故。而独不见俄罗斯乎？俄国国于绝北苦寒之地，拥旷漠硗确之平原，以农为国，习于劳苦，故其民犷悍坚毅，富于野蛮之力，触冒风暑，忍耐艰苦，坚朴雄鸷，习为风气，而又全体一致，服从命令，其性质最宜于军队。且其先皇彼德遗训，以侵略为宗旨，其主义深入于国民心脑，人人皆有蹴踏全球、蹂躏欧亚之雄心。彼其顽犷之蛮力，鸷忍之天性，虽有万众当前，必不足遏其锋而慑其气。夫俄罗斯半开之国耳，文化程度不及欧美之半，顾乃西驰东突，能寒欧人之胆，论者且谓斯拉夫民族势力日盛，将夺条顿人之统绪，代为世界之主人翁。若是者何也？曰惟尚武故。且非独欧洲诸国为然也，我东邻之日本，其人数仅当我十分之一耳，然其人剽疾轻死，日取其所谓武士道、大和魂者，发挥而光大之。故当其征兵之始，尚有哭泣逃亡、曲求避免者；今则入队之旗，祈其战死，从军之什，祝勿生还，好武雄风，举国一致。且庚子之役，其军队之勇锐，战斗之强力，且冠绝联军，使白人颓首倾倒。近且汲汲于体育之事，务使国民皆具军人之本领，皆蓄军人之精神。彼日本区区三岛，兴立仅三十年耳，顾乃能一战胜我，取威定霸，屹然雄立于东洋之上也，曰惟尚武故。乃至脱兰士哇尔，独立不成而可谓失败者矣。然方其隐谋独立之初，已阴厚蓄其武力。儿童就学，授以猎枪，使弋途过森林之飞鸟，至学则殿最其多少以为赏罚，预养挽强命中之才，使皆可以执干戈而卫社稷。是以战事一起，精锐莫当。乃至少女妇人，亦且改易装服，荷戟从戎。彼脱兰士哇尔弹丸黑子，不能当英之一县，胜兵者数万人耳，顾乃能抗天下莫强之英，英人糜千百万之巨费，调三十万之精兵，血战数年，仅乃克服。若是者何也？亦曰惟尚武故。此数国者，其文化之浅深不一辙，其民族之多寡不一途，其国土之广狭不一致，要其能驰骋中原，屹立地球者，无不恃此尚武之精神。抟抟大地，莽莽万国，盛衰之数，胥视此矣。

恫夫中国民族之不武也！神明华胄，开化最先，然二千年来，出而与他族相遇，无不挫折败北，受其窘屈，此实中国历史之一大污点，而我国民百世弥天之大辱也。自周以来，即被戎祸，一见迫于玁狁，再见辱于犬戎。秦汉而还，匈奴凶悍。以始皇之雄骛，仅乃拒之于长城之外；以汉高之豪武，卒至围窘于白登之间。汉武雄才大略，大张兵力于国外，卫、霍之伦，络绎出塞，然收定南粤，威震西域，卒不能犁庭扫穴，组系单于。匈奴之患，遂与汉代相终始。降及魏晋，五胡煽乱，犬羊奔突于上国，豕蛇横噬于中原，江山无界，宇宙腥膻。匈奴、鲜卑，羌、氐、胡、羯，迭兴递盛，纵横于黄河以北者二百五十有余年。李唐定乱，兵气方新，李靖败突厥于阴山，遂俘颉利，此实为汉族破败外族之创举。然屡征高丽，师卒无功，且突厥、契丹，吐蕃、回纥，迭为西北之边患，以终唐世。五季之间，石晋割燕云十六州以赂契丹，衣冠之沦于异类者数十年，且至称臣称男，称侄称孙，汉族之死命，遂为异族所轭制。宋之兴也，始受辽患；徽、钦之世，女真跳梁。当是时也，谋臣如云，猛将如雨，然极韩、岳、张、吴诸武臣之力，卒不能制幺麽小丑兀术之横行。金势既衰，蒙古继起，遂屋宋社而墟之。泱泱之神州，穰穰之贵种，颓首受轭于游牧异族威权之下，垂及百年。明兴而后，势更弱矣，一遇也先而帝见虏，再遇满洲而国遂亡。呜呼！由秦迄今，二千余岁耳，然黄帝之子孙，屈伏于他族者三百余年；北方之同胞，屈伏于他族者且七百余年。至于边塞之患，烽燧之警，乃更无一宁岁，而卒不能赫怒震击以摧其凶焰，发愤挞伐以歼其淫威。呜呼！我神明之华胄，聪秀之人种，开明之文化，何一为蛮族所敢望？顾乃践蹴于铁骑之下，不能一仰首伸眉以与之抗者，岂不以武力脆弱，民气懦怯，一动而辄为力屈也。藐兹小丑，且不能抗，况今日迫我之白人，挟文明之利器，受完备之训练，以帝国之主义，为民族之运动，其雄武坚劲，绝非匈奴、突厥、女真、蒙古之比，曷怪其一败再败而卒无以自立也。中国以文弱闻于天下，柔懦之病，深入膏肓。乃至强悍性成、驰突无前之蛮族，及其同化于我，亦且传染此病，筋弛力脆，尽失其强悍之本性。呜呼！强者非一日而强也，弱者非一日而弱也，履霜坚冰，由来渐矣。吾尝察其受病之源，约有四事：

一由于国势之一统。人者多欲而好胜之动物也。衣服饮食，货物土地，皆生人所借以自养，而为人人所欲望之事。人人同此欲望，即人人皆思多取。故人与人相处，必求伸张其权利，侵他人之界而无所餍；国与国角立，亦必求伸张其权利，侵他人之界而无所餍。然彼之欲望、权利之心，固无以异于此也，则必竭力抗争，奋腕力以自卫；稍一悇怯，稍一退让，即失败而无以自存。是故列国并立，首重国防，人骛于勇力，士竞于武功。苟求保此权利，虽流漂杵之血、枯万人之骨而不之悔。而其时人士，亦复习于武风：眦睚失欢，挺身而斗；杯酒失意，白刃相仇；借躯报仇，恬不为怪；尚气任侠，靡国不然。远观之战国，近验之欧洲，往事亦可观矣。若夫一统之世，则养欲给求而无所与竞，闭关高枕而无所与争，向者之勇力武功，无所复用，其心渐弛，其气渐柔，其骨渐脆，其力渐弱。战国尊武，一统右文，固事势所必至，有不自知其然者矣。我中国自秦以来，久大一统，虽间有南北分割，不过二三百年，则旋归于统合。土地辽广，物产丰饶，虽有异种他族环于其外，然谓得其地不足郡县，得其人不足臣民，遂鄙为蛮夷而不屑与争，但使其羁縻勿绝、拒杜勿来而已，必不肯萃全力而与之竞胜。太平歌舞，四海晏然，则习为礼乐揖让，而相尚以文雅，好为文词诗赋、训诂考据，以奇耗其材力。即有材武桀勇者，亦闲置而无所用武，且以粗鲁莽悍，见屏于上流社会之外。重文轻武之习既成，于是武事废堕，民气柔靡。二千年之腐气败习，深入于国民之脑，遂使群国之人，奄奄如病夫，冉冉如弱女，温温如菩萨，戢戢如驯羊。乌乎！人孰不恶争乱而乐和平，而乌知和平之弱我毒我乃如是之酷也！

　　二由于儒教之流失。宗教家之言论，类皆偏于世界主义者也。彼本至仁之热心，发高尚之哲理，故所持论，皆谋人类全体之幸福。故西方之教，曰太平天国，曰视敌如己；天竺之教，曰冤亲平等，曰一切众生：无不破蛮触之争战，以黄金世界为归墟。儒教者固切近于人事者也，然孔子之作《春秋》，则务使诸夏夷狄，远近若一，以文致太平；《礼运》之述圣言，则力言不独亲亲，不独子子，以靳至大同：亦莫不破除国界，以至仁博爱为宗旨。斯固皆悬至善以为的，可为理论而未能见之实行者也。然奉耶教之民，皆有坚悍好战之风；奉佛教之民，亦有轻视生死之性；独儒教之国，奄然怯弱者何也？《中庸》之言曰："宽柔以教，不报无道。"《孝经》之言曰："身体发肤，不敢毁伤。"故儒教当战国之时，已有儒懦儒缓之诮。然孔子固非专以懦缓为教者也，见义不为，谓之无勇；战阵无勇，斥为非孝：曷尝不以刚强剽劲耸发民气哉！后世贱儒，便于藏身，摭拾其悲悯涂炭、矫枉过正之言，以为口实，不法其刚而法其柔，不法其阳而法其阴，阴取老氏雌柔无动之旨，夺孔学之正统而篡之，以莠乱苗，习非成是。以强勇为喜事，以冒险为轻躁，以任侠为大戒，以柔弱为善人，惟以"忍"为无上法门。虽他人之凌逼欺胁，异族之蹴践斩刈，攫其权利，侮其国家，乃至掠其财产，辱其妻女，亦能俯首顺受，忍奴隶所不能忍之耻辱，忍牛马所不能忍之痛苦，曾不敢怒目攘臂而一与之争。呜呼！犯而不校，诚昔贤盛德之事。然以此道处生存竞争、弱肉强食之世，以此道对鸷悍剽疾、虎视鹰击之人，是犹强盗入室，加刃其颈，而犹与之高谈道德，岂惟不适于生存，不亦更增其耻辱邪？法昔贤盛德之事，乃养成此柔脆无骨、颓惫无气、刀刺不伤、火爇不痛之民族，是岂昔贤所及料也？

　　三由霸者之摧荡。霸者之有天下也，定鼎之初，即莫不以偃武修文为第一要义。夫振兴文学，宁非有国之急务？乃必先取其所谓武者而偃之，彼岂果谓马上得之者，必不能马上治之哉？又岂必欲销兵甲，兴礼乐，文致太平以为美观也哉？霸者之取天下，类皆崛起草泽，间关汗马，奋强悍之腕力，屈服群雄而攫夺之。彼知天下之可以力征经营，我可以武力夺之他人者，他人亦将可以武力夺之我也，则日讲縢缄扃锸之策，务使有力者不能负之而趋。故辇毂之下，有骁雄之士，强武有力之人，以睥睨其卧榻之侧，则霸者有所不利；草泽之下，有游侠任气之风，萃材桀不驯之徒，相与上指天，下画地，嚣然以材武相竞，则霸者尤有不利。既所不利，则不能不去之以自安。去之之术有二：其先曰"锄"。一人刚而万夫皆柔，一人强而天下皆弱，此霸有天下者之恒情也。其敢不柔弱者杀无赦。虽昔日所视为功狗、倚为长城者，不惜翦薙芟夷，以绝子孙之患。其敢有喑呜叱咤、慷慨悲歌于田间陇畔者，则尤触犯忌讳，必当严刑重诛，无俾易种。秦皇之销铸锋镝，汉景之狝艾游侠，汉高、明太之菹醢功臣，殆皆用锄之一术矣。然前者僵仆，后者愤踊，锄之力亦将有所穷也，乃变计而用"柔"之一术。柔之以律令制策，柔之以诗赋词章，柔之以帖括楷法，柔之以簿书期会。柔其材力，柔其筋骨，柔其言论，乃至柔其思想，柔其精神。尽天下之人士，虽间有桀骜枭雄者，皆使之敝精疲神、缠绵歌泣于讽诵揣摩、患得患失之中，无复精神材力以相竞于材武，不必僇以斧钺，威以刀锯，而天下英雄尽入彀中，无复向者喑呜叱咤、慷慨悲歌之豪气。一霸者起，用此术以摧荡之；他霸者起，亦用此术以摧荡之。经二十四朝之摧陷廓清，士气索矣，人心死矣，霸者之术售矣。呜呼！又岂料承吾敝者别有此狞猛枭鸷之异族也？

四由习俗之濡染。天下移人之力，未有大于习惯者也。西秦首功，而女子亦知敌忾；斯巴达重武，而妇人亦能轻死。夫秦与斯巴达之人，岂必生而人人有此美性哉？风气之所薰，见闻之所染，日积月累，久之遂形为第二之天性。我中国轻武之习，自古然矣。鄙谚有之曰："好铁不打钉，好人不当兵。"故其所谓军人者，直不啻恶少无赖之代名词；其号称武士者，直视为不足齿之伧父。夫东西诸国之待军人也，尊之重之，敬之礼之，馨香尸祝之；一入军籍，则父母以为荣，邻里以为幸，宗族交游以为光宠，皆视此为人生第一名誉之事。唯东西人之重视之也如此，故举国人之精神，莫不萃于此点，一切文学、诗歌、剧戏、小说、音乐，无不激扬蹈厉，务激发国民之勇气，以养为国魂。惟我中国之轻视之也如彼，故举国皆不屑措意，学人之议论，词客所讴吟，且皆以好武喜功为讽刺，拓边开衅为大戒，其所谓名篇佳什，类皆描荷戟从军之苦况，咏战争流血之惨态，读之令人垂首丧志，气夺神沮。至其小说、戏剧，则惟描写才子佳人旖旎冶猱之柔情；其管弦音乐，则惟谱演柔荡靡曼、亡国哀思之郑声。一群之中，凡所接触于耳目者，无一不颓损人之雄心，销磨人之豪气。恶风潮之所漂荡，无人不中此恶毒，如疫症之传染，如肺病之遗种。虽有雄姿英发之青年，日摩而月刓之，不数年间，遂颓然如老翁，靡然如弱女。呜呼！群俗者冶铸国民之炉火，安见颓废腐败之群俗，而能铸成雄鸷沉毅之国民也？

凡此数者之恶因，皆种之千年以前，至今日结此一大恶果者也。且夫人之所以为生，国之所以能立，莫不视其自主之权。然其自主权之所以保全，则莫不恃自卫权为之后楯。人以恶声加我，我能以恶声返之，人以强力凌我，我能以强力抗之，此所以能排御外侮，屹然自立于群虎眈眈、万鬼睒睒之场也。然返人恶声，抗人强力，必非援据公法、樽俎折冲之所能为功，必内有坚强之武力，然后能行用自卫之实权。我以病夫闻于世界，手足瘫痪，已尽失防护之机能，东西诸国，莫不磨刀霍霍，内向而鱼肉我矣。我不速拔文弱之恶根，一雪不武之积耻，二十世纪竞争之场，宁复有支那人种立足之地哉！然吾闻吾国之讲求武事，数十年矣，购舰练兵，置厂制械，整军经武，至勤且久，然卒一燔而尽者何也？曰：彼所谓武，形式也；吾所谓武，精神也。无精神而徒有形式，是蒙羊质以虎皮，驱而与猛兽相搏击，适足供其攫啖而已。诚欲养尚武之精神，则不可不备具三力：

一曰心力。西儒有言曰："女子弱也，而为母则强。"夫弱女何以忽为强母，盖其精神爱恋，咸萃于子之一身。子而有急，则挺身赴之，虽极人生艰险畏怖之境，壮夫健男之所却顾者，彼独挥手直前，尽变其娇怯袅娜、弱不胜衣之故态。彼其目中心中，止见有子而已，不见有身，更安见所谓艰险，更安见所谓畏怖？盖心力散涣，勇者亦怯；心力专凝，弱者亦强。是故报大仇，雪大耻，革大难，定大计，任大事，智士所不能谋，鬼神所不能通者，莫不成于至人之心力。张子房以文弱书生而椎秦，申包胥以漂泊逋臣而存楚，心力之驱迫而成之也；越之沼吴，楚之亡秦，希腊破波斯王之大军，荷兰却西班牙之舰队，亦莫非心力之驱迫而成之也。呜呼！境不迫者心不奋，情不急者力不挚。曾文正之论兵也，曰："官军击贼，条条皆是生路，惟向前一条是死路；贼御官军，条条皆是死路，惟向前一条是生路。官军之不能敌贼者以此。"今外人逼我，其圈日狭，其势日促，直不啻以百万铁骑蹙我孤军于重围之中矣，舍突围向前之一策，更无所谓生路。虎逐于后，则懦夫可蓦绝涧；火发于室，则弱女可越重檐。吾望我同胞激其热诚，鼓其勇气，无奄奄敛手以待毙也。

一曰胆力。天下无往非难境，惟有胆力者无难境；天下无往非畏途，惟有胆力者无畏途。天岂必除此难境畏途以独私之哉？人间世一切之境界，无非人心所自造。我自以为难、以为畏，则其心先馁，其气先慑，斯外境得乘其虚怯而窘之。若悍然不顾，其气足以相胜，则置之死地而能生，置之亡地而能存。项羽沉舟破釜以击秦，韩侯背水结阵以败楚，彼其众寡悬殊，岂无兵力不敌之危境哉？然奋其胆力，卒以成功。讷尔逊曰："吾不识畏为何物。"彼其平生阅历，岂无危疑震撼之险象哉？然奋其胆力，卒以成功。自古英雄豪杰，立不世之奇功，成建国之伟业，何一非冒大险，夷大难，由此胆力而来者哉！然胆力者，由自信力而发生者也。孟子曰："自反而不缩，虽褐宽博，吾不惴焉；自反而缩，虽千万人，吾往矣。"国之兴亡亦然。不信之人而信之己，国民自信其兴则国兴，国民自信其亡则国亡。昔英将威士勒之言曰："中国人有可以蹂躏全球之资格。"我负此资格而不能自信，不能奋其勇力，完此资格，以兴列强相见于竞争之战场，惟是日惧外人之分割，日畏外人之干涉，不思自奋，徒为悾怯，彼狞猛枭鸷之异族，宁以我之悾怯而辍其分割干涉邪？呜呼！怯者召侮之媒，畏战者必受战祸，惧死者卒蹈死机，悾怯岂有幸也？孟子曰："未闻以千里畏人。"吾望我同胞奋其雄心，鼓其勇气，无畏首畏尾以自馁也。

一曰体力。体魄者，与精神有切密之关系者也。有健康强固之体魄，然后有坚忍不屈之精神。是以古之伟人，其能负荷艰巨、开拓世界者，类皆负绝人之异质，耐非常之艰苦。陶侃之习劳，运甓不间朝夕；史可法之督师，七日目不交睫；拿破仑之治军，日睡仅四小时；格兰斯顿之垂老，步行能逾百里；俾斯麦之体格，重至二百八十余磅，其筋骸坚固，故能凌风雨，冒寒暑，撄患难劳苦，而贯彻初终。彼鞑靼之种人，斯拉夫之民族，亦皆恃此野蛮体力，而遂能钳制他族者也。德皇威廉第二之视学于柏林小学校，其敕训曰："凡我德国臣民，皆当留意体育。苟体育不讲，则男子不能担负兵役，女子不能孕产魁梧雄伟之婴儿。人种不强，国将何赖？"故欧洲诸国，靡不汲汲从事于体育。体操而外，凡击剑、驰马、踘蹴、角抵、习射击枪、游泳竞渡诸戏，无不加意奖励，务使举国之人，皆具军国民之资格。昔仅一斯巴达者，今且举欧洲而为斯巴达矣。中人不讲卫生，婚期太早，以是传种，种已孱弱；及其就傅之后，终日伏案，闭置一室，绝无运动，耗目力而昏眊，未黄耇而骀背；且复习为娇惰，绝无自营自活之风，衣食举动，一切需人；以文弱为美称，以羸怯为娇贵，翩翩年少，弱不禁风，名曰丈夫，弱于少女；弱冠而后，则又缠绵床笫以耗其精力，吸食鸦片以戕其身体，鬼躁鬼幽，趑步欹跌，血不华色，面有死容，病体奄奄，气息才属：合四万万人，而不能得一完备之体格。呜呼！其人皆为病夫，其国安得不为病国也？以此而出与狞猛枭鸷之异族遇，是犹驱侏儒以斗巨无霸，彼虽不持一械，一挥手而我已倾跌矣。呜呼！生存竞争，优胜劣败。吾望我同胞练其筋骨，习于勇力，无奄然颓惫以坐废也。

呜呼！今日之世界，固所谓"武装和平"之世界也。列强会议，日言弭兵，然左订媾和修好之条约，右修扩张军备之议案。盖强权之世，惟能战者乃能和。故美国独立他洲，素不与闻外事者也，然近年以来，日增军备，且尽易其门罗主义，一变而为帝国主义。盖欧洲霸气横决四溢，苟渡大西洋而西注，则美国难保其和平，故不能不先事预防，厚内力以御之境外。夫欧洲诸国，势均力敌。欧洲以内，既无用武之地矣，然内力膨胀，郁勃磅礴而必求一泄，挟其民族帝国主义，日求灌而泄之他洲。我以膏腴沃壤，适当其冲，于是万马齐足，万流汇力，一泄其尾闾于亚东大陆。今日群盗入室，白刃环门，我不一易其文弱之旧习，奋其勇力，以固其国防，则立赢羊于群虎之间，更何术以免其吞噬也？呜呼！甲午以来，一败再败，形见势绌，外人咸以无战斗力轻我矣。然语不云乎：一人致死，万夫莫当。彼十九世纪之初期，法兰西何尝不以一国而受全欧之敌？然拿破仑率其剽悍之国民，东征西击，卒能取威定霸，奋扬国威，彼四十余万之法人，乃能蹴踏全欧。我以十倍法人之民族，顾不能攘外而立国，何衰愸若斯之甚也？《诗》曰："天之方蹶，无为夸毗。"柔脆无骨之人，岂能一日立于天演之界？我国民纵阙于文明之智识，奈何并野蛮之武力而亦同此消乏也？呜呼噫嘻！

（原刊 1903 年 3 月 27 日、4 月 11 日《新民丛报》第 28—29 号）

敬告我同业诸君

某顿首，上书于我同业诸君阁下：

呜呼！国事不可问矣。其现象之混浊，其前途之黑暗，无一事不令人心灰望绝。其放一线光明，差强人意者，惟有三事：曰学生日多，书局日多，报馆日多，是也。然此三者今皆在幼稚时代中，其他日能收极良之结果欤，抑收极不良之结果欤，今皆未可定。而结果之良不良，其造因皆在今日。吾侪业报馆，请与诸君纵论报事。某以为报馆有两大天职：一曰对于政府而为其监督者，二曰对于国民而为其向导者是也。

所谓监督政府者何也？世非太平，人性固不能尽善，凡庶务之所以克举，群治之所以日进，大率皆借夫对待者、旁观者之监督，然后人人之义务乃稍完。监督之道不一，约而论之，则法律上之监督，宗教上之监督，名誉上之监督是也。法律监督者，以法律强制之力明示其人曰：尔必当如此，尔必不可如彼，苟不尔者，将随之以刑罚。此监督权之最有力者也。宗教监督者，虽不能行刑罚于现在，而曰善不善报于而身后，或曰善不善报于而后身，而使中人以下，咸有所警焉。（报于身后之说，中土宗教家言是也。所谓"积善之家有余庆，积不善之家有余殃"，皆言因果之在子孙也。报于后身者，西方宗教家言，如佛、如耶皆是也。谓人虽死而魂不灭，因果业报应之来生也。此两义皆监督人类之一大法门，今以非本论目的，不详论之。）此亦监督权之次有力者也。名誉监督者，不能如前两者之使人服从、使人信仰、使人畏惮，然隐然示人曰：尔必当如此，尔必不可如彼，苟不尔者，则尔将不见容于社会，而于尔之乐利有所损。此其监督之实权，亦有不让于彼两途者。此种监督权谁操之？曰舆论操之。舆论无形，而发挥之、代表之者，莫若报馆，虽谓报馆为人道之总监督可也。政府者受公众之委托，而办理最高团体（今世政学家谓国家为人类最高之团体。）之事业者也，非授以全权，则事固不可得举。然权力既如此重且大，苟复无所以限制之，则虽有圣智，其不免于滥用其权，情之常也。故数百年来，政治学者之所讨论，列国国民之所竞争，莫不汲汲焉，以确立此监督权为务。若立法、司法两权之独立，政党之对峙，皆其监督之最有效者也。犹虑其力之薄弱也，于是必以舆论为之后援。西人有恒言曰："言论自由，出版自由，为一切自由之保障。"诚以此两自由苟失坠，则行政之权限万不能立，国民之权利万不能完也。而报馆者即据言论、出版两自由，以龚行监督政府之天职者也。故一国之业报馆者，苟认定此天职而实践之，则良政治必于是出焉。拿破仑常言："有一反对报馆，则其势力之可畏，视四千枝毛瑟枪殆加甚焉。"诚哉报馆者摧陷专制之戈矛，防卫国民之甲胄也！在泰西诸国，立法权、司法权既已分立，政党既已确定者，而其关系之重大犹且若是，而况于我国之百事未举，惟恃报馆为独一无二之政监者乎？故今日吾国政治之或进化，或堕落，其功罪不可不专属诸报馆。我同业诸君，其知此乎？其念此乎？当必有瞿然于吾侪之地位如此其居要，吾侪之责任如此其重大者，其尚忍以文字为儿戏也！抑吾中国前此之报馆，固亦自知其与政府有关系焉矣，然其意曰：吾将为政府之顾问焉，吾将为政府之拾遗补阙焉。若此者吾不敢谓非报馆之一职，虽然，谓吾职而尽于是焉，非我等之所以自处也。何也？报馆者非政府之臣属，而与政府立于平等之地位者也。不宁惟是，政府受国民之委托，是国民之雇佣也；而报馆则代表国民发公意以为公言者也。故报馆之视政府，当如父兄之视子弟，其不解事也，则教导之，其有过失也，则扑责之，而岂以主文谲谏毕乃事也？夫吾之为此言，非谓必事事而与政府为难也。教导与扑责，同时并行，而一皆以诚心出之，虽有顽童，终必有所感动，有所忌惮。此乃国家所以赖有报馆，而吾侪所以尽国民义务于万一也。抑所谓监督云者，宜务其大者远者，勿务其小者近者。豺狼当道，安问狐狸？放饭不惩，乃辨齿决。苟非无识，其必有所规避取巧矣。某以为我同业者当纠政府之全局部，而不可挑得失于小吏一二人；当监政府之大方针，而不必摭献替于小节一二事。苟不尔者，则其视献媚权贵之某报，亦百步与五十步耳。吾侪当尽之天职，此其一。

所谓向导国民者何也？西哲有言："报馆者现代之史记也。"故治此业者不可不有史家之精神。史家之精神何？鉴既往，示将来，导国民以进化之途径者也。故史家必有主观、客观二界，（参观本报第三号《历史学之界说》篇。）作报者亦然。政府人民所演之近事，本国外国所发之现象，报之客观也；比近事，察现象，而思所以推绎之发明之，以利国民，报之主观也。有客观而无主观，不可谓之报。主观之所怀抱，万有不齐，而要之以向导国民为目的者，则在史家谓之良史，在报界谓之良报。抑报馆之所以向导国民也，与学校异，与著书亦异。学校者筑知识之基础，养具体之人物者也；报馆者作世界之动力，养普通之人物者也。著书者规久远、明全义者也；报馆者救一时、明一义者也。故某以为业报馆者既认定一目的，则宜以极端之议论出之，虽稍偏稍激焉而不为病。何也？吾偏激于此端，则同时必有人焉偏激于彼端以矫我者，又必有人焉执两端之中以折衷我者。互相倚，互相纠，互相折衷，而真理必出焉。若相率为从容模棱之言，则举国之脑筋皆静，而群治必以沉滞矣。夫人之安于所习而骇于所罕闻，性也。故必变其所骇者而使之习焉，然后智力乃可以渐进。某说部尝言：有宿逆旅者，夜见一妇人，摘其头置案上而梳掠之，则大惊。走至他所，见数人聚饮者，语其事，述其异。彼数人者则曰：是何足怪，吾侪皆能焉。乃各摘其头，悉置案上以示之，而客遂不惊。此吾所谓变骇为习之说也。不宁惟是，彼始焉骇甲也，吾则示之以倍可骇之乙，则能移其骇甲之心以骇乙，而甲反为习矣。及其骇乙也，吾又示之以数倍可骇之丙，则又移其骇乙之心以骇丙，而乙又为习矣。如是相引，以至无穷。所骇者进一级，则所习者亦进一级，驯至举天下非常异义可怪之论，无足以相骇，而人智之程度乃达于极点。不观夫病海者乎？初时渡数丈之涧，犹或瞑眩焉；及与之下三峡，泛五湖，则此后视横渡如平地矣；更与之航黄、渤之海，驾太平、大西之洋，则此后视内河亦如平地矣。国民之智识亦然。勿征诸远，请言近者。二十年前，闻西学而骇者比比然也，及言变法者起，则不骇西学而骇变法矣；十年以前，闻变法而骇者比比然也，（王安石变法，为世诟病。数百年来,"变法"二字为一极不美之名词。吾于十年前在京师犹习闻此言,今则消灭久矣。)及言民权者起,则不骇变法而骇民权矣;一二年前,闻民权而骇者比比然也,及言革命者起,则不骇民权而骇革命矣。今日我国学界之思潮,大抵不骇革命者,千而得一焉;骇革命不骇民权者,百而得一焉;若骇变法、骇西学者,殆几绝矣。然则诸君之所以向导国民者可知矣。诸君如欲导民以变法也,则不可不骇之以民权;欲导民以民权也,则不可不骇之以革命。当革命论起,则并民权亦不暇骇,而变法无论矣;若更有可骇之论倍蓰于革命者出焉,则将并革命亦不暇骇,而民权更无论矣。大抵所骇者过两级,然后所习者乃适得其宜。(如欲其习甲,则当先骇之以乙,继骇之以丙,然后其所习者适在甲。当其骇乙时,骇乙者十之七,而骇甲者犹十之三;及骇之以丙,则彼将以十之七骇丙,以十之三骇乙,而甲已成为习矣。)某以为报馆之所以导国民者,不可不操此术。此虽近于刍狗万物之言乎,然我佛说法,有实有权。众生根器,既未成熟,苟不赖权法,则实法恐未能收其效也。故业报馆者而果有爱国民之心也,必不宜有所瞻徇顾忌。吾所欲实行者在此,则其所昌言者不可不在彼;吾昌言彼,而他日国民所实行者不在彼而在此焉。其究也不过令后之人笑我为无识,訾我为偏激而已。笑我、訾我,我何伤焉?而我之所期之目的则既已达矣。故欲以身救国者不可不牺牲其性命,欲以言救国者不可不牺牲其名誉。甘以一身为万矢的,曾不于悔,然后所志所事,乃庶有济。虽然,又非徒恃客气也,而必当出以热诚。大抵报馆之对政府,当如严父之督子弟,无所假借;其对国民,当如孝子之事两亲,不忘几谏,委曲焉,迁就焉,而务所以喻亲于道,此孝子之事也。吾侪当尽之天职,此其二。

以上所陈,我同业诸君其谓然也,则愿共勉之;其不谓然耶,则请更摅鸿论有以教我。吾侪手无斧柯,所以报答国民者,惟恃此三寸之舌、七寸之管。虽然,既俨然自尸此重大之天职而不疑,当此中国存亡绝续之交,天下万世之功罪,吾侪与居一焉,夫安得不商榷一所以自效之道,以相劝勉也?由幼稚时代而助长之、成立之,是在诸君矣。某再拜。

(原刊1902年10月2日《新民丛报》第17号)

释　　革

"革"也者，含有英语之 Reform 与 Revolution 之二义。Reform 者，因其所固有而损益之以迁于善，如英国国会一千八百三十二年之 Revolution 是也。日本人译之曰改革、曰革新。Revolution 者，若转轮然，从根柢处掀翻之，而别造一新世界，如法国一千七百八十九年之 Revolution 是也。日本人译之曰革命。"革命"二字，非确译也。"革命"之名词，始见于中国者，其在《易》曰："汤武革命，顺乎天而应乎人。"其在《书》曰："革殷受命。"皆指王朝易姓而言，是不足以当 Revo.（省文，下仿此。）之意也。人群中一切有形无形之事物，无不有其 Ref.，亦无不有其 Revo.，不独政治上为然也。即以政治论，则有不必易姓而不得不谓之 Revo. 者，亦有屡经易姓而仍不得谓之 Revo. 者。今以革命译 Revo.，遂使天下士君子拘墟于字面，以为谈及此义，则必与现在王朝一人一姓为敌，因避之若将浼己。而彼凭权借势者，亦将曰是不利于我也，相与窒遏之、摧锄之，使一国不能顺应于世界大势以自存。若是者皆名不正言不顺之为害也。故吾今欲与海内识者纵论革义。

Ref. 主渐，Revo. 主顿；Ref. 主部分，Revo. 主全体；Ref. 为累进之比例，Revo. 为反对之比例。其事物本善，而体未完、法未备，或行之久而失其本真，或经验少而未甚发达，若此者，利用 Ref.；其事物本不善，有害于群，有窒于化，非芟夷蕴崇之，则不足以绝其患，非改弦更张之，则不足以致其理，若是者，利用 Revo.。此二者皆《大易》所谓"革"之时义也。其前者吾欲字之曰"改革"，其后者吾欲字之曰"变革"。

中国数年以前，仁人志士之所奔走所呼号，则曰改革而已。比年外患日益剧，内腐日益甚，民智程度亦渐增进，浸润于达哲之理想，逼迫于世界之大势，于是咸知非变革不足以救中国。其所谓变革云者，即英语Revolution之义也。而倡此论者多习于日本，以日人之译此语为革命也，因相沿而顺呼之曰革命革命。又见乎千七百八十九年法国之大变革，尝馘其王、刘其贵族，流血遍国内也，益以为所谓Revo.者必当如是。于是近今泰西文明思想上所谓以仁易暴之Revolution，与中国前古野蛮争阋界所谓以暴易暴之革命，遂变为同一之名词，深入人人之脑中而不可拔。然则朝贵之忌之，流俗之骇之，仁人君子之忧之也亦宜。

新民子曰：革也者，天演界中不可逃避之公例也。凡物适于外境界者存，不适于外境界者灭。一存一灭之间，学者谓之淘汰。淘汰复有二种：曰"天然淘汰"，曰"人事淘汰"。天然淘汰者，以始终不适之故，为外风潮所旋击，自澌自毙而莫能救者也。人事淘汰者，深察我之有不适焉者，从而易之使底于适，而因以自存者也。人事淘汰，即革之义也。外境界无时而不变，故人事淘汰无时而可停。其能早窥破于此风潮者，今日淘汰一部分焉，明日淘汰一部分焉，其进步能随时与外境界相应，如是则不必变革，但改革焉可矣。而不然者，蛰处于一小天地之中，不与大局相关系，时势既奔轶绝尘，而我犹瞠乎其后。于此而甘自澌灭则亦已耳，若不甘者，则诚不可不急起直追，务使一化今日之地位，而求可以与他人之适于天演者并立。夫我既受数千年之积痼，一切事物，无大无小、无上无下，而无不与时势相反，于此而欲易其不适者以底于适，非从根柢处掀而翻之，廓清而辞辟之，乌乎可哉！乌乎可哉！此所以Revolution之事业，（即日人所谓革命，今我所谓变革。）为今日救中国独一无二之法门。不由此道而欲以图存、欲以图强，是磨砖作镜、炊沙为饭之类也。

夫淘汰也，变革也，岂惟政治上为然耳，凡群治中一切万事万物莫不有焉。以日人之译名言之，则宗教有宗教之革命，道德有道德之革命，学术有学术之革命，文学有文学之革命，风俗有风俗之革命，产业有产业之革命。即今日中国新学小生之恒言，固有所谓经学革命、史学革命、文界革命、诗界革命、曲界革命、小说界革命、音乐界革命、文字革命等种种名词矣。若此者，岂尝与朝廷政府有豪发之关系？而皆不得不谓之革命。闻"革命"二字则骇，而不知其本义实变革而已。革命可骇，则变革其亦可骇耶？呜呼！其亦不思而已。

朝贵之忌革也，流俗之骇革也，仁人君子之忧革也，以为是盖放巢流彘、悬首太白、系组东门之谓也；不知此何足以当革义。革之云者，必一变其群治之情状，而使幡然有以异于昔日。今如彼而可谓之革也，则中国数千年来，革者不啻百数十姓。而问两汉群治有以异于秦，六朝群治有以异于汉，三唐群治有以异于六朝，宋明群治有以异于唐，本朝群治有以异于宋明否也？若此者，只能谓之数十盗贼之争夺，不能谓之一国国民之变革，昭昭然矣。故泰西数千年来，各国王统变易者以百数，而史家未尝一予之以 Revolution 之名。其得此名者，实自千六百八十八年英国之役始，千七百七十五年美国之役次之，千七百八十九年法国之役又次之。而十九世纪，则史家乃称之为 Revolution 时代。盖今日立于世界上之各国，其经过此时代者，皆仅各一次而已；而岂如吾中国前此所谓"革命"者，一二竖子授受于上，百十狐兔冲突于下，而遂足以冒此文明崇贵高尚之美名也。故妄以革命译此义，而使天下读者，认仁为暴，认群为独，认公为私，则其言非徒误中国，而污辱此名词亦甚矣。

易姓者固不足为 Revolution，而 Revolution 又不必易姓。若十九世纪者，史学通称为 Revo. 时代者也，而除法国主权屡变外，自余欧洲诸国，王统依然。自皮相者观之，岂不以为是改革非变革乎？而询之稍明时务者，其谁谓然也。何也？变革云者，一国之民，举其前此之现象而尽变尽革之，所谓"从前种种，譬犹昨日死；从后种种，譬犹今日生"（曾文正语），其所关系者非在一事一物、一姓一人。若仅以此为旧君与新君之交涉而已，则彼君主者何物？其在一国中所占之位置，不过亿万分中之一，其荣也于国何与？其枯也于国何与？一尧去而一桀来，一纣废而一武兴，皆所谓"此朕家事，卿勿与知"。上下古今以观之，不过四大海水中之一微生物耳，其谁有此闲日月以挂诸齿牙余论也。故近百年来世界所谓变革者，其事业实与君主渺不相属。不过君主有顺此风潮者，则优而容之；有逆此风潮者，则锄而去之云尔。夫顺焉而优容、逆焉而锄去者，岂惟君主？凡一国之人，皆以此道遇之焉矣。若是乎，国民变革与王朝革命，其事固各不相蒙，较较然也。

闻者犹疑吾言乎？请更征诸日本。日本以皇统绵绵万世一系自夸耀，稍读东史者之所能知也；其天皇今安富尊荣、神圣不可侵犯，又曾游东土者之所共闻也。曾亦知其所以有今日者，实食一度 Revolution 之赐乎？日人今语及庆应、明治之交，无不指为革命时代；语及尊王讨幕、废藩置县诸举动，无不指为革命事业；语及藤田东湖、吉田松阴、西乡南洲诸先辈，无不指为革命人物。此非吾之谰言也，旅其邦、读其书、接其人者所皆能征也。如必以中国之汤武，泰西之克林威尔、华盛顿者，而始谓之革命，则日本何以称焉？而乌知其明治以前为一天地，明治以后为一天地，彼其现象之前后相反，与十七世纪末之英、十八世纪末之法无以异。此乃真能举 Revolution 之实者，而岂视乎万夫以上之一人也？

由此言之，彼忌革骇革忧革者，其亦可以释然矣。今日之中国，必非补苴掇拾一二小节，模拟欧美、日本现时所谓改革者，而遂可以善其后也。彼等皆曾经一度之大变革，举其前此最腐败之一大部分，忍苦痛而拔除之，其大体固已完善矣，而因以精益求精、备益求备。我则何有焉？以云改革也，如废八股为策论，可谓改革矣，而策论与八股何择焉？更进焉他日或废科举为学堂，益可谓改革矣，而学堂与科举又何择焉？一事如此，他事可知。改革云，改革云，更阅十年，更阅百年，亦若是则已耳。毒蛇在手而惮断腕，豺狼当道而问狐狸，彼尸居余气者又何责焉？所最难堪者，我国民将被天然淘汰之祸，永沉沦于天演大圈之下，而万劫不复耳。夫国民沉沦，则于君主与当道官吏又何利焉？国民尊荣，则于君主与当道官吏又何损焉？吾故曰：国民如欲自存，必自力倡大变革、实行大变革始；君主官吏而欲附于国民以自存，必自勿畏大变革且赞成大变革始。

呜呼！中国之当大变革者，岂惟政治？然政治上尚不得变、不得革，又遑论其余哉？呜呼！

（原刊1902年12月14日《新民丛报》第22号）

鄙人对于言论界之过去及将来

此文为十月二十二日鄙人在北京报界欢迎会席上所演说，今录于此以代本报发刊之宣言。其文为当时同志所笔记，今亦不复加修饰也。十一月十五日，启超识。

鄙人今日得列席于此报界欢迎会，而群贤济济，至百数十人之盛，其特别之感想，殆难言罄。去秋武汉起义，不数月而国体丕变，成功之速，殆为中外古今所未有。南方尚稍烦战事，若北方则更不劳一兵、不折一矢矣。问其何以能如是？则报馆鼓吹之功最高，此天下公言也。世人或以吾国之大，革数千年之帝政，而流血至少，所出代价至薄，诧以为奇。岂知当军兴前、军兴中，哲人畸士之心血沁于报纸中者，云胡可量？然则谓我中华民国之成立乃以黑血革命代红血革命焉可也。鄙人越在海外，曾未能一分诸君子之劳，言之滋愧。虽然，鄙人二十年来，固以报馆为生涯，且自今以往，尤愿终身不离报馆之生涯者也。今幸得与同业诸英握手一堂，窃愿举鄙人过去对于报馆事业之关系及今后所怀抱，为诸君一言之。

鄙人之投身报界，托始于上海《时务报》，同人多知之。然前此尚有一段小历史，恐今日能言之者少矣。当甲午丧师以后，国人敌忾心颇盛，而瞢于世界大势。乙未夏秋间，诸先辈乃发起一政社名强学会者，今大总统袁公，即当时发起之一人也。彼时同人固不知各国有所谓政党，但知欲改良国政，不可无此种团体耳。而最初着手之事业，则欲办图书馆与报馆。袁公首捐金五百，加以各处募集，得千余金，遂在后孙公园设立会所，向上海购得译书数十种，而以办报事委诸鄙人。当时固无自购机器之力，且都中亦从不闻有此物，乃向售《京报》处托用粗木版雕印，日出一张，名曰《中外公报》，只有论说一篇，别无记事。鄙人则日日执笔为一数百字之短文，其言之肤浅无用，由今思之，只有汗颜。当时安敢望有人购阅者，乃托售《京报》人随宫门钞分送诸官宅，酬以薪金，乃肯代送。办理月余，居然每日发出三千张内外。然谣诼已蜂起，送至各家门者，辄怒以目，驯至送报人惧祸，及悬重赏亦不肯代送矣。其年十一月，强学会遂被封禁，鄙人服器书籍，皆没收，流浪于萧寺中者数月，益感慨时局。自审舍言论外，末由致力，办报之心益切。明年二月南下，得数同志之助，乃设《时务报》于上海，其经费则张文襄与有力焉。而数月后，文襄以报中多言民权，干涉甚烈。其时鄙人之与文襄，殆如雇佣者与资本家之关系，年少气盛，冲突愈积愈甚。丁酉之冬，遂就湖南时务学堂之聘，脱离报馆关系者数月。《时务报》虽存在，已非复前此之精神矣。当时亦不知学堂当作何办法也，惟日令诸生作札记，而自批答之，所批日恒万数千言，亦与作报馆论文无异。当时学生四十人，日日读吾所出体裁怪特之报章，精神几与之俱化。此四十人者，十余年来强半死于国事，今存五六人而已。此四十分报章，在学堂中固习焉不怪；未几放年假，诸生携归乡里，此报章遂流布人间，于是全湘哗然，咸目鄙人为得外教眩人之术，以一丸药翻人心而转之，诸生亦皆以二毛子之嫌疑，见摈于社会。其后戊戌政变，其最有力之弹章，则摭当时所批札记之言以为罪状。盖当时吾之所以与诸生语者，非徒心醉民权，抑且于种族之感言之未尝有讳也。此种言论，在近数年来诚数见不鲜，然当时之人，闻之安得不掩耳？其以此相罪，亦无足怪也。戊戌八月出亡，十月复在横滨开一《清议报》，明目张胆以攻击政府，彼时最烈矣。而政府相疾亦至，严禁入口，驯至内地断绝发行机关，不得已停办。辛丑之冬，别办《新民丛报》，稍从灌输常识入手，而受社会之欢迎，乃出意外。当时承团匪之后，政府创痍既复，故态旋萌，耳目所接，皆增愤慨，故报中论调，日趋激烈。壬寅秋间，同时复办一《新小说》报，专欲鼓吹革命，鄙人感情之昂，以彼时为最矣。犹记曾作一小说，名曰《新中国未来记》，连登于该报者十余回。其理想的国号，曰大中华民主国；其理想的开国纪元，即在今年；其理想的第一代大总统，名曰罗在田，第二代大总统，名曰黄克强。当时固非别有所见，不过办报在壬寅年，逆计十年后大业始就，故托言大中华民主国祝开国五十年纪念，当西历一千九百六十二年。由今思之，其理想之开国纪元，乃恰在今年也。罗在田者，藏清德宗之名，言其逊位也；黄克强者，取黄帝子孙能自强立之意。此文在座诸君想尚多见之，今事实竟多相应，乃至与革命伟人姓字暗合，若符谶然，岂不异哉！其后见留学界及内地学校，因革命思想传播之故，频闹风潮，窃计学生求学，将以为国家建设之用，雅不欲破坏之学说，深入青年之脑中；又见乎无限制之自由平等说，流弊无穷，惴惴然惧；又默察人民程度，增进非易，恐秩序一破之后，青黄不接，暴民踵兴，虽提倡革命诸贤，亦苦于收拾；加以比年国家财政、国民生计，艰窘皆达极点，恐事机一发，为人劫持，或至亡国；而现在西藏、蒙古离畔分携之噩耗，又当时所日夜念及而引以为戚。自此种思想来往于胸中，于是极端之破坏，不敢主张矣。故自癸卯、甲辰以后之《新民丛报》，专言政治革命，不复言种族革命。质言之，则对于国体主维持现状，对于政体则悬一理想以求必达也。及丁未夏秋间，与同人发起政闻社，其机关杂志，名曰《政论》，鄙人实为主任。政闻社为清政府所封禁，《政论》亦废。最近乃复营《国风报》，专从各种政治问题为具体之研究讨论，思灌输国民以政治常识。初志亦求温和，不事激烈；而晚清政令日非，若惟恐国之不亡而速之，刿心怵目，不复能忍受，自前年十月以后至去年一年之《国风报》，殆无日不与政府宣战，视《清议报》时代，殆有过之矣。犹记当举国请愿国会运动最烈之时，而政府犹日思延宕，以宣统八年、宣统五年等相搪塞，鄙人感愤既极，则在报中大声疾呼，谓政治现象若仍此不变，则将来世界字典上决无复以"宣统五年"四字连属成一名词者。此语在《国风报》中凡屡见，今亦成预言之谶矣。

　　计鄙人十八年来经办之报凡七。自审学识谫陋，文辞朴僿，何足以副立言之天职？惟常举吾当时心中所信者，诚实恳挚以就正国民已耳。今国中报馆之发达，一日千里，即以京师论，已逾百家，回想十八年前《中外公报》沿门丐阅时代，殆如隔世；崇论闳议，家喻户晓，岂复鄙人所能望其肩背？虽然，鄙人此次归来，仍思重理旧业。人情于其所习熟之职业，固有所不能舍耶。若夫立言之宗旨，则仍在浚牖民智，薰陶民德，发扬民力，务使养成共和法治国国民之资格。此则十八年来之初志，且将终身以之者也。

而世论或以鄙人曾主张君主立宪，在今共和政体之下，不应有发言权；即欲有言，亦当先自引咎，以求恕于畴昔之革命党；甚或捏造谰言，谓其不慊于共和希图破坏者。即侪辈中，亦有疑于平昔所主张，与今日时势不相应，舍己从人，近于贬节，因嗫嚅而不敢尽言者。吾以为此皆瞽词也。无论前此吾党所尽力于共和主义者何如，即以近年所主张，对于国体主维持现状，对于政体则悬一理想以求必达，此志固可皎然与天下共见。夫国体与政体本不相蒙，稍有政治常识者颇能知之矣。当去年九月以前，君主之存在，尚俨然为一种事实，而政治之败坏已达极点，于是忧国之士，对于政界前途发展之方法，分为二派：其一派则希望政治现象日趋腐败，俾君主府民怨而自速灭亡者，即谚所谓"苦肉计"也，故于其失政，不屑复为救正，惟从事于秘密运动而已；其一派则不忍生民之涂炭，思随事补救，以"立宪"一名词，套在满政府头上，使不得不设种种之法定民选机关为民权之武器，得凭借以与一战。此二派所用手段虽有不同，然何尝不相辅相成！去年起义至今，无事不资两派人士之协力，此其明证也。然则前此曾言君主立宪者果何负于国民？在今日亦何嫌何疑而不敢为国宣力？至于强诬前此立宪派之人为不慊于共和，则更是无理取闹。立宪派人不争国体而争政体，其对于国体主维持现状，吾既屡言之，故于国体则承认现在之事实，于政体则求贯彻将来之理想。夫于前此障碍极多之君主国体，犹以其为现存之事实而承认之，屈己以活动于此事实之下，岂有对于神圣高尚之共和国体而反挟异议者？夫破坏国体，惟革命党始出此手段耳，若立宪党则从未闻有以摇动国体为主义者也。故在今日，拥护共和国体，实行立宪政体，此自论理上必然之结果，而何有节操问题之可言耶？

若夫吾侪前此所忧革命后种种险象，其不幸而言中者十而八九，事实章章，在人耳目，又宁能为讳？论者得毋谓中国今日已治已安，而爱国志士之责任，从是毕耶？平心论之，现在之国势政局，为十余年来激烈、温和两派人士之心力所协同构成，以云有功则两俱有功，以云有罪则两俱有罪。要之此诸人士者，欲将国家脱离厄区，跻诸乐土，而今方泛中流，未达彼岸。既能发之，当思所以能收之，自今以往，其责任之艰巨，视前十倍，又岂容一人狡卸者？今激烈派中人，其一部分，则谓吾既已为国家立大功、成大业矣，畴昔为我尽义务之时期，今日为我享权利之时期；前此所受窘逐戮辱于清政府者，今则欲取什伯倍之安富尊荣于民国以为偿。此种人自待太薄，既不复有责备之价值。其束身自好者，则谓吾前此亦既已尽一部分之责任，进国家于今日之地位矣，自今以往，吾其可以息肩，则翛然于事外而已。而所谓温和派者，忘却自己本来争政体不争国体，因国体变更，而自以为主张失败，甚乃生出节操问题；又忘却现在政治，绝未改良，自己畴昔所抱志愿，绝未贯彻，而自己觉得无话可说，则如斗败之鸡，垂头丧气，如新嫁之娘，扭扭捏捏。两方面之人，既皆如此，则国家之事，更有谁管？在已治已安之时，人人不管国事，尚且不可，况今日在危急存亡之交者哉！

若谓前此曾言立宪之人，当共和国体成立后，即不许其容喙于政治，吾恐古往今来普天率土之共和国，无此法律。吾侪惟知中国为中国人之中国，尽人有分而绝非一部分人所得私。前清政府，以国家为其私产，以政治为其私权，其所以迫害吾侪不使容喙于政治者，无所不用其极，吾侪未尝敢缘此自馁而放弃责任也，况在今日共和国体之下，何至有此不祥之言？此鄙人所为〔谓〕欲赓续前业，常举其所信以言论与天下相见也。

忝列嘉会，深铭隆贶，聊述前此之经历与今后之志事以尘清听。情切词芜，伏希洞亮。

（原刊 1912 年 12 月 1 日《庸言》第 1 卷第 1 号）

吾今后所以报国者

吾二十年来之生涯，皆政治生涯也。吾自距今一年前，虽未尝一日立乎人之本朝，然与国中政治关系，殆未尝一日断。吾喜摇笔弄舌，有所论议，国人不知其不肖，往往有乐倾听之者。吾问学既谫薄，不能发为有统系的理想，为国民学术辟一蹊径；吾更事又浅，且去国久，而与实际之社会阂隔，更不能参稽引申，以供凡百社会事业之资料；惟好攘臂扼腕以谭政治。政治谭以外，虽非无言论，然匣剑帷灯，意固有所属，凡归于政治而已。吾亦尝欲借言论以造成一种人物，然所欲造成者，则吾理想中之政治人物也。吾之作政治谭也，常为自身感情作用所刺激，而还以刺激他人之感情，故持论亦屡变，而往往得相当之反响。畴昔所见浅，时或沾沾自喜，谓吾之多言，庶几于国之政治小有所裨。至今国中人犹或以此许之。虽然，吾今体察既确，吾历年之政治谭，皆败绩失据也。吾自问本心，未尝不欲为国中政治播佳种，但不知吾所谓"佳种"者误于别择耶？将播之不适其时耶，不适其地耶？抑将又播之不以其道耶？要之，所获之果，殊反于吾始愿所期。吾尝自讼，吾所效之劳，不足以偿所造之孽也。吾躬自为政治活动者亦既有年，吾尝与激烈派之秘密团体中人往还，然性行与彼辈不能相容，旋即弃去；吾尝两度加入公开之政治团体，遂不能自有所大造于其团体，更不能使其团体有所大造于国家，吾之败绩失据又明甚也。吾曾无所于悔，顾吾至今乃确信，吾国现在之政治社会，决无容政治团体活动之余地。以今日之中国人而组织政治团体，其于为团体分子之资格，所缺实多。夫吾即不备此资格者之一人也，而吾所亲爱之俦侣，其各皆有所不备，亦犹吾也。吾于是日憬然有所感，以谓吾国欲组织健全之政治团体，则于组织之前更当有事焉，曰务养成较多数可以为团体中健全分子之人物。然兹事终已非旦夕所克立致。未能致而强欲致焉，一方面既使政治团体之信用，失坠于当世，沮其前途发育之机；一方面尤使多数有为之青年，浪耗其日力于无结果之事业，甚则品格器量，皆生意外之恶影响。吾为此惧，故吾于政治团体之活动，遂不得不中止。吾又自尝立于政治之当局，迄今犹尸名于政务之一部分。虽然，吾自始固自疑其不胜任，徒以当时时局之急迫，政府久悬，其祸之中于国家者或不可测，重以友谊之敦劝，乃勉起以承其乏。其间不自揣，亦颇尝有所规画，思效铅刀之一割，然大半与现在之情实相阂。稍入其中，而知吾之所主张，在今日万难贯澈，而反乎此者，又恒觉于心有所未安。其权宜救时之政，虽亦明知其不得不尔，然大率为吾生平所未学，虽欲从事而无能为役。若此者，于全局之事有然，于一部分之事亦有然。是故援"陈力就列，不能者止"之义，吁求引退，徒以元首礼意之殷渥，辞不获命，暂靦然滥竽今职。亦惟思拾遗补阙，为无用之用，而事实上则与政治之关系，日趋于疏远。更得闲者，则吾政治生涯之全部，且将中止矣。

夫以二十年习于此生涯之人，忽焉思改其度，非求息肩以自暇逸也，尤非有所愤恶而逃之也。吾自始本为理论的政谭家，其能勉为实行的政务家与否，原不敢自信。今以一年来所经历，吾一面虽仍确信理论的政治，吾中国将来终不可以蔑弃；吾一面又确信吾国今日之政治，万不容拘律以理论。而现在佐元首以实行今日适宜之政治者，其能力实过吾倍蓰。以吾参加于诸公之列，不能多有所助于其实行，亦犹以诸公参加于吾之列，不能多有所助于吾理论也。夫社会以分劳相济为宜，而能力以用其所长为贵。吾立于政治当局，吾自审虽夙作夜思、鞠躬尽瘁，吾所能自效于国家者有几？夫一年来之效既可睹矣；吾以此日力、以此心力转而用诸他方面，安见其所自效于国家者，不有以加于今日？然则还我初服，仍为理论的政谭家耶？以平昔好作政谭之人，而欲绝口不谭政治，在势固必不能自克，且对于时政得失而有所献替，亦言论家之通责，吾岂忍有所讳避？虽然，吾以二十年来几度之阅历，吾深觉政治之基础恒在社会，欲应用健全之政论，则于论政以前更当有事焉。而不然者，则其政论徒供刺激感情之用，或为剽窃干禄之资，无论在政治方面、在社会方面，皆可以生意外之恶影响，非直无益于国，而或反害之。故吾自今以往，不愿更多为政谭，非厌倦也，难之故慎之也。政谭且不愿多作，则政团更何有？故吾自今以往，除学问上或二三朋辈结合讨论外，一切政治团体之关系，皆当中止。乃至生平最敬仰之师长，最亲习之友生，亦惟以道义相切劘，学艺相商榷；至其政治上之言论行动，吾决不愿有所与闻，更不能负丝毫之连带责任。非孤僻也，人各有其见地，各有其所以自信者，虽以骨肉之亲，或不能苟同也。

夫身既渐远于政局，而口复渐稀于政谭，则吾之政治生涯，真中止矣。吾自今以往，吾何以报国者？吾思之，吾重思之，吾犹有一莫大之天职焉。夫吾固人也，吾将讲求人之所以为人者而与吾人商榷之；吾固中国国民也，吾将讲求国民之所以为国民者而与吾国民商榷之。人之所以为人，国民之所以为国民，虽若夫妇之愚可以与知乎，而吾国竟若有所未解，或且反其道而恬不以为怪。质言之，则中国社会之堕落窳败、晦盲否塞，实使人不寒而栗。以智识才技之晻陋若彼，势必劣败于此物竞至剧之世，举全国而为饿殍；以人心风俗之偷窳若彼，势必尽丧吾祖若宗遗传之善性，举全国而为禽兽。在此等社会上而谋政治之建设，则虽岁变更其国体，日废置其机关，法令高与山齐，庙堂日昃不食，其亦曷由致治，有蹙蹙以底于亡已耳！夫社会之敝极于今日，而欲以手援天下，夫孰不知其难？虽然，举全国聪明才智之士，悉辏集于政界，而社会方面，空无人焉，则江河日下，又何足怪？吾虽不敏，窃有志于是。若以言论之力，能有所贡献于万一，则吾所以报国家之恩我者或于是乎在矣。

（原刊 1915 年 1 月 20 日《大中华》第 1 卷第 1 期）

外交欤？内政欤？（节录）

一　国民运动之意义及价值

近来社会上稍为时髦一点的人，都喜欢用新名词，却是许多好名词，都被他们活活用坏了。即如"运动"这个字，在中国一般人说起来，都觉得他含有夤缘诡秘、可厌可鄙的观念。其实这个字是从英语 Movement 译来，Movement 的本训，何尝有一毫像中国人所说呢？我如今先要把运动这个字下一个正当的解释：好像把一锅水炖到沸度，水中种种质点，都在满锅里运动起来，现出变化作用。又像在化学室中，将几种原素放在一个玻璃瓶内，他们便运动起来，分析化合忙个不了。这种物理学上运动状态，很可以借来做人类社会运动解释。社会是个有机体，凡有机体的生活，都是以构成他本身之分子的运动为养命之源。倘若"构成分子"运动停息，那有机体便活不成了。例如人体中无数细胞，刹那刹那在那里运转，周而复始，这算是经常运动。若忽然疾病来侵，便于经常运动之外，更起一种非常运动：体中健全的细胞，便一齐着急，对于那些陈腐毒害的霉菌，施行攻击或防卫。人类所以能保健却病，都是赖此。倘若有一个人，平时那血管运行，恹恹无力，遇着疾病，体中健全细胞躲起懒来，害起怕来，不肯或不敢和那些病菌对抗，这个人我敢说他不到几天便要死了。国家的构成分子——国民，和人体的构成分子——细胞，正是一样。

国民当国家安宁的时候，要有继续不断的经常运动，然后政治上病的分子不至发生。国民当国家艰危的时候，要有急起直追的非常运动，然后内部发生或外部袭来之政治上病的状态，可以减轻或消灭。若是国民都躲懒都害怕，运动力停滞或止息，那么，这国家或是犯着一个险症，暴病而亡，或是害了痨伤，挨些时也断送性命，这是万无可逃的事理。这样说来，国民运动意义之重大，可以想见了。

一部西洋史，一言以蔽之，就是国民运动史。希腊市府国家的市民Citizen，对于全市——即国家大大小小的事，人人都有权管，人人都爱管。所以古代文明的源泉，都从那几个斗大小城酝酿出来。罗马人的国民运动，更是好看：他们有一回最有趣的事，那平民和贵族对抗，忽然全都跑往离罗马城外十三里的小丘上去了，历史上有名的叫做"退出国都"之役。贵族平时虽然是趾高气扬，碰着这种运动，也不得不低头了。因为统治阶级权力虽大，离却被治阶级却也活不成。强者能毂制弱者死命的只有一件，弱者能毂制强者死命的倒有几十件哩。只要弱者能有团结的运动，至弱便变成至强。罗马平民拿出他"看家本事"唱过这出有声有色的活戏，此后二千多年欧洲政治舞台，演的都是这一套。自从近世之文艺复兴宗教改革，经过法国大革命，直至现代之劳工同盟，戏本虽日日翻新，精神却是从一个源泉里导引出来。我们读西洋史，真是越读越有趣，处处峰回路转，时时柳暗花明。只看见他们国家里头的细胞，好像"无事忙"一般，在那里运动个不休。除宗教学术文艺上种种运动不计外，专就政治上说，那关于全部的，例如人权宣言运动，殖民地独立运动，民族建国运动，普通选举运动，社会主义运动，等等。那关于局部的，例如放奴运动，妇女参政权运动，禁酒运动，等等。看他们闹真闹得起劲，真运动得兴高彩烈，淋漓尽致。拿我们中国人眼光看来，真是莫名其妙，只好说是"啰唣！""捣乱！""多管闲事！""干吗？"好像那些方领矩步的老先生们，看着你们学生赛打球，两边成群结党，个个打得满身臭汗，究竟所为何来？殊不知你们每日或隔日打一次球，便是身体保健的绝妙法门，比吃人参鹿茸还强几倍！他们啰啰唣唣爱管闲事，大至全人类的人权也要管，小至一家里头买个丫头用用也要管，一个人爱吃两口酒也要管，说声管，便大吹大擂的纠合千千万万人管起来。他们闹这种顽意，好像闹上了瘾，一天不闹，便一天不好过。哈哈！他们真是疯子吗？国家的发展，全人类的进化，都是从这一个根子来哩。

我老实告诉诸君说罢：我们若不承认中华民国，——不承认生今之世要适用共和政治，那便无话可说。如其不然，便要知道共和政治的土台，全在国民；非国民经过一番大觉悟大努力，这种政治万万不会发生，非继续的觉悟努力，这种政治万万不会维持。倘若国民不愿意管政治，或是不能彀管政治，或是不会管政治，那么，这种国民只好像牛马一般，套上个笼头听人处分。碰着个把圣君贤相，大家便过几年安逸日子；碰着那强暴残忍的人压在上头，只好随他爱抢便抢爱杀便杀。凭你把国体政体的名目换几十躺〔趟〕招牌，结果还是一样。你若想取得自由市民的资格，可是海枯石烂，不会有这回事哩！怎么才算愿意管政治呢？是要靠国民运动来表示这意志。怎么才能彀管政治呢？是要靠国民运动来争得这权利。怎么才会管政治呢？是要靠国民运动来练习这技能。简单说一句，国民运动便是共和政治唯一的生命，没有运动，便没有生命了。

欧美的国民运动，大概可分两种：（一）法定的。（二）特别的。法定的是选举运动：大总统若干年满任，国会及地方议会若干年改选，每到这时候，嗳哟！可了不得！全国人都像热锅上蚂蚁，动得个"不亦乐乎"！那些政党首领，日日从早到晚十几点钟的演说，或在公共会场，或是露天，到处人山人海，在这个市讲完，呜呜的搭火车飞跑到那个市，火车里头聚得一群人也要演说，车站上停得十分八分钟也要演说！那讨论问题的小册子，便像雪片一般飞满全国！那些主张都写着旗子，拿军乐队夹着游行，便像南洋烟草公司卖告白一般。全国人民，除非闭着眼，眼一张看见的便是政治问题；除非塞着耳，耳一开所见的便是政治问题。他们每隔一两年，便做一躺〔趟〕这种法定的运动，好像乡村里定期迎神赛会，连七八十岁老太婆五六岁小孩子，都趁热闹大忙特忙起来。他们平时像一锅水保住平均的温度，一到选举时，便涨到沸度。他们闹惯了也忘了形，不知是责任呀还是兴味？依我看来，他们这样的政治运动，简直和赛球赛马赛舢板的运动同一性质，真是无事忙忙到举国若狂了。

什么是特别运动？大抵拿来要求某种应得而未得的权利，来处分某种应解决而未解决的问题。这些事在选举运动时虽亦常常提出，但未必都能成为选举竞争的目标，未必都能成为国会中讨论的主题。他们于是乎由一特种阶级——或一特种团体结合起来，举行种种方式的运动，把他们所要求所主张抬出来，唤起一般人注意而促反对者之警省。他们在平时——或法定选举时，已经为不断的努力。遇有机会，更临时做刺激的运动。例如印度人乘英太子往游，便大大的做一回反欢迎的运动。劳工阶级每年五月一日，便大大的做一回国际纪念节的运动。这些运动多行一次，那主义的旗帜便加增一度的鲜明。运动来，运动去，从前的空想，渐渐的都变成事实了。

　　这种运动，在人类政治生活上有什么意义呢？依我想，最要的有三件：

　　（第一）使多数人懂得政治是怎么一回事，懂得什么叫做政治问题。一般人的通患，莫过于脑筋里没有问题。无论在政治上在学问上在道德上，凡不用心思的人，总不会发生问题。件件事都觉得"照例如此""不成问题"，那么全个社会都僵冷，都钉住，再不会改进了。运动的最大作用，是把各种问题大锣大鼓的抬出来放在公众面前，聒噪得大家耳根不得清净。初时那些浑浑沌沌什么事都回答个"不成问题"的人，你向他聒噪得几次，他脑筋里也渐渐成了问题了。例如我好贪几杯，觉得吃酒不成问题，倘使我住在美国，听他们戒酒会中人种种科学的解剖说法，许不免我脑中也成了问题。凡一个问题，经过一度群众运动之后，那问题自然会成为"通俗化"。例如美国从前曾经拿用金用银问题来做两党竞争选举的目标。难道美国市民个个都是经济学博士吗？自然大多数人对于这问题，不惟不管，而且不懂。但当那运动正剧的时候，差不多连扫街夫连灶下婢开口便是金银本位的利害了。所以国民运动的作用，第一步，是把向来不成问题的事项渐渐都变成了问题。第二步，是把向来少数人注意了解的问题，叫多数人都注意都了解。这便是政治智识普及国民的唯一捷径。

　　（第二）使多数人认识且信任政治生活之"改进可能性"。每一个时代的旧政治，总是被治阶级呻吟于统治阶级之下，统治阶级总是强者，被治阶级总是弱者。弱者因为力量来不及，只好听天由命，只好盼望强者发慈悲赦免。二百年前欧洲的人民和现在中国的人民，都是如此。——中国人尤甚——国民运动，是由少数弱者的自觉，唤起多数的自觉，由少数弱者的努力，拢成多数的努力。自觉努力的结果，强者阶级必然降服，弱者阶级定然得解放。你不试过不肯信，试得一两回便信了。信得过这种事业有"可能性"，自然政治生命常带活气。

（第三）使多数人养成协同动作之观念及技能。国民运动虽然也需有指导的人，但他的性质，纯是多数共动，不是一人独动。譬如前几天你们高师学生和清华学生赛球，倘使你们多数的队员都没有打球兴味和技能，那么，纵令你们队里有一位"球圣"两三位"球贤"，我敢保你们终是一败涂地。因为人类是社会的动物，除了互助协作之外，断断不会做成一件事。要养成互助协作的习惯和技能，断不是靠口头提倡所能办到。总须找些机会，常常作实地练习。国民运动，是拿很松很宽很暂的团聚试行协同动作。做过一次，这习惯兴味技能便长进一次。所以致密坚强之民治组织，非经过多次运动而且常常继续运动不能成功。

上文所说三项，第一项是从智的方面说，第二项是从意的方面说，第三项是从情的方面说。所以我觉得国民运动的价值，在政治本身是可限量的，在国民教育上是无可限量的。一个个政治问题的运动，虽有成败之可言；从政治教育的意味看来，无成败之可言。凡国民政治运动，总是成功的，——虽失败也算成功。为什么呢？因为靠他才能养成做共和国民的资格。成，固然养资格；败，也是养资格。资格养成，什么事干不了。所以国民运动只有成功，没有失败。

二　中国有过国民运动没有？

民众政治的思想，几千年来中国人脑里头是没有的。"人存政举"是我们祖宗相传唯一的信条。所以古今大政治家，能做到"格君心之非"，便是第一等事业。汉宋明各时代，也曾有所谓"民间清议"，很像带点运动色彩。然而和欧美式的运动，性质根本不同。汉明式运动最高的结果，不过希望君相干好事，欧美式是要人民自己来干。汉明式运动，费尽九牛二虎之力，能把一个误国权奸打下去，已算莫大的成功；但那权奸做坏事已做毁了，国家元气已丧尽了。况且一个权奸打下去，别一位权奸又挤上来，始终还是那么一回事。欧美式运动，是把政治筑成一个壁垒，叫坏人混不进去。所以他们只有政策对不对的问题，——政策本来没有绝对的好不好——没有人好不好的问题。就以人论罢，政府当局因才具不济要做好事做不来的，容或有之；安心做坏事——把国事弄坏来谋一己利益的人——却断断没有。为什么呢？为的是他们大大小小政策，都是从国民运动产生出来：当局的地位，是靠国民运动才能得着，他们办的事，不过执行国民运动的结果，国民几千万双眼睛看着，那里容一个人作弊？我们在"清议"极盛的时代，尚且不能得这种结果，别的时代更不必说了。旧小说里头说的"一条好汉"，最足表现中国人心理，无论好事坏事，总是靠一两条好汉去做。你看，戏台上打仗，总是一个红脸一个花脸单刀比武，那些打赤膊翻筋斗的配脚，完全不算一个脚色。欧美人便不然。做好汉一齐去做，并不是一条几条的问题。他们的政治，像密集式的军队，不战便罢，一战是几十万人一齐往前。和我们的"两将对阵拼打几百围合"，恰恰相反。所以中国虽然出些尧舜禹汤，归根总是"人亡政息"，欧美便没有"人亡"的问题，若说人亡，除非全国人都死了。既已不会有这种事，所以他们的政再不会息。

中国国民运动的起原，算是前清末年才有点影子。当时所谓立宪运动，革命运动，都是诉诸一般民众，合起来对付满洲政府。初时用文字宣传，后来渐渐做规模较大的国会请愿，最后因铁路国有问题，做一回极猛烈的运动，便成了辛亥革命的直接导火线。民国成立，也不能不说是由国民运动得来。但因为那时言论集会，太不自由，到底是秘密运动多公开运动少，所以这中华民国，并未能建设在民众意识的基础之上。换一句话说：这中华民国的建设，并非由全国民认识共和政治之价值，协同努力去建设他，不过极少数人用"催生符"的方法，勉强得这意外的结果。既已如此，所以始终脱不了"几条好汉"的旧思想。就令当局者果然高尚纯洁，也不过变名的圣君贤相，结果还会落得个"人亡政息"。何况当时并未有实力，这招牌还是假手于王莽曹操一流人挂起来呢！俗语说得好："种瓜得瓜，种豆得豆。"这十年来的民国，人人都知道他是"挂着羊头卖狗肉"，却还要知道：这不但是掌柜的混帐，本来股东何尝有开羊肉铺的意思来？股东若决意卖羊肉，那些狗肉掌柜，能容他一刻站在柜台上吗？

我方才说欧美的"法定期国民运动"是选举，我们的选举——合法非法且不管——国会呢，说是选过三次了，总统呢，南南北北合计，说是选过四次了。诸君也曾听见过某年某月某日某城某镇某乡某党某人有过一回竞争选举的公开演说没有？到选举议员时候，只看见两两三三，交头接耳，或是跪倒在那些都督督军的膝前，恳求指派；或是派出成队成队的捐客，放盘买票。到选举总统时候，除买票外，还拿兵围着！议员口口声声说是"人民代表"，总统口口声声说是"受全国人民付托"，人民吗？他们最通达时务的，知道"北京城里转了朝"，已是了不得；其余十个有八个真是"不知有汉，何论魏晋"，还说是现在"老佛爷当家"哩，什么鸟总统鸟议员，他们脑里头就始终没有这个字！然而"代表""委托"等等名词，竟被那些大盗小偷用了十年了。诸君须知：这种现象——买票及派兵围议场等现象——不但北方满清遗孽统治的地方是如此，便是南方革命伟人统治的地方，也何尝不是如此？这种"法定期运动"尚且没有，那些临时运动更不消说了。诸君想想，像北京这几年内大开门户卖官鬻爵，像广东这几年内明目张胆开赌贩烟，（开赌是过去，贩烟是现在。）倘使换转在外国中无论那国，国民有个不起哄的吗？我们怎么样呢？除了忍气吞声之外，有人敢放一个屁吗？其余应兴应革之事，千头万绪，总没有人过问，违法地方是如此，护法地方也是如此，打开窗户说亮话，都是一丘之貉！

十年的民国闹到这样田地，是谁的责任呢？那些军阀，那些官僚，那些戴假面具的伟人志士，都不足责，因为他们本来是靠这行头来吃饭。最可惜的，有一群自命正人君子的人：他们积极方面的心理，是孔子说的，"苟有用我者，期月而已可也，三年有成"。总认定要靠一两个有大力的人，才能施展他"致君泽民"的抱负。消极方面的心理，是孟子说的，"归洁其身而已矣"。只求不肯"同流合污"，别的事也不愿多管了。不瞒诸君说：我自己和我的朋友，都是这一类的人。全国中这一类人，确也不少。这一类人，原算是人体中健全细胞，但他对于毒菌，或不肯抵抗，或懒得抵抗，那么，非让毒菌猖獗纵横，到处传染不可了。所以我觉得国事之坏，责任不在他们而在我们。我绝对不敢责备别人，只有责备自己。

总括一句，可以说：中国做政治活动的人，——无论何党何派——都完全没有了解民主政治的真意义，所走的路都走错了。十年以来，号称优秀分子的人，或是运动这军阀打那军阀，打倒一个军阀，便养成个更大的军阀，或是运动军阀手下的人去倒军阀，或是运动些土匪来倒军阀，结果，那能倒军阀的人，立刻便变成了新军阀。闹来闹去，总离不了这一套。始终并没有人从运动国民上痛下工夫。欧美式的国民运动，所以不能发生，原因都是如此。

七　"我"所应该做的事

这段题目所标的这"我"字，并非指我梁启超自己，各人各有个"我"，要人人反省"我"应该做什么事。这种反省的作用在那里呢？头一件，固然是靠他来唤起自己的责任心。第二件却更紧要，因为各人地位不同，能力不同，甲所能做的，乙未必能做。所以甲所应做的是这件，乙所应做的却不是这件而是那件。真正的国民运动，并不是某人指挥某人去做，乃是要人人自动的去做。自动的去做，便要各人经一番反省之后，知道"我"能做那件，"我"该做那件，然后各用其长，各尽其才，庶几可以收互助的效果了。

既已说到此处，自然我梁启超自己的"我"，应该有一番反省。我索性趁这机会明白告诉诸君罢：国内有些人，对于我这人根本怀疑，说什么"研究系阴谋家"。这个头衔我实在不敢承领，因为我是个感情生活的人，简直可以说我所用的字典里头没有"秘密"这两个字。谋尚且不会，阴更不必说了。但别人对于我种种怀疑，我并不怪，因为我的举动，表面上看来好像常常矛盾。这种性质，我虽然自认为我的短处，却不自认为我的坏处。这是情感生活的人应有的结果，我若把我的矛盾去掉，同时怕并把我做事的活力也去掉了。

别人怎么议论我我不管，我近来却发明了自己一种罪恶！罪恶的来源在那里呢？因为我从前始终脱不掉"贤人政治"的旧观念，始终想凭借一种固有的旧势力来改良这国家。所以和那些不该共事或不愿意共事的人，也共过几回事，虽然我自信没有做坏事，多少总不免被人利用我做坏事，我良心上无限痛苦，觉得简直是我间接的罪恶，这还是小的；我的最大罪恶，是这几年来懒了，还带上些旧名士愤时嫉俗独善其身的习气，并未抖擞精神向社会服务，并未对于多数国民做我应做的劳作。我又想：凡人对于社会都要报恩，越发受恩深重的人，越发要加倍报答。像我恁样的一个人，始终没有能彀替社会做出一点事；然而受了社会上种种优待，虚名和物质生活都过分了。我若还自己懒惰，不做完我本分内的事，我简直成了社会的罪人。

我生平是靠兴味做生活源泉。我的学问兴味政治兴味都甚浓；两样比较，学问兴味更为浓些。我常常梦想能彀在稍为清明点子的政治之下，容我专作学者生涯。但又常常感觉：我若不管政治，便是我逃避责任。我觉"我"应该做的事，是恢复我二十几岁时候的勇气，做个学者生涯的政论家。我很盼望最近的将来，有真正的国民运动出现。倘若有么，我梁启超应该使役我的舌头和笔头来当个马前小卒。

（1921年12月18日在北京高等师范学校平民教育社讲演，萧树棠、叶德生笔记，原刊1921年12月24—25、27—28、31日《晨报》）

杂谈编

傀 儡 说

优孟之场，有所谓傀儡者焉。其奏伎也，设帷以蔽场，帷之上有似人形者，官体毕肖，衣服毕备。有人居帷下，傞傞焉持而舞之，嗣哳焉为之歌，此剧场中最劣下而最暧昧者也。人而傀儡，时曰不人；国而傀儡，时曰不国。哀时客曰：呜呼！夫何使我国至于此极也！八月六日以后，圣主幽废，国既无君，然录京钞则仍曰"恭奉上谕"，上奏折则仍曰"皇上圣鉴"。我皇上口之所言，不能如其心，身之所行，不能以自主，然而引见召见，朝仪依然，如丝如纶，王言仍旧，是西后以皇上为傀儡也。西后不过一妇人，所耽者娱乐耳，非必篡位幽主然后快于心也。荣禄蓄异志，觊非常，惮于动天下之兵，乃借后势以钳人口。其实所颁伪诏，未必皆西后之言；所行暴政，未必尽西后之意。荣禄自积操、莽之威，而西后代任牛马之劳，是荣禄以西后为傀儡也。俄人以甘言噢咻旧党，嗾之使糜烂其民，助之使斨丧其国。彼等有恃无恐，顽固之气益壮，革新之机益绝，迨于鱼烂已极，而俄人收渔人之利。自寻斧柯，为人驱除，是俄人以中国政府为傀儡也。

呜呼！国之不振，谁不得而侮之？今之以我为傀儡者，岂独一国而已？全国关税，握于人手，关道关督，一傀儡也；全国铁路，握于人手，铁路大臣、铁路公司，一傀儡也；全国矿务，握于人手，矿务大臣，一傀儡也；沿江厘金，握于人手，委员一傀儡也；洋操训练，握于人手，将弁一傀儡也；无端而胶州割，无端而旅大割，无端而威海、广湾割，无端而海门湾又将割，土地之权，一傀儡也；一言而刘秉璋免，一言而李秉衡黜，一言而董福祥退，用人之权，一傀儡也。嗟夫！今之灭国者与古异。古者灭人国则潴其宫、虏其君；今也不然，傀儡其君，傀儡其吏，傀儡其民，傀儡其国。英人之灭印度，土酋世其职者尚百数十年，傀儡其土酋也；六国之胁突厥，突厥之政府不废，傀儡其政府也。埃及傀儡于英，越南傀儡于法，高丽傀儡于俄。中国者，傀儡之硕而硕者也，一人之力不足以举之，则相率而共傀儡之。此蚩蚩者犹曰我国尚存、我国尚存。而岂知彼眈眈者，已落其实而取其材，吸其精而盬其脑，官体虽具，衣冠虽备，岂得目之曰人也哉？

嗟乎！必自傀儡，然后人傀儡之。中国之傀儡固已久矣，及今不思自救，犹复傀儡其君，傀儡其民，竭忠尽谋，为他人效死力，于是我二万方里之地，竟将为一大傀儡场矣。夫目人以傀儡，未有不色然怒者；今坐视君父之傀儡于奸贼，国土之傀儡于强邻，还顾我躬，亦已成一似人形而傞傞于帏间者。此之不羞，此之不愤，尚得为有人心哉？尚得为有人心哉？

（原刊1899年3月22日《清议报》第9册）

动　物　谈

哀时客隐几而卧，邻室有甲乙丙丁四人者，呫呫为动物谈，客倾耳而听之。

甲曰：吾昔游日本之北海道，与捕鲸者为伍。鲸之体不知其若干里也，其背之凸者，暴露于海面，面积且方三里。捕鲸者刳其背以为居，食于斯，寝于斯，日割其肉以为膳，夜然其油以为烛，如是者殆五六家焉。此外鱼虾鳖蚝贝蛤，缘之噆之者，又不下千计。而彼鲸者冥然不自知，以游以泳，偃然自以为海王也。余语渔者：是惟大故，故旦旦伐之，而曾无所于损，是将与北海比寿哉？渔者语余：是惟无脑气筋故，故旦旦伐之，而曾无所于觉。是不及五日，将陈于吾肆矣。

乙曰：吾昔游意大利，意大利之历啤多山，有巨壑，厥名曰兀子。壑黑暗，不通天日。有积水方十数里，其中有盲鱼，孳乳充斥。生物学大儒达尔文氏解之曰：此鱼之种，非生而盲者。盖其壑之地，本与外湖相连，后因火山迸裂，坼而为壑，沟绝而不通。其湖鱼之生于壑中者，因黑暗之故，目力无所用。其性质传于子孙，日积日远，其目遂废。自十数年前，以开矿故，湖壑之界忽通。盲鱼与不盲者复相杂处，生存竞争之力，不足以相敌，盲种殆将绝矣。

丙曰：吾昔游于巴黎之市，有屠羊为业者。其屠羊也，不以刀俎，不以笠缚，置电机，以电气吸群羊。羊一一自入于机之此端，少顷自彼端出，则已伐毛洗髓，批窾析理，头胃皮肉骨角，分类而列于机矣。旁观者无不为群羊怜，而彼羊者，前追后逐，雍容雅步，以入于机，意甚自得，不知其死期之已至也。

丁曰：吾昔游伦敦。伦敦博物院，有人制之怪物焉，状若狮子，然偃卧无生动气。或语余曰：子无轻视此物，其内有机焉。一拨捩之，则张牙舞爪，以搏以噬，千人之力，未之敌也。余询其名。其人曰：英语谓之佛兰金仙。昔支那公使曾侯纪泽，译其名谓之睡狮，又谓之先睡后醒之巨物。余试拨其机，则动力未发，而机忽坼，螫吾手焉。盖其机废置已久，既就锈蚀，而又有他物梗之者。非更易新机，则此佛兰金仙者，将长睡不醒矣。惜哉！

哀时客历历备闻其言，默然以思，愀然以悲，瞿然以兴，曰：呜呼！是可以为我四万万人告矣。

（原刊1899年4月30日《清议报》第13册）

饮冰室自由书（节录）

叙　言[*]

自东徂以来，与彼都人士相接，诵其诗，读其书，时有所感触，与一二贤师友倾吐之，过而辄忘。无涯生曰：盍最而记之？自惟东鳞西爪，竹头木屑，记之无补于天下。虽然，可以自验其学识之进退，气力之消长也，因日记数条以自课焉。每有所触，应时援笔，无体例，无宗旨，无次序，或发论，或讲学，或记事，或钞书，或用文言，或用俚语，惟意所之。庄生曰："我朝受命而夕饮冰，我其内热欤？"以名吾室。西儒弥勒约翰曰："人群之进化，莫要于思想自由、言论自由、出版自由。"三大自由，皆备于我焉，以名吾书。己亥七月一日，著者识。

（原刊 1899 年 8 月 26 日《清议报》第 25 册）

成　败

凡任天下大事者，不可不先破成败之见。然破此见，大非易事。必知

---

[*] 以下三则，原刊未标题目，均置于"饮冰室自由书"栏内，结集成书时始设篇名。——编者注

天下之事，无所谓成，无所谓败，参透此理而笃信之，则庶几矣。何言乎无所谓成？天下进化之理，无有穷也，进一级更有一级，透一层更有一层。今之所谓文明大业者，自他日观之，或笑为野蛮，不值一钱矣。然则所谓成者果何在乎？使吾之业能成于一国，而全世界应办之事复无限，其不成者正多矣；使吾之业能成于一时，而将来世界应办之事复无限，其不成者正多矣。况即以一时一国论之，欲求所谓美满圆好毫无缺憾者，终不可得；其有缺憾者，即其不成者也。盖世界之进化无穷，故事业亦因之无穷，而人生之年命境运、聪明才力则有穷。以有穷者入于无穷者，而欲云有成，万无是处。何言乎无所谓败？天下之理，不外因果。不造因则断不能结果，既造因则无有不结果，而其结果之迟速远近，则因其内力与外境而生种种差别。浅见之徒，偶然未见其结果，因谓之为败云尔。不知败于此者或成于彼，败于今者或成于后，败于我者或成于人，尽一分之心力，必有一分之补益。故惟日孜孜，但以造因为事，则他日结果之收成，必有不可量者。若怵于目前，以为败矣败矣，而不复办事，则遂无成之一日而已。故办事者立于不败之地者也，不办事者立于全败之地者也。苟通乎此二理，知无所谓成，则无希冀心；知无所谓败，则无恐怖心。无希冀心，无恐怖心，然后尽吾职分之所当为，行吾良知所不能自已，奋其身以入于世界中，磊磊落落，独往独来。大丈夫之志也，大丈夫之行也。

日本维新之首功，西乡乎？木户乎？大久保乎？曰唯唯否否。伊藤乎？大隈乎？井上乎？后藤乎？板垣乎？曰唯唯否否。诸子皆以成为成者也。若以败为成者，则吉田松阴其人是也。吉田诸先辈造其因，而明治诸元勋收其果。无因则无果，故松阴辈当为功首也。考松阴生平欲办之事，无一成者：初欲投西舰逃海外求学而不成，既欲纠志士入京都勤王而不成，既欲遣同志阻长藩东上而不成，事事为当道所抑压，卒坐吏议就戮，时年不过三十，其败也可谓至矣。然松阴死后，举国志士，风起水涌，卒倾幕府，成维新，长门藩士最有力焉，皆松阴之门人也。吾所谓败于今而成于后，败于己而成于人，正谓是也。丈夫以身任天下事，为天下耳，非为身也。但有益于天下，成之何必自我？必求自我成之，则是为身也，非为天下也。

吉田松阴曰："今之号称正义人，观望持重者，比比皆是，是为最大下策；何如轻快拙速，打破局面，然后徐图占地布石之为胜乎？"又曰："士不志道则已，苟志道矣，而畏祸惧罪，有所不尽于言，取容当世，贻误将来，岂君子学者之所为哉？"又曰："今日事机之会，朝去夕来，使有志之士，随变喜怒于其间，何能有为？"又曰："当今天下之事，有眼者皆见而知之。吾党为任甚重，立志宜大，不可区区而自足。"又曰："生死离合，人事倏忽，但不夺者志，不灭者业，天地间可恃者独是而已。死生原是开阖眼，祸福正如反覆手。呜呼！大丈夫之所重，在彼不在此也。"又曰："今世俗有一说曰，时尚未至，轻动取败，何如浮沉流俗，免人怪怒，乘时一起，攫取功名耶？当今所谓有志之士，皆抱持此说。抱持此说者，岂未思今上皇帝之宸忧乎？宸忧如彼，犹抱持此说，非士之有志者也。"以上各条，吾愿以书诸绅，亦愿我同志以书诸绅。

读松阴之集，然后知日本有今日之维新者，盖非偶然矣。老子曰："不为天下先。"盖为天下先者，未有不败者也。然天下人人皆畏败而惮先，天下遂以腐坏不可收拾。吉田松阴之流，先天下以自取败者也。天下之事，往往有数百年梦想不及者，忽焉一人倡之，数人和之，不数年而遍于天下焉。苟无此倡之之一人，则或沉埋隐伏更历数十年、数百年而不出现，石沉大海，云散太虚而已。然后叹老氏之学之毒天下，未有艾也。

（原刊1899年8月26日《清议报》第25册）

俾士麦与格兰斯顿

欧洲近世大政治家，莫如德之俾士麦，英之格兰斯顿。俾士麦之治德也，专持一主义，始终以之。其主义云何？则统一德意志列邦是也。初以此主义要维廉大帝而见信用，继以此主义断行专制、扩充军备，终以此主义挫奥蹶法。排万难以行之，毕生之政略，未尝少变。格兰斯顿则反是，不专执一主义，不固守一政见。故初时持守旧主义，后乃转而为自由主义；壮年极力保护国教，老年乃解散爱尔兰教会；初时以强力镇压爱尔兰，终乃倡爱尔兰之当自治。凡此诸端，皆前后大相矛盾。然其所以屡变者，非为一身之功名也，非行一时之诡遇也，实其发自至诚，见有不得不变者存焉。夫世界者，变动不居者也。一国之形势，与外国之关系，亦月异而岁不同者也。二三十年前所持之政见，至后年自觉其不适用，而思变之，智识日增之所致乎，庸何伤焉？故能如格兰斯顿者，可谓之真维新，亦可谓之真守旧矣。俾公坚持其主义，而非刚愎自用者所得借口；格公屡变其主义，而非首鼠两端者所可学步，曰惟至诚之故。

凡任天下大事者，不可无自信力。每处一事，既见得透，自信得过，则以一往无前之勇气以赴之，以百折不回之耐力以持之。虽千山万岳一时崩坏而不以为意，虽怒涛惊澜蓦然号鸣于脚下而不改其容；猛虎舞牙爪而不动，霹雳旋顶上而不惊；一世之俗论，嚣嚣集矢，而吾之主见如故，平生之政党，纷纷离合，而吾之主见如故。若此者，格兰斯顿与俾士麦正其人也。格公倡议爱尔兰自治之时，自觉分裂，腹心尽去，昨日股肱，今日仇敌。而格公不少变，乃高吟曰："舍慈子兮涕滂沱，故旧绝我兮涕滂沱。呜呼！绵绵此恨兮恨如何。为国家之大计兮，我终自信而不磨。"俾公为谋德国之合邦，或行专断之政策，或出压制之手段，几次解散议院而不顾，几次以身为舆论之射鹄而不惧。尝述怀曰："以我身投于屠肆，以我首授于国民，我之所以谢天下苍生者尽于是矣。虽然，我之所信者终不改之，我之所谋者终不败之。"呜呼！此何等气概，此何等肩膀。非常之原，黎民惧焉。非有万钧之力，则不能收一寸之功。

（原刊 1899 年 8 月 26 日《清议报》第 25 册）

英雄与时势

或云英雄造时势，或云时势造英雄，此二语皆名言也。为前之说者曰：英雄者，人间世之造物主也。人间世之大事业，皆英雄心中所蕴蓄而发现者。虽谓世界之历史，即英雄之传记，殆无不可也。故有路得然后有新教，有哥仑布然后有新洲，有华盛顿然后有美国独立，有俾士麦然后有德国联邦。为后之说者曰：英雄者，乘时者也，非能造时者也。人群之所渐渍积累、旁薄蕴蓄，既已持满而将发，于斯时也，自能孕育英雄，以承其乏。故英雄虽有利益及于人群，要不过以其所受于人群之利益而还付之耳。故使路得非生于十六世纪（西人以耶稣纪年一百年为一世纪），而生于第十世纪，或不能成改革宗教之功；使十六世纪即无路得，亦必有他人起而改革之者。其他之实例亦然。虽无歌白尼，地动之说终必行于世；虽无哥仑布，美洲新世界终必出现。余谓两说皆是也。英雄固能造时势，时势亦能造英雄，英雄与时势，二者如形影之相随，未尝少离。既有英雄，必有时势；既有时势，必有英雄。呜呼！今日禹域之厄运，亦已极矣；地球之杀气，亦已深矣。孟子不云乎："以其数则过矣，以其时考之则可矣。"斯乃举天下翘首企足喁喁焉望英雄之时也。二三豪俊为时出，整顿乾坤济时了。我同志，我少年，其可自菲薄乎？

意大利当罗马久亡、教皇猖披、奥国干涉岌岌不可终日之时，而始有嘉富洱；普鲁士当日耳曼列国散漫积弱、见制法人、国体全失之时，而始有俾士麦；美利坚当受英压制、民不聊生之时，而始有华盛顿。然则人特患不英不雄耳，果为英雄，则时势之艰难危险何有焉？暴雷烈风，群鸟戢翼恐惧，而蛟龙乘之，飞行绝迹焉；惊涛骇浪，鯈鱼失所错愕，而鲸鲲御之，一徙千里焉。故英雄之能事，以用时势为起点，以造时势为究竟。英雄与时势，互相为因，互相为果，造因不断，斯结果不断。

（原刊 1899 年 9 月 15 日《清议报》第 27 册）

养心语录

人之生也，与忧患俱来；苟不尔，则从古圣哲，可以不出世矣。种种烦恼，皆为我练心之助；种种危险，皆为我练胆之助：随处皆我之学校也。我正患无就学之地，而时时有此天造地设之学堂以饷之，不亦幸乎！我辈遇烦恼、遇危险时，作如是观，未有不洒然自得者。

凡办事必有阻力。其事小者其阻力亦小，其事愈大其阻力亦愈大。阻力者乃由天然，非由人事也。故我辈惟当察阻力之来而排之，不可畏阻力之来而避之。譬之江河，千里入海，曲折奔赴，遇有沙石则挟之而下，遇有山陵则绕越而行，要之必以至海为究竟。办事遇阻力者，当作如是观。至诚所感，金石为开，何阻力之有焉！苟畏而避之，则终无一事可办而已。何也？天下固无无阻力之事也。

（原刊 1899 年 9 月 15 日《清议报》第 27 册）

理想与气力

普相士达因曰："无哲学的理想者，不足以为英雄；无必行敢为之气力者，亦不足以为英雄。"日本渡边国武述此语而引申其义曰："今人之弊，有理想者无气力，立于人后以冷笑一世；有气力者无理想，排他人以盲进于政界。"饮冰主人曰：理想与气力兼备者英雄也；有理想而无气力，犹不失为一学者；有气力而无理想，犹不失为一冒险家。我中国四万万人，有理想者几何人？有气力者几何人？理想、气力兼备者几何人？嗟乎！国于天地，必有与立。念及此可为寒心。

（原刊 1899 年 9 月 25 日《清议报》第 28 册）

国权与民权

今天下第一等议论，岂不曰国民乎哉？言民事者，莫不瞋目切齿怒发曰：彼历代之民贼，束缚驰骤，磨牙吮血，以侵我民自由之权，是可忍孰不可忍！言国事者，莫不瞋目切齿怒发曰：彼欧美之虎狼国，眈眈逐逐，鲸吞蚕食，以侵我国自由之权，是可忍孰不可忍！饮冰子曰：其无尔，苟我民不放弃其自由权，民贼孰得而侵之？苟我国不放弃其自由权，则虎狼国孰得而侵之？以人之能侵我，而知我国民自放自弃之罪不可逭矣，曾不自罪，而犹罪人耶？昔法兰西之民，自放弃其自由，于是国王侵之，贵族侵之，教徒侵之，当十八世纪之末，黯惨不复睹天日。法人一旦自悟其罪，自悔其罪，大革命起，而法民之自由权完全无缺以至今日，谁复能侵之者？昔日本之国，自放弃其自由权，于是白种人于交涉侵之，于利权侵之，于声音笑貌一一侵之，当庆应、明治之间，踽天踳地于世界中。日人一旦自悟其罪，自悔其罪，维新革命起，而日本国之自由权完全无缺以至今日，谁复能侵之者？然则民之无权，国之无权，其罪皆在国民之放弃耳，于民贼乎何尤？于虎狼乎何尤？今之怨民贼而怒虎狼者，盍亦一旦自悟自悔而自扩张其固有之权，不授人以可侵之隙乎？不然，日日瞋目切齿怒发胡为者？

（原刊1899年10月15日《清议报》第30册）

破坏主义

日本明治之初，政府新易，国论纷糅。伊藤博文、大隈重信、井上馨等共主破坏主义，又名突飞主义，务摧倒数千年之旧物，行急激之手段。当时诸人皆居于东京之筑地，一时目筑地为梁山泊云。饮冰子曰：甚矣破坏主义之不可以已也！譬之筑室于瓦砾之地，将欲命匠，必先荷锸；譬之进药于痞瘅之夫，将欲施补，必先重泻。非经大刀阔斧，则输、倕无所效其能；非经大黄、芒硝，则参、苓适足速其死。历观近世各国之兴，未有不先以破坏时代者。此一定之阶级，无可逃避者也。有所顾恋，有所爱惜，终不能成。

破坏主义何以可贵？曰：凡人之情莫不恋旧，而此恋旧之性质，实阻阏进步之一大根原也。当进步之动力既发动之时，则此性质不能遏之，虽稍参用，足以调和而不致暴乱，盖亦未尝无小补焉。至其未发动之时，则此性质者，可以堵其源、阏其机，而使之经数十年、数百年不能进一步，盖其可畏可恨至于如此也。快刀断乱麻，一拳碎黄鹤，使百千万亿蠕蠕恋旧之徒，瞠目结舌，一旦尽丧其根据之地，虽欲恋而无可恋，然后驱之以上进步之途，与天下万国驰骤于大剧场，其庶乎其可也。

欧洲近世医国之国手不下数十家。吾视其方最适于今日之中国者，其惟卢梭先生之《民约论》乎！是方也，当前世纪及今世纪之上半施之于欧洲全洲而效，当明治六七年至十五六年之间施之于日本而效。今先生于欧洲与日本，既已功成而身退矣，精灵未沫，吾道其东。大旗觥觥，大鼓冬冬；大潮汹汹，大风蓬蓬；卷土挟浪，飞沙走石；杂以闪电，趋以万马，尚其来东！呜呼！《民约论》，尚其来东！东方大陆，文明之母，神灵之宫。惟今世纪，地球万国，国国自主，人人独立，尚余此一土，以殿诸邦。此土一通，时乃大同。呜呼！《民约论》兮，尚其来东！大同大同兮，时汝之功！

（原刊1899年10月15日《清议报》第30册）

善变之豪杰

吉田松荫，初时主公武合体之论，（公者王室也，武者武门也，即指大将军也，当时日本通行语。）其后乃专主尊王讨幕，（幕府者大将军也。）非首鼠两端也。其心为一国之独立起见，苟无伤于平和，而可以保独立，则无宁勿伤也。既而深察其腐败之已极，虽欲已而无可已，乃决然冲破其罗网，摧坏其基础，以更造之。其方法虽变，然其所以爱国者未尝变也。加布儿，（意大利之伟人，近人所译《泰西新史揽要》称为"嘉富洱"者。）初时入秘密党倡革命下狱，其后佐撒尔尼亚王为大宰相，卒成大功，统一意国，非反复变节也。其心为一国之独立起见，既主权者无可与语，不得不投身激湍以图之；既而见撒王之可以为善，而乘时借势，可以行其所志，为同胞造无量之福，故不惜改弦以应之。其方法虽变，然其所以爱国者未尝变也。语曰："君子之过也，如日月之食焉，人皆见之；及其更也，人皆仰之。"大丈夫行事磊磊落落，行吾心之所志，必求至而后已焉。若夫其方法随时与境而变，又随吾脑识之发达而变，百变不离其宗。但有所宗，斯变而非变矣。此乃所以磊磊落落也。

（原刊1899年10月15日《清议报》第30册）

精神教育者，自由教育也

陆羯南语任公曰：君等今热心于教育之事，其目的所在，有不可不熟审者，勿徒谓文明之可贵而已。即如我日本之大学，谓摹仿文明，成效卓著，但自其表面观之则然尔；至于里面，其腐败有不可胜言者。当局者一依德国主义，其所以为教者，则以服从政府为之精神也。遂使全国少年，缺独立自重之气，成卑污劣下之俗。夫孰知假文明之名，以行焚书坑儒之术者，其祸更惨于秦政十倍乎？

任公瞿然曰：有是哉！此吾畴昔所以深慨痛恨于我中国，而不意日本之犹未能免是也。以日本教育之进步，比诸吾中国，其相去何啻千万。而日本爱国之士，犹以比诸秦政之坑焚，然则如吾中国者，又将何拟也？法国大儒孟德斯鸠曰："凡半开专制君主之国，其教育之目的，惟在使人服从而已。"日本大儒福泽谕吉曰："支那旧教，莫重于礼乐。礼者所以使人柔顺屈从也，乐者所以调和民间勃郁不平之气，使之恭顺于民贼之下也。"任公曰：此二氏之言，然耶？否耶？我国民试一自省之。呜呼！亡天下者，岂必八股？岂必楷法？岂必考据？岂必词章？苟无精神，虽日手西书，口西法，其腐败天下，自速灭亡，或更有甚焉耳！

中国自数年以来，学校之议蜂起，或官立，或私立，各省所在多有。虽然，吾不知其所以设校之意，将以智之乎？抑以愚之乎？将欲养之，使为国家御侮之用乎？抑将为此佽佽衿缨，谋他日衣食富贵之路乎？彼设校者，岂不曰吾将智之，使为国家御侮之用也。虽然，吾见彼入学者，日益以愚；而叩其来学之心，有不为他日一身之衣食富贵而来者，殆万中不得其一也。以此言之，学堂其有愈于书院乎，西学其有愈于八股乎，吾乌从而言之？

凡一统专制之国，值承平无事之时，但求辑和其民，使无反侧，而政府之能事毕矣。若是者以服从为教可也。若夫处于万马奔逸，万流激湍，斗智斗力之世界，立于千钧一发，孤注一掷，累卵岌岌之地位，非浚一国之智,鼓一国之力,则奄奄残喘,岂复有救?夫所以浚之鼓之之具何也?自由是也。自由者精神生发之原力也。呜呼!日本之国家教育,尚未克语于此,吾于中国更何责焉?

虽然,以日本之教育,于泰西文明之事物,几于具体而微,而有识之士,其忧之也,犹且如是;况吾中国者,固无精神,并无形质,而举世所谓志士者,以此不完不具、无可比拟之事,以相夸耀,若以此为尽我维新之天职者。然彼靡靡肉食者,自甘为奴隶,又欲奴隶我民,固不足责矣,顾我国民其终不悟耶?其终不悟耶?

(原刊1899年12月23日《清议报》第33册)

祈战死

冬腊之间,日本兵营士卒,休憩瓜代之时,余偶信步游上野。满街红白之标帜相接,有题曰欢迎某师团步兵某君,某队骑兵某君者,有题曰送某步兵某君,某炮兵某君入营者。盖兵卒入营出营之时,亲友宗族相与迎送之,以为光宠者也。大率每一兵多者十余标,少者亦四五标。其本人服兵服,昂然行于道,标则先后之,亲友宗族从之者率数十人。其为荣耀,则与我中国入学、中举、簪花时不是过也。其标上仅书欢迎某君、送某君等字样,无甚赞颂祝祷之语。余于就中见二三标,乃送入营者,题曰"祈战死"三字。余见之矍然肃然,流连而不能去。

日本国俗与中国国俗有大相异者一端,曰尚武与右文是也。中国历代诗歌皆言从军苦,日本之诗歌无不言从军乐。吾尝见甲午、乙未间,日本报章所载赠人从军诗,皆祝其勿生还者也。杜甫《兵车行》:"车辚辚,马萧萧,行人弓箭各在腰。爷娘妻子走相送,尘埃不见咸阳桥。牵衣顿足拦道哭,哭声直上干云霄。"以视此标上所谓"祈战死"者,何相反之甚耶?

(原刊1899年12月23日《清议报》第33册)

中国魂安在乎？

日本人之恒言，有所谓日本魂者，有所谓武士道者。又曰日本魂者何？武士道是也。日本之所以能立国维新，果以是也。吾因之以求我所谓中国魂者，皇皇然大索之于四百余州，而杳不可得。吁嗟乎伤哉！天下岂有无魂之国哉？吾为此惧。

或曰尚武之风，由激厉而成也。朝廷以此为荣途，民间以此为习惯，于是武士道出焉。吾中国向来薄视军士，其兵卒不啻奴隶，则谓从军苦也固宜。自由主人曰：此固一义也，然犹有未尽者。尚武之风，由人民之爱国心与自爱心，两者和合而成也。人人皆有性命财产，国家之设兵以保人人之性命财产，故民之为兵者，不啻各自为其性命财产而战也。以此为战，战犹不勇者，未之闻也。不观两乡之械斗者乎？其子弟相率冲锋陷阵，其老弱相率馈饮食，虽欲禁之而不能焉。彼固各自为其剥肤之利害与切己之荣辱也。故吾观于械斗，而知吾中国所谓武士道之种子，在于是矣。

今中国之有兵也，所以钤制其民也。夺民之性命财产，私为己有，惧民之知之而复之也，于是乎有兵。故政府之视民也如盗贼，民之视政府亦如盗贼；兵之待民也如草芥，民之待兵也亦如草芥。似此者，虽日日激厉之，奖荣之，以求成所谓武士道者，必不可得矣。尔来当道者知兵之不可以已也，相率而讲之练之，奖之劝之，荣禄、张之洞之徒则其人也。吾见其每年糜数千万之饷，而兵之不可用如故也。何也？方且相视以盗贼，相待以草芥，虽欲振之，孰从而振之？夫是之谓无魂之兵。无魂之兵者犹无兵也。

今日所最要者，则制造中国魂是也。中国魂者何？兵魂是也。有有魂之兵，斯为有魂之国。夫所谓爱国心与自爱心者，则兵之魂也。而将欲制造之，则不可无其药料，与其机器。人民以国家为己之国家，则制造国魂之药料也；使国家成为人民之国家，则制造国魂之机器也。

（原刊1899年12月23日《清议报》第33册）

答 客 难

客难任公曰：子非祖述"春秋无义战"、墨子"非攻"之学者乎？今之言何其不类也！任公曰：有世界主义，有国家主义。无义战、非攻者，世界主义也；尚武敌忾者，国家主义也。世界主义，属于理想；国家主义，属于事实。世界主义，属于将来；国家主义，属于现在。今中国岌岌不可终日，非我辈谈将来、道理想之时矣。故坐吾前此以清谈误国之罪，所不敢辞也；谓吾今日思想退步，亦不敢辞也。谨谢客。

抑吾中国人之国家主义，则虽谓之世界主义可也。何也？今日世界之事，无有大于中国之强弱兴亡者。天下万国大政治家所来往于胸中之第一大问题，即支那问题是也。故支那问题，即不啻世界问题；支那人言国家主义，即不啻言世界主义。然则吾今日之思想决非退步也。谨谢客。

不宁惟是，吾之所言兵，与荣禄、张之洞所言兵，有大异之点。彼所言者民贼之兵也，吾所言者国民之兵也。民贼之兵，足以亡国；国民之兵，足以兴国。吾特谓兴国之兵之不可以已云尔。若夫亡国之兵，则吾之恶之如故也，与吾前数年所论实无矛盾。谨谢客。

（原刊 1899 年 12 月 23 日《清议报》第 33 册）

忧国与爱国

有忧国者，有爱国者。爱国者语忧国者曰：汝曷为好言国民之所短？曰：吾惟忧之之故。忧国者语爱国者曰：汝曷为好言国民之所长？曰：吾惟爱之之故。忧国之言，使人作愤激之气，爱国之言，使人厉进取之心，此其所长也；忧国之言，使人堕颓放之志，爱国之言，使人生保守之思，此其所短也。朱子曰："教学者如扶醉人，扶得东来西又倒。"用之不得其当，虽善言亦足以误天下。为报馆主笔者，于此中消息，不可不留意焉。

今天下之可忧者莫中国若；天下之可爱者，亦莫中国若。吾愈益忧之，则愈益爱之；愈益爱之，则愈益忧之。既欲哭之，又欲歌之。吾哭矣，谁欤踊者？吾歌矣，谁欤和者？

日本青年有问任公者曰：支那人皆视欧人如蛇蝎，虽有识之士，亦不免，虽公亦不免，何也？任公曰：视欧人如蛇蝎者，惟昔为然耳。今则反是，视欧人如神明，崇之拜之，献媚之，乞怜之，若是者，比比皆然，而号称有识之士者益甚。昔惟人人以为蛇蝎，吾故不敢不言其可爱；今惟人人以为神明，吾故不敢不言其可嫉。若语其实，则欧人非神明、非蛇蝎，亦神明、亦蛇蝎，即神明、即蛇蝎。虽然，此不过就客观的言之耳。若自主观的言之，则我中国苟能自立也，神明将奈何？蛇蝎又将奈何？苟不能自立也，非神明将奈何？非蛇蝎又将奈何？

（原刊1899年12月23日《清议报》第33册）

保全支那

欧人、日本人，动曰保全支那。吾生平最不喜闻此言。支那而须借他人之保全也，则必不能保全；支那而可以保全也，则必不借他人之保全。

言保全人者，是谓侵人自由；望人之保全我者，是谓放弃自由。

或问曰：孟子者，中国民权之鼻祖也。敢问孟子所言民政，与今日泰西学者所言民政，同乎？异乎？曰异哉异哉！孟子所言民政者，请保民也，牧民也，故曰"若保赤子"，曰"天生民而立之君，使司牧之"。保民者，以民为婴也；牧民者，以民为畜也。故谓之保赤政体，又谓之牧羊政体。以保牧民者，比之于暴民者，其手段与用心虽不同，然其为侵民自由权则一也。民也者，贵独立者也，重权利者也，非可以干预者也。惟国亦然。曰保全支那者，何以异是？

（原刊1899年12月23日《清议报》第33册）

惟 心

境者心造也。一切物境皆虚幻，惟心所造之境为真实。同一月夜也，琼筵羽觞，清歌妙舞，绣帘半开，素手相携，则有余乐；劳人思妇，对影独坐，促织鸣壁，枫叶绕船，则有余悲。同一风雨也，三两知己，围炉茅屋，谈今道故，饮酒击剑，则有余兴；独客远行，马头郎当，峭寒侵肌，流潦妨毂，则有余闷。"月上柳梢头，人约黄昏后"，与"杜宇声声不忍闻，欲黄昏，雨打梨花深闭门"，同一黄昏也，而一为欢愍，一为愁惨，其境绝异。"桃花流水杳然去，别有天地非人间"，与"人面不知何处去，桃花依旧笑春风"，同一桃花也，而一为清净，一为爱恋，其境绝异。"舳舻千里，旌旗蔽空，酾酒临江，横槊赋诗"，与"浔阳江头夜送客，枫叶荻花秋瑟瑟。主人下马客在船，举酒欲饮无管弦"，同一江也，同一舟也，同一酒也，而一为雄壮，一为冷落，其境绝异。然则天下岂有物境哉？但有心境而已。戴绿眼镜者所见物一切皆绿，戴黄眼镜者所见物一切皆黄；口含黄连者所食物一切皆苦，口含蜜饴者所食物一切皆甜。一切物果绿耶、果黄耶、果苦耶、果甜耶？一切物非绿、非黄、非苦、非甜，一切物亦绿、亦黄、亦苦、亦甜，一切物即绿、即黄、即苦、即甜。然则绿也、黄也、苦也、甜也，其分别不在物而在我，故曰三界惟心。

有二僧因风飏刹幡，相与对论。一僧曰风动，一僧曰幡动，往复辨难无所决。六祖大师曰："非风动，非幡动，仁者心自动。"任公曰：三界惟心之真理，此一语道破矣。天地间之物一而万、万而一者也。山自山，川自川，春自春，秋自秋，风自风，月自月，花自花，鸟自鸟，万古不变，无地不同。然有百人于此，同受此山、此川、此春、此秋、此风、此月、此花、此鸟之感触，而其心境所现者百焉；千人同受此感触，而其心境所现者千焉；亿万人乃至无量数人同受此感触，而其心境所现者亿万焉，乃至无量数焉。然则欲言物境之果为何状，将谁氏之从乎？仁者见之谓之仁，智者见之谓之智，忧者见之谓之忧，乐者见之谓之乐。吾之所见者，即吾所受之境之真实相也，故曰惟心所造之境为真实。

然则欲讲养心之学者，可以知所从事矣。三家村学究，得一第，则惊喜失度，自世胄子弟视之何有焉？乞儿获百金于路，则挟持以骄人，自富豪家视之何有焉？飞弹掠面而过，常人变色，自百战老将视之何有焉？"一箪食一瓢饮在陋巷，人不堪其忧"，自有道之士视之何有焉？天下之境，无一非可乐、可忧、可惊、可喜者，实无一可乐、可忧、可惊、可喜者。乐之、忧之、惊之、喜之，全在人心，所谓"天下本无事，庸人自扰之"。境则一也，而我忽然而乐，忽然而忧，无端而惊，无端而喜，果胡为者？如蝇见纸窗而竞钻，如猫捕树影而跳掷，如犬闻风声而狂吠，扰扰焉送一生于惊喜忧乐之中，果胡为者？若是者谓之知有物而不知有我，知有物而不知有我，谓之我为物役，亦名曰心中之奴隶。

是以豪杰之士，无大惊，无大喜，无大苦，无大乐，无大忧，无大惧。其所以能如此者，岂有他术哉？亦明三界唯心之真理而已，除心中之奴隶而已。苟知此义，则人人皆可以为豪杰。

（原刊 1900 年 3 月 1 日《清议报》第 37 册）

慧　观

同一书也，考据家读之，所触者无一非考据之材料；词章家读之，所触者无一非词章之材料；好作灯谜酒令之人读之，所触者无一非灯谜酒令之材料；经世家读之，所触者无一非经世之材料。同一社会也（即人群），商贾家入之，所遇者无一非锱铢什一之人；江湖名士入之，所遇者无一非咬文嚼字之人；求宦达者入之，所遇者无一非谄上凌下、衣冠优孟之人；怀不平者入之，所遇者无一非陇畔辍耕、东门倚啸之人。各自占一世界，而各自谓世界之大，已尽于是，此外千形万态，非所见也，非所闻也。昔有白昼攫金于齐市者，吏捕而诘之曰："众目共视之地，汝攫金不畏人耶？"其人曰："吾彼时只见有金，不见有人。"夫一市之人之多，非若秋毫之末之难察也，而攫金者不知之，此其故何哉？昔有佣一蠢仆执爨役者，使购求食物于市，归而曰市中无食物。主人曰："嘻！鱼也、豕肉也、芥也、姜也，何一不可食者？"于是仆适市购辄得之。既而亘一月，朝朝夕夕所食者，皆鱼也、豕肉也、芥也、姜也。主人曰："嘻！盍易他味？"仆曰："市中除鱼与豕肉与芥与姜之外，无有他物。"夫一市之物之多，非若水中微虫，必待显微镜然后能睹也，而蠢仆不知之，此其故何哉？

任公曰：吾观世人所谓智者，其所见与彼之攫金人与此之蠢仆相去几何矣？李白、杜甫满地，而衣裋褐、携锄犁者必不知之；计然、范蠡满地，而摹禹行、效舜趋者必不知之；陈涉、吴广满地，而飨五鼎、鸣八驺者必不知之。其不知也，则直谓世界中无有此等人也，虽日日以此等人环集于其旁，而彼之视为无有固自若也。不此之笑，而惟笑彼之攫金者与此之蠢仆，何其蔽欤？

人谁不见苹果之坠地，而因以悟重力之原理者，惟有一奈端；人谁不见沸水之腾气，而因以悟汽机之作用者，惟有一瓦特；人谁不见海藻之漂岸，而因以觅得新大陆者，惟有一哥仑布；人谁不见男女之恋爱，而因以看取人情之大动机者，惟有一瑟士丕亚。无名之野花，田夫刈之，牧童蹈之，而窝儿哲窝士于此中见造化之微妙焉；海滩之僵石，渔者所淘余，潮雨所狼藉，而达尔文于此中悟进化之大理焉。故学莫要于善观。善观者，观滴水而知大海，观一指而知全身，不以其所已知蔽其所未知，而常以其所已知推其所未知。是之谓慧观。

（原刊 1900 年 3 月 1 日《清议报》第 37 册）

天下无无价之物

西谚曰："天谓众生曰：一切物皆以畀汝，但汝须出其价钱。"可谓至言。

任公乃自呵曰：革新者天下之伟业也。汝欲就此伟业，而可以无价得之乎？籴一斗之粟，尚须若干之价值；捕一尾之鱼，尚须若干之苦劳。汝视邦家革新之大事，其所值曾一斗粟、一尾鱼之不若乎？嘻！

（原刊 1900 年 3 月 21 日《清议报》第 39 册）

舌下无英雄，笔底无奇士

吾之爱友韩孔庵有诗曰："庆忌焚〔荆轲湛〕七族，要离沉〔焚〕妻子。人生苟虚生，不如其死矣。举目览八荒，谁为真男子？舌下无英雄，笔底无奇士。"吾每诵其言。

乃复自呵曰：汝俨然为此四百兆神明种族之一人，汝之责任何在乎？今日之世界何？铁血世界也，而可以笔舌了汝责任乎？汝以笔舌浪窃虚名，汝有何功德于世界，而靦然被人呼汝为先觉乎？虚名日高一日，则责任日重一日，而汝曾不自知乎？笔乎舌乎，其遂断送汝一生乎？嘻！

呜呼！蹉跎髀肉，惊中岁之催人；如此头颅，求天涯之善价。志士乎，志士乎，胡不自箴？

(原刊 1900 年 3 月 21 日《清议报》第 39 册)

十九世纪之欧洲与二十世纪之中国

十八世纪之末，法国大革命起，血腥模糊，哭声訇輷，戳破欧洲之中心点；加以拿破仑旷代英雄乘之而起，遂至劳全欧之联军，仅制其焰，而自由之空气，遂遍播荡于欧洲。动力与反动力，互相起伏，互相射薄，小退大进，而卒有今日。读近百年来之西史，何其壮也！何其快也！十九世纪之末，中国义和团起，血腥模糊，哭声訇輷，戳破亚洲之中心点；亦既已劳全欧之联军，仅制其焰，而拿破仑果安在耶？而亚洲大陆自由之空气，何以沉沉曀曀而至今无端倪耶？吾欲我国民一思其故。

汉之季也，八俊、八顾、八厨、八及，名士遍天下，爱国者皆属望焉，顾无救于汉之亡；而崎岖山谷，存汉腊数十年者，乃一当时无名之诸葛亮。明之季也，东林、复社，名士遍天下，爱国者皆属望焉，顾无救于明之亡；而飘蓬海岛，存明朔数十年者，乃一当时无名之郑成功。即法国大革命之始，民党名士，星罗棋布，风驰电掣，只能破坏法国，不能成就法国；而成就之者，乃一当时无名之拿破仑。意者中国之拿破仑，今犹未出世耶？吾愿爱国之士，其勿以中国再造之业，望诸今日有名之维新党，彼真英雄固不可以名求也。抑所谓今日有名之维新党者，其勿自尊大，亦勿自暴弃，惟尽其责任，以为将来出世之拿破仑前驱先导，或者二十世纪之亚陆，其未必多让于十九世纪之欧陆耶？

前驱亦有道乎？曰有。彼法国之能破坏，非革命党独力破坏之也，有破坏之前驱也；法国之能成就，亦非拿破仑独力成就之也，有成就之前驱也。大革命之戳欧洲，与义和团之戳亚洲，其形迹略同，而结果乃大异者。盖结果之来，必与原因成比例，盍亦观两者之原因相去何如矣。承前此如此之原因，而欲求将来如彼之结果，是何异磨砖作镜、炊沙为饭也。西人有言：十八世纪者，十九世纪之母也（专指欧洲言）。故吾愿今日自命维新党者，勿遽求为欧洲十九世纪之人物，而先求为欧洲十八世纪之人物，吾亚其将有瘳。

西人亦有言：革新之机，如转巨石于危崖，不动则已，动则其机势不可遏，必赴壑而后止。故最要者莫过于动力。有动力必有反动力，有反动力又必有其反动力之反动力，反反相续，动动不已，而大业成焉。试征诸欧洲。法国大革命（一千七百八十九年），其原动力也；神圣同盟（一千八百十四年），其反动力也；七月革命（一千八百三十年），又神圣同盟之反动力也；其后各国之镇压政策，又其反动力也；二月革命（一千八百四十八年），又其镇压政策之反动力也；卒至帝王同盟散，梅特涅（奥国宰相）逃，然后全欧之国民主义，乃定基础焉。其波澜之俶诡往复，历百数十年，未尝一日停顿宁息，而卒达其目的也如此。我中国戊戌之役，可谓原动力也；八月政变，其反动力也；义和团，反动力之极点也；今年之竞言维新，又义和团之反动力也。盖四年之间，而动力之往复者已三次矣。凡力之动也，其抛线之圈，愈扩而愈大。故第一次之反动力，其现象必更剧于原动力；而第二次之反动力，（即反动力之反动力，与原动力同物者。）其现象又必更剧于原反动力（即第一次反动力）。以次递进，皆循兹轨。故见反动力之来，勿惧勿患，当知其第二次加大反动力之来，必不远矣。吾中国动机，今始发轫，此后反动，其必四次五次乃至六七八九十次而未有已。譬之所谓危崖转巨石，其崖千仞，而其石今始坠数寻，前途辽哉，岂有艾乎？虽然，夫亦安得而遏之？吾意今世纪之中国，其波澜倪诡，五光十色，必更有壮奇于前世纪之欧洲者。哲者请拭目以观壮剧，勇者请挺身以登舞台。

问者曰：自今以往，第四次之反动力，何自而生乎？曰：不见夫俄罗斯乎？亚历山大第二未改革以前，俄罗斯民党之势力阗如也；其以后，则磅礴郁积，至于今日，而几不可复制。夫帝者改革，宜可以销民间维新党不平之气矣。亚历山大第二之改革，其事业亦不可谓不洪大矣。而反为导引民党之火线者何也？盖革新者危崖转巨石，非达其终点而决不能中止者也。譬有异味，不尝则已，尝则必欲饱啖焉，必非可以染指分杯而餍其欲也。俄罗斯之民，前此不知有所谓平等主义、自由思想者，故相与习而安焉，谓为固然，虽经百数十年不动可也。及经一度改革之后，如十年幽窗之人，忽开片扇，睹一线之曙光，恍然见天地万象，如此其可爱，其始不甘以幽窗老也。此所以改革为动力之大原也。其动力之圈，必甚于未动以前；其反动力之圈，又如例加大。反反相续，动动不已，自今以往，俄罗斯终不能不行欧洲大陆之政体，此全世界有识者所同料也。吾中国亦若是而已。新党乎！新党乎！厚集尔动力，以为将来出世之英雄驱除，二十世纪新中国，其将赖之！

（原刊 1901 年 10 月 3 日《清议报》第 93 册）

无欲与多欲

顷读日本《国民新闻》，有德富苏峰氏所著论，题曰《无欲与多欲》。其论颇有精深透拔者，故录之而演其义。

苏峰子曰：人无无欲者。或好色，或好货，或好名，或好学，要之无有无欲者。即如禅寂之徒，以槁木死灰自命，然终不免有槁木死灰之欲。浅见者流，往往谓彼多欲也，此无欲也，皆妄生差别相而已。

近世之豪杰，如西乡南洲者，殆可谓无欲人矣。其诗云："吾家遗法君知否，不为儿孙买美田。"世俗之欲，殆皆净尽。虽然，彼一旦闻萨儿之暴发，忽牺牲其一身，甘与其子弟为情死，遂歌曰："白发衰颜非所意，壮心横剑愧无勋。"盖彼视其一身轻如鸿毛，而以不能立盖世之功为一生大憾事。果然，则南洲可谓全无欲乎？

吾以为世俗之所谓无欲者，未必无欲；所谓多欲者，未必多欲。要而论之，则欲之有无多少，惟视其所欲之性质与种类何如耳。彼西乡南洲之眼中，或以平沼专藏辈为无欲之极，亦未可知也。贪夫徇财，烈士徇名，哲人徇道。其趋向不同，则其欲念之所主亦自不同耳。

人莫不欲其最上之物。若以美人为最上之物，则美人以外，一切屏弃以求之，不惜焉；若以金钱为最上之物，则金钱以外，一切屏弃以求之，不惜焉；以至他物他事，莫不例是。是故吾人不必求无欲，无欲者决非吾人之所能及也，无宁先自审择决定，以何物为最上，而集注一切之欲念以向之。究之无欲云者，无世俗之欲云尔。彼之所欲者，视世俗之欲，有加高焉，有加大焉。以此之故，故无暇日以顾俗欲。然则无欲云者，虽谓之以大欲克小欲，以高欲克卑欲，以清欲克浊欲焉，可也。

饮冰子曰：孟子曰："养心莫善于寡欲。"荀子曰："凡人所欲多，其可用必多。"斯二者各明一义，有并行而不相悖者焉。物质上之欲，惟患其多；精神上之欲，惟患其少。而欲求减物质上之欲，则非增精神上之欲，不能为功。其消息之间，殆有一定之比例。释迦所以舍净饭太子之贵而苦行六年，摩西所以弃埃及职官之安而漂流万里，路得所以辞教皇不次之赏而对簿大廷，哥仑布所以抛里井优游之乐而投身遥海，曰惟有欲之故。燕雀乌知鸿鹄志，陈涉莽夫，犹能为此言，而况于亘古万国之圣贤豪杰乎！

孔子不云乎："我欲仁，斯仁至矣。"今试问孔子有欲乎？曰孔子天下之多欲而大欲者也，故曰："知之者不如好之者，好之者不如乐之者。"孔子之于救天下、利生民也，视之如流俗人之好饮食、好男女、好金钱、好名誉。岂惟孔子，凡古今来之圣贤豪杰，彼其毕生之所经营所贯注，旁观人观之为惊天动地，能人所难，百世之下，震骇之，膜拜之；而返诸彼圣贤豪杰之本心，亦不过视为纵欲之具而已。人见有男女之为情而死者，辄笑之曰：嘻！抑何其痴！而不知圣贤豪杰之为道而死、为国而死、为民而死，其与彼情死者，分量之大小，关系之重轻，虽有不同，至其专注一欲而断弃他欲，则一而已。夫是之谓至诚。呜呼！安所得有以宝玉、黛玉之痴情痴欲以向于国民者乎？吾将执鞭以从之。

佛弟子问佛曰："何谓如来种？"佛言："无明有爱，是如来种。"无明有爱者，多欲之谓也。

（原刊1901年12月1日《清议报》第99册）

说　悔

语曰：君子之作事也无悔。悔也者，殆非大贤豪杰之所当有乎？虽然，佛教曰忏悔，耶教曰悔改，孔子曰过则勿惮改，凡古今大宗教教育之主旨，无不提倡此义，以为立身进德不二法门，则又何也？

《大易》四动，曰"吉凶悔吝"。吝者凶之原，而悔者吉之本也。悔何以为吉之本？凡人之性恶也，自无始以来，其无明之种子，久已熏习于藏识中。故当初受生之始，而无量迷妄，既伏于意根矣；及其住世间也，又受众生恶业熏习所成的社会之熏习。彼此相熏，日习日深，虽有善根，而常为恶根所胜，不克伸长，不克成熟。于是乎欲进德者不可不以战胜旧习为第一段工夫。《大学》曰："作新民。"能去其旧染之污者谓之自新，能去社会旧染之污者谓之新民。若是者非悔末由。悔也者，进步之原动力也。

子张，吴之驵侩也，颜涿聚，鲁之大盗也，而能受学孔子，为大儒，曰惟悔之故；大迦叶，富楼那，皆顽空之外道也，而能深通佛乘，列于十八大弟子之数，曰惟悔之故；保罗，与耶稣为难最力者也，而能转心归依，弘通彼教，功冠宗门，曰惟悔之故。至如卫之贤大夫蘧伯玉，行年五十而知四十九年之非；晋之名士周处，幼年为三害之一，后乃刻厉自新，为世名儒。以子夏大贤，而丧子丧明，怼天痛哭，自诉无罪，及闻曾子之面责，乃投杖而起曰："吾过矣，吾过矣，吾离群索居亦已久矣。"彼其心地何等磊落，其气象何等俊伟，百世之下，如见其精神焉。下至文章雕虫小技，而杨子云犹称每著一书，悔其少作；曹子建言好人讥弹其文，有不善者，应时改定。兹事虽小，然彼等所以能在数千年文界卓然占一席者，亦岂不以是耶？魏武帝自言：曹操做事，从来不悔。曹操之所以能为英雄者以此，曹操之所以不能为君子者亦以此。悔之时义大矣哉！

悔之发生力有二途：一曰自内，二曰自外。自内发者非有大智慧不能，否则如西语所谓"烟士披里纯"，有神力以为之助也。自外生者，或读书而感动焉，或阅事而感动焉，或听哲人之说法而感动焉，或闻朋友之规谏而感动焉。要之当其悔也，恒皇然凛然有今是昨非之想，往往中夜瞿省，汗流浃背，自觉其前者所为，不可以立于天地。所谓一念之间，间不容发。非独大贤豪杰有之，即寻常人亦莫不有焉，特视其既悔后之结果何如耳。

凡言悔者，必曰悔悟，又曰悔改。盖不悟则其悔不生，不改则其悔不成。《易》曰："不远复，无祗悔，元吉。"孔子系之辞曰："颜氏之子，其殆庶几乎？有不善未尝不知，知之未尝复行也。"是故非生其悔之难，而成其悔之难。曾文正曰："从前种种，譬犹昨日死；从后种种，譬犹今日生。"故真能得力于悔字诀者，常如以一新造之人立于世界，《大学》所谓"日日新"者耶。一人如是，则一身进步；国民如是，则一国进步。

悔改之与自信，反对之两极端也。佛法既言忏悔，又言不退转。今欲以悔义施诸教育，得无导人以退转之路耶？抑彼信道不笃，巽懦畏事，半途弃其主义者，岂不有所借口耶？曰是又不然。孟子曰："自反而不缩，虽褐宽博，吾不惴焉；自反而缩，虽千万人，吾往矣。"《大学》曰："所谓诚其意者，毋自欺也。如恶恶臭，如好好色，此之谓自慊。"凡人之行事善不善，合于公理不合于公理，彼各人之良心，常自告语之，非可以假借者也。是故昔不知其为善而弃之，昔不知其为恶而蹈之，或虽知之而偶不及检，遂从而弃之蹈之，及其既悟也，既悔也，则幡然自新焉，是之谓君子之悔。若乃前既已明知之矣，躬行之矣，而牵于薄俗，怵于利害，溺于私欲，忽然弃去，艾己尤人，是之谓小人之悔。君子之悔，其既悔既改也，常泰然若释重负，神明安恬；小人之悔，其既悔既改也，常觑然若背有芒，夜夜忐忑。君子之悔，一悔而不复再悔；小人之悔，且又将有大悔之在其后也。然则真能悔者，必真能不退转者也。何也？悔也者进步之谓也，非退步之谓也。

（原刊1901年12月21日《清议报》第100册）

世界外之世界

诸葛孔明初与石广元、徐元直、孟公威等俱游学，三人务精熟，请葛独观大略。常抱膝长啸，而谓三人曰：卿等仕进可至刺史、郡守。三人问其所至，但笑而不言。日惟躬耕陇亩，好为《梁父吟》。呜呼！此何等心胸，何等气象！彼其于群雄扰攘、四海鼎沸之顷，泊然置其一身于世界外之世界，而放炯眼以照世界，知自己之为何人，知世界之为何状，己与世界有如何之关系，知己在世界当处如何之位置。盖其所以自审自择者，固已夙定，必非欲以苟全性命于乱世终其身也。盖知彼三人者，随时势之人；而己乃造时势之人也。呜呼！真人物，真豪杰，其所养有如此者。

人也者，好群之动物也（此西儒亚里士多德之言）。近自所亲，远及所未见，相交互而成世界。虽然，日处于城市杂逻之地，受外界之刺激熏染，常不复自识我之为我，故时或独处静观，遁世绝俗，然后我相始可得见。顾所谓遁世绝俗者，其种类亦有数端：一则旁观派者流。伪为坚僻诡异之行，立于世外，玩世嘲俗，以为韵事佳话，所谓俗中笑俗，毫无取焉。次则以热心之极，生一种反动力，抱非常之才，睹一世之瞆瞆，不忍扬波醨醯，乃甘与世绝，不以汶汶污察察，不以骐骥任驽骀，此三闾大夫之徒也。君子哀之，且深敬之。亦有性本恬淡，独禀清淑，不乐与人间世交涉，而放浪形骸之外者。古今高流之诗人，往往有之。如李白之诗，所谓"问余何事栖碧山，笑而不答心自闲。桃花流水杳然去，别有天地非人间"，其天才识想，自有高出于凡俗者。但此等人于世界，无甚关系，吾甚爱之，不愿学之。

寻常人能入世界而不能出；高流者能出世界而不能入；最高流者，既入之，复出之，既出之，复入之，即出即入，非出非入，复哉尚乎！望之似易，行之甚难。虽不可强而致，顾不可不学而勉。无论如何寻常之人，日为寻常界所困，如醉如梦，及其偶遇一人独居更无他事之时，时或有翛然洒然，与天地为伴侣，而生不可思议之思想者。英国某小说所载一段，有足描写此情态者。其言曰：

> 狄西将军之征埃及也，有一骑士为亚剌伯人所擒，深夜伺隙窃逃，沿尼罗河上流，急鞭疾驱，尽马力所及。马卒疲毙，遂独遗一身于浩浩沙漠之中，欲进不能，欲退不得，惟啜咀椰子以自活。万籁无声，乾坤寂寥，极目一望，渺茫无涯，惟见地平线尽处，如画如缀。绝望之极，抱椰树痛哭。时鼓无聊之勇气，大声而呼，其声惟远消散于沙际，曾无反响。偶觉有之，则惟心所幻造而已。寂寥之余，万感累动，远想故国之天地，车如流水，马如游龙，杂遝繁华之境，历历在目。过此数日，每日必有无量数之新感想，涌起陡落，欲禁而不能自禁。于孤身只影、人声全绝之间，忽开出自然之秘密藏，得不可思议之感悟。见太阳之出又没，没又出，觉有无限庄严之象，隐于人界。或见一二怪禽之高翔，数片旱云之掩空，红黄碧绿，种种色相，凡映于眼帘者，则其心藏必缘之而浮一新想。一轮孤月，透破夜色，光闪沙上，四望灿烂，凉风簸沙，自成波线，动漾无息。时或暴风怒号，峨峨沙柱，卷立寥空者，殆百十数。俄然风息，星斗阑干，爽气顿生，恍如听空中皇矞微妙之天乐。自谓此中乐趣，为生平所未遇。以后欲追之而无计可得，盖其愉快有不足为外人道者。

夫以彼骑士不过寻常一浊物，非能有道心真自得者，而处于此境，尚能发尔许之思想，增尔许之智慧。物之移情，固如是乎？

画师之作画也，往往舐笔伸纸，注全身之力于只手，其心惟在画上，不及其外；然时或退两三步若五六步，凝视之，更执笔向纸如初，如是者数次，而画乃完成。诗家亦然，常有苦思力索，撚断髭茎，终不得就；时而掷笔游想，不见有诗，惟见有我，妙手偶得，佳句斯构。故成连学琴，导之海上；飞卫教射，视虱如轮。天下事固有求之于界线之内而不得，求之于界线之外然后得之者。郑裨谌善谋，谋于野则获，谋于邑则否。无论何人何事，常有此一段境界。善用之者，斯为伟人。

俾士麦稍有休暇，则退舍于田园，或单身入夜，彳亍散步。其所计画国事，多在此时。彼虽非理想家，然其所经营，常超越凡人，不好为规矩所束缚，故常脱羁绊而住于惟我独尊之境。彼尝在福郎克戈寄一短笺于其夫人云："舟以某日，泛来因河。予乘明月，泳乎中流，浮露水面，仅鼻与眼。凫浴时许，直达滨泾。彻夜悄静，循流徐行，仰视惟见，月星娟娟，横睇两崖，峦巚重叠，如迎如送，棋布平原，惟古战场。耳根所接，仅有水声，泠然恍兮，乃似幽梦。噫嘻！一年三百六十日，安得昔昔有此游。"格兰斯顿亦然，退食之暇，屏妻子，去婢仆，一人栖于后园，伐木丁丁然。自余大宗教家，更多斯迹。摩哈默德在觅加为商，单身遁于寂寞之地者数次，其悟道也，实在希拉之一浅洞。释迦牟尼苦行六年，乃起于菩提树下。哲人杰士，罔不如是。

何以故？清明在躬，则志气如神。天下固未有昏浊营乱之脑质，而可以决大计、立大业者。而凡大人物、大豪杰，其所负荷之事愈多愈重，则其与社会交接也愈杂愈繁，非常有一世界外之世界，以养其神明，久而久之，将为寻常人所染，而渐与之同化；即不尔，而脑髓亦炙涸，而智慧亦不得不倒退。故欲学为大人物者，在一生中，不可无数年住世界外之世界；在一年中，不可无数月住世界外之世界；在一日中，不可无数刻住世界外之世界。呜呼！风雨如晦，鸡鸣不已。虽不能至，心向往之。

（原刊1901年12月21日《清议报》第100册）

舆论之母与舆论之仆

凡欲为国民有所尽力者，苟反抗于舆论，必不足以成事。虽然，舆论之所在，未必为公益之所在。舆论者，寻常人所见及者也；而世界贵有豪杰，贵其能见寻常人所不及见，行寻常人所不敢行也。然则豪杰与舆论常不相容，若是豪杰不其殆乎？然古今尔许之豪杰，能烂然留功名于历史上者踵相接，则何以故？

赫胥黎尝论格兰斯顿曰："格公诚欧洲最大智力之人。虽然，公不过从国民多数之意见，利用舆论以展其智力而已。"约翰·摩礼（英国自由党名士，格生平第一亲交也。）驳之曰："不然。格公者，非舆论之仆，而舆论之母也。格公常言：大政治家不可不洞察时势之真相，唤起应时之舆论，而指导之，以实行我政策。此实格公一生立功成业之不二法门也。盖格公每欲建一策行一事，必先造舆论。其事事假借舆论之力，固不诬也；但其所假之舆论，即其所创造者而已。"

饮冰子曰：谓格公为舆论之母也可，谓格公为舆论之仆也亦可。彼其造舆论也，非有所私利也，为国民而已。苟非以此心为鹄，则舆论必不能造成。彼母之所以能母其子者，以其有母之真爱存也。母之真爱其子也，恒愿以身为子之仆。惟其尽为仆之义务，故能享为母之利权。二者相应，不容假借。豪杰之成功，岂有侥幸耶？

古来之豪杰有二种：其一以己身为牺牲，以图人民之利益者；其二以人民为刍狗，以遂一己之功名者。虽然，乙种之豪杰，非豪杰而民贼也。二十世纪以后，此种虎皮蒙马之豪杰，行将绝迹于天壤。故世界愈文明，则豪杰与舆论愈不能相离。然则欲为豪杰者如之何？曰：其始也，当为舆论之敌；其继也，当为舆论之母；其终也，当为舆论之仆。敌舆论者，破坏时代之事业也；母舆论者，过渡时代之事业也；仆舆论者，成立时代之事业也。非大勇不能为敌，非大智不能为母，非大仁不能为仆，具此三德，斯为完人。

（原刊1902年2月8日《新民丛报》第1号）

文明与英雄之比例

世界果借英雄而始成立乎？信也。吾读数千年中外之历史，不过以百数十英雄之传记磅礴充塞之；使除出此百数十之英雄，则历史殆黯然无色也。虽然，使其信也，则当十九世纪之末叶，旧英雄已去，新英雄未来，其毋乃二十世纪之文明，将随十九世纪之英雄以坠于地？此中消息，有智慧者欲一参之。

试观英国，格兰斯顿去矣，自由党名士中，可以继起代兴者谁乎？康拔乎？班拿曼乎？罗士勃雷乎？殆非能也。试观德国，俾士麦去矣，能步其武者，今宰相秘罗乎？抑阿肯罗乎？抑亚那特乎？殆非能也。试观俄国，峨查仅去矣，能与比肩者，谟拉比埃乎？谟拉士德乎？殆非能也。然则今日欧洲之政界，殆冷清清地，求如数十年前之大英雄者，渺不可睹；而各国之外交愈敏活，兵制愈整练，财政愈充溢，国势愈进步，则何以故？

吾敢下一转语曰：英雄者不祥之物也。人群未开化之时代则有之，文明愈开，则英雄将绝迹于天壤。故愈在上古，则英雄愈不世出，而愈见重于时。上古之人之视英雄，如天如神，崇之拜之，以为终非人类之所能及。（中国此风亦不少，如关羽、岳飞之类皆是。）若此者，谓之英雄专制时代，即世界者英雄所专有物而已。降及近世，此风稍熄。英雄固亦犹人，人能知之；虽然，常秀出于万人之上，凤毛麟角，为世所珍。夫其所以见珍者，亦岂有侥幸耶？万人愚而一人智，万人不肖而一人贤，夫安得不珍之？后世读史者，啧啧于一英雄之丰功伟烈，殊才奇识，而不知其沉埋于蚩蚩蠕蠕、浑浊黑暗之世界者，不知几何人也。

二十世纪以后将无英雄。何以故？人人皆英雄故。英雄云者，常人所以奉于非常人之徽号也。畴昔所谓非常者，今则常人皆能之，于是乎彼此皆英雄，彼此互消，而英雄之名词，遂可以不出现。夫今之常人，所以能为昔之非常人；而昔之非常人，只能为今之常人者，何也？其一由于教育之普及。昔者教法不整，其所教者不足以尽高才人脑筋之用，故往往逸去，奔轶绝尘；今则诸学大备，智慧日平等，平等之英雄多，而独秀之英雄自少。其二由于分业之精繁。昔者一人而兼任数事，兼治数学，中才之人，力有不及，不得不让能者以独步焉；今则无论艺术，无论学问，无论政治，皆分劳赴功，其分之日细，则专之者各出其长，而兼之者自有所不逮，而古来全知全能之英雄，自不可复见。

若是乎，世界之无英雄，实世界进步之征验也。一切众生皆成佛，则无所谓佛；一切常人皆为英雄，则无所谓英雄。古之天下所以一治一乱如循环者何也？恃英雄也。其人存则其政举，其人亡则其政息，即世界借英雄而始成立之说也。故必到人民不倚赖英雄之境界，然后为真文明，然后以之立国而国可立，以之平天下而天下可平。

虽然，此在欧美则然耳。若今日之中国，则其思想发达、文物开化之度，不过与四百年前之欧洲相等；不有非常人起，横大刀阔斧，以辟榛莽而开新天地，吾恐其终古如长夜也。英雄乎，英雄乎，吾夙昔梦之！吾顶礼祝之！

（原刊 1902 年 2 月 8 日《新民丛报》第 1 号）

奴 隶 学

偶读《颜氏家训》有云："齐朝一士夫，尝谓吾曰：我有一儿，年已十七，颇晓书疏。教其鲜卑语，及弹琵琶，稍欲通解。以此伏事公卿，无不宠爱。吾时俯而不答。"呜呼！今之学英语、法语者，其得毋鲜卑语之类耶？今之学普通学、专门学者，其得毋弹琵琶之类耶？吾欲操此业者一自省焉，毋为颜之推所笑。

（原刊 1902 年 10 月 2 日《新民丛报》第 17 号）

希望与失望

希望者灵魂之粮也，而希望常与失望相乘；失望者希望之魔也。

今日我国民全陷落于失望时代。希望政府，政府失望；希望疆吏，疆吏失望；希望民党，民党失望；希望渐进，渐进失望；希望暴动，暴动失望；希望自力，自力失望；希望他力，他力失望。忧国之士，溢其热血，绞其脑浆，于彼乎，于此乎，皇皇求索者有年；而无一路之可通，而心血为之倒行，而脑筋为之瞀乱。今日青年界中多少连犿傲诡之现象，其起因殆皆在失望。

失望之恶果有二：其希望而不甚诚者，及其失望也，则退转；其希望而甚诚者，及其失望也，则发狂。今之志士，由前之说者十而七，由后之说者十而三。

（原刊1903年11月2日《新民丛报》第40、41号）

国民之自杀

发狂之极，其结果乃至于自杀。自杀之种类不一，而要之皆以生命殉希望者也。故凡能自杀者，必至诚之人也。

一私人有自杀，一国民亦有自杀。何谓国民之自杀？明知其道之足以亡国，而必欲由之，是也。夫人苟非有爱国心，则胡不饱食而嬉焉，而何必日以国事与我脑相萦？故凡自杀之国民，必其爱国之度，达于极点者也。既爱之则曷为杀之？彼私人之自杀者，固未有不爱其身者。惟所爱之目的不得达，故发愤而殉之。痛哉自杀！苦哉自杀！

一私人之自杀，于道德上、法律上皆谓之有罪；私人且然，况乃一国。死者不可复生，断者不可复续。呜呼！我国民其毋自杀！

不自由毋宁死，固也。虽然，当以死易自由，不当以死谢自由。自杀者，志行薄弱之表征也。呜呼！我强毅之国民，其毋自杀！

有无意识之自杀，有有意识之自杀。今举国行尸走肉辈，皆冥冥中日操刃以杀吾国者也，故惟恃彼辈以外之人，庶几拯之。浸假别出一途以实行自杀主义焉，是我与彼辈同罪也。呜呼！我有意识之国民，其毋自杀！

（原刊1903年11月2日《新民丛报》第40、41号）

成　败

吾于五年前始为《自由书》，而以《成败》章托始焉。今吾将复论成败。

天下无必成之事，而有必败之事。治事者量其事之必成而后为之，则终无一事之可治也；若量其事之必败而故为之，则治事亦更何取也。孔子曰："必也临事而惧，好谋而成。"呜呼！阅历稍久之后，其必有感于斯言矣。吾昔持无成无败之理想，以谓造一因必有一果，而其结果之迟速远近，非浅见者所得论定。由今思之，吾为一事而诚能造出一因以冀百数十年以后若数千万里以外之结果者，则固谓之成、不谓之败焉矣。而天下事固有糜多少之日力，绞多少之脑浆，及其一败涂地，乃如烟消云散，渺然无复微痕薄迹之可寻。问于将来世界有丝毫影响乎？共事一二人，和血吞而已，而他更何有也。伤哉失败！

且持虽败不败之理想者，少年初入世初任事之人，类多能之。虽然，此不过客气耳。失败者最易堕人志气也。一败再败之后，而最初一往无前之概，已萎丧而无复存。吾见此者数矣。非其人之中变，而根器实有所不任也。上等根器，固非磨涅之所能惧；其奈芸芸众生，具中等以下之根器者，十而七八也。呜呼！此其所以往而不返也欤？

问者曰：子为此言，其阻人办事之心，不亦甚乎？答之曰：不然。办事者有成有败者也，而不办事则全败者也。知成败之义者，其必知所择矣。惟当其办事也，虽不能要以必成，而必尽其智力所及以期于可成；虽不能保其不败，而必谋定后动而毋或立于必败。此岂徒为达救世之目的而已，抑亦自养其气勿使夭绝之一法门也。曾文正曰："多条理而少大言。"又曰："扎硬寨，打死仗。"善哉善哉！吾师夫，吾师夫！

虽然，天下岂有终身不经失败之人哉？粤谚有之："做过不如错过，错过不如错得多。"失败者实天惠之学校也，能受此天惠与否，则亦视其人也已矣。

（原刊1903年11月2日《新民丛报》第40、41号）

少年中国说

（附《中国少年论》）

日本人之称我中国也，一则曰老大帝国，再则曰老大帝国。是语也，盖袭译欧西人之言也。呜呼！我中国其果老大矣乎？任公曰：恶，是何言？是何言？吾心目中有一少年中国在。

欲言国之老少，请先言人之老少。老年人常思既往，少年人常思将来。惟思既往也故生留恋心，惟思将来也故生希望心；惟留恋也故保守，惟希望也故进取；惟保守也故永旧，惟进取也故日新。惟思既往也，事事皆其所已经者，故惟知照例；惟思将来也，事事皆其所未经者，故常敢破格。老年人常多忧虑，少年人常好行乐。惟多忧也故灰心，惟行乐也故盛气；惟灰心也故怯懦，惟盛气也故豪壮；惟怯懦也故苟且，惟豪壮也故冒险；惟苟且也故能灭世界，惟冒险也故能造世界。老年人常厌事，少年人常喜事。惟厌事也，故常觉一切事无可为者；惟好事也，故常觉一切事无不可为者。老年人如夕照，少年人如朝阳；老年人如瘠牛，少年人如乳虎；老年人如僧，少年人如侠；老年人如字典，少年人如戏文；老年人如鸦片烟，少年人如泼兰地酒；老年人如别行星之陨石，少年人如大洋海之珊瑚岛；老年人如埃及沙漠之金字塔，少年人如西伯利亚之铁路；老年人如秋后之柳，少年人如春前之草；老年人如死海之潴为泽，少年人如长江之初发源。此老年与少年性格不同之大略也。任公曰：人固有之，国亦宜然。

任公曰：伤哉老大也。浔阳江头琵琶妇，当明月绕船、枫叶瑟瑟、衾寒于铁、似梦非梦之时，追想洛阳尘中春花秋月之佳趣。西宫南内，白发宫娥，一灯如穗，三五对坐，谈开元、天宝间遗事，谱《霓裳羽衣曲》。青门种瓜人，左对孺人，顾弄孺子，忆侯门似海、珠履杂遝之盛事。拿破仑之流于厄蔑，阿剌飞之幽于锡兰，与三两监守吏或过访之好事者，道当年短刀匹马驰骋中原、席卷欧洲、血战海楼、一声叱咤万国震恐之丰功伟烈，初而拍案，继而抚髀，终而揽镜，呜呼！面皱齿尽，白头盈把，颓然老矣。若是者，舍幽郁之外无心事，舍悲惨之外无天地，舍颓唐之外无日月，舍叹息之外无音声，舍待死之外无事业。美人豪杰且然，而况于寻常碌碌者耶？生平亲友，皆在墟墓，起居饮食，待命于人；今日且过，遑知他日，今年且过，遑恤明年。普天下灰心短气之事，未有甚于老大者。于此人也，而欲望以拏云之手段，回天之事功，挟山超海之意气，能乎不能？

呜呼！我中国其果老大矣乎？立乎今日以指畴昔，唐虞三代，若何之郅治；秦皇汉武，若何之雄杰；汉唐来之文学，若何之隆盛；康乾间之武功，若何之烜赫！历史家所铺叙，词章家所讴歌，何一非我国民少年时代良辰美景、赏心乐事之陈迹哉！而今颓然老矣。昨日割五城，明日割十城；处处雀鼠尽，夜夜鸡犬惊。十八省之土地财产，已为人怀中之肉；四百兆之父兄子弟，已为人注籍之奴。岂所谓"老大嫁作商人妇"者耶？呜呼！凭君莫话当年事，蕉萃韶光不忍看。楚囚相对，岌岌顾影；人命危浅，朝不虑夕。国为待死之国，一国之民为待死之民，万事付之奈何，一切凭人作弄，亦何足怪！

任公曰：我中国其果老大矣乎？是今日全地球之一大问题也。如其老大也，则是中国为过去之国，即地球上昔本有此国，而今渐渐灭，他日之命运殆将尽也；如其非老大也，则是中国为未来之国，即地球上昔未现此国，而今渐发达，他日之前程且方长也。欲断今日之中国为老大耶，为少年耶？则不可不先明"国"字之意义。夫国也者何物也？有土地，有人民，以居于其土地之人民，而治其所居之土地之事，自制法律而自守之；有主权，有服从，人人皆主权者，人人皆服从者。夫如是，斯谓之完全成立之国。地球上之有完全成立之国也，自百年以来也。完全成立者，壮年之事也；未能完全成立而渐进于完全成立者，少年之事也。故吾得一言以断之曰：欧洲列邦在今日为壮年国，而我中国在今日为少年国。

夫古昔之中国者，虽有国之名，而未成国之形也，或为家族之国，或为酋长之国，或为诸侯封建之国，或为一王专制之国。虽种类不一，要之其于国家之体质也，有其一部而缺其一部，正如婴儿自胚胎以迄成童，其身体之一二官支，先行长成，此外则全体虽粗具，然未能得其用也。故唐虞以前为胚胎时代，殷周之际为乳哺时代，由孔子而来至于今为童子时代，逐渐发达，而今乃始将入成童以上少年之界焉。其长成所以若是之迟者，则历代之民贼有窒其生机者也。譬犹童年多病，转类老态，或且疑其死期之将至焉，而不知皆由未完全、未成立也，非过去之谓，而未来之谓也。

且我中国畴昔，岂尝有国家哉？不过有朝廷耳。我黄帝子孙，聚族而居，立于此地球之上者既数千年，而问其国之为何名，则无有也。夫所谓唐、虞、夏、商、周、秦、汉、魏、晋、宋、齐、梁、陈、隋、唐、宋、元、明、清者，则皆朝名耳。朝也者，一家之私产也；国也者，人民之公产也。朝有朝之老少，国有国之老少。朝与国既异物，则不能以朝之老少而指为国之老少明矣。文、武、成、康，周朝之少年时代也，幽、厉、桓、赧，则其老年时代也；高、文、景、武，汉朝之少年时代也，元、平、桓、灵，则其老年时代也。自余历朝，莫不有之。凡此者谓为一朝廷之老也则可，谓为一国之老也则不可。一朝廷之老且死，犹一人之老且死也，于吾所谓中国者何与焉？然则吾中国者，前此尚未出现于世界，而今乃始萌芽云尔。天地大矣，前途辽矣，美哉我少年中国乎！

玛志尼者，意大利三杰之魁也，以国事被罪，逃窜异邦，乃创立一会，名曰"少年意大利"。举国志士，云涌雾集以应之，卒乃光复旧物，使意大利为欧洲之一雄邦。夫意大利者，欧洲第一之老大国也。自罗马亡后，土地隶于教皇，政权归于墺国，殆所谓老而濒于死者矣。而得一玛志尼，且能举全国而少年之，况我中国之实为少年时代者耶？堂堂四百余州之国土，凛凛四百余兆之国民，岂遂无一玛志尼其人者！

龚自珍氏之集有诗一章，题曰《能令公少年行》。吾尝爱读之，而有味乎其用意之所存。我国民而自谓其国之老大也，斯果老大矣；我国民而自知其国之少年也，斯乃少年矣。西谚有之曰：有三岁之翁，有百岁之童。然则国之老少，又无定形，而实随国民之心力以为消长者也。吾见乎玛志尼之能令国少年也，吾又见乎我国之官吏士民能令国老大也，吾为此惧。夫以如此壮丽浓郁、翩翩绝世之少年中国，而使欧西、日本人谓我为老大者何也？则以握国权者皆老朽之人也。非哦几十年八股，非写几十年白折，非当几十年差，非挨几十年俸，非递几十年手本，非唱几十年诺，非磕几十年头，非请几十年安，则必不能得一官，进一职。其内任卿贰以上、外任监司以上者，百人之中，其五官不备者，殆九十六七人也，非眼盲，则耳聋，非手颤，则足跛，否则半身不遂也。彼其一身饮食、步履、视听、言语，尚且不能自了，须三四人在左右扶之捉之，乃能度日，于此而乃欲责之以国事，是何异立无数木偶而使之治天下也！且彼辈者，自其少壮之时，既已不知亚细、欧罗为何处地方，汉祖、唐宗是那朝皇帝，犹嫌其顽钝腐败之未臻其极，又必搓磨之、陶冶之；待其脑髓已涸，血管已塞，气息奄奄与鬼为邻之时，然后将我二万里山河、四万万人命，一举而畀于其手。呜呼！老大帝国，诚哉其老大也！而彼辈者，积其数十年之八股、白折、当差、挨俸、手本、唱诺、磕头、请安，千辛万苦，千苦万辛，乃始得此红顶花翎之服色，中堂大人之名号，乃出其全副精神，竭其毕生力量，以保持之。如彼乞儿，拾金一锭，虽轰雷盘旋其顶上，而两手犹紧抱其荷包，他事非所顾也，非所知也，非所闻也。于此而告之以亡国也，瓜分也，彼乌从而听之？乌从而信之？即使果亡矣，果分矣，而吾今年既七十矣、八十矣，但求其一两年内，洋人不来，强盗不起，我已快活过了一世矣。若不得已，则割三头两省之土地奉申贺敬，以换我几个衙门；卖三几百万之人民作仆为奴，以赎我一条老命，有何不可？有何难办？呜呼！今之所谓老后、老臣、老将、老吏者，其修身、齐家、治国、平天下之手段，皆具于是矣。西风一夜催人老，凋尽朱颜白尽头。使走无常当医生，携催命符以祝寿。嗟乎痛哉！以此为国，是安得不老且死？且吾恐其未及岁而殇也。

任公曰：造成今日之老大中国者，则中国老朽之冤业也；制出将来之少年中国者，则中国少年之责任也。彼老朽者何足道，彼与此世界作别之日不远矣,而我少年乃新来而与世界为缘。如僦屋者然,彼明日将迁居他方,而我今日始入此室处。将迁居者,不爱护其窗栊,不洁治其庭庑,俗人恒情,亦何足怪?若我少年者,前程浩浩,后顾茫茫。中国而为牛为马、为奴为隶,则烹脔鞭箠之惨酷,惟我少年当之;中国如称霸宇内、主盟地球,则指挥顾盼之尊荣,惟我少年享之。于彼气息奄奄、与鬼为邻者何与焉?彼而漠然置之,犹可言也;我而漠然置之,不可言也。使举国之少年而果为少年也,则吾中国为未来之国,其进步未可量也;使举国之少年而亦为老大也,则吾中国为过去之国,其澌亡可翘足而待也。故今日之责任,不在他人,而全在我少年。少年智则国智,少年富则国富,少年强则国强,少年独立则国独立,少年自由则国自由,少年进步则国进步,少年胜于欧洲,则国胜于欧洲,少年雄于地球,则国雄于地球。红日初升,其道大光;河出伏流,一泻汪洋;潜龙腾渊,鳞爪飞扬;乳虎啸谷,百兽震惶;鹰隼试翼,风尘吸张;奇花初胎,矞矞皇皇;干将发硎,有作其芒;天戴其苍,地履其黄;纵有千古,横有八荒;前途似海,来日方长。美哉我少年中国,与天不老!壮哉我中国少年,与国无疆!

"三十功名尘与土,八千里路云和月。莫等闲白了少年头,空悲切!"此岳武穆《满江红》词句也。作者自六岁时即口受记忆,至今喜诵之不衰。自今以往,弃"哀时客"之名,更自名曰"少年中国之少年"。作者附识。

(原刊 1900 年 2 月 10 日《清议报》第 35 册)

呵旁观者文

天下最可厌可憎可鄙之人，莫过于旁观者。

旁观者，如立于东岸，观西岸之火灾，而望其红光以为乐；如立于此船，观彼船之沉溺，而睹其凫浴以为欢。若是者，谓之阴险也不可，谓之狠毒也不可。此种人无以名之，名之曰无血性。嗟乎！血性者人类之所以生，世界之所以立也；无血性则是无人类、无世界也。故旁观者，人类之蟊贼，世界之仇敌也。

人生于天地之间，各有责任。知责任者大丈夫之始也，行责任者大丈夫之终也；自放弃其责任，则是自放弃其所以为人之具也。是故人也者，对于一家而有一家之责任，对于一国而有一国之责任，对于世界而有世界之责任。一家之人各各自放弃其责任，则家必落；一国之人各各自放弃其责任，则国必亡；全世界人人各各自放弃其责任，则世界必毁。旁观云者，放弃责任之谓也。

中国词章家有警语二句，曰："济人利物非吾事，自有周公孔圣人。"中国寻常人有熟语二句，曰："各人自扫门前雪，不管他人瓦上霜。"此数语者实旁观派之经典也，口号也。而此种经典、口号，深入于全国人之脑中，拂之不去，涤之不净。质而言之，即"旁观"二字，代表吾全国人之性质也，是即"无血性"三字，为吾全国人所专有物也。呜呼！吾为此惧。

旁观者，立于客位之意义也。天下事不能有客而无主。譬之一家，大而教训其子弟，综核其财产，小而启闭其门户，洒扫其庭除，皆主人之事也。主人为谁？即一家之人是也。一家之人，各尽其主人之职，而家以成。若一家之人各自立于客位，父诿之于子，子诿之于父；兄诿之于弟，弟诿之于兄；夫诿之于妇，妇诿之于夫：是之谓无主之家。无主之家，其败亡可立而待也。惟国亦然。一国之主人为谁？即一国之人是也。西国之所以强者无他焉，一国之人各尽其主人之职而已。中国则不然，入其国，问其主人为谁，莫之承也。将谓百姓为主人欤？百姓曰："此官吏之事也，我何与焉？"将谓官吏为主人欤？官吏曰："我之尸此位也，为吾威势耳，为吾利源耳，其他我何知焉？"若是乎一国虽大，竟无一主人也。无主人之国，则奴仆从而弄之，盗贼从而夺之固宜。《诗》曰："子有庭内，弗洒弗扫。子有钟鼓，弗鼓弗考。宛其死矣，他人是保。"此天理所必至也，于人乎何尤？

夫对于他人之家、他人之国而旁观焉，犹可言也。何也？我固客也。（侠者之义，虽对于他家、他国，亦不当旁观。今姑置勿论。）对于吾家、吾国而旁观焉，不可言也。何也？我固主人也。我尚旁观，而更望谁之代吾责也？大抵家国之盛衰兴亡，恒以其家中、国中旁观者之有无多少为差。国人无一旁观者，国虽小而必兴；国人尽为旁观者，国虽大而必亡。今吾观中国四万万人，皆旁观者也。谓余不信，请征其流派：

一曰浑沌派。此派者，可谓之无脑筋之动物也。彼等不知有所谓世界，不知有所谓国，不知何者为可忧，不知何者为可惧。质而论之，即不知人世间有应做之事也。饥而食，饱而游，困而睡，觉而起，户以内即其小天地，争一钱可以陨身命。彼等既不知有事，何所谓办与不办？既不知有国，何所谓亡与不亡？譬之游鱼居将沸之鼎，犹误为水暖之春江；巢燕处半火之堂，犹疑为照屋之出日。彼等之生也，如以机器制成者，能运动而不能知觉；其死也，如以电气殛毙者，有堕落而不有苦痛，蠕蠕然度数十寒暑而已。彼等虽为旁观者，然曾不自知其为旁观者，吾命之为旁观派中之天民。四万万人中属于此派者，殆不止三万五千万人。然此又非徒不识字、不治生之人而已。天下固有不识字、不治生之人而不浑沌者，亦有号称能识字、能治生之人而实大浑沌者。大抵京外大小数十万之官吏，应乡、会、岁、科试数百万之士子，满天下之商人，皆于其中十有九属于此派者。

　　二曰为我派。此派者，俗语所谓"遇雷打尚按住荷包"者也。事之当办，彼非不知；国之将亡，彼非不知。虽然，办此事而无益于我，则我惟旁观而已；亡此国而无损于我，则我惟旁观而已。若冯道当五季鼎沸之际，朝梁夕晋，犹以五朝元老自夸；张之洞自言瓜分之后，尚不失为小朝廷大臣，皆此类也。彼等在世界中，似是常立于主位而非立于客位者。虽然，不过以公众之事业，而计其一己之利害；若夫公众之利害，则彼始终旁观者也。吾昔见日本报纸中有一段，最能摹写此辈情形者。其言曰：

　　　　吾尝游辽东半岛，见其沿道人民，察其情态，彼等于国家存亡之危机，如不自知者。彼等之待日本军队，不见为敌人，而见为商店之主顾客；彼等心目中不知有辽东半岛割归日本与否之问题，惟知有日本银色与纹银兑换补水几何之问题。

此实写出魑魅罔两之情状，如禹鼎铸奸矣。推为我之敌，割数千里之地，赔数百兆之款，以易其衙门咫尺之地，而曾无所顾惜，何也？吾今者既已六七十矣，但求目前数年无事，至一瞑之后，虽天翻地覆非所问也。明知官场积习之当改而必不肯改，吾衣领饭碗之所在也；明知学校科举之当变而不肯变，吾子孙出身之所由也。此派者，以老聃为先圣，以杨朱为先师。一国中无论为官、为绅、为士、为商，其据要津、握重权者皆此辈也，故此派有左右世界之力量。一国聪明才智之士，皆走集于其旗下；而方在萌芽卵孵之少年子弟，转率仿效之，如麻疯、肺病者传其种于子孙，故遗毒遍于天下。此为旁观派中之最有魔力者。

　　三曰呜呼派。何谓呜呼派？彼辈以咨嗟太息、痛哭流涕为独一无二之事业者也。其面常有忧国之容，其口不少哀时之语。告以事之当办，彼则曰诚当办也，奈无从办起何；告以国之已危，彼则曰诚极危也，奈已无可救何；再穷诘之，彼则曰国运而已，天心而已。"无可奈何"四字是其口诀，"束手待毙"一语是其真传。如见火之起，不务扑灭，而太息于火势之炽炎；如见人之溺，不思拯援，而痛恨于波涛之澎湃。此派者，彼固自谓非旁观者也，然他人之旁观也以目，彼辈之旁观也以口。彼辈非不关心国事，然以国事为诗料；非不好言时务，然以时务为谈资者也。吾人读波兰灭亡之记，埃及惨状之史，何尝不为之感叹？然无益于波兰、埃及者，以吾固旁观也。吾人见非律宾与美血战，何尝不为之起敬？然无助于非律宾者，以吾固旁观也。所谓呜呼派者，何以异是！此派似无补于世界，亦无害于世界者；虽然，灰国民之志气，阻将来之进步，其罪实不薄也。此派者，一国中号称名士者皆归之。

四曰笑骂派。此派者，谓之旁观，宁谓之后观，以其常立于人之背后，而以冷言热语批评人者也。彼辈不惟自为旁观者，又欲逼人使不得不为旁观者：既骂守旧，亦骂维新；既骂小人，亦骂君子；对老辈则骂其暮气已深，对青年则骂其躁进喜事；事之成也，则曰竖子成名，事之败也，则曰吾早料及。彼辈常自立于无可指摘之地，何也？不办事故无可指摘，旁观故无可帮摘。己不办事，而立于办事者之后，引绳批根以嘲讽掊击，此最巧黠之术，而使勇者所以短气、怯者所以灰心也。岂直使人灰心短气而已，而将成之事，彼辈必以笑骂沮之；已成之事，彼辈能以笑骂败之。故彼辈者世界之阴人也。夫排斥人未尝不可，己有主义欲伸之，而排斥他人之主义，此西国政党所不讳也。然彼笑骂派果有何主义乎？譬之孤舟遇风于大洋，彼辈骂风、骂波、骂大洋、骂孤舟，乃至遍骂同舟之人；若问此船当以何术可达彼岸乎，彼等瞠然无对也。何也？彼辈借旁观以行笑骂，失旁观之地位，则无笑骂也。

五曰暴弃派。呜呼派者，以天下为无可为之事；暴弃派者，以我为无可为之人也。笑骂派者，常责人而不责己；暴弃派者，常望人而不望己也。彼辈之意，以为一国四百兆人，其三百九十九兆九亿九万九千九百九十九人中，才智不知几许，英杰不知几许，我之一人岂足轻重？推此派之极弊，必至四百兆人，人人皆除出自己，而以国事望诸其余之三百九十九兆九亿九万九千九百九十九人。统计而互消之，则是四百兆人，卒至实无一人也。夫国事者，国民人人各自有其责任者也，愈贤智则其责任愈大，即愚不肖亦不过责任稍小而已，不能谓之无也。他人虽有绝大智慧、绝大能力，只能尽其本身分内之责任，岂能有分毫之代我？譬之欲不食而使善饭者为我代食，欲不寝而使善睡者为我代寝，能乎否乎？且我虽愚不肖，然既为人矣，即为人类之一分子也；既生此国矣，即为国民之一阿屯也。我暴弃己之一身，犹可言也；污蔑人类之资格，灭损国民之体面，不可言也。故暴弃者实人道之罪人也。

六曰待时派。此派者有旁观之实而不自居其名者也。夫待之云者，得不得未可必之词也。吾待至可以办事之时然后办之，若终无其时，则是终不办也。寻常之旁观则旁观人事，彼辈之旁观则旁观天时也。且必如何然后为可以办事之时，岂有定形哉？办事者无时而非可办之时，不办事者无时而非不可办之时。故有志之士，惟造时势而已，未闻有待时势者也。待时云者，欲觇风潮之所向，而从旁拾其余利，向于东则随之而东，向于西则随之而西，是乡愿之本色，而旁观派之最巧者也。

以上六派，吾中国人之性质尽于是矣。其为派不同，而其为旁观者则同。若是乎，吾中国四万万人，果无一非旁观者也；吾中国虽有四万万人，果无一主人也。以无一主人之国，而立于世界生存竞争最剧最烈、万鬼环瞰、百虎眈视之大舞台，吾不知其如何而可也。六派之中，第一派为不知责任之人，以下五派为不行责任之人，知而不行，与不知等耳。且彼不知者犹有冀焉，冀其他日之知而即行也。若知而不行，则是自绝于天地也。故吾责第一派之人犹浅，责以下五派之人最深。

虽然，以阳明学知行合一之说论之，彼知而不行者，终是未知而已。苟知之极明，则行之必极勇。猛虎在于后，虽跛者或能跃数丈之涧；燎火及于邻，虽弱者或能运千钧之力。何也？彼确知猛虎、大火之一至，而吾之性命必无幸也。夫国亡种灭之惨酷，又岂止猛虎、大火而已。吾以为举国之旁观者直未知之耳，或知其一二而未知其究竟耳。若真知之，若究竟知之，吾意虽钳其手、缄其口，犹不能使之默然而息，块然而坐也。安有悠悠日月，歌舞太平，如此江山，坐付他族，袖手而作壁上之观，面缚以待死期之至，如今日者耶？嗟乎！今之拥高位、秩厚禄，与夫号称先达名士有闻于时者，皆一国中过去之人也。如已退院之僧，如已闭房之妇，彼自顾此身之寄居此世界，不知尚有几年。故其于国也有过客之观，其苟且以偷逸乐，袖手以终余年，固无足怪焉。若我辈青年，正一国将来之主人也，与此国为缘之日正长。前途茫茫，未知所届。国之兴也，我辈实躬享其荣；国之亡也，我辈实亲尝其惨。欲避无可避，欲逃无可逃；其荣也非他人之所得攘，其惨也非他人之所得代。言念及此，夫宁可旁观耶？夫宁可旁观耶？吾岂好为深文刻薄之言以骂尽天下哉？毋亦发于不忍旁观区区之苦心，不得不大声疾呼以为我同胞四万万人告也。

旁观之反对曰任。孔子曰："天下有道，丘不与易也。"孟子曰："如欲平治天下，当今之世，舍我其谁也！"任之谓也。

(原刊1900年2月20日《清议报》第36册)

过渡时代论

一　过渡时代之定义

今日之中国，过渡时代之中国也。

过渡有广狭二义。就广义言之，则人间世无时无地而非过渡时代。人群进化，级级相嬗，譬如水流，前波后波，相续不断。故进步无止境，即过渡无已时，一日不过渡，则人类或几乎息矣。就狭义言之，则一群之中，常有停顿与过渡之二时代，互起互伏。波波相续体，是为过渡相；各波具足体，是为停顿相。于停顿时代，而膨胀力（即涨力）之现象显焉；于过渡时代，而发生力之现象显焉。欧洲各国自二百年以来，皆过渡时代也，而今则其停顿时代也；中国自数千年以来，皆停顿时代也，而今则过渡时代也。

二　过渡时代之希望

过渡时代者，希望之涌泉也，人间世所最难遇而可贵者也。有进步则有过渡，无过渡亦无进步。其在过渡以前，止于此岸，动机未发，其永静性何时始改，所难料也；其在过渡以后，达于彼岸，踌躇满志，其有余勇可贾与否，亦难料也。惟当过渡时代，则如鲲鹏图南，九万里而一息；江汉赴海，百千折以朝宗。大风泱泱，前途堂堂；生气郁苍，雄心鬻皇。其现在之势力圈，矢贯七札，气吞万牛，谁能御之？其将来之目的地，黄金世界，荼锦生涯，谁能限之？故过渡时代者，实千古英雄豪杰之大舞台也，多少民族由死而生、由剥而复、由奴而主、由瘠而肥所必由之路也。美哉过渡时代乎！

三　过渡时代之危险

抑过渡时代，又恐怖时代也。青黄不接，则或受之饥；却曲难行，则惟兹狼狈。风利不得泊，得毋灭顶灭鼻之惧；马逸不能止，实维踬山踬垤之忧。摩西之彷徨于广漠，阁龙之漂泛于泰洋，赌万死以博一生，断后路以临前敌，天下险象，宁复过之？且国民全体之过渡，以视个人身世之过渡，其利害之关系，有更重且剧者。所向之鹄若误，或投网以自戕；所导之路若差，或迷途而靡届。故过渡时代，又国民可生可死、可剥可复、可奴可主、可瘠可肥之界线，而所争间不容发者也。

四　各国过渡时代之经验

船头坎坎者，自由之鼓耶？船尾舒舒者，独立之旗耶？当十八、十九两世纪中，相衔相逐相提携，乘长风、冲怒涛以过渡于新世界者，非远西各国耶？顺流而渡者，其英吉利耶？乱流而渡者，其法兰西耶？方舟联队而渡者，其德意志、意大利、瑞士耶？攘臂冯河而渡者，其美利坚、匈牙利耶？借风附帆而渡者，其门的内哥、塞尔维亚、希腊耶？维也纳温和会议所不能遏，三帝国神圣同盟所不能禁，拿破仑席卷囊括之战略所不能挠，梅特涅饲狙豢虎之政术所不能防。或渡一次而达焉，或渡两三次而始达焉；或渡一关而止焉，或渡两三关而犹未止焉；或中途逢大敌，血战突围而径渡焉；或发端遇挫折，卷土重来而卒渡焉。吾读《水浒传》，宋公明何以破祝庄？吾读《西游记》，唐三藏何以到西域？吾以是知过渡之非易，吾以是知过渡之非难。我陟高丘，我瞻彼岸。乐土乐土，先鞭已属他人；归欤归欤，座位尚容卿辈。角声动地，提耳以唤魂兮；巾影漫天，招手而邀印涉。河汉清且浅，相去复几许？盈盈一水间，脉脉不得语。望门大嚼，我劳如何！

五　过渡时代之中国

今世界最可以有为之国，而现时在过渡中者，有二：其一为俄罗斯。俄国自大彼得及亚历山大第二以来，几度厉行改革，输入西欧文明，其国民脑中渐有所谓世界公理者，日浸月润，愈播愈广，不可遏抑，而其重心力实在于各学校之学生。今世识微之士，谓俄罗斯将达于彼岸之时不远矣。其二则为我中国。中国自数千年来，常立于一定不易之域，寸地不进，跬步不移，未尝知过渡之为何状也。虽然，为五大洋惊涛骇浪之所冲激，为十九世纪狂飙飞沙之所驱突，于是穹古以来祖宗遗传深顽厚锢之根据地，遂渐渐摧落失陷，而全国民族，亦遂不得不经营惨澹，跋涉苦辛，相率而就于过渡之道。故今日中国之现状，实如驾一扁舟，初离海岸线，而放于中流，即俗语所谓两头不到岸之时也。语其大者，则人民既愤独夫民贼愚民专制之政，而未能组织新政体以代之，是政治上之过渡时代也；士子既鄙考据词章庸恶陋劣之学，而未能开辟新学界以代之，是学问上之过渡时代也；社会既厌三纲压抑虚文缛节之俗，而未能研究新道德以代之，是理想、风俗上之过渡时代也。语其小者，则例案已烧矣，而无新法典；科举议变矣，而无新教育；元凶处刑矣，而无新人才；北京残破矣，而无新都城。数月以来，凡百举措，无论属于自动力者，属于他动力者，殆无一而非过渡时代也。故今日我全国人可分为两种：其一老朽者流，死守故垒，为过渡之大敌，然被有形无形之逼迫，而不得不涕泣以就过渡之途者也；其二青年者流，大张旗鼓，为过渡之先锋，然受外界内界之刺激，而未得实把握以开过渡之路者也。而要之中国自今以往，日益进入于过渡之界线，离故步日以远，冲盘涡日以急，望彼岸日以亲，是则事势所必至，而丝毫不容疑义者也。以第二节之现象言之，可爱哉，其今日之中国乎！以第三节之现象言之，可惧哉，其今日之中国乎！

六　过渡时代之人物与其必要之德性

时势造英雄耶？英雄造时势耶？时势、英雄，递相为因，递相为果耶？吾辈虽非英雄，而日日思英雄，梦英雄，祷祀求英雄。英雄之种类不一，而惟以适于时代之用为贵。故吾不欲论旧世界之英雄，亦未敢语新世界之英雄，而惟望有崛起于新旧两界线之中心的过渡时代之英雄。窃以为此种英雄，所不可缺之德性，有三端焉：

其一冒险性，是过渡时代之初期所不可缺者也。过渡者，改进之意义也。凡革新者不能保持其旧形，犹进步者必当掷弃其故步。欲上高楼，先离平地；欲适异国，先去故乡：此事势之最易明者也。虽然，保守恋旧者，人之恒性也。传曰："凡民可以乐成，难与图始。"故欲开一堂堂过渡之局面，其事正自不易。盖凡过渡之利益，为将来耳。然当过去已去、将来未来之际，最为人生狼狈不堪之境遇。譬有千年老屋，非更新之，不可复居；然欲更新之，不可不先权弃其旧者。当旧者已破、新者未成之顷，往往瓦砾狼藉，器物播散，其现象之苍凉，有十倍于从前焉。寻常之人，观目前之小害，不察后此之大利，或出死力以尼其进行；即一二稍有识者，或胆力不足，长虑却顾，而不敢轻于一发：此前古各国，所以进步少而退步多也。故必有大刀阔斧之力，乃能收筚路蓝缕之功；必有雷霆万钧之能，乃能造鸿鹄千里之势。若是者，舍冒险末由。

其二忍耐性，是过渡时代之中期所不可缺者也。过渡者，可进而不可退者也，又难进而易退者也。摩西之率犹太人出埃及以迁于迦南也，飘流踯躅于沙漠间者四十年，与天气战，与猛兽战，与土蛮战，俘辛仵苦，未尝宁居，同行俦类，睊睊怨詻，大业未成，鬓发已白。此寻常豪杰之士所最扼腕而短气者也。且夫所志愈大者，则其成就愈难；所行愈远者，则其归宿愈迟：事物之公例也。故倡率国民以经此过渡时代者，其间恒遇内界外界无量无数之阻力，一挫再挫三挫，经数十年百年，而及身不克见其成者比比然也。非惟不见其成，或乃受唾受骂，虽有口舌，而无以自解。故非有过人之忍耐性者，鲜有不半路而退转者也。语曰："行百里者半九十。"

井掘九仞,犹为弃井;山亏一篑,遂无成功:惟危惟微,间不容发。故忍耐性者,所以贯彻过渡之目的者也。

其三别择性,是过渡时代之末期所不可缺者也。凡国民所贵乎过渡者,不徒在能去所厌离之旧界而已,而更在能达所希望之新界焉。故冒万险、忍万辱而不辞,为其将来所得之幸福,足以相偿而有余也。故倡率国民以就此途者,苟不为之择一最良合宜之归宿地,则其负国民也实甚。世界之政体有多途,国民之所宜亦有多途。天下事固有于理论上不可不行,而事实上万不可行者;亦有在他时他地可得极良之结果,而在此时此地反招不良之结果者。作始也简,将毕也巨。故坐于广厦细旃以谈名理,与身入于惊涛骇浪以应事变,其道不得不绝异。故过渡时代之人物,当以军人之魄,佐以政治家之魂。政治家之魂者何?别择性是已。

凡此三种德性,能以一人而具有之者上也;一群中人,各备一德,组成团体,互相补助,抑其次也。嗟乎!英雄造时势耶?时势造英雄耶?时势时势,宁非今耶?英雄英雄,在何所耶?抑又闻之,凡一国之进步也,其主动者在多数之国民,而驱役一二之代表人以为助动者,则其事罔不成;其主动者在一二之代表人,而强求多数之国民以为助动者,则其事鲜不败。故吾所思所梦所祷祀者,不在轰轰独秀之英雄,而在芸芸平等之英雄。

(原刊 1901 年 6 月 26 日《清议报》第 83 册)

说 希 望

机埃的①之言曰："希望者失意人之第二灵魂也。"岂惟失意人而已，凡中外古今之圣贤豪杰、忠臣烈士，与夫宗教家、政治家、发明家、冒险家之所以震撼宇宙，创造世界，建不朽之伟业以辉耀历史者，殆莫不藉此第二灵魂之希望，驱之使上于进取之途。故希望者制造英雄之原料，而世界进化之导师也。

人类者生而有欲者也。原人之朔，榛狉无知，饥则食焉，疲则息焉，饮食男女之外，无他思想。而其所谓饮食男女者，亦止求一时之饱暖嬉乐，而不复知有明日，无所谓蓄积，无所谓豫备，止看肉欲而绝无欲望，蠕蠕然无以异于动物也。及其渐进渐有思想，而将来之观念始萌，于是知为其饮食男女之肉欲，谋前进久长之计。斯时也，则有所谓生全之希望。思想日益发达，希望日益繁多。于其肉欲之外，知有所谓权力者，知有所谓名誉者，知有所谓宗教道德者，知有所谓政治法律者，由生存之希望，进而为文化之希望。其希望愈大，而其群治之进化亦愈彬彬矣。

故夫希望者人类之所以异于禽兽，文明之所以异于野蛮，而亦豪杰之所以异于凡民者也。亚历山大之远征波斯也，尽斥其所有之珍宝以遍赐群臣。群臣曰：然则王更何有乎？亚历山大曰：吾有一焉，曰"希望"。夫亚历山大之丰功盛烈，赫然照烁于今古，然其功烈之成立，实希望为之涌泉。宁独亚历山大而已，摩西之出埃及也，数十年徘徊于沙漠之中，然卒

---

① 机埃的，今译歌德（Johann Wolfgang von Goethe）。——编者注

能脱犹太人之羁轭,导之于葡萄繁熟、蜜乳馥郁之境。摩西之能有成功,迦南乐土之希望为之也。哥伦布之航海也,谋之贵族而贵族哗之,谋之葡国政府而政府拒之,乃至同行之人,困沮悔恨而思杀之,然卒能发见美洲,为欧人辟一新世界。哥伦布之能有成功,发见新地之希望为之也。玛志尼诸人之建国也,突起于帝政教政压抑之下,张空拳以求独立,然卒能脱墺人之压制,建新罗马之名邦。玛志尼诸人之能有成功,意大利统一之希望为之也。华盛顿之奋起也,抗英血战者八年,联合诸州者十载,然卒能脱离母国,建一完备之共和新国以为天下倡。华盛顿之能有成功,美国独立之希望为之也。又宁独西国前哲而已。勾践一降王耳,然能以五千之甲士,困夫差于甬东也,则以有报吴之希望故。申包胥一逋臣耳,然能却败吴寇,复已燔之郢都也,则以有存楚之希望故。班超一书生耳,然能开通西域,断匈奴之右臂也,则以有立功绝域之希望故。范孟博登车揽辔,有澄清天下之大志;范文正方为秀才,有天下己任之雄心。自古之伟人杰士,类皆不肯苟安于现在之地位,其心中目中,别有第二之世界,足以餍人类向上求进之心。既悬此第二之世界以为程,则萃精神以谋之,竭全力以赴之,日夜奔赴于莽莽无极之前途,务达其鹄以为归宿。而功业成就之多寡,群治进化之深浅,悉视其希望之大小以为比列差。盖希望之力,其影响于世间者固若是其伟且大也。

天下最惨最痛之境,未有甚于"绝望"者也。信陵之退隐封邑,项羽之悲歌垓下,亚剌飞之窜身锡兰,拿破仑之见幽厄蔑,莫不抚髀悲悒,神气颓唐,一若天地虽大,蹙蹙无托身之所,日月虽长,奄奄皆待尽之年;醇酒妇人而外无事业,束手待死以外无志愿;我躬不阅,遑恤我后;朝不谋夕,谁能虑远。彼数子者,岂非喑呜叱咤横绝一世之英雄哉?方其希望远大之时,虽盖世功名,曾不足以当其一盼,虽统一寰区,曾不足以满其志愿。及其希望既绝,则心死志馁,气索才尽,颓然沮丧,前后迥若两人。然后知英雄之所以为英雄者,固恃希望为之先导,而智虑才略,皆随希望以为消长者也。有希望则常人可以为英雄,无希望则英雄无以异于常人。盖希望之力,其影响于人者固若是其伟且大也。

天下之境有二:一曰现在,一曰未来。现在之境狭而有限,而未来之境广而无穷。英儒颉德之言曰："进化之义，专在造出未来。其过去及现在，不过一过渡之方便法门耳。故现在者非为现在而存，实为未来而存。是以高等生物，皆能为未来而多所贡献，代未来而多负责任。其勤劳于为未来者，优胜者也；怠逸于为未来者，劣败者也。"希望者固以未来的目的，而尽勤劳以谋其利益者也。然未来之利益，往往与现在之利益，枘凿而不能相容，二者不可得兼，有所取必有所弃。彼既有所希望矣，则心中目中，必有荼锦烂漫之生涯，宇宙昭苏之事业，亘其前途，其利益百什倍于现在，遂不惜取其现在者而牺牲之，以为未来之媒介。故释迦弃净饭太子之贵，而苦行穷山；路得辞教皇不赀之赏，而甘受廷讯；加富尔舍贵族富豪之安，而隐耕黎里；哥伦布掷乡里优游之乐，而奋身远航。以常人之眼观之，则彼好为自苦，非人情所能堪，岂不嗤为大愚，百思而不得其解哉？然苦乐本无定位。彼未来之所得，固足偿现在之失而有余，则常人所见为失而苦之者，彼固见为得而有以自乐。且攫金于市者，止见有金不见有人。彼日有无穷之愿欲悬于其前，则其视线心光，咸萃集于其希望之前途；而目前之所谓利益者，直如蚊虻之过耳，曾不足以芥蒂于其胸。贪夫殉财，烈士殉名，夸者殉权，哲人殉道。其所殉之物虽不同，而其所以为殉者，则皆捐弃万事，以专注其希望之大欲而已。

且非独个人之希望为然也，国民之希望亦靡不然。英人固不喜急激之民族也，然一为大宪章之抗争，再为长期国会之更革，累数世之纷扰，则曰希望自由之故。法人三次革命，屡仆屡起，演大恐怖之惨剧，扰乱亘数十年，则曰希望民政之故。美人崛起抗英，糜烂其民于硝烟弹雨之中，苦战八年，伏尸百万，则曰希望独立之故。彼所牺牲之利益，固视个人为尤惨酷矣，然彼既有自由、民政、独立之伟大目的在于未来，而为国民共同之希望。凡物必有代价，则其所牺牲者，固亦以现在为代价，而购此未来而已。

然而希望者，常有失望以与之为缘者也。其希望愈大者，则其成就也愈难，而其失望也亦愈众。譬之操舟泛港汊者，微波漾荡，可以扬帆径渡也；及泛江河，则风浪之恶，将十倍蓰于港汊矣；及航溟渤，则风浪之恶，又倍蓰于江河矣。失望与希望之相为比例，殆犹是也。惟豪杰之徒，为能保其希望而使之勿失。彼盖知远大之希望，固在数十百年之后，而非可取偿于旦夕之间。既非旦夕所能取偿，则所谓拂戾失意之境遇，要不过现在与未来利益之冲突，实为事势所必然。吾心中自有所谓第二世界者存，必不以目前之区区，沮吾心而馁吾志。英雄之希望如是，伟大国民之希望亦复如是。

老子曰："知足不辱，知止不殆。"此毁灭世界之毒药，萎杀思想之谬言也。我中人日奉一足止以为主义，恋恋于过去，而绝无未来之观念；眷眷于保守，而绝无进取之雄心。其下者日营利禄，日骛衣食，萃全神于肉欲，蝺蝺无异于原人；其上者亦惟灰心短气，太息于国事之不可为，志馁神沮，慨叹于前途之无可望，不为李后主之眼泪洗面，即为信陵君之醇酒妇人。人人皆为绝望之人，而国亦遂为绝望之国。呜呼！吾国其果绝望乎，则待死以外诚无他策；吾国其非绝望乎，则吾人之日月方长，吾人之心愿正大。旭日方东，曙光熊熊，吾其叱咤羲轮，放大光明以赫耀寰中乎！河出伏流，狂涛怒吼，吾其乘风扬帆，破万里浪以横绝五洲乎！穆王八骏，今方发轫，吾其扬鞭绝尘，骎骎与骅骝竞进乎！四百余州，河山重重；四亿万人，泱泱大风。任我飞跃，海阔天空；美哉前途，郁郁葱葱。谁为人豪？谁为国雄？我国民其有希望乎，其各立于所欲立之地，又安能郁郁以终也！

（原刊1903年5月10日《新民丛报》第31号）

人物编

戊戌政变记（节录）

谭嗣同传

谭君，字复生，又号壮飞，湖南浏阳县人。少倜傥有大志，淹通群籍，能文章，好任侠，善剑术。父继洵，官湖北巡抚。幼丧母，为父妾所虐，备极孤孽苦，故操心危，虑患深，而德慧术智日增长焉。弱冠从军新疆，游巡抚刘公锦棠幕府。刘大奇其才，将荐之于朝；会刘以养亲去官，不果。自是十年，来往于直隶、新疆、甘肃、陕西、河南、湖南、湖北、江苏、安徽、浙江、台湾各省，察视风土，物色豪杰。然终以巡抚君拘谨，不许远游，未能尽其四方之志也。

自甲午战事后，益发愤提倡新学，首在浏阳设一学会，集同志讲求摩厉，实为湖南全省新学之起点焉。时南海先生方倡强学会于北京及上海，天下志士，走集应和之。君乃自湖南溯江，下上海，游京师，将以谒先生，而先生适归广东，不获见。余方在京师强学会，任记纂之役，始与君相见，语以南海讲学之宗旨，经世之条理，则感动大喜跃，自称私淑弟子，自是学识更日益进。时和议初定，人人怀国耻，士气稍振起。君则激昂慷慨，大声疾呼。海内有志之士，睹其丰采，闻其言论，知其为非常人矣。以父命就官为候补知府，需次金陵者一年，闭户养心读书，冥探孔佛之精奥，会通群哲之心法，衍绎南海之宗旨，成《仁学》一书。又时时至上海与同志商量学术，讨论天下事，未尝与俗吏一相接。君常自谓"作吏一年，无异入山"。

时陈公宝箴为湖南巡抚，其子三立辅之，慨然以湖南开化为己任。丁酉六月，黄君遵宪适拜湖南按察使之命；八月，徐君仁铸又来督湘学。湖南绅士□□□□□□□□等蹈厉奋发，提倡桑梓，志士渐集于湘楚。陈公父子与前任学政江君标，乃谋大集豪杰于湖南，并力经营，为诸省之倡。于是聘余及□□□□□□等为学堂教习，召□□□归练兵。而君亦为陈公所敦促，即弃官归，安置眷属于其浏阳之乡，而独留长沙，与群志士办新政。于是湖南倡办之事，若内河小轮船也，商办矿务也，湘粤铁路也，时务学堂也，武备学堂也，保卫局也，南学会也，皆君所倡论擘画者，而以南学会最为盛业。设会之意，将合南部诸省志士，聚为一气，相与讲爱国之理，求救亡之法，而先从湖南一省办起，盖实兼学会与地方议会之规模焉。地方有事，公议而行，此议会之意也；每七日大集众而讲学，演说万国大势及政学原理，此学会之意也。于时君实为学长，任演说之事。每会集者千数百人，君慷慨论天下事，闻者无不感动。故湖南全省风气大开，君之功居多。

今年四月，定国是之诏既下，君以学士徐公致靖荐被征，适大病不能行。至七月乃扶病入觐，奏对称旨。皇上超擢四品卿衔军机章京，与杨锐、林旭、刘光第同参预新政，时号为军机四卿。参预新政者，犹唐宋之参知政事，实宰相之职也。皇上欲大用康先生，而上畏西后，不敢行其志。数月以来，皇上有所询问，则令总理衙门传旨，先生有所陈奏，则著之于所进呈书之中而已。自四卿入军机，然后皇上与康先生之意始能少通，锐意欲行大改革矣。而西后及贼臣忌益甚，未及十日，而变已起。初君之始入京也，与言皇上无权、西后阻挠之事，君不之信。及七月二十七日，皇上欲开懋勤殿设顾问官，命君拟旨，先遣内侍捧历朝圣训授君，传上言谓康熙、乾隆、咸丰三朝，有开懋勤殿故事，令查出引入上谕中，盖将以二十八日亲往颐和园请命西后云。君退朝，乃告同人曰："今而知皇上之真无权矣。"至二十八日，京朝人人咸知懋勤殿之事，以为今日谕旨将下，而卒不下，于是益知后与帝之不相容矣。二十九日，皇上召见杨锐，遂赐衣带诏，有"朕位几不保，命康与四卿及同志速设法筹救"之语。君与康先生捧诏恸哭，而皇上手无寸柄，无所为计。时诸将之中，惟袁世凯久使朝鲜，讲中外之故，力主变法。君密奏请皇上结以恩遇，冀缓急或可救助，词极激切。八月初一日，上召见袁世凯，特赏侍郎。初二日复召见。初三日夕，君径造袁所寓之法华寺，直诘袁曰："君谓皇上何如人也？"袁曰："旷代之圣主也。"君曰："天津阅兵之阴谋，君知之乎？"袁曰："然，固有所闻。"君乃直出密诏示之曰："今日可以救我圣主者，惟在足下，足下欲救则救之。"又以手自抚其颈曰："苟不欲救，请至颐和园首仆而杀仆，可以得富贵也。"袁正色厉声曰："君以袁某为何如人哉？圣主乃吾辈所共事之主，仆与足下，同受非常之遇，救护之责，非独足下。若有所教，仆固愿闻也。"君曰："荣禄密谋，全在天津阅兵之举。足下及董、聂三军，皆受荣所节制，将挟兵力以行大事。虽然，董、聂不足道也，天下健者，惟有足下。若变起，足下以一军敌彼二军，保护圣主，复大权，清君侧，肃宫廷，指挥若定，不世之业也。"袁曰："若皇上于阅兵时疾驰入仆营，传号令以诛奸贼，则仆必能从诸君子之后，竭死力以补救。"君曰："荣禄遇足下素厚，足下何以待之？"袁笑而不言。袁幕府某曰："荣贼并非推心待慰帅者。昔某公欲增慰帅兵，荣曰：'汉人未可假大兵权。'盖向来不过笼络耳。即如前年胡景桂参劾慰帅一事，胡乃荣之私人，荣遣其劾帅，而已查办昭雪之以市恩；既而胡即放宁夏知府，旋升宁夏道。此乃荣贼心计险极巧极之处，慰帅岂不知之？"君乃曰："荣禄固操、莽之才，绝世之雄，待之恐不易易。"袁怒目视曰："若皇上在仆营，则诛荣禄如杀一狗耳。"因相与言救上之条理甚详。袁曰："今营中枪弹火药，皆在荣贼之手，而营哨各官，亦多属旧人。事急矣！既定策，则仆须急归营，更选将官，而设法备贮弹药，则可也。"乃丁宁而去，时八月初三夜漏三下矣。至初五日，袁复召见，闻亦奉有密诏云。至初六日，变遂发。时余方访君寓，对坐榻上，有所擘画，而抄捕南海馆（康先生所居也）之报忽至，旋闻垂帘之谕。君从容语余曰："昔欲救皇上，既无可救；今欲救先生，亦无可救。吾已无事可办，惟待死期耳。虽然，天下事知其不可而为之。足下试入日本使馆谒伊藤氏，请致电上海领事而救先生焉。"余是夕宿于日本使馆，君竟日不出门以待捕者。捕者既不至，则于其明日入日本使馆，与余相见，劝东游，且携所著书及诗文辞稿本数册、家书一箧托焉。曰："不有行者，无以图将来；不有死者，无以酬圣主。今南海之生死未可卜，程婴、杵臼，月照、西乡，吾与足下分任之。"遂相与一抱而别。初七八九三日，君复与侠士谋救皇上，事卒不成。初十日，遂被逮。被逮之前一日，日本志士数辈，苦劝君东游，君不听。再四强之，君曰："各国变法，无不从流血而成。今中国未闻有因变法而流血者，此国之所以不昌也。有之请自嗣同始！"卒不去，故及于难。君既系狱，题一诗于狱壁曰："望门投宿思张俭，忍死须臾待杜根。我自横刀向天笑，去留肝胆两昆仑。"盖念南海也。以八月十三日斩于市，春秋三十有三。就义之日，观者万人，君慷慨神气不少变。时军机大臣刚毅监斩，君呼刚前曰："吾有一言！"刚去不听，乃从容就戮。呜呼烈矣！

君资性绝特，于学无所不窥，而以日新为宗旨，故无所沾滞；善能舍己从人，故其学日进。每十日不相见，则议论学识必有增长。少年曾为考据笺注、金石刻镂、诗古文辞之学，亦好谈中国古兵法；三十岁以后，悉弃去，究心泰西天算、格致、政治、历史之学，皆有心得，又究心教宗。当君之与余初相见也，极推崇耶氏兼爱之教，而不知有佛，不知有孔子；既而闻南海先生所发明《易》《春秋》之义，穷大同太平之条理，体乾元统天之精意，则大服；又闻华严性海之说，而悟世界无量，现身无量，无人无我，无去无住，无垢无净，舍救人外更无他事之理；闻相宗识浪之说，而悟众生根器无量，故说法无量，种种差别，与圆性无碍之理，则益大服。自是豁然贯通，能汇万法为一，能衍一法为万，无所罣碍，而任事之勇猛亦益加。作官金陵之一年，日夜冥搜孔、佛之书。金陵有居士杨文会者，博览教乘，熟于佛故，以流通经典为己任。君时时与之游，因得遍窥三藏，所得日益精深。其学术宗旨，大端见于《仁学》一书，又散见于与友人论学书中。所著书《仁学》之外，尚有《寥天一阁文》二卷，《莽苍苍斋诗》二卷，《远遗堂集外文》一卷，《札记》一卷，《兴算学议》一卷，已刻《思纬吉凶台短书》一卷，《壮飞楼治事》十篇，《秋雨年华馆丛脞书》四卷，《剑经衍葛》一卷，《印录》一卷，并《仁学》皆藏于余处，又政论数十篇，见于《湘报》者，及与师友论学论事书数十篇。余将与君之石交□□□□□□□□等共搜辑之，为《谭浏阳遗集》若干卷。其《仁学》一书，先择其稍平易者，附印《清议报》中，公诸世焉。君平生一无嗜好，持躬严整，面棱棱有秋肃之气。无子女。妻李闰，为中国女学会倡办董事。

论曰：复生之行谊磊落，轰天撼地，人人共知，是以不论；论其所学。自唐宋以后，呫毕小儒，徇其一孔之论，以谤佛毁法，固不足道；而震旦末法流行，数百年来，宗门之人，耽乐小乘，堕断常见，龙象之才，罕有闻者。以为佛法皆清净而已，寂灭而已。岂知大乘之法，悲智双修，与孔子必仁且智之义，如两爪之相印。惟智也，故知即世间即出世间，无所谓净土；即人即我，无所谓众生。世界之外无净土，众生之外无我，故惟有舍身以救众生。佛说"我不入地狱，谁入地狱？"孔子曰："吾非斯人之徒与而谁与？""天下有道，丘不与易。"故即智即仁焉。既思救众生矣，则必有救之之条理。故孔子治《春秋》，为大同小康之制，千条万绪，皆为世界也，为众生也。舍此一大事，无他事也。华严之菩萨行也，所谓誓不成佛也。《春秋》三世之义，救过去之众生，与救现在之众生，救现在之众生，与救将来之众生，其法异而不异；救此土之众生，与救彼土之众生，其法异而不异；救全世界之众生，与救一国之众生，救一人之众生，其法异而不异：此相宗之唯识也。因众生根器，各各不同，故说法不同，而实法无不同也。既无净土矣，既无我矣，则无所希恋，无所罣碍，无所恐怖。夫净土与我且不爱矣，复何有利害毁誉称讥苦乐之可以动其心乎？故孔子言不忧不惑不惧，佛言大无畏，盖即仁即智即勇焉。通乎此者，则游行自在，可以出生，可以入死，可以仁，可以救众生。

（原刊1899年1月22日《清议报》第4册）

康广仁传

康君名有溥，字广仁，以字行，号幼博，又号大广，南海先生同母弟也。精悍厉鸷，明照锐断，见事理若区别黑白，勇于任事，洞于察机，善于观人，达于生死之故，长于治事之条理，严于律己，勇于改过。自少即绝意不事举业，以为本国之弱亡，皆由八股锢塞人才所致，故深恶痛绝之，偶一应试，辄弃去。弱冠后，尝为小吏于浙。盖君之少年血气太刚，倜傥自喜，行事间或跅弛，逾越范围，南海先生欲裁抑之，故遣入宦场，使之游于人间最秽之域，阅历乎猥鄙奔竞险诈苟且阘冗势利之境，使之尽知世俗之情伪，然后可以收敛其客气，变化其气质，增长其识量。君为吏岁余，尝委保甲差、文闱差，阅历宦场既深，大耻之，挂冠而归。自是进德勇猛，气质大变，视前此若两人矣。

君天才本卓绝，又得贤兄之教，覃精名理，故其发论往往精奇悍锐，出人意表，闻者为之咋舌变色，然按之理势，实无不切当。自弃官以后，经历更深，学识更加。每与论一事，穷其条理，料其将来，不爽累黍，故南海先生常资为谋议焉。今年春胶州、旅顺既失，南海先生上书痛哭论国是，请改革。君曰："今日在我国而言改革，凡百政事皆第二著也，若第一著则惟当变科举，废八股取士之制，使举国之士，咸弃其顽固谬陋之学，以讲求实用之学，则天下之人，如瞽者忽开目，恍然于万国强弱之故，爱国之心自生，人才自出矣。阿兄历年所陈改革之事，皆千条万绪，彼政府之人，早已望而生畏，故不能行也。今当以全副精神专注于废八股之一事，锲而不舍，或可有成。此关一破，则一切新政之根芽已立矣。"盖当时犹未深知皇上之圣明，故于改革之事，不敢多所奢望也。及南海先生既召见，乡会八股之试既废，海内志士，额手为国家庆。君乃曰："士之数莫多于童生与秀才，几居全数百分之九十九焉。今但变乡、会试而不变岁、科试，未足以振刷此辈之心目。且乡、会试期在三年以后，为期太缓。此三年中，人事靡常。今必先变童试、岁科试，立刻施行然后可。"乃与御史宋伯鲁谋，抗疏言之，得旨俞允。于是君语南海先生曰："阿兄可以出京矣。我国改革之期，今尚未至。且千年来，行愚民之政，压抑既久，人才乏绝，今全国之材，尚不足以任全国之事，改革甚难有效。今科举既变，学堂既开，阿兄宜归广东、上海，卓如宜归湖南，（卓如者，余之字也。时余在湖南时务学堂为总教习，故云然。）专心教育之事，著书译书撰报，激厉士民爱国之心，养成多数实用之才。三年之后，然后可大行改革也。"

时南海先生初被知遇，天眷优渥，感激君恩，不忍舍去。既而天津阅兵废立之事，渐有所闻，君复语曰："自古无主权不一之国而能成大事者。今皇上虽天亶睿圣，然无赏罚之权，全国大柄，皆在西后之手，而满人之猜忌如此，守旧大臣之相嫉如此，何能有成？阿兄速当出京养晦矣。"先生曰："孔子之圣，知其不可而为之。凡人见孺子将入于井，犹思援之，况全国之命乎？况君父之难乎？西后之专横，旧党之顽固，皇上非不知之，然皇上犹且舍位忘身以救天下，我忝受知遇，义固不可引身而退也。"君复曰："阿兄虽舍身思救之，然于事必不能有益，徒一死耳。死固不足惜，但阿兄生平所志所学，欲发明公理以救全世界之众生者，他日之事业正多，责任正重，今尚非死所也。"先生曰："生死自有天命。吾十五年前，经华德里筑屋之下，飞砖猝坠，掠面而下，面损流血。使彼时飞砖斜落半寸，击于脑，则死久矣。天下之境遇，皆华德里飞砖之类也。今日之事虽险，吾亦以飞砖视之，但行吾心之所安而已，他事非所计也。"自是君不复敢言出京。然南海先生每欲有所陈奏，有所兴革，君必劝阻之，谓当俟诸九月阅兵以后，若皇上得免于难，然后大举，未为晚也。

故事凡皇上有所敕任，有所赐赉，必诣宫门谢恩，赐召见焉。南海先生先后奉命为总理各国事务衙门章京，督办官报局，又以著书之故，赐金二千两，皆当谢恩，君独谓"西后及满洲党相忌已甚，阿兄若屡见皇上，徒增其疑而速其变，不如勿往"。故先生自六月以后，上书极少，又不觐见，但上折谢恩，惟于所进呈之书，言改革之条理而已，皆从君之意也，其料事之明如此。南海先生既决意不出都，俟九月阅兵之役谋有所救护，而君与谭君任此事最力。初余既奉命督办译书，以君久在大同译书局，谙练此事，欲托君出上海总其成。行有日矣，而八月初二日忽奉明诏命南海先生出京；初三日又奉密诏敦促，一日不可留。先生恋阙甚耿耿，君乃曰："阿兄即行，弟与复生、卓如及诸君力谋之。"盖是时虽知事急，然以为其发难终在九月，故欲竭蹶死力，有所布置也。以故先生行而君独留，遂及于难，其临大节之不苟又如此。君明于大道，达于生死，常语余云："吾生三十年，见兄弟戚友之年与我相若者，今死去不计其数矣。吾每将己身与彼辈相较，常作已死观；今之犹在人间，作死而复生观。故应做之事，即放胆做去，无所罣碍，无所恐怖也。"盖君之从容就义者，其根柢深厚矣。

既被逮之日，与同居二人程式穀、钱维骥同在狱中，言笑自若，高歌声出金石。程、钱等固不知密诏及救护之事，然闻令出西后，乃曰："我等必死矣。"君厉声曰："死亦何伤！汝年已二十余矣，我年已三十余矣，不犹愈于生数月而死，数岁而死者乎？且一刀而死，不犹愈于抱病岁月而死者乎？特恐我等未必死耳，死则中国之强在此矣，死又何伤哉？"程曰："君所言甚是。第外国变法，皆前者死，后者继。今我国新党甚寡弱，恐我辈一死，后无继者也。"君曰："八股已废，人才将辈出矣，何患无继哉？"神气雍容，临节终不少变，呜呼烈矣！

南海先生之学，以仁为宗旨，君则以义为宗旨。故其治事也，专明权限，能断割，不妄求人，不妄接人，严于辞受取与，有高掌远蹠摧陷廓清之概，于同时士大夫之豪俊皆俯视之。当十六岁时，因恶帖括，故不悦学。父兄责之，即自抗颜为童子师。疑其游戏必不成，姑试之。而从之学者有八九人，端坐课弟子，庄肃俨然，手创学规，严整有度，虽极顽横之童子，戢戢奉法惟谨。自是知其为治事才，一切家事营办督租皆委焉。其治事如商君法，如孙武令，严密缜栗，令出必行，奴仆无不畏之，故事无不举。少年曾与先生同居一楼，楼前有芭蕉一株，经秋后败叶狼藉。先生故有茂对万物之心，窗草不除之意，甚爱护之。忽一日失蕉所在，则君所锄弃也。先生责其不仁，君曰："留此何用？徒乱人意。"又一日先生命君检其屋上旧书整理之，以累世为儒，阁上藏前代帖括甚多，君举而付之一炬。先生诘之，君则曰："是区区者尚不割舍耶？留此物，此楼何时得清净！"此皆君十二三岁时轶事也，虽细端亦可以见其刚断之气矣。君事母最孝，非在侧则母不欢，母有所烦恼，得君数言，辄怡笑以解。盖其在母侧，纯为孺子之容，与接朋辈任事时，若两人云。最深于自知，勇于改过。其事为己所不能任者，必自白之，不轻许可；及其既任，则以心力殉之。有过失必自知之、自言之而痛改之，盖光明磊落，肝胆照人焉。

君尝慨中国医学之不讲，草菅人命，学医于美人嘉约翰，三年，遂通泰西医术。欲以移中国，在沪创医学堂，草具章程，虽以事未成，而后必行之。盖君之勇断，足以廓清国家之积弊，其明察精细，足以经营国家治平之条理，而未能一得藉手，遂殉国以殁。其所办之事，则在澳门创立《知新报》，发明民政之公理；在上海设译书局，译日本书，以开民智；在西樵乡设一学校，以泰西政学教授乡之子弟。先生恶妇女缠足，壬午年创不缠足会而未成，君卒成之，粤风大移。粤会成，则与超推之于沪，集士夫开不缠足大会，君实为总持；又与同志创女学堂以救妇女之患，行太平之义。于君才未尽十一，亦可以观其志矣。君雅不喜章句记诵词章之学，明算工书，能作篆，尝为诗骈散文，然以为无用，既不求工，亦不存稿，盖皆以余事为之，故遗文存者无几。然其言论往往发前人所未发，言人所不敢言。盖南海先生于一切名理，每仅发其端，含蓄而不尽言，君则推波助澜，穷其究竟，达其极点，故精思伟论独多焉。君既殁，朋辈将记忆其言论，衰而集之，以传于后。君既弃浙官，今年改官候选主事。妻黄谨娱，为中国女学会倡办董事。

论曰：徐子靖、王小航常语余云，二康皆绝伦之资，各有所长，不能轩轾。其言虽稍过，然幼博之才，真今日救时之良矣。世人莫不知南海先生，而罕知幼博，盖为兄所掩，无足怪也。而先生之好仁，与幼博之持义，适足以相补，故先生之行事，出于幼博所左右者为多焉。六烈士之中，任事之勇猛，性行之笃挚，惟复生与幼博为最。复生学问之深博，过于幼博；幼博治事之条理，过于复生。两人之才，真未易轩轾也。呜呼！今日眼中之人，求如两君者可复得乎？可复得乎？幼博之入京也，在今春二月。时余适自湘大病出沪，扶病入京师，应春官试。幼博善医学，于余之病也，为之调护饮食，剂医药，至是则伴余同北行。盖幼博之入京，本无他事，不过为余病耳。余病不死，而幼博死于余之病，余疚何如哉？

（原刊1899年2月20日《清议报》第6册）

南海康先生传

第一章　时势与人物

　　文明弱之国人物少，文明盛之国人物多。虽然，文明弱之国，人物之资格易；文明盛之国，人物之资格难。如何而后可以为真人物？必其生平言论行事，皆影响于全社会，一举一动，一笔一舌，而全国之人皆注目焉，甚者全世界之人皆注目焉；其人未出现以前，与既出现以后，而社会之面目为之一变：若是者庶可谓之人物也已。

　　有应时之人物，有先时之人物。法兰西之拿破仑，应时之人物也，卢梭则先时之人物也；意大利之加布儿，应时之人物也，玛志尼则先时之人物也；日本之西乡、木户、大久保，应时之人物也，蒲生、吉田，则先时之人物也。其为人物一也，而应时而生者，则其所志就，其所事成，而其及身亦复尊荣安富，名誉洋溢；先时而生者，其所志无一不拂戾，其所事无一不挫折，而其及身亦复穷愁潦倒，奇险殊辱，举国欲杀，千夫唾骂，甚乃身死绝域，血溅市朝。是亦豪杰之有幸有不幸乎？虽然，为一身计，则与其为先时之人物，诚不如为应时之人物；为社会计，则与其得十百应时之人物，无宁得一二先时之人物。何则？先时人物者，社会之原动力，而应时人物所从出也。质而言之，则应时人物者，时势所造之英雄；先时人物者，造时势之英雄也。既有时势，何患无应此之英雄？然若无先此之英雄，则恐所谓时势者渺不可睹也。应时者有待者也，先时者无待者也。同为人物，而难易高下判焉矣。

由此言之，凡真人物者，非为一世人所誉，则必为一世人所毁；非为一世人所膜拜，则必为一世人所蹴踏。何以故？或顺势而为社会导，或逆势而与社会战。不能为社会导者，非人物也；不敢与社会战者，非人物也。然则其战亦有胜败乎？曰无有。凡真人物者，必得最后之战胜者也。是故有早岁败而晚年胜者焉，有及身败而身后胜者焉。大抵其先时愈久者，则其激战也愈甚，而其获胜也愈迟。孟子曰："不知其人可乎？是以论其世也。"观人物者不可不于此留意也。

二十世纪之中国，必雄飞于宇内，无可疑也；虽然，其时机犹在数十年以后焉。故今日固无拿破仑也，无加布儿也，无西乡、木户、大久保也；即有之，而亦必不能得其志，且无所甚补益于国家。故今日中国所相需最殷者，惟先时之人物而已。呜呼！所望先时人物者，其已出现乎？其未出现乎？要之今日殆不可不出现之时哉！今后续续出现者几何人，吾不敢言，若其岿然亘于前者，吾欲以南海先生当之。

凡先时人物所最不可缺之德性有三端：一曰理想，二曰热诚，三曰胆气。三者为本，自余则皆枝叶焉耳。先时人物者，实过渡人物也。其精神专注于前途，以故其举动或失于急激，其方略或不适于用，常有不能为讳者。南海先生吾师也，以吾而论次其传，后世或谓阿所好焉。要之先生生平言论行事，虽非无多少之缺点，可以供人摭拾之而訾排之者；若其理想之宏远照千载，其热诚之深厚贯七札，其胆气之雄伟横一世，则并时之人，未见其比也。先生在今日，诚为举国之所嫉视；若夫他日有著二十世纪新中国史者，吾知其开卷第一叶，必称述先生之精神事业，以为社会原动力之所自始。若是乎，先生果为中国先时之一人物哉！吾而不传，曷贻来者？不揣愚陋，遂缀斯文。

第二章　家世及幼年时代

先生名有为，字广夏，号长素，广东广州府南海县人。其先代为粤名族，世以理学传家。曾祖式鹏，讲学于乡，称醇儒。祖父赞修，为连州教谕，专以程朱之学，提倡后进，粤之士林，咸宗仰焉。从祖国器，当咸、同间，从左军，以功至广西巡抚。懿修，当咸丰末叶，四海鼎沸之际，以一布衣办七县团练，境内肃谧。其后朝廷以三达官某某等充全粤团练大臣，假公谋私，气焰熏灼，而懿修独不肯以所属置彼三人势力范围之下。三人者以全力敌之胁之搏之，不能夺也，卒使其地确然成一自治团体，至今食其赐焉。盖其刚健任事不畏强御之风，有自来矣。父达初，早世。母劳氏，生子二人：仲曰广仁，戊戌之役，死于国难；先生其伯也。先生既蚤孤，幼受教育于大父，每诵读，过目不忘。七岁能属文，有神童之目。然家学既正，秉性尤厚，故常严重，不苟言笑。成童之时，便有志于圣贤之学，乡里俗子笑之，戏号之曰"圣人为"，盖以其开口辄曰圣人圣人也，"为"也者，先生之名有为也。即此一端，亦可以知其少年之志气矣。

吾粤之在中国，为边徼地，五岭障之，文化常后于中原，故黄河流域、扬子江流域之地，开化既久，人物屡起，而吾粤无闻焉。数千年无论学术、事功，皆未曾有一人出，能动全国之关系者。惟禅宗六祖慧能，为佛家钜子，风靡天下，然所及乃在世界外之世界耳。次则明代陈白沙、湛甘泉，以讲学鸣于时，然其学系之组织完善，不及姚江，故王学出而陈学衰。逮于近世，洪秀全、李秀成骤倡革命，蹂躏天下之半，实为吾粤人物最有关系于全国者，然其才略不敌湘、淮，故曾军兴而洪军亡。微乎眇哉！粤人之在中国也。然则其关系之所及最大而最远者，固不得不谓自先生始。

第三章　修养时代及讲学时代

先生以十九岁丧大父。年十八，始游朱九江先生之门，受学焉。九江者，名次琦，字子襄，粤中大儒也。其学根柢于宋明，而以经世致用为主。研究中国史学、历代政治沿革得失，最有心得，著书甚富。晚年以为此等著述，无益于后来之中国，故当易箦之际，悉焚其稿，学者惜焉。先生从之游，凡六年，而九江卒。其理学、政学之基础，皆得诸九江。

九江卒后，乃屏居独学于南海之西樵山者又四年。其间尽读中国之书，而其发明最多者为史学。究心历代掌故，一一考其变迁之迹，得失之林；下及考据、词章之学，当时风靡一世者，虽不屑屑，然以余事及之，亦往往为时流所莫能及。又九江之理学，以程朱为主，而间采陆王。先生则独好陆王，以为直捷明诚，活泼有用，故其所以自修及教育后进者，皆以此为鹄焉。既又潜心佛典，深有所悟，以为性理之学，不徒在躯壳界，而必探本于灵魂界。遂乃冥心孤往，探求事事物物之本原，大自大千诸天，小至微尘芥子，莫不穷究其理。常彻数日夜不卧，或打坐，或游行，仰视月星，俯听溪泉，坐对林莽，块然无俦，内观意根，外察物相，举天下之事，无得以扰其心者，殆如世尊起于菩提树下，森然有天上地下惟我独尊之概。先生一生学力，实在于是。其结果也，大有得于佛为一大事出世之旨。以为人相、我相、众生相既一无所取、无所著，而犹现身于世界者，由性海浑圆，众生一体，慈悲普度，无有已时。是故以智为体，以悲为用，不染一切，亦不舍一切。又以愿力无尽，故与其布施于将来，不如布施于现在；大小平等，故与其恻隐于他界，不如恻隐于最近。于是浩然出出世而入入世，纵横四顾，有澄清天下之志。

既出西樵，乃游京师。其时西学初输入中国，举国学者，莫或过问。先生僻处乡邑，亦未获从事也。及道香港、上海，见西人植民政治之完整，属地如此，本国之更进可知。因思其所以致此者，必有道德、学问以为之本原，乃悉购江南制造局及西教会所译出各书尽读之。彼时所译者，皆初级普通学，及工艺、兵法、医学之书，否则耶稣经典论疏耳，于政治、哲学，毫无所及。而先生以其天禀学识，别有会悟，能举一以反三，因小以知大。自是于其学力中，别开一境界。

其时天下未知有先生也。先生之旅行，凡五六年。北出山海关，登万里长城；南游江汉，望中原；东诣阙里，谒孔林，浪迹于燕、齐、楚、吴、荆、襄之间，察其风土人物，交其士大夫；西泝江峡，如桂林。畴昔山中所修养者，一一案之经历实验，学乃益进。

先生以为欲任天下之事，开中国之新世界，莫亟于教育，乃归讲学于粤城。岁辛卯，于长兴里设黉舍焉。余与先生之关系，实始于此。其时张之洞实督两粤，先生劝以开局译日本书，辑万国文献通考，张氏不能用也。乃尽出其所学，教授弟子。以孔学、佛学、宋明学为体，以史学、西学为用。其教旨专在激厉气节，发扬精神，广求智慧。中国数千年无学校，至长兴学舍，虽其组织之完备，万不逮泰西之一，而其精神，则未多让之。其见于形式上者，如音乐至兵式体操诸科，亦皆属创举。先生讲学于粤凡四年，每日在讲堂者四五点钟。每论一学，论一事，必上下古今，以究其沿革得失，又引欧美以比较证明之；又出其理想之所穷及，悬一至善之格，以进退古今中外。盖使学者理想之自由，日以发达，而别择之智识，亦从生焉。余生平于学界稍有所知，皆先生之赐也。

后又讲学于桂林，其宗旨方法，一如长兴。先生又以为凡讲学莫要于合群，盖以得智识交换之功，而养团体亲爱之习。自近世严禁结社，而士气大衰，国之日屠，病源在此。故务欲破此锢习，所至提倡学会，虽屡遇反对，而务必达其目的然后已。其见忌嫉于当世，此亦一原因也。甲午败后，遂开强学会于京师，一时张之洞、袁世凯之流，皆赞成焉。不数月，为政府所禁。然自是学会之风遍天下，一年之间，设会百数，学者不复以此为大戒矣。强学会之开也，余与其役。当时创议之人，皆赞此举，而惮会之名号，咸欲避之，而代以他字，谓有其实不必惟其名也。而先生断断持之，不肯迁就。余颇怪焉。先生曰："吾所以办此会者，非谓其必能成而有大补于今时也，将以破数百年之网罗，而开后此之涂径也。"后卒如其言。先生之远识大胆毅力，大率类是。乙未、丙申以后，先生所欲开之学风，渐萌芽浸润于全国矣。

第四章　委身国事时代

先生经世之怀抱在大同，而其观现在以审次第，则起点于爱国；先生论政之目的在民权，而其揆时势以谋进步，则注意于格君。自光绪十五年，即以一诸生伏阙上书，极陈时局，请及时变法以图自强，书格不达。

甲午败后，又联合公车千余人，上书申前议，亦不达。世所传《公车上书记》是也。自此以后，四年之间，凡七上书，其不达也如故，其频上也如故。举国俗流非笑之、唾骂之，或谓为热中，或斥为病狂。先生若为不闻也者，无所于挠，锲而不舍。其结果也，为今上皇帝所知，召对特拔，遂有戊戌维新之事。

戊戌维新，虽时日极短，现效极少，而实二十世纪新中国史开宗明义第一章也。凡物必有原动力以起其端，由原动力生反动力，由反动力复生其反动力，反反相衔，动动不已，而新世界成焉。惟戊戌之原动力，其气魄雄厚，其潮势壮阔，故生反动力最速而最剧，仅百日间，挫跌一无所存。而反动力之雄厚壮阔，亦与之相应，其高潮之点，极于团匪之祸，神京蹂躏，朝列为空。今者反动力之反动力又起矣。自今以往，中国革新之机，如转巨石于危崖，遏之不可遏，必达其目的地而后已。此事理所必至也。然则戊戌之役，为败乎？为成乎？君子曰成也。

戊戌维新之可贵，在精神耳；若其形式，则殊多缺点，殆犹大辂之仅有椎轮，木植之始见萌蘖也。当时举国人士，能知欧美政治大原者，既无几人，且掣肘百端，求此失彼；而其主动者，亦未能游西域、读西书，故其措置不能尽得其当，殆势使然，不足为讳也。若其精神，则纯以国民公利公益为主，务在养一国之才，更一国之政，采一国之意，办一国之事。盖立国之大原，于是乎在。精神既立，则形式随之而进，虽有不备，不忧其后之不改良也。此戊戌维新之真相也。吾虽不敢尽以此为先生一人之功，然其主动者在先生，又天下人所同认而无异词也。先生所以尽力于国家者，于是为不薄矣。

政变以后，先生之志不少衰，复联合海内外同志，创一中国前此未有之大会，以图将来。及至去年，汉口之难，又一挫跌，以至于今，而先生委身国家之生涯，其前半段落暂停顿焉。其此后若何，非吾之所得言也。要之此新旧两世纪之交，中国政治界最有关系之人物谁乎？吾敢应之而不疑曰：康先生也。

第五章　教育家之康南海

　　先生能为大政治家与否，吾不敢知；虽然，其为大教育家，则昭昭明甚也。先生不徒有教育家之精神而已，又备教育家之资格。其品行方峻，其威仪严整。其授业也，循循善诱，至诚恳恳，殆孔子所谓"诲人不倦"者焉。其讲演也，如大海潮，如狮子吼，善能振荡学者之脑气，使之悚息感动，终身不能忘；又常反覆说明，使听者涣然冰释，怡然理顺，心悦而诚服。中国学风之坏，至本朝而极；而距今十年前，又末流之末流也。学者一无所志，一无所知，惟利禄之是慕，惟帖括之是学。先生初接见一学者，必以严重迅厉之语，大棒大喝，打破其顽旧卑劣之根性。以故学者或不能受，一见便引退；其能受者，则终身奉之，不变塞焉。先生之多得得力弟子，盖在于是。其为教也，德育居十之七，智育居十之三，而体育亦特重焉。今案《长兴学记》之纲领旨趣，造一学表如下：

长兴学记

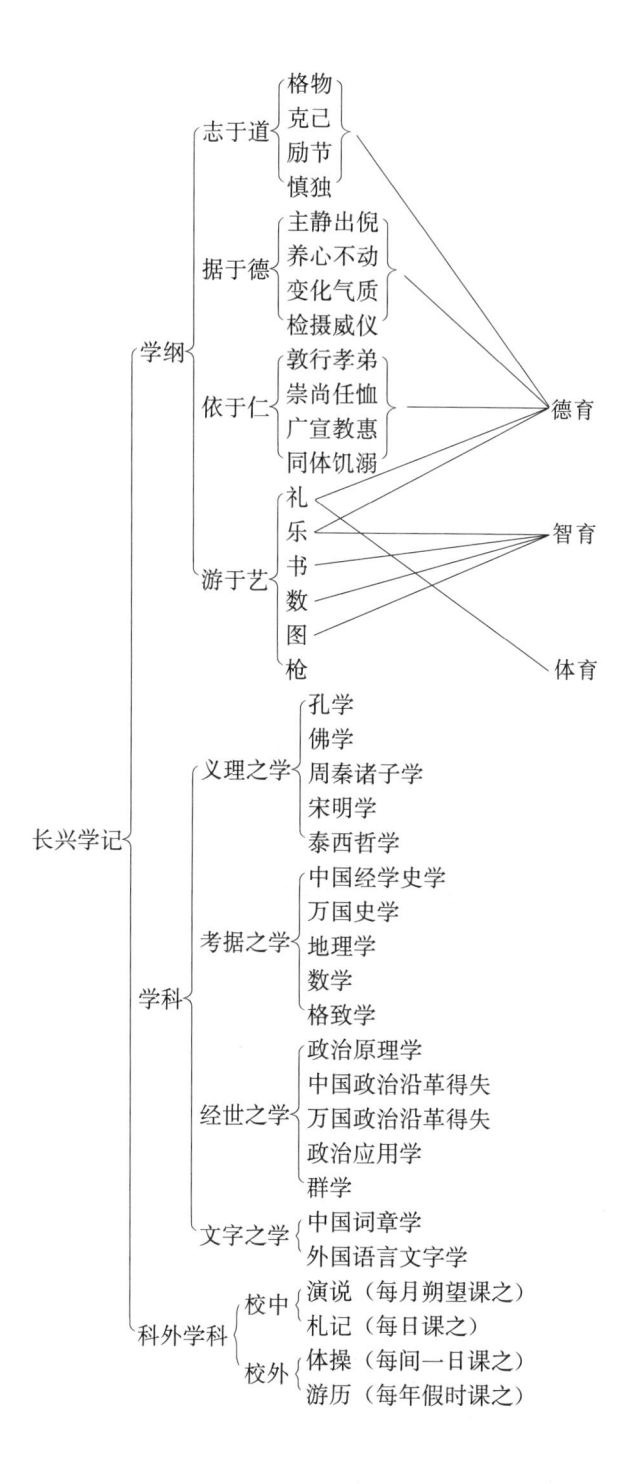

- 学纲
  - 志于道
    - 格物
    - 克己
    - 励节
    - 慎独
  - 据于德
    - 主静出倪
    - 养心不动
    - 变化气质
    - 检摄威仪
  - 依于仁
    - 敦行孝弟
    - 崇尚任恤
    - 广宣教惠
    - 同体饥溺
  - 游于艺
    - 礼
    - 乐
    - 书
    - 数
    - 图
    - 枪

（德育、智育、体育）

- 学科
  - 义理之学
    - 孔学
    - 佛学
    - 周秦诸子学
    - 宋明学
    - 泰西哲学
  - 考据之学
    - 中国经学史学
    - 万国史学
    - 地理学
    - 数学
    - 格致学
  - 经世之学
    - 政治原理学
    - 中国政治沿革得失
    - 万国政治沿革得失
    - 政治应用学
    - 群学
  - 文字之学
    - 中国词章学
    - 外国语言文字学

- 科外学科
  - 校中
    - 演说（每月朔望课之）
    - 札记（每日课之）
  - 校外
    - 体操（每间一日课之）
    - 游历（每年假时课之）

由此观之，先生教育之大纲可知矣。至其学舍组织之体段，则先生自为总教授、总监督，而立学生中三人或六人为学长，分助各科。又舍中设有书藏、仪器室，亦委一学生专司之。其规制如下：

师 ┌ 博文科学长（主助教授及分校功课）
　 ├ 约礼科学长（主劝勉品行纠检威仪）
　 ├ 干城科学长（主督率体操）
　 └ 书器库监督（主管理图书仪器）

凡学生人置一札记簿，每日各自记其内学外学及读书所心得、时事所见及以自课。每朔则缴呈之，先生为之批评焉。

一	二	三	四	五	六
养心	修身	接人	执事	读书	时务

然则先生教育之组织，比诸东西各国之学校，其完备固多所未及，然当中国教育未兴之前，无所凭藉，而自创之，其心力不亦伟乎！至其重精神，贵德育，善察中国历史之习惯，对治中国社会之病源，则后有起者，皆不可不师其意也。

先生教育之大段，固可以施诸中国，但其最缺点者有一事，则国家主义是也。先生教育之所重，曰个人的精神，曰世界的理想。斯二者非不要，然以施诸今日之中国，未能操练国民以战胜于竞争界也。美犹为憾，吾不敢为讳。

第六章　宗教家之康南海

先生又宗教家也。吾中国非宗教之国，故数千年来，无一宗教家。先生幼受孔学；及屏居西樵，潜心佛藏，大澈大悟；出游后，又读耶氏之书，故宗教思想特盛，常毅然以绍述诸圣、普度众生为己任。先生之言宗教也，主信仰自由，不专崇一家，排斥外道，常持三圣一体、诸教平等之论。然以为生于中国，当先救中国；欲救中国，不可不因中国人之历史、习惯而利导之。又以为中国人公德缺乏，团体散涣，将不可以立于大地；欲从而统一之，非择一举国人所同戴而诚服者，则不足以结合其感情，而光大其本性。于是乎以孔教复原为第一著手。

先生者，孔教之马丁·路得也。其所以发明孔子之道者，不一而足，约其大纲，则有六义：

一、孔教者，进步主义，非保守主义。

二、孔教者，兼爱主义，非独善主义。

三、孔教者，世界主义，非国别主义。

四、孔教者，平等主义，非督制主义。

五、孔教者，强立主义，非巽懦主义。

六、孔教者，重魂主义，非爱身主义。

其从事于孔教复原也，不可不先排斥俗学而明辩之，以拨云雾而见青天。于是其料简之次第，凡分三段阶：

第一　排斥宋学，以其仅言孔子修己之学，不明孔子救世之学也。

第二　排斥歆学（刘歆之学），以其作伪，诬孔子、误后世也。

第三　排斥荀学（荀卿之学），以其仅传孔子小康之统，不传孔子大同之统也。

昔中国之言孔学者，皆以《论语》为独一无二之宝典。先生以为《论语》虽孔门真传，然出于门弟子所记载，各尊所闻，各明一义，不足以尽孔教之全体，故不可不推本于六经。六经皆孔子手定，然《诗》《书》《礼》《乐》，皆因前世所有而损益之；惟《春秋》则孔子自作焉，《易》则孔子系辞焉。故求孔子之道，不可不于《易》与《春秋》。《易》为灵魂界之书，《春秋》为人间世之书，所谓"致广大而尽精微，极高明而道中庸"，孔教精神，于是乎在。

先生之治《春秋》也，首发明改制之义。以为孔子愍时俗之敝，思一革而新之，故进退千古，制定法律，以贻来者。《春秋》者孔子所立宪法案也，所以导中国脱野蛮之域，而进于文明也。故曰《春秋》天子之事也。但孔子所处之时势、地位，既不能为梭伦，亦不必为卢梭，故托诸记事，立其符号，传诸口说；其微言大义，则在《公羊》《穀梁》二传，及《春秋繁露》等书。其有未备者，可推甲以知乙，举一以反三也。先生乃著《孔子改制考》，以大畅斯旨。此为孔教复原之第一段。

次则论三世之义。《春秋》之例，分十二公为三世：有据乱世，有升平世，有太平世。据乱、升平，亦谓之小康；太平亦谓之大同。其义与《礼运》所传相表里焉。小康为国别主义，大同为世界主义；小康为督制主义，大同为平等主义。凡世界非经过小康之级，则不能进至大同；而既经过小康之级，又不可以不进至大同。孔子立小康义以治现在之世界，立大同义以治将来之世界，所谓"六通四辟，小大精粗，其运无乎不在"也。小康之义，门弟子皆受之，而荀卿一派为最盛。传于两汉，立于学官；及刘歆窜入古文经，而荀学之统亦篡矣。宋元明儒者，别发性理，稍脱刘歆之范围，而皆不出于荀学之一小支。大同之学，门弟子受之者盖寡，子游、孟子稍得其崖略。然其统中绝，至本朝黄梨洲稍窥一斑焉。先生乃著《春秋三世义》《大同学说》等书，以发明孔子之真意。此为孔教复原之第二段。

若夫《大易》，则所谓以元统天，天人相与之学也。孔子之教育，与佛说华严宗相同：众生同原于性海，舍众生亦无性海；世界原具含于法界，舍世界亦无法界。故孔子教育之大旨，多言世间事，而少言出世间事，以世间与出世间，非一非二也。虽然，亦有本焉。为寻常根性人说法，则可使由之而不使知之；若上等根性者，必当予以无上之智慧，乃能养其无上之愿力。故孔子系《易》，以明魂学，使人知区区躯壳，不过偶然幻现于世间，无可爱惜，无可留恋，因能生大勇猛，以舍身而救天下。先生乃拟著《大易微言》一书，然今犹未成，不过讲学时常授其口说而已。此为孔教复原之第三段。

此外先生所著书，关于孔教者，尚有《教学通议》一书，为少年之作，今已弃去。有《新学伪经考》，出世最早。有《春秋公羊传注》《孟子大义述》《孟子公羊相通考》《礼运注》《大学注》《中庸注》等书，皆未公于世。

以上先生发明孔教之大略也。吾自从学以来，悉受斯义，及今既阅十余年，骛心末学，久缺研究；而浏览泰西学说以后，所受者颇繁杂，自有所别择，于先生前者考案各义，盖不能无异同。要之先生目光之炯远，思想之锐入，气魄之闳雄，能于数千年后以一人而发先圣久坠之精神，为我中国国教放一大光明，斯不独吾之所心悦诚服，实此后中国教学界所永不能谖者也。

先生于佛教，尤为受用者也。先生由阳明学以入佛学，故最得力于禅宗，而以华严宗为归宿焉。其为学也，即心是佛，无得无证。以故不欣净土，不畏地狱；非惟不畏也，又常住地狱；非惟常住也，又常乐地狱，所谓历无量劫行菩萨行是也。以故日以救国救民为事，以为舍此外更无佛法。然其所以立于五浊扰扰之界而不为所动者，有一术焉，曰常惺惺，曰不昧因果。故每遇横逆困苦之境，辄自提醒曰：吾发愿固当如是，吾本弃乐而就苦，本舍净土而住地狱，本为众生迷惑烦恼，故入此世以拯之。吾但当愍众生之未觉，吾但当求法力之精进，吾何为瞋恚？吾何为退转？以此自课，神明俱泰，勇猛益加。先生之修养，实在于是；先生之受用，实在于是。

先生于耶教，亦独有所见。以为耶教言灵魂界之事，其圆满不如佛；言人间世之事，其精备不如孔子。然其所长者，在直捷，在专纯。单标一义，深切著明，曰人类同胞也，曰人类平等也，皆上原于真理，而下切于实用，于救众生最有效焉，佛氏所谓"不二法门"也。虽然，先生之布教于中国也，专以孔教，不以佛、耶，非有所吐弃，实民俗、历史之关系，不得不然也。

先生所以效力于国民者，以宗教事业为最伟；其所以得谤于天下者，亦以宗教事业为最多。盖中国思想之自由，闭塞者已数千年，稍有异论，不曰非圣无法，则曰大逆不道。即万国前事，莫不皆然，此梭格拉底所以瘐死狱中，而马丁·路得所以对簿法廷也。以先生之多识淹博，非不能曲学阿世，以博欢迎于一时，但以为不抉开此自由思想之藩篱，则中国终不可得救，所以毅然与二千年之学者、四万万之时流挑战决斗也。呜呼！此先生所以为先生欤？泰西历史家论近世政治学术之进步，孰不以宗教改革之大业，为一切之原动力乎？后有识者，必能论定此公案也。

第七章　康南海之哲学

先生者，天禀之哲学者也。不通西文，不解西说，不读西书，而惟以其聪明思想之所及，出乎天天，入乎人人，无所凭藉，无所袭取，以自成一家之哲学，而往往与泰西诸哲相暗合，得不谓理想界之人杰哉？今就畴昔所闻者，略叙其一二。

（一）先生之哲学，博爱派哲学也。先生之论理，以"仁"字为唯一之宗旨，以为世界之所以立，众生之所以生，家国之所以存，礼义之所以起，无一不本于仁。苟无爱力，则乾坤应时而灭矣。是故果之核谓之仁，无仁则根干不能苦，枝叶不能萌；手足麻木者谓之不仁。众生之在法界，犹四肢之在一身也。人而不相知不相爱，则谓之不仁，与一体之麻木者等。苟仁矣，则由一体可以为团体，由团体可以为大团体，由大团体可以为更大团体，如是遍于法界，不难矣。故悬仁以为鹄，以衡量天下之宗教、之伦理、之政治、之学术，乃至一人之言论行事，凡合于此者谓之善良，不合于此者谓之恶劣。以故三教可以合一，孔子也，佛也，耶稣也，其立教之条目不同，而其以仁为主则一也。以故当博爱，当平等，人类皆同胞，而一国更不必论，而所亲更不必论。故先生之论政论学，皆发于不忍人之心。人人有不忍人之心，则其救国救天下也，欲已而不能自已。如左手有痛痒，右手从而煦之也；不然者，则麻木而已矣，不仁而已矣。其哲学之大本，盖在于是。

（二）先生之哲学，主乐派哲学也。凡仁必相爱，相爱必使人人得其所欲，而去其所恶。人之所欲者何？曰乐是也。先生以为快乐者众生究竟之目的，凡为乐者固以求乐，凡为苦者亦以求乐也。耶教之杀身流血，可为极苦，然其目的在天国之乐也；佛教之苦行绝俗，可谓极苦，然其目的在涅槃之乐也。即不歆天国，不爱涅槃，而亦必其以不歆不爱为乐也，是固乐也。若夫孔教之言大同，言太平，为人间世有形之乐，又不待言矣。是故使其魂乐者，良宗教、良学问也；反是则其不良者也。使全国人民皆乐者，良政治也；反是则其不良者也。而其人民得乐之数之多寡及其乐之大小，则为良否之差率。故各国政体之等级，千差万别，而其最良之鹄，可得而悬指也。墨子之非乐，此墨子所以不成为教主也。若非使人去苦而得乐，则宗教可无设也。而先生之言乐，与近世西儒所倡功利主义，谓人人各求其私利者有异。先生之论，凡常人乐凡俗之乐，而大人不可不乐高尚之乐。使人人皆偏于俗乐，则世界之大乐真乐者，终不可得。夫所谓高尚之乐者何也？即常自苦以乐人是也。以故其自治及教学者，恒以乐天知命为宗旨。尝言曰：凡圣贤豪杰之救世任事，亦不过自纵其救世任事之欲而已。故必视救世任事如纵欲，然后可谓之至诚，可谓之真人物。是先生哲学之要领，无论律人律己，入世间出世间，皆以此为最终之目的，首尾相应，盛水不漏者也。

（三）先生之哲学，进化派哲学也。中国数千年学术之大体，大抵皆取保守主义，以为文明世界，在于古时，日趋而日下。先生独发明《春秋》三世之义，以为文明世界，在于他日，日进而日盛。盖中国自创意言进化学者，以此为嚆矢焉。先生于中国史学，用力最深，心得最多，故常以史学言进化之理。以为中国始开于夏禹，其所传尧舜文明事业，皆孔子所托以明义，悬一至善之鹄以为太平世之倒影现象而已。又以为世界既进步之后，则断无复行退步之理，即有时为外界别种阻力之所遏，亦不过停顿不进耳，更无复返其初。故孟子言"天下之生久矣，一治一乱"，其说主于循环；《春秋》言据乱、升平、太平，其说主于进化。二义正相反对，而先生则一主后说焉。又言中国数千年政治虽不进化，而社会甚进化。政治不进化者，专制政体为之梗也；社会进化者，政府之干涉少而人民自由发达也。先生于是推进化之运，以为必有极乐世界在于他日。而思想所极，遂衍为大同学说。

（四）先生之哲学，社会主义派哲学也。泰西社会主义，原于希腊之柏拉图，有共产之论。及十八世纪，桑士蒙、康德之徒大倡之，其组织渐完备，隐然为政治上一潜势力。先生未尝读诸氏之书，而其理想与之暗合者甚多。其论据之本，在《戴记·礼运篇》孔子告子游之语。其文曰：

  大道之行也，天下为公，选贤与能，讲信修睦。故人不独亲其亲，不独子其子；使老有所归，壮有所用，幼有所长，鳏寡孤独废疾者皆有所养；男有分，女有归。货恶其弃于地也，不必藏于己；力恶其不出于身也，不必为己；故谋闭而不兴。盗窃乱贼而不作，故外户而不闭。是谓大同。

先生演绎此义，以组织所谓"大同学说"者。其理想甚密，其条段甚繁，以此区区小篇，势不能尽其义蕴。今惟提其大纲，先列一表如下：

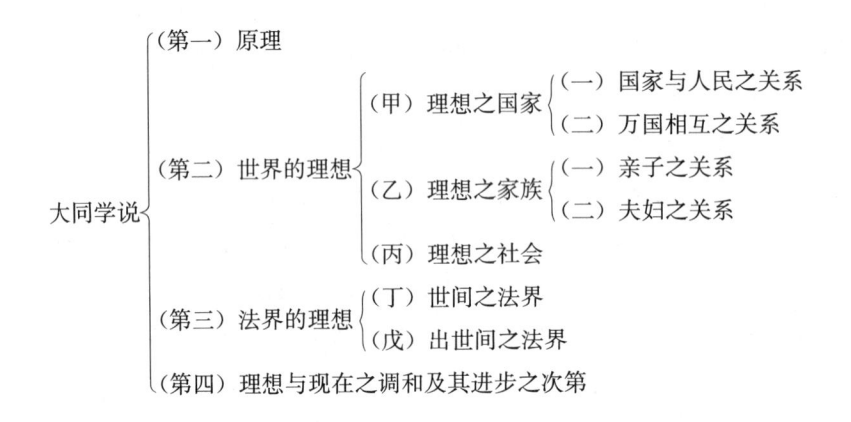

```
              ┌（第一）原理
              │                              ┌（甲）理想之国家 ┌（一）国家与人民之关系
              │                              │                 └（二）万国相互之关系
大同学说 ─────┤（第二）世界的理想 ┤（乙）理想之家族 ┌（一）亲子之关系
              │                              │                 └（二）夫妇之关系
              │                              └（丙）理想之社会
              │（第三）法界的理想 ┌（丁）世间之法界
              │                   └（戊）出世间之法界
              └（第四）理想与现在之调和及其进步之次第
```

（第一）原理 先生哲学之主纲，既以求人类全体之最大快乐为目的，乃以为虽求其乐，当先去其苦；欲去其苦，当先寻其致苦之源。于是以慈悲智慧之眼，观察世界各种社会，条别其苦恼之种类，与其所从出。今略举其数如下：

$$\text{苦恼}\begin{cases}\text{特别之苦}\begin{cases}\text{(一) 夭折之苦}\\\text{(二) 废疾之苦}\\\text{(三) 鳏寡孤独之苦}\\\text{(四) 奴隶之苦}\\\text{(五) 妇女之苦}\end{cases}\\\text{普通之苦}\begin{cases}\text{(一) 天然界之苦}\begin{pmatrix}\text{如疠疫、水旱等类,}\\\text{野蛮社会尤多。}\end{pmatrix}\\\text{(二) 战争乱离之苦}\begin{cases}\text{(一) 两国相战}\\\text{(二) 本群内乱}\end{cases}\\\text{(三) 不自由之苦}\begin{cases}\text{(一) 政府压制}\\\text{(二) 家族压制}\end{cases}\\\text{(四) 牵累之苦}\begin{pmatrix}\text{家族}\\\text{牵累}\end{pmatrix}\\\text{(五) 相处不睦之苦}\begin{pmatrix}\text{家族}\\\text{强合}\end{pmatrix}\\\text{(六) 弱不能与人平等之苦}\begin{pmatrix}\text{虽非奴隶,虽非妇女,}\\\text{亦常不得平等。}\end{pmatrix}\\\text{(七) 贫无业之苦}\\\text{(八) 交通不便之苦}\\\text{(九) 劳作之苦}\\\text{(十) 不得学问之苦}\\\text{(十一) 不得名誉之苦}\begin{cases}\text{(一) 己身}\\\text{(二) 本群}\end{cases}\\\text{(十二) 爱恋之苦}\\\text{(十三) 仇敌之苦}\\\text{(十四) 疾病之苦}\\\text{(十五) 老羸之苦}\\\text{(十六) 死之苦}\\\text{(十七) 诸凡求而不能得、避而不能去者之苦}\end{cases}\end{cases}$$

既察种种苦恼相，而求其所自出，不外三端：一曰天生，二曰人为，三曰自作。又总三者而求其最大之根源，曰妄生分别。于是乎讲普救之术，曰天生之苦恼，人智日开，艺术日精，则可以胜之；人为之苦恼，公德日进，政事日修，则可以胜之；自作之苦恼，理想日高，智慧日大，则可以胜之。而其总根源既在分别，则其对治之总方法，厥惟大同。

大同根据之原理，以为众生本一性海，人类皆为同胞。由妄生分别相故，故惟顾己之乐，而不顾他之苦，常以己之自由，侵人之自由；相侵不已，相报复不已，而苦恼之世界成焉。人私其身，家私其家，群私其群，国私其国，谋用是作，兵由此起，一切苦恼，永无穷极。欲治其本，不可不以宗教精神为归宿；而其下手之方法，不可不务国家改良、家族改良、社会改良。盖先生之为此学说，非徒欲施之一国，而将以施之天下；又非欲行之于现在，而欲行之于将来。质而言之，则其博爱、主乐、进化之三大主义所发出之条段也。

（第二）世界的理想

（甲）理想之国家　先生谓所贵乎有政府者，谓其为人民谋公益之一公局也。故苟背此目的者，则不得认为政府；苟不尽此责任者，亦不得认为政府。虽然，先生所谓"政府责任"者，其范围颇广大。主张干涉主义，以为民间一切教养之事务，政府不可不经理之、指导之。（其详见下社会节）其外形乃有似希腊之斯巴达国政体，但其选任政府，则一由人民公举，采万国制度而改良焉，《礼运》所谓"天下为公，选贤与能"也。惟一政府所辖之境域，必不可过大，如中国十八行省之地，最少亦须分为四五十政府，各因其风俗之程度以施政。初时不必齐等，久乃归于大同。至于万国相互之关系，先生以为各强国对立，各谋私益，互争雄长，最为文明进步之害，故第一须破国界。凡各大国向来统治于一总政府之下者，宜听其人民自治，分为若干对等之小国，略如美国联邦、瑞士联邦之例。合全地球无数之小政府，为独一之大联邦，而为总宪法以枢纽之。但此宪法与各小政府之宪法异：小政府之宪法务极繁，大联邦之宪法务极简。联邦既成，则兵尽废，但有警察，而无海陆军，《礼运》所谓"讲信修睦"也。此义西人发之者固甚多，今后数百年间亦断不能行。而其为天下之公理，为将来世界所必至，盖不可诬也。

（乙）理想之家族　先生以为寻常一般苦恼，起于家族者居大半。今日中国无论何人，问其家事，必有许多难言者。虽其外强为熙熙融融，然其中非含隐戾不平之气，即蓄愁郁不堪之象。此何故也？（其一）"凡人性质之不相同，如其面焉。强合数躯壳或至数十躯壳，使处于一室，其魂不相洽，而其体不能相离，故悍者勃豀阋争，柔者抑郁疾瘵。"（其二）"一家之中，分利者众，生利者寡。妇女无论矣，孩童无论矣，即壮岁之子弟，亦常复仰食于父兄。故家长为一家之人所累，终岁勤动，而犹不足自给；一家之人亦为家长所累，半生压制，而终不得自由。"以此两端，故凡有家者无不苦。万国皆然，而中国为尤甚也。然则家者烦恼之根也，故既破国界，不可不破家界。破家界之道奈何？凡子女之初生也，即养之于政府所立育婴院，凡教养之责，皆政府任之，为父母者不与闻。故凡人一出世，即为公民，为国家之所有，为世界之所有，父母不得而私也。父母之恩，不在于生而在于养。故受育膝下，三年免怀，饮之食之，教之诲之，则义不可以不报，不孝者罪无赦焉。若夫养育于国家，则报国家之恩，重于父母。其天性厚者，竭诚奉养焉，固可贵也；即不能然，亦不责也。虽然，犹有一义焉。凡人之养子，大率为晚年侍养之计者多；若尔尔，则老者不其殆乎？曰：凡人之既成年也，受各种教育，因其性之所近，使之执事，为社会尽责任者若干年；及其老而衰也，则入于政府之公立养老院，尽养以终其余年，是又社会之报各人也。记有之："十六以下，上所长也；六十以上，上所养也。"如是则老者无殆也。《礼运》所谓"人不独亲其亲，不独子其子；老有所归，壮有所用，幼有所长"也；是使人人皆独立于世界之上，不受他之牵累，而常得非常最大之自由也。若夫夫妇之间，则以结婚自由、离婚自由为第一要义，政府一切不干涉，而惟限其年。若一夫多妻，一妻多夫，则所严禁也。此义也，西人固已实行之。

案：先生所言亲子之关系，似甚骇听闻，虽然，不过其理想如是耳。凡行一制度，必与他制度相待而成。若行甲而遗乙，行乙而遗甲，是不可谓之制度也。故此等关系，到大同之后，势固不得不行；若在今日，万不能以为借口者也。先生说教，最重报恩。常言佛法出家，于施报之义，大有缺点焉。既有家则不可不爱家；既受父母之教养，则不可不孝父母。故先生事母以孝闻。学者勿误会此言以自取罪也。

（丙）理想之社会　前所述理想之国家，实无国家也；理想之家族，实无家族也。无国家、无家族则奈何？以国家、家族尽融纳于社会而已，故曰社会主义派哲学也。故其一切条理，皆在于社会改良。今试举其特色者，略条论之：

（A）进种改良　欲造大同之世界，不可不使人类有可以为大同公民之资格，故进种改良为最要焉。此事固甚难，然亦非不可致。用人事淘汰之法，需以日月，则人种必可以日进。先生之议，以为女子平日当受完全之教育，不待言矣。而又必定市廛乡宅之地，使各有别。凡居室不许在城市工场尘涸之地，使其有清淑之气；而政府又别置各种旅馆于山水明秀之诸地，以为士女行乐之所，（其时人必乐居旅馆，不乐自置。）令其受生之始，已感天地清明之气。及妇人之有身也，即入公立之胎教院。其院尤必择胜地，院内结构精雅，陶养性情之具无不备；有名医以司理其饮食，调节其运动；有名师间日演说，以熏善其德性。他日胎教之学，日精一日，则人种自日进一日。又凡废疾者，有脑病者，肺病者，又曾犯某某类之重罪者，若经名医认其有遗传恶种之患，则由公局饮以止产药，无俾育兹稂莠，如是则种必日良矣。

（B）育婴及幼稚教育　育婴之事，必由公局，父母不得与闻。固由破家族之累，亦因养子之学，非人人尽能，不如专门名家之为愈也。公家立育婴院，与胎教院相连，孩童一生，即移斯院。院内保母，皆专门此学，终身以之。两三岁后，移于幼稚园，受幼稚教育。

（C）教育平等　欲使人类备大同之人格，则教育为第一义矣。自六岁至二十岁，皆为受教育之时期，无论何人，皆当一律。今各国惟小学年度，必须受学，著为功令；其中学、高等学以上，则任人自由。盖子弟为父母所有，其父母境遇不同，无能强也。若大同之制，则世界自教其后进，凡任公家教育之职者，皆有全权以主持之，必不可使有畸轻畸重。如是久之，则人类之智德，可以渐臻平等矣。凡自二十岁以前，一切举动，皆受先辈所监督，分毫不许自由。

（D）职业昔及　二十岁后，教育期已满，则直属于政府，为公民，一切自由。其执何职业，政府虽不得干预之，然若有不得职业者，则谋为位置，责在政府。政府当多所兴作，使民得便，与民同乐。但其人非稚非老非废疾，而不执业，坐食分利者，则政府罚之。

（E）劳作时刻减少　近世最大问题，劳作社会问题也。频年以来，工价屡增，时刻屡减，实为进化之一大现象。虽然，不过萌芽耳。物质学日进步，工艺机器，发明日多，则人类劳作之力，愈可节省。及大同时，必有每日只需操数刻之工，而所出物产，百倍于今日，所受薪金，十倍于今日者。除此数刻之外，则皆为行乐之时。熙熙春台，其乐只且。

（F）说教　每来复日必说教，一如今日之泰西。政府有教院，会通群教，而择一最良之德育方案。然各教会之设立，及各人之信何教，皆许自由也。

（G）卫生　凡公众卫生之事，常以全力使之进步。民间筑室，政府皆检定之。其有病者，则入公立养病院。

（H）养病　公家立养病院，聚名医焉，聚专门之看护妇焉。有病者经医生认可，谓为当入病院则入之，医药饮食，皆取给于公焉。养废疾院，亦附属于养病院。惟养鳏寡孤独院则无之，大同之世，无鳏寡孤独也。

（I）养老　公家必立养老院者，非徒若中国旧说敬老引年之意云尔，盖基于社会报德之原理焉。人自二十一岁以后，即出于社会，操种种之职业，为公众尽瘁，有助于进步者不少。既已劬劬数十年，则社会宜有以报之，故养老之典最重。公设此院，务极宏敞；起居饮食，务极精良。其中又分特别、普通二者。特别院，凡有功德在民，曾受公赏者居之，当令天下第一娱乐之地，无出其右。普通院，则寻常老人居之，其体制亦较寻常居宅有加焉。其自有府第，不入公院者，亦听。

（J）土地归公　政府直辖之事业，如此其多，则其费浩繁，将何所出？势固不可不仍取于民。然租税重，名目繁，则民且滋不便。于是略仿井田之意。凡地球之土地，皆归公有，民不得私名田。政府量其地能出之富力几何，随时定其率，约十而税一。惟此一税，他皆除之。

（K）公立事业　公府财源所出，除土地税外，其次则多兴公业。如大铁路，大轮船公司，大矿务，种种大制造局，虽听民间自设，然政府亦常募公债以自办之，务使公业极多，百务毕举。

（L）遗产处置　其次则各人遗产，例以一半归公；其余则听本人处置，或赠知友，或赠公家。

（M）奖厉名实　大同之世，人爵不荣。虽然，有功德于民者，则社会宜表敬谢之意，以旌其美，且劝后人，是亦不可废也。彼时奖厉之格，惟有两途：一奖厉知识，二奖厉慈善，即不外智人、仁人二位而已。有国（即一小政府）之智人、仁人，有天下之大智人、大仁人。凡能著新书发明新理制新器者，皆谓之智人。仁人之种类颇繁，如任政府而尽瘁有大功者，为教师能感化多人者，医生之名家者，及捐私财以行公善者，皆称焉。又有普通之仁人，如育婴院之保母，小学校之教师，在职若干年者，院长考其劳绩，加徽号焉；养病院、养老院之看护人，在职若干年者，由病人、老人出具考语，加徽号焉。凡此等智人、仁人，皆受社会特别之优待，政府常予以加等权利，以酬其劳。及其入养老院也，亦处于特别院。

又养老院、养病院之看护人，除自愿专门名家久于其职者外，凡男女二十岁卒业学校后，必须充当此役一年，如现世各国，凡国民皆须有当兵之义务。不过彼则残杀事业，此则慈善事业耳。凡在此一年中，被老人、病人加以劣考语者，则政府剥减其终身之权利。

附奖厉生育　大同之世，有一事甚可虑者，则妇人不愿生子是也。人人独立，生子无私利于己，而惟受其苦痛，谁则乐之？若尔则人道几乎息矣，故不可不立特别之优奖以为生子者劝。何也？生子者为将来世界永续文明之大原，其功德固不浅。公众酬其劳，不亦宜乎？

（N）刑罚　大同之世，几刑措矣。虽然，人与人相处，固有未能尽免者焉。而大同世又有特别之律二条：一曰无业之罚，（政府既多兴事业，以应人民之求，犹有无业者，必惰也，不尽责任于社会也，故罚之宜也。）二曰堕胎之罚是也。凡所用刑罚，惟有苦工，余皆废之。

（O）男女同权　今泰西女权虽渐昌，然去实际犹远。即如参政权一事，各国之妇女有权投票者，不过美国及澳洲，间有一二州耳，余皆无闻。自余各事，无一能平等者。若东方更不必论矣。大同之世，最重人权。苟名为人,权利斯等。

(P) 符号画一　自语言文字,乃至纪元、货币、律度、量衡,皆设法以渐画一之,省人之脑力焉。

若合以上各端,设理想的大同政府,则其官制,大略如左:

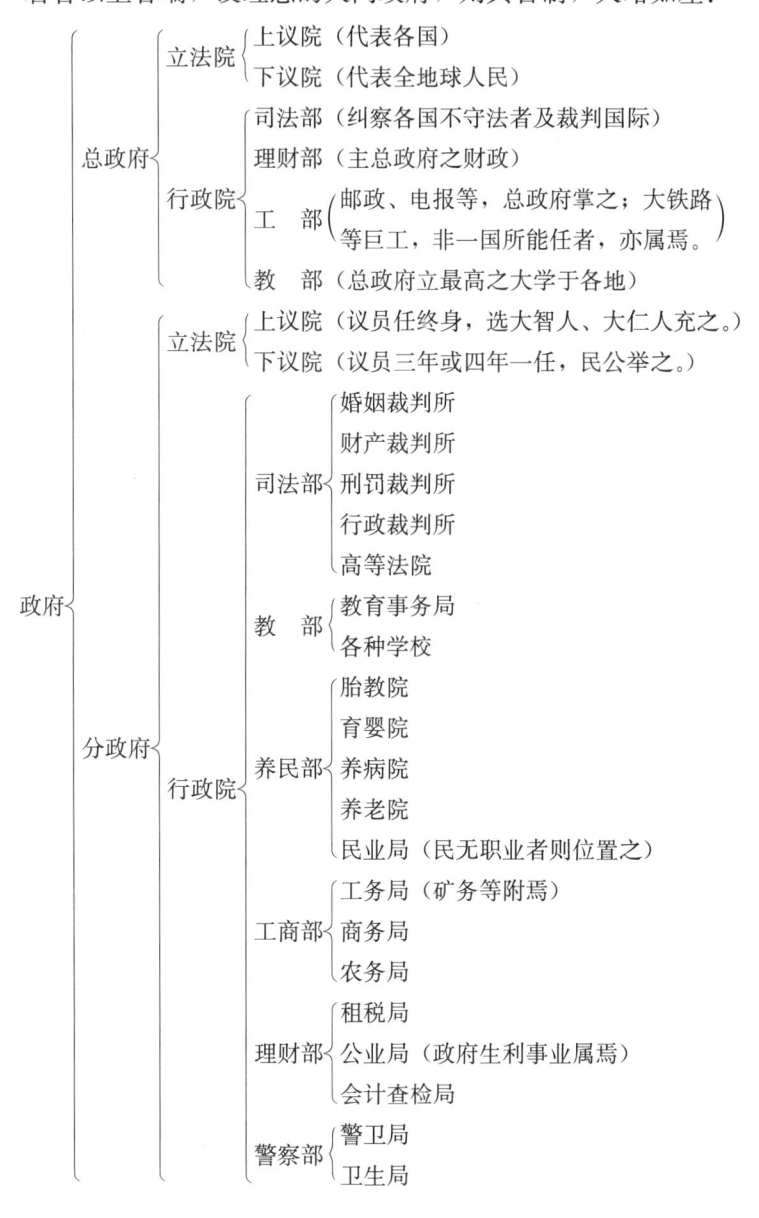

政府
- 总政府
  - 立法院
    - 上议院(代表各国)
    - 下议院(代表全地球人民)
  - 行政院
    - 司法部(纠察各国不守法者及裁判国际)
    - 理财部(主总政府之财政)
    - 工　部(邮政、电报等,总政府掌之;大铁路等巨工,非一国所能任者,亦属焉。)
    - 教　部(总政府立最高之大学于各地)
- 分政府
  - 立法院
    - 上议院(议员任终身,选大智人、大仁人充之。)
    - 下议院(议员三年或四年一任,民公举之。)
  - 行政院
    - 司法部
      - 婚姻裁判所
      - 财产裁判所
      - 刑罚裁判所
      - 行政裁判所
      - 高等法院
    - 教　部
      - 教育事务局
      - 各种学校
    - 养民部
      - 胎教院
      - 育婴院
      - 养病院
      - 养老院
      - 民业局(民无职业者则位置之)
    - 工商部
      - 工务局(矿务等附焉)
      - 商务局
      - 农务局
    - 理财部
      - 租税局
      - 公业局(政府生利事业属焉)
      - 会计查检局
    - 警察部
      - 警卫局
      - 卫生局

以上各条，略举大概。至其条理之分目，及其每条所根据之理论，非数十万言不能尽也。先生现未有成书；而吾自十年前，受其口说，近者又专驰心于国家主义，久不复记忆，故遗忘十而八九。此固不足以尽先生之理想，虽然，所述者，则皆先生之言，而毫不敢以近日所涉猎西籍附会缘饰之，以失其真也。此等理想，在今日之欧美，或不足为奇；而吾独怪乎先生未读一西书，而冥心孤往，独辟新境，其规模如此其宏远，其理论如此其精密也，不得不叉手赞叹曰：伟人哉！伟人哉！

（第三）法界的理想

（丁）世间之法界　先生此种理想，既非因承中国古书，又非剿袭泰西今籍，然则亦有所凭借乎？曰：有。何凭藉？曰：藉佛学。先生之于佛学也，纯得力大乘，而以华严宗为归。华严奥义，在于法界究竟圆满极乐。先生乃求其何者为圆满，何者为极乐。以为弃世界而寻法界，必不得为圆满；在世苦而出世乐，必不得极乐。故务于世间造法界焉。又以为躯壳虽属小事，如幻如泡，然为灵魂所寄，故不度躯壳，则灵魂常为所困。若使躯壳无缺憾，则解脱进步，事半功倍。于是原本佛说舍世界外无法界一语，以专肆力于造世界。先生常言：孔教者，佛法之华严宗也。何以故？以其专言世界，不言法界，庄严世界，即所以庄严法界也。佛言当令一切众生皆成佛。夫众生根器，既已不齐，而所处之境遇，所受之教育，又千差万别，欲使之悉成佛难矣。先生以为众生固不易言，若有已受人身者，能使之处同等之境遇，受同等之教育，则其根器亦渐次平等，可以同时悉成佛道。此所以苦思力索，而冥造此大同之制也。若其实行，则世间与法界，岂其远哉！

（戊）出世间之法界　前表所列诸苦恼，若大同制行，则悉消灭矣。而所余者犹有一焉，曰死之苦是也。然则专言世间法而不言出世法，亦不足为圆满。故先生之哲学，以灵魂为归宿，使人知身虽灭而有不灭者存。先生以为佛法之必出家，固非得已；虽然，在当今之世界，而劝人出家，其义理之不完，有正多者。夫度人出家，为使其人去苦而得乐也。然一人乐矣，而其一家之苦顿增。众生平等，若此则何其偏毗乎！且佛法最重报恩。父母鞠之育之，罔极劬劳；一旦弃去，其何为心？此所以世间法与出世法，常不相容也。若大同制行，则人人无家，不出自出，如是乃可言出世法。然先生以为虽大同之后，犹当立律以制限之，非至四十岁以外者，不许离世务也。何也？以其曾受社会教养二十年，则有当为社会做事二十年之义务以相偿，报恩之义则然也。但人人既享世俗之乐，则又当知器世虚假，躯壳无常，勇猛精进，竿头一步，尽破分别相，以入于所谓永生长乐之法界者。是则先生之志也。人智日进，真理日明，大同之后，有不期然而然者矣。

（第四）理想与现实之调和及其进步之次第　然则此理想与现世之实际，不悉相冲突乎？且将由何道以达之乎？先生以为万物并育而不相害，道并行而不相悖。《春秋》三世，可以同时并行，或此地据乱而彼地升平，或此事升平而彼事太平，义取渐进，更无冲突。凡法律务适宜于其地与其时；苟其适宜，必能使其人日以发达；愈发达，愈改良，遂至止于至善。故不可以大同之法为是，小康之法为非也，犹佛言大乘不废小乘也。先生教学者常言："思必出位，（《论语》："君子思不出其位。"）所以穷天地之变；行必素位，（《中庸》："君子素其位而行。"）所以应人事之常。"是故其思想恒穷于极大极远，其行事恒践乎极小极近。以是为调和，以是为次第。

第八章　康南海之中国政策

先生固以行大同救天下为最终之目的，但以为吾所最亲者，中国也；今日众生受苦最深者，中国也；人民居地球三之一者，中国也。于是乎内观实践，以救中国为下手之第一段。戊戌夏秋之间，虽赞政三月，然百事掣肘，所志不能行万一。今略述其所怀抱之政策如下：

（第一）中国倡民权者以先生为首，（知之者虽或多，而倡之者殆首先生。）然其言实施政策，则注重君权。以为中国积数千年之习惯，且民智未开，骤予以权，固自不易；况以君权积久，如许之势力，苟得贤君相，因而用之，风行雷厉，以治百事，必有事半而功倍者。故先生之议，谓当以君主之法，行民权之意。若夫民主制度，则期期以为不可。盖独有所见，非徒感今上之恩而已。

（第二）近年联汉扑满之议颇行，先生以为骤生此界，是使中国分裂，而授外国以渔人之利也。苟使能去专制之秕政，进人民之公益，则汉人自居国民之大多数，两利俱存，何必仇满。

（第三）近世多有倡各省独立之说，先生以为中国自秦以来，数千年皆统一之历史，盖地理上、人种上、习惯上有不得不然者也。虽欲分之，必不可得分，徒取糜烂，且生外忧。

（第四）先生以为欲维新中国，必以立宪法、改官制、定权限为第一义。以今日之法，以今日之官，虽日下一上谕言维新，无益也。其所谓改官制者，条理甚繁，不能具述。所谓定权限者，定中央政府与地方自治之权限也。

（第五）先生虽极非各省独立，而最重地方自治。以为中国议会，万不能速立；而地方议会，不可不早开。因数千年来自治之习惯，其事甚顺，且使民练习政务，为将来参政之基也。

（第六）先生以为今日中国分省太大，宜缩小之。约以今一道为一省，置议会焉，直隶于中央政府。一道中各成一小政府之形。

（第七）先生谓中国当以工商为国是，以天产之富，工价之廉，而其人精于商务，若天授焉。苟以政府之力奖厉之、扶助之，上下一心，同此目的，不十年而中国之雄甲天下。

（第八）先生谓宜立教务部，以提倡孔教。非以此为他教敌也，统一国民之精神，于是乎在。今日未到智慧平等之世，则宗教万不可缺。诸教虽各有所长，然按历史，因民性，必当以孔教治中国。

（第九）先生谓内治稍有端绪，当经营西北，移民实蒙古、新疆、西藏，辟其富源，一以纾东南人满之忧，二以为争雄欧西之基。

（第十）先生谓当留意殖民事业。今南洋一带，华民居百分之九十九，但使能在其地得参政权，则我国民之发达，不可思议矣。又谓南美洲巴西各地，地广人稀，颇欲招华工，政府宜以实力速行之、劝导之、保护之，将来可立新中国于西半球。

（第十一）先生以为今日中国无取多兵。何也？若能立宪法、改官制、行真维新，则内乱必不生，无取兵也。泰西各国，专务商业，咸愿平和。苟外交无失，内治日兴，谁则开衅？亦无取兵也。故以养兵之费，兴学劝工，为得策矣。

（第十二）先生以为维新十年或二十年后，民强国富，则可从事于兵。兵既成，号召英、德、美、日以摈强俄，一战而霸，则地球大同之幕开矣。

此其大概也。至如重教育、广铁路、兴警察等事，虽其所常言，然人多知之，且或已行之，故不及焉。先生之政策，与余所见，有同者，有异者，故不置论其是非得失，惟胪列之以供当世之评骘采择云尔。

第九章　人物及其价值

康南海果如何之人物乎？吾以为谓之政治家，不如谓之教育家；谓之实行者，不如谓之理想者。一言蔽之，则先生者，先时之人物也。如鸡之鸣，先于群动，如长庚之出，先于群星，故人多不闻之、不见之。且其性质亦有实不宜于现时者乎，以故动辄得咎，举国皆敌。无他，出世太早而已。

大刀阔斧，开辟事业，此先生所最长也。其所为之事，至今未有一成者，然常开人之所不敢开，每做一事，能为后人生出许多事。无论为原动力，为反动力，要使之由静而之动者，先生也。先生者实最冒险最好动之人也。尝有甲乙二人论戊戌维新事。"乙曰：康有为亦寻常人耳，其所建白，吾皆能知之，能行之。甲曰：然则君何为不为？乙曰：难也。甲曰：知其难而为之，此康有为所以为康有为也。"可谓知言。

先生最富于自信力之人也。其所执主义，无论何人，不能摇动之。于学术亦然，于治事亦然。不肯迁就主义以徇事物，而每熔取事物以佐其主义，常有六经皆我注脚、群山皆其仆从之概。故短先生者，谓其武断，谓其执拗，谓其专制，或非无因耶。然人有短长，而短即在于长之中，长即在于短之内。先生所以不畏疑难，刚健果决，以旋撼世界者，皆此自信力为之也。盖受用于佛学者深矣。

先生任事，不择小大。常言事无小大，惟在比较。与大千世界诸星诸天比，何者非小？与血轮微虫、兔尘芥子比，何者非大？谓有小大者，妄生分别耳。故但遇一事，有触动其不忍人之心者，即注全力以为之。虽费劳甚多，而结果甚少，不惜也。其半生常为阻力所围绕，盖自好为之也。

先生脑筋最敏。读一书，过目成诵；论一事，片言而决。凡事物之达于其前者，立剖析之，厘然秩然。虽或有不悉当者，然皆为自达其目的之助也。

先生之达观，真不可及也。"素位而行"，"顺受其正"，是其生平所最服膺之语。又以为我不入地狱，谁入地狱救此众生，故遇患难，遇穷困，皆谓为我所应有，必如是乃尽吾责任也。虽日日忧国忧天下，然于身世之间，常泰然也。

先生为进步主义之人，夫人而知之。虽然，彼又富于保守性质之人也，爱质最重，恋旧最切。故于古金石好之，古书籍好之，古器物好之，笃于故旧，厚于乡情。其于中国思想界也，谆谆以保存国粹为言。盖先生之学，以历史为根柢。其外貌似急进派，其精神实渐进派也。吾知自今以往，新学小生，必愈益笑先生为守旧矣。虽然，苟如是，是中国之福也。

要之世人无论如何诋先生，罪先生，敌先生，而先生固众目之的也，现今之原动力也，将来之导师也。无论其他日所成就或更大与否，即以今论，则于中国政治史、世界哲学史，必能占一极重要之位置，吾敢断言也。虽然，此非先生之所期也。先生惟乘愿而来，随遇而行，率其不忍人之心，做一事算一事，尽一分算一分而已。顾吾中国不患无将来百千万亿之大政治家、大外交家、大哲学家、大教育家，而不可无前此一自信家、冒险家、理想家之康南海。吾安得不注万斛之热血，为中国、为众生表感谢也！海天万里，先生自爱。

英国名相克林威尔，尝呵某画工曰："PAINT ME AS I AM." 盖恶画师之谀己，而告以勿失吾真相也。世传为美谈。吾为《康南海传》，无他长，惟自信不至为克林威尔所呵。凡起草四十八点钟，传成。孔子二千四百五十二年十一月九日，梁启超记于日本横滨山椒之饮冰室。

（原刊 1901 年 12 月 21 日《清议报》第 100 册）

李鸿章（节录）

（一名《中国四十年来大事记》）

第一章　绪论

天下惟庸人无咎无誉。举天下人而恶之，斯可谓非常之奸雄矣乎；举天下人而誉之，斯可谓非常之豪杰矣乎！虽然，天下人云者，常人居其千百，而非常人不得其一。以常人而论非常人，乌见其可？故誉满天下，未必不为乡愿；谤满天下，未必不为伟人。语曰：盖棺论定。吾见有盖棺后数十年数百年，而论犹未定者矣。各是其所是，非其所非，论人者将乌从而鉴之？曰：有人于此，誉之者千万，而毁之者亦千万；誉之者达其极点，毁之者亦达其极点；今之所毁，适足与前之所誉相消，他之所誉，亦足与此之所毁相偿。若此者何如人乎？曰：是可谓非常人矣。其为非常之奸雄，与为非常之豪杰，姑勿论，而要之其位置、行事，必非可以寻常庸人之眼之舌所得烛照而雌黄之者也。知此义者可以读我之《李鸿章》。

吾敬李鸿章之才，吾惜李鸿章之识，吾悲李鸿章之遇。李之历聘欧洲也，至德，见前宰相比斯麦，叩之曰：为大臣者，欲为国家有所尽力，而满廷意见，与己不合，群掣其肘；于此而欲行厥志，其道何由？比斯麦应之曰：首在得君。得君既专，何事不可为？李鸿章曰：譬有人于此，其君无论何人之言皆听之，居枢要、侍近习者，常假威福，挟持大局；若处此者当如之何？比斯麦良久曰：苟为大臣，以至诚忧国，度未有不能格君心者。惟与妇人女子共事,则无如何矣。李默然云。(此语据西报译出,寻常华文所登于星轺日记者,因有所忌讳,不敢译录也。)呜呼！吾观于此,而知李鸿章胸中块垒,牢骚郁抑,有非旁观人所能喻者。吾之所以责李者在此,吾之所以恕李者亦在此。

自李鸿章之名出现于世界以来,五洲万国人士,几于见有李鸿章,不见有中国。一言蔽之,则以李鸿章为中国独一无二之代表人也。夫以甲国人而论乙国事,其必不能得其真相,固无待言。然要之李鸿章为中国近四十年第一流紧要人物。读中国近世史者,势不得不口李鸿章；而读李鸿章传者,亦势不得不手中国近世史：此有识者所同认也。故吾今此书,虽名之为"同光以来大事记"可也。

不宁惟是,凡一国今日之现象,必与其国前此之历史相应,故前史者现象之原因,而现象者前史之结果也。夫以李鸿章与今日之中国,其关系既如此其深厚,则欲论李鸿章之人物,势不可不以如炬之目,观察夫中国数千年来政权变迁之大势,民族消长之暗潮,与夫现时中外交涉之隐情,而求得李鸿章一身在中国之位置。孟子曰：知人论世。世固不易论,人亦岂易知耶？

今中国俗论家,往往以平发平捻为李鸿章功,以数次和议为李鸿章罪。吾以为此功罪两失其当者也。昔比斯麦又尝语李曰："我欧人以能敌异种者为功；自残同种以保一姓,欧人所不贵也。"夫平发平捻者,是兄与弟阋墙,而龁弟之脑也,此而可功,则为兄弟者其惧矣。若夫吾人积愤于国耻,痛恨于和议,而以怨毒集于李之一身,其事固非无因。然苟易地以思,当夫乙未二三月、庚子八九月之交,使以论者处李鸿章之地位,则其所措置果能有以优胜于李乎？以此为罪,毋亦旁观笑骂派之徒快其舌而已。故吾所论李鸿章为功罪于中国者,正别有在。

李鸿章今死矣,外国论者,皆以李为中国第一人。又曰,李之死也,于中国今后之全局,必有所大变动。夫李鸿章果足称为中国第一人与否,吾不敢知；而要之现今五十岁以上之人,三四品以上之官,无一可以望李之肩背者,则吾所能断言也。李之死,于中国全局有关系与否,吾不敢知；而要之现在政府失一李鸿章,如虎之丧其伥,瞽之失其相,前途岌炭，愈益多事，此又吾之所敢断言也。抑吾冀夫外国人之所论非其真也；使其真也，则以吾中国之大，而惟一李鸿章是赖，中国其尚有瘳耶？

西哲有恒言曰：时势造英雄，英雄亦造时势。若李鸿章者，吾不能谓其非英雄也。虽然，是为时势所造之英雄，非造时势之英雄也。时势所造之英雄，寻常英雄也。天下之大，古今之久，何在而无时势？故读一部二十四史，如李鸿章其人之英雄者，车载斗量焉。若夫造时势之英雄，则阅千载而未一遇也。此吾中国历史所以陈陈相因，而终不能放一异彩以震耀世界也。吾著此书，而感不绝于余心矣。

史家之论霍光，惜其不学无术。吾以为李鸿章所以不能为非常之英雄者，亦坐此四字而已。李鸿章不识国民之原理，不通世界之大势，不知政治之本原。当此十九世纪竞争进化之世，而惟弥缝补苴，偷一时之安，不务扩养国民实力，置其国于威德完盛之域，而仅撮拾泰西皮毛，汲流忘源，遂乃自足。更挟小智小术，欲与地球著名之大政治家相角，让其大者，而争其小者，非不尽瘁，庸有济乎？孟子曰：放饭流歠，而问无齿决，此之谓不知务。殆谓是矣。李鸿章晚年之著著失败，皆由于是。虽然，此亦何足深责？彼李鸿章固非能造时势者也。凡人生于一社会之中，每为其社会数千年之思想、习俗、义理所困，而不能自拔。李鸿章不生于欧洲而生于中国，不生于今日而生于数十年以前，先彼而生、并彼而生者，曾无一能造时势之英雄以导之翼之，然则其时其地所孕育之人物，止于如是，固不能为李鸿章一人咎也。而况乎其所遭遇，又并其所志而不能尽行哉？吾故曰：敬李之才，惜李之识，而悲李之遇也。但此后有袭李而起者乎？其时势既已一变，则其所以为英雄者亦自一变，其勿复以吾之所以恕李者而自恕也。

第二章　李鸿章之位置

　　中国历史与李鸿章之关系　本期历史与李鸿章之关系

欲评骘李鸿章之人物，则于李鸿章所居之国，与其所生之时代，有不

243

可不熟察者两事：

一曰李鸿章所居者，乃数千年君权专制之国，而又当专制政体进化完满，达于极点之时代也。

二曰李鸿章所居者，乃满洲人入主中夏之国，而又当混一已久，汉人权利渐初恢复之时代也。

论者动曰，李鸿章近世中国之权臣也。吾未知论者所谓权臣，其界说若何；虽然，若以李鸿章比诸汉之霍光、曹操，明之张居正，与夫近世欧美、日本所谓立宪君主国之大臣，则其权固有迥不相侔者。使鸿章而果为权臣也，以视古代中国权臣，专擅威福，挟持人主，天下侧目，危及社稷，而鸿章乃匪躬蹇蹇，无所觊觎，斯亦可谓纯臣也矣。使鸿章而果为权臣也，以视近代各国权臣，风行雷厉，改革庶政，操纵如意，不避怨嫌，而鸿章乃委靡因循，畏首畏尾，无所成就，斯亦可谓庸臣也矣。虽然，李鸿章之所处，固有与彼等绝异者。试与读者爇犀列炬，上下古今，而一论之。

中国为专制政体之国，天下所闻知也。虽然，其专制政体，亦循进化之公理，以渐发达，至今代而始完满。故权臣之权，迄今而剥蚀几尽。溯夫春秋战国之间，鲁之三桓，晋之六卿，齐之陈田，为千古权臣之巨魁。其时纯然贵族政体，大臣之于国也，万取千焉，千取百焉，枝强伤干，势所必然矣。洎夫两汉，天下为一，中央集权之政体，既渐发生，而其基未固，故外戚之祸特甚，霍、邓、窦、梁之属，接踵而起，炙手可热，王氏因之以移汉祚。是犹带贵族政治之余波焉，苟非有阀阅者，则不敢觊觎大权。范晔《后汉书》论张奂、皇甫规之徒，功定天下之半，声驰四海之表，俯仰顾盼，则天命可移，而犹鞠躬狼狈，无有悔心，以是归功儒术之效。斯固然矣，然亦贵族柄权之风未衰，故非贵族者不敢有异志也。斯为权臣之第一种类。及董卓以后，豪杰蜂起，曹操乘之以窃大位。以武功而为权臣者自操始，此后司马懿、桓温、刘裕、萧衍、陈霸先、高欢、宇文泰之徒，皆循斯轨。斯为权臣之第二种类。又如秦之商鞅，汉之霍光、诸葛亮，宋之王安石，明之张居正等，皆起于布衣，无所凭藉，而以才学结主知，委政受成，得行其志，举国听命，权倾一时，庶几有近世立宪国大臣之位置焉。此为权臣之第三种类。其下者则巧言令色，献媚人主，窃弄国柄，荼毒生民，如秦之赵高，汉之十常侍，唐之卢杞、李林甫，宋之蔡京、秦桧、韩侂胄，明之刘瑾、魏忠贤，穿窬斗筲，无足比数。此为权臣之第四种类。以上四者，中国数千年所称权臣，略尽于是矣。

要而论之，愈古代则权臣愈多，愈近代则权臣愈少。此其故何也？盖权臣之消长，与专制政体之进化成比例。而中国专制政治之发达，其大原力有二端：一由于教义之浸淫，二由于雄主之布画。孔子鉴周末贵族之极敝，思定一尊以安天下，故于权门疾之滋甚，立言垂教，三致意焉。汉兴，叔孙通、公孙弘之徒，缘饰儒术，以立主威，汉武帝表六艺、黜百家，专弘此术以化天下，天泽之辨益严，而世始知以权臣为诟病。尔后二千年来，以此义为国民教育之中心点，宋贤大扬其波，基础益定。凡缙绅上流，束身自好者，莫不兢兢焉。义理既入于人心，自能消其枭雄跋扈之气，束缚于名教以就围范。若汉之诸葛，唐之汾阳，及近世之曾、左以至李鸿章，皆受其赐者也。又历代君主，鉴兴亡之由，讲补救之术，其法日密一日，故贵族柄权之迹，至汉末而殆绝。汉光武、宋艺祖之待功臣，优之厚秩，解其兵柄；汉高祖、明太祖之待功臣，摭其疑似，夷其家族。虽用法宽忍不同，而削权自固之道则一也。洎乎近世，天下一于郡县，采地断于世袭，内外彼此，互相牵制，而天子执长鞭以笞畜之。虽复侍中十年，开府千里，而一诏朝下，印绶夕解，束手受吏，无异匹夫。故居要津者无所几幸，惟以持盈保泰、守身全名相劝勉。岂必其性善于古人哉？亦势使然也。以此两因，故桀黠者有所顾忌，不敢肆其志，天下藉以少安焉。而束身自爱之徒，常有深渊薄冰之戒，不欲居嫌疑之地；虽有国家大事，明知其利当以身任者，亦不敢排群议、逆上旨以当其冲。谚所谓"做一日和尚撞一日钟"者，满廷人士，皆守此主义焉。非一朝一夕之故，所由来渐矣。

逮于本朝，又有特别之大原因一焉。本朝以东北一部落，崛起龙飞，入主中夏，以数十万之客族，而驭数万万之生民，其不能无彼我之见，势使然也。自滇、闽、粤三藩，以降将开府，成尾大不掉之形，竭全力以克之，而后威权始统于一。故二百年来，惟满员有权臣，而汉员无权臣。若鳌拜，若和珅，若肃顺、端华之徒，差足与前代权门比迹者，皆满人也。计历次军兴，除定鼎之始不俟论外，若平三藩，平准噶尔，平青海，平回部，平哈萨克、布鲁特、敖罕、巴达克、爱乌罕，平西藏、廓尔喀，平大小金川，平苗，平白莲教、天理教，平喀什噶尔，出师十数，皆用旗营，以亲王、贝勒或满大臣督军。若夫平时，内而枢府，外而封疆，汉人备员而已，于政事无有所问。如顺治、康熙间之洪承畴，雍正、乾隆间之张廷玉，虽位尊望重，然实一弄臣耳。自余百僚，更不足道。故自咸丰以前，将相要职，汉人从无居之者。（将帅间有一二，则汉军旗人也。）及洪杨之发难也，赛尚阿、琦善皆以大学士为钦差大臣，率八旗精兵以远征，迁延失机，令敌坐大。至是始知旗兵之不可用，而委任汉人之机，乃发于是矣。故金田一役，实满汉权力消长之最初关头也。及曾、胡诸公起于湘鄂，为平江南之中坚，然犹命官文以大学士领钦差大臣。当时朝廷虽不得不倚重汉人，然岂能遽推心于汉人哉？曾、胡以全力交欢官文，每有军议奏事，必推为首署，遇事归功，报捷之疏，待官乃发。其执谦固可敬，其苦心亦可怜矣。试一读《曾文正集》，自金陵克捷以后，战战兢兢，若芒在背。以曾之学养深到，犹且如是，况李鸿章之自信力犹不及曾者乎！吾故曰：李鸿章之地位，比诸汉之霍光、曹操，明之张居正，与夫近世欧洲、日本所谓立宪君主国之大臣，有迥不相侔者，势使然也。

且论李鸿章之地位，更不可不明中国之官制。李鸿章历任之官，则大学士也，北洋大臣也，总理衙门大臣也，商务大臣也，江苏巡抚、湖广、两江、两广、直隶总督也。自表面上观之，亦可谓位极人臣矣。虽然，本朝自雍正以来，政府之实权，在军机大臣。（自同治以后，督抚之权虽日盛，然亦存乎其人，不可一例。）故一国政治上之功罪，军机大臣当负其责任之大半。虽李鸿章之为督抚，与寻常之督抚不同，至若举近四十年来之失政，皆归于李之一人，则李固有不任受者矣。试举同治中兴以来军机大臣之有实力者如下：

  第一 文祥、沈桂芬时代 同治初年
  第二 李鸿藻、翁同龢时代 同治末年及光绪初年
  第三 孙毓汶、徐用仪时代 光绪十年至光绪廿一年

第四　李鸿藻、翁同龢时代　光绪廿一年至光绪廿四年

第五　刚毅、荣禄时代　　光绪廿四年至今

案：观此表，亦可观满汉权力消长之一斑。自发、捻以前，汉人无真执政者。文文忠汲引沈文定，实为汉人掌政权之嚆矢。其后李文正、翁师傅、孙、徐两尚书继之，虽其人之贤否不必论，要之同治以后，不特封疆大吏，汉人居其强半，即枢府之地，实力亦骤增焉。自戊戌八月以后，形势又一变矣。此中消息，言之甚长，以不关此书本旨，不具论。

由此观之，则李鸿章数十年来共事之人可知矣。虽其人贤否才不才，未便细论，然要之皆非与李鸿章同心同力同见识同主义者也。李鸿章所诉于比斯麦之言，其谓是耶？其谓是耶？而况乎军机大臣之所仰承风旨者，又别有在也。此吾之所以为李鸿章悲也。抑吾之此论，非有意袒李鸿章而为之解脱也；即使李鸿章果有实权，尽行其志，吾知其所成就亦决无以远过于今日。何也？以鸿章固无学识之人也。且使李鸿章而真为豪杰，则凭藉彼所固有之地位，亦安在不能继长增高，广植势力，以期实行其政策于天下？彼格兰斯顿、比斯麦，亦岂无阻力之当其前者哉？是固不得为李鸿章作辩护人也。虽然，若以中国之失政而尽归于李鸿章一人，李鸿章一人不足惜，而彼执政误国之枢臣，反得有所诿以辞斧钺，而我四万万人放弃国民之责任者，亦且不复自知其罪也。此吾于李鸿章之地位，所以不得（不）断断置辩也。若其功罪及其人物如何，请于末简纵论之。

第十二章　结论

> 李鸿章与古今东西人物比较　李鸿章之轶事　李鸿章之人物

李鸿章必为数千年中国历史上一人物，无可疑也；李鸿章必为十九世纪世界史上一人物，无可疑也。虽然，其人物之位置果何等乎？其与中外人物比较，果有若何之价值乎？试一一论列之。

第一，李鸿章与霍光　史家评霍光曰不学无术，吾评李鸿章亦曰不学

无术。然则李鸿章与霍光果同流乎？曰：李鸿章无霍光之权位，无霍光之魄力。李鸿章谨守范围之人也，非能因于时势，行吾心之所安，而有非常之举动者也。其一生不能大行其志者以此，安足语霍光？虽然，其于普通学问，或稍过之。

第二，李鸿章与诸葛亮　李鸿章忠臣也，儒臣也，兵家也，政治家也，外交家也。中国三代以后，具此五资格，而永为百世所钦者，莫如诸葛武侯。李鸿章所凭藉，过于诸葛；而得君不及之。其初起于上海也，仅以区区三城，而能奏大功于江南，创业之艰，亦略相类；后此用兵之成就，又远过之矣。然诸葛治崎岖之蜀，能使士不怀奸，民咸自厉；而李鸿章数十年重臣，不能辑和国民，使为己用。诸葛之卒，仅有成都桑八百株；而鸿章以豪富闻于天下，相去何如耶？至其鞠躬尽瘁，死而后已，犬马恋主之诚，亦或仿佛之。

第三，李鸿章与郭子仪　李鸿章中兴靖乱之功，颇类郭汾阳，其福命亦不相上下。然汾阳于定难以外，更无他事；鸿章则兵事生涯，不过其终身事业之一部分耳。使易地以处，汾阳未必有以过合肥也。

第四，李鸿章与王安石　王荆公以新法为世所诟病，李鸿章以洋务为世所诟病。荆公之新法与鸿章之洋务，虽皆非完善政策，然其识见规模，决非诟之者之所能及也。号称贤士大夫者，莫肯相助，且群焉哄之，掣其肘而议其后，彼乃不得不用金壬之人以自佐，安石、鸿章之所处同也。然安石得君既专，其布画之兢兢于民事，局面宏远，有过于鸿章者。

第五，李鸿章与秦桧　中国俗儒，骂李鸿章为秦桧者最多焉。法越、中日两役间，此论极盛矣。出于市井野人之口，犹可言也；士君子而为此言，吾无以名之，名之曰狂吠而已。

第六，李鸿章与曾国藩　李鸿章之于曾国藩，犹管仲之鲍叔；韩信之萧何也。不宁惟是，其一生之学行、见识、事业，无一不由国藩提撕之而玉成之，故鸿章实曾文正肘下之一人物也。曾非李所及，世人既有定评。虽然，曾文正，儒者也，使以当外交之冲，其术智机警，或视李不如，未可知也。又文正深守知止知足之戒，常以急流勇退为心；而李则血气甚强，无论若何大难，皆挺然以一身当之，未曾有畏难退避之色，是亦其特长也。

第七，李鸿章与左宗棠　左、李齐名于时，然左以发扬胜，李以忍耐胜。语其器量，则李殆非左所能及也。湘人之虚憍者，尝欲奉左为守旧党魁以与李抗，其实两人洋务之见识不相上下，左固非能守旧，李亦非能维新也。左文襄幸早逝十余年，故得保其时俗之名，而以此后之艰巨谤诟，尽附于李之一身，文襄福命亦云高矣。

第八，李鸿章与李秀成　二李皆近世之人豪也。秀成忠于本族，鸿章忠于本朝，一封忠王，一谥文忠，皆可以当之而无愧焉。秀成之用兵、之政治、之外交，皆不让李鸿章，其一败一成，则天也。故吾求诸近世，欲以两人合传而毫无遗憾者，其惟二李乎？然秀成不杀赵景贤，礼葬王有龄；鸿章乃绐八王而骈戮之，此事盖犹有惭德矣。

第九，李鸿章与张之洞　十年以来，与李齐名者，则张之洞也。虽然，张何足以望李之肩背？李鸿章实践之人也，张之洞浮华之人也。李鸿章最不好名，张之洞最好名。不好名故肯任劳怨，好名故常趋巧利。之洞于交涉事件，著著与鸿章为难，要其所画之策，无一非能言不能行。鸿章尝语人云：不图香涛作官数十年，仍是书生之见。此一语可以尽其平生矣。至其虚憍狭隘，残忍苛察，较之李鸿章之有常识、有大量，尤相去霄壤也。

第十，李鸿章与袁世凯　今后承李鸿章之遗产者，厥惟袁世凯。世凯鸿章所豢养之人也，方在壮年，初膺大任，其所表见盖未著，今难悬断焉。但其人功名心重，其有气魄敢为破格之举，视李鸿章或有过之。至其心术如何，其毅力如何，则非今之所能言也。而今日群僚中，其资望才具，可以继鸿章之后者，舍袁殆难其人也。

第十一，李鸿章与梅特涅　墺宰相梅特涅（Metternich），十九世纪第一大奸雄也，凡当国四十年，专出其狡狯之外交手段，外之以指挥全欧，内之以压制民党。十九世纪前半纪，欧洲大陆之腐败，实此人之罪居多。或谓李鸿章殆几似之。虽然，鸿章之心术，不如梅特涅之险，其才调亦不如梅特涅之雄。梅特涅知民权之利而压之，李鸿章不知民权之利而置之。梅特涅外交政策，能操纵群雄；李鸿章外交政策，不能安顿一朝鲜。此其所以不伦也。

第十二，李鸿章与俾士麦　或有称李鸿章为"东方俾士麦"者，虽然，非谀词，则妄言耳。李鸿章何足以望俾士麦？以兵事论，俾士麦所胜者敌国也，李鸿章所夷者同胞也；以内政论，俾士麦能合向来散漫之列国而为一大联邦，李鸿章乃使庞然硕大之支那降为二等国；以外交论，俾士麦联奥、意而使为我用，李鸿章联俄而反堕彼谋。三者相较，其霄壤何如也？此非以成败论人也。李鸿章之学问、智术、胆力，无一能如俾士麦者，其成就之不能如彼，实优胜劣败之公例然也。虽李之际遇，或不及俾，至其凭藉则有过之。人各有所难，非胜其难，则不足为英雄。李自诉其所处之难，而不知俾亦有俾之难，非李所能喻也。使二人易地以居，吾知其成败之数亦若是已耳。故持东李西俾之论者，是重诬二人也。

第十三，李鸿章与格兰斯顿　或又以李、俾、格并称三雄，此殆以其当国之久、位望之尊言之耳。李与格固无一相类者。格之所长，专在内治，专在民政，而军事与外交，非其得意之业也。格兰斯顿，有道之士也，民政国人物之圭臬也；李鸿章者，功名之士也，东方之人物也，十八世纪以前之英雄也。二者相去盖远甚矣。

第十四，李鸿章与爹亚士　法总统爹亚士（Thiers），巴黎城下盟时之议和全权也，其当时所处之地位，恰与李鸿章乙未、庚子间相仿佛。存亡危急，忍气吞声，诚人情所最难堪哉！但爹亚士不过偶一为之，李鸿章则至再至三焉；爹亚士所当者只一国，李鸿章则数国，其遇更可悲矣。然爹亚士于议和后，能以一场之演说，使五千兆佛郎，立集而有余，而法兰西不十年，依然成为欧洲第一等强国。若李鸿章则为偿款所困，补救无术，而中国之沦危，且日甚一日。其两国人民爱国心之有差率耶，抑用之者不得其道也？

第十五，李鸿章与井伊直弼　日本大将军柄政时，有幕府重臣井伊直弼者，当内治外交之冲，深察时势，知闭关绝市之不可，因与欧美各国结盟，且汲汲然欲师所长以自立。而当时民间，尊王攘夷之论方盛。井伊以强力镇压之，以效忠于幕府。于是举国怨毒，集彼一身，卒被壮士刺杀于樱田门外，而日本维新之运乃兴。井伊者，明治政府之大敌，亦明治政府之功臣也。其才可敬，其遇可怜。日人至今，皆为讼冤。李鸿章之境遇，殆略似之，然困难又较井伊万万也。井伊横死，而鸿章哀荣，其福命则此优于彼焉。然而日本兴矣，然而中国如故也。

第十六，李鸿章与伊藤博文　李鸿章与日相伊藤，中日战役之两雄也。以成败论，自当右伊而左李。虽然，伊非李之匹也。日人常评伊藤为际遇最好之人，其言盖当。彼当日本维新之初，本未尝有大功。其栉风沐雨之阅历，既输一等，故伊藤之轻重于日本，不如鸿章之轻重于中国，使易地以处，吾恐其不相及也。虽然，伊有优于李者一事焉，则曾游学欧洲，知政治之本原是也。此伊所以能制定宪法，为日本长治久安之计；李鸿章则惟弥缝补苴，画虎效颦，而终无成就也。但日本之学如伊藤者，其同辈中不下百数；中国之才如鸿章者，其同辈中不得一人，则又不能专为李咎者也。

李鸿章之治事也，案无留牍，门无留宾，盖其规模一仿曾文正云。其起居饮食，皆立一定时刻，甚有西人之风。其重纪律，严自治，中国人罕有能及之者。

不论冬夏，五点钟即起。有家藏一宋榻〔搨〕兰亭，每晨必临摹一百字，其临本从不示人，此盖养心自律之一法。曾文正每日在军中，必围棋一局，亦是此意。

每日午饭后，必昼寝一点钟，从不失时。其在总理衙门时，每昼寝将起，欠伸一声，即伸一足穿靴，伸一手穿袍，服役人一刻不许迟误云。

养生一用西医法，每膳供双鸡之精汁；朝朝经侍医诊验，常上电气。

戈登尝访李鸿章于天津，句留数月。其时俄国以伊犁之役，颇事威吓，将有决裂之势。鸿章以询戈登，戈登曰：中国今日如此情形，终不可以立于往后之世界。除非君自取之，握全权以大加整顿耳。君如有意，仆当执鞭效犬马之劳。鸿章瞿然改容，舌挢而不能言。

李鸿章接人常带傲慢轻侮之色，俯视一切，揶揄弄；惟事曾文正如严父，执礼之恭，有不知其然而然者。

李鸿章与外国人交涉，尤轻侮之，其意殆视之如一市侩，谓彼辈皆以利来，我亦持筹握算，惟利是视耳。崇拜西人之劣根性，鸿章所无也。

李鸿章于外国人中，所最敬爱者惟两人：一曰戈登，一曰美国将军格兰德，盖南北美之战立大功者也。格兰德游历至津，李鸿章待以殊礼，此后接见美国公使，辄问询其起居。及历聘泰西时，过美国，闻美人为格兰德立纪功碑，即赠千金以表敬慕之情。

李鸿章之治事最精核，每遇一问题，必再三盘诘，毫无假借。不轻然诺，既诺则必践之，实言行一致之人也。

李鸿章之在欧洲也，屡问人之年及其家产几何。随员或请曰：此西人所最忌也，宜勿尔。鸿章不恤。盖其眼中直无欧人，一切玩之于股掌之上而已。最可笑者，尝游英国某大工厂，观毕后，忽发一奇问，问于其工头曰：君统领如许大之工场，一年所入几何？工头曰：薪水之外无他入。李徐指其钻石指环曰：然则此钻石从何来？欧人传为奇谈。

世人竞传李鸿章富甲天下，此其事殆不足信，大约数百万金之产业，意中事也。招商局、电报局、开平煤矿、中国通商银行，其股份皆不少。或言南京、上海各地之当铺银号，多属其管业云。

李鸿章之在京师也，常居贤良寺。盖曾文正平江南后，初次入都陛见，即僦居于此，后遂以为常云。将来此寺当为《春明梦馀录》添一故实矣。

李鸿章生平最遗恨者一事，曰未尝掌文衡。戊戌会试时在京师，谓必得之，卒不获。虽朝殿阅卷大臣，亦未尝一次派及，李颇怏怏云。以盖代勋名，而恋恋于此物，可见科举之毒入人深矣。

以上数条，不过偶所触及，拉杂记之，以观其人物之一斑而已。著者与李鸿章相交既不深，不能多识其遗闻轶事；又以无关大体，载不胜载，故从缺如。然则李鸿章果何等之人物乎？吾欲以两言论断之曰：不学无术，不敢破格，是其所短也；不避劳苦，不畏谤言，是其所长也。呜呼！李鸿章往矣，而天下多难，将更有甚于李鸿章时代者。后之君子，何以待之？

吾读日本报，有德富苏峰著论一篇。其品评李鸿章有独到之点，兹译录如下：

支那之名物李鸿章逝，东洋之政局，自此不免有寂寞，不独为清廷起乔凋柱折之感而已。

概而言之，谓李鸿章人物之伟大，事功之崇隆，不如谓其福命之过人也。彼早岁得科第，入词馆，占清贵名誉之地位。际长发之乱，为曾国藩幕僚，任淮军统帅，赖戈登之力以平定江苏。及其平捻也，亦禀承曾国藩之遗策，遂成大功。及为直隶总督，办天津教案，正当要挟狼狈之际，忽遇普法战起，法英俄美，皆奔走喘息于西欧大事，而此教案遂销沉于无声无影之间。迩来二十有五年，彼总制北洋，开府天津，综支那之大政，立世界之舞台，此实彼之全盛时代也。

虽然，彼之地位，彼之势力，非悉以侥幸而得之者。彼在支那文武百僚中，确有超卓之眼孔，敏捷之手腕，而非他人之所能及也。彼知西来之大势，识外国之文明，思利用之以自强。此种眼光，虽先辈曾国藩，恐亦让彼一步，而左宗棠、曾国荃更无论也。

彼屯练淮军于天津，教以洋操；兴北洋水师，设防于旅顺、威海、大沽；开招商局，以便沿海河川之交通；置机器局，制造兵器；办开平煤矿，倡议设铁路：自军事、商务、工业，无一不留意。虽其议之发自彼与否暂勿论，其权全在彼与否暂勿论，其办理之有成效与否暂勿论，然要之导清国使前进以至今日之地位者谁乎？固不得不首屈一指曰：李鸿章也。

世界之人，殆知有李鸿章，不复知有北京朝廷。虽然，北京朝廷之于彼，必非深亲信者。不宁惟是，且常以猜疑憎嫉之眼待之。不过因外部之压迫，排难解纷，非彼莫能，故不得已而用之耳。况各省督抚，满廷群僚，其不释然于彼者，所在皆是。盖虽其全盛时代，而其在内之势力，固已甚微薄，而非如对外之有无限权力无限光荣也。

中日之役，是彼一生命运之转潮也。彼果自初蓄意以主战乎？不能深知之。但观其当事机将决裂之际，忽与俄使喀希尼商，请其干涉弭兵，则其始之派兵于朝鲜，或欲用威胁手段，不战而屈日本，亦未可知。大抵彼自视过高，视中国过大，而料敌情颇有不审者。彼盖未知东亚局面之大势，算有遗策，不能为讳也。一言蔽之，则中日之役，实彼平生之孤注一掷也。而此一掷不中，遂至积年之劳绩声名，扫地几尽。

寻常人遭此失意，其不以忧愤死者几希。虽然，彼以七十三岁之高龄，内则受重谴于朝廷，外则任支持于残局，挺出以任议和之事，不幸为凶客所狙，犹能从容，不辱其命。更舆榇赴俄国，贺俄皇加冕，游历欧美，于前事若无一毫介意者，彼之不可及者，在于是。

彼之末路，萧条甚矣。彼之前半生，甚亲英国；其后半生，最亲俄国，故英人目彼为鬻身于俄廷。以吾论之，彼之亲俄也，以其可畏乎？以其可信乎？吾不得而知之。要之彼认俄国为东方最有势力之国，宁赂关外之地，托庇于其势力之下，以苟安于一时，此其大原因也。彼之中俄密约、满洲条约等事，或视之与秦桧之事金，同为卖国贼臣，此其论未免过酷。盖彼之此举，乃利害得失之问题，非正邪善恶之问题也。

彼自退出总理衙门后，或任治河而远出于山东，或任商务而僻驻于两广，直至义和团事起，乃复任直隶总督，与庆王同任议和全权。事方定而溘然长逝，此实可称悲惨之末路，而不可谓耻辱之末路也。何也？彼其雄心，至死未消磨尽也。

使彼而卒于中日战事以前，则彼为十九世纪之一伟人，作世界史者必大书特书而无容疑也。彼其容貌堂堂，其辞令巧善，机锋锐敏，纵擒自由，使人一见而知为伟人。虽然，彼之血管中，曾有一点英雄之血液否乎？此吾所不敢断言也。彼非如格兰斯顿有道义的高情，彼非如俾士麦有倔强的男性，彼非如康必达有爱国的热火，彼非如西乡隆盛有推心置腹的至诚。至其经世之识量，亦未有能令我感服而不能已者。要而论之，彼非能为鼓吹他人崇拜英雄心之偶像也。

虽然，彼之大横著，有使人惊叹者。彼支那人也，彼大支那人也。彼无论如何之事，不惊其魂，不恼其心。彼能忍人所不能忍，无论若何失望之事，视之如浮云过空。虽其内心或不能无懊恼乎，无悔恨乎，然其痕迹，从何处求之见之？不观乎铁血宰相俾士麦乎，一旦失意退隐，其胸中瞋恚之火，直喷出如焰。而李鸿章则于其身上之事，若曾无足以挂其虑者然。其容忍力之伟大，吾人所尊敬膜拜而不能措者也。

若使彼如诸葛孔明之为人，则决无可以久生于此世界之理。何也？彼一生之历史，实支那帝国衰亡史也，如剥笋皮，一日紧一日。与彼同时代之人物，凋落殆尽。彼之一生，以前光后暗而终焉。而彼之处此，曾不以扰动其心。或曰：彼殆无脑筋之人也。虽然，天下人能如彼之无脑筋者有几乎？无脑筋之绝技一至此，宁非可叹赏者耶？

陆奥宗光尝评彼曰：谓彼有豪胆，有逸才，有决断力，宁谓彼为伶俐、有奇智，妙察事机之利害得失也。此言殆可谓铁案不移。虽然，彼从不畏避责任，是彼之不可及也。此其所以数十年为清廷最要之人，濒死而犹有绝大关系，负中外之望也。或曰：彼自视如无责任，故虽如何重大之责任，皆当之而不辞。然此之一事，则亦彼之所以为大也。

彼可谓支那人之代表人也。彼纯然如凉血类动物，支那人之性也；彼其事大主义，支那人之性也；其容忍力之强，支那人之性也；其硬脑硬面皮，支那人之性也；其词令巧妙，支那人之性也；其狡狯有城府，支那人之性也；其自信自大，支那人之性也。彼无管仲之经世的识量，彼无孔明之治国的诚实；虽然，彼非如王安石之学究。彼其以逸待劳，机智纵横，虚心平气，百般之艰危纠纷，能从容以排解之，舍胜海舟外，殆未见有其比也。

以上之论，确能摹写李鸿章人物之真相，而无所遗，褒之不过其当，贬之不溢其短，吾可无复赞一辞矣。至其以李鸿章为我国人物之代表，则吾四万万人不可不深自反也。吾昔为《饮冰室自由书》，有《二十世纪之新鬼》一篇，今择其论李鸿章者附录于下：

呜呼！若星氏、格氏可不谓旷世之豪杰也哉！此五人者（指域多利亚、星亨、格里士比、麦坚尼、李鸿章）于其国皆有绝大之关系，除域多利亚为立宪政府国之君主，君主无责任，不必论断外，若格里士比，若麦坚尼，皆使其国一新焉；若星亨，则欲新之而未能竟其志者也。以此论之，则李鸿章之视彼三人，有惭德矣。李鸿章每自解曰：吾被举国所掣肘，有志焉而未逮也。斯固然也。虽然，以视星亨、格里士比之冒万险、忍万辱、排万难以卒达其目的者何如？夫真英雄恒不假他之势力，而常能自造势力。彼星氏、格氏之势力，皆自造者也。若李鸿章则安富尊荣于一政府之下而已。苟其以强国利民为志也，岂有以四十年之勋臣耆宿，而不能结民望以战胜旧党者？惜哉李鸿章之学识不能为星亨，其热诚不能为格里士比，所凭藉者十倍于彼等，而所成就乃远出彼等下也。质而言之，则李鸿章实一无学识、无热诚之人也。虽然，以中国之大，其人之有学识、有热诚能愈于李鸿章者几何？十九世纪列国皆有英雄，而我国独无一英雄，则吾辈亦安得不指鹿为马，聊自解嘲，翘李鸿章以示于世界曰：此我国之英雄也。呜呼！亦适成为我国之英雄而已矣，亦适成为我国十九世纪以前之英雄而已矣。

要而论之，李鸿章有才气而无学识之人也，有阅历而无血性之人也。彼非无鞠躬尽瘁死而后已之心，然彼弥缝偷安以待死者也。彼于未死之前，当责任而不辞，然未尝有立百年大计以遗后人之志。谚所谓"做一日和尚撞一日钟"，中国朝野上下之人心，莫不皆然，而李亦其代表人也。虽然，今日举朝二品以上之大员，五十岁以上之达官，无一人能及彼者，此则吾所敢断言也。嗟乎！李鸿章之败绩，既已屡见不一见矣；后此内忧外患之风潮，将有甚于李鸿章时代数倍者，乃今也欲求一如李鸿章其人者，亦渺不可复睹焉。念中国之前途，不禁毛发栗起，而未知其所终极也。

"九州生气恃风雷，万马齐喑究可哀。我劝天公重抖擞，不拘一格降人才。"

（1902年新民丛报社印本）

（近世第一女杰）罗兰夫人传

"呜呼！自由自由，天下古今几多之罪恶，假汝之名以行。"此法国第一女杰罗兰夫人临终之言也。

罗兰夫人何人也？彼生于自由，死于自由。罗兰夫人何人也？自由由彼而生，彼由自由而死。罗兰夫人何人也？彼拿破仑之母也，彼梅特涅之母也，彼玛志尼、噶苏士、俾士麦、加富尔之母也。质而言之，则十九世纪欧洲大陆一切之人物，不可不母罗兰夫人；十九世纪欧洲大陆一切之文明，不可不母罗兰夫人。何以故？法国大革命，为欧洲十九世纪之母故；罗兰夫人，为法国大革命之母故。

时则距今百五十年前，实西历一千七百五十四年，三月十八日，于法兰西之都，巴黎之市，般奴佛之街，金银雕工菲立般之家，有一女儿，扬呱呱之声以出现于此世界，是即玛利侬（名）菲立般（姓）女士，而未来之罗兰夫人也。其家本属中人之产，父性良懦，母则精明，有丈夫气。父母勤俭储蓄，为平和世界中一平和市民。以如此之家，而能产罗兰夫人如彼之人物，殆时势产英雄，而非种姓之所能为力也。稍长，受寻常社会之教育。虽然，彼以绝世天才，富于理解力想像力，故于规则教育之外，其所以自教自育者，所得常倍蓰焉。年十岁，即能自读一切古籍。每好读耶稣使徒为道流血之传记，亚剌伯、土耳其内乱之剧本，文家旅行游历之日记，荷马、但丁之诗歌。而尤爱者，为布尔特奇之《英雄传》，（按：布尔特奇 Plutarch，罗马人，生于西历纪元后四五十年顷。其所作《英雄传》，传凡五十人，皆希腊、罗马之大军人、大政治家、大立法家，而以一希腊人一罗马人两两比较，故共得二十五卷。每卷不下万余言，实传记中第一杰作也。其感化人鼓舞人之力最大，近世伟人，如拿破仑、俾士麦，皆酷嗜之。拿破仑终身以之自随，无一日不读，殆与罗兰夫人等也。）常置身卷里，以其中之豪杰自拟。每从父母到教堂祈祷，必手此书偷读焉，往往自恨不生二千年前之斯巴达、雅典，则掩卷饮泣，父母诧之而不能禁也。彼其兄弟姊妹六人，不幸悉殇夭，故夫人少年之生涯，极寂寞之生涯也。惟寂寞故，故愈益求亲友于书卷之中，感情日以增，理想日以邃。彼后年寄其夫罗兰一书有云："妾之多感，殆天性然矣。生长于孤独教育之中，爱情集注一点，愈炽愈深，歌哭无端，哀乐奔会。当寻常儿女忙杀于游戏、衎衎于饮食之顷，而妾往往俯仰天地，常若有身世无穷之感。"云云。其少年奇气，观此可见一斑矣。

彼之热心，先注于宗教。十一岁，得请于父母，入尼寺（天主教之信女不嫁者所居也）以学教理者一年。出寺，养于外祖母家者又一年，乃始归家。以彼之慈爱谦逊敏慧，故举家爱之，亲友慕之，如是度平和之岁月者有年。

虽然，外界之生涯，则平和也；而其内界之精神，忽一大革命起。当时法国政界革命之前驱所谓思想界革命者，已肤寸出没，起于此女豪杰有生以前；至是愈涨愈剧，无端而渗入此平和家庭之户隙。而彼神经最敏之一少女，已养成一种壮健高尚之原动力于不知不觉之间矣。彼其日以读书穷理为事，已自悟遗传、权威、习惯等，为社会腐败之大本，日益厌之，日益思破弃之，常有一种自由独立、不傍门户、不拾唾余之气概。于是乎其革命亦先自宗教起。彼于《新旧约》所传摩西、耶稣奇迹，首致诘难，以为是诞妄不经之说。教会神甫，劝读《耶教证据论》等书，反复譬解。彼一面读之，又一面读怀疑派哲学之学说。虚论不敌实理，彼女当十六七岁顷，终一扫宗教迷信之妄想。但不欲伤慈母之意，故犹循形式，旅进旅退于教会。盖其磊落绝特之气概，苟认为道理所否定者，虽临以雷霆万钧之力，不能夺其志而使枉所信，彼之特性则然也。其后此所以能以纤纤一弱女之身，临百难而不疑，处死生而不屈，放一文明灿烂之花于黑暗法国大革命之洞里者，皆此精神此魄力为之也。

彼其读《布尔特奇》，（布尔特奇《英雄传》省称《布尔特奇》，泰西学界之常语也。）而心醉希腊、罗马之共和政治，又窃睨大西洋彼岸模仿英国宪法新造之美国，而惊其发达进步之速，于是爱平等、爱自由、爱正义、爱简易之一念，渐如然如沸以来往于彼女之胸臆间。虽然，彼之理想则然耳；至于言实事，彼固望生息于革新王政之下，为王家一忠实之臣民。路易十六之即位也，彼以为维新之大业可以就，人民之幸福可以期。千七百七十五年面包之乱，彼犹咎人民之急激，而袒政府之政策。盖彼慈爱之人，非残酷之人也；乐平和之人，非好暴乱之人也。呜呼！自古革命时代之仁人志士，何一非高尚洁白之性质，具视民如伤之热情？苟非万不得已，夫岂乐以一身之血与万众之血相注相搏相糜烂以为快也？望之无可望，待之无可待，乃不得不割慈忍爱、茹痛挥泪以出于此一途。呜呼！以肫肫煦煦之罗兰夫人，而其究也，乃至投身于千古大惨剧之盘涡中，一死以谢天下。谁为为之，而令若此？

未几与罗兰（名）福拉底（姓）结婚。罗兰者，里昂市人，全恃自力以自造福命之人也。十九岁，即孑身游亚美利加，复徒步游历法国一周。其后为亚绵士之工业监督官，常著书论工商问题，啧啧有名于国中。好旅行，好读书，宅心诚实，治事精严，操行方正，自奉质朴；然自信力甚强，气魄极盛。亦自幼心醉共和政治，故与玛利侬凤相契。至千七百八十年，乃举结婚之礼。时罗兰四十五岁，玛利侬二十五岁。自此玛利侬以罗兰夫人之名轰于世。

罗兰夫人之生涯，以险急而终，以平和而始。结婚后二年，举一女一子。未几，罗兰迁里昂市工业监督官，举家移于里昂。罗兰之学识人物，大为此地所尊敬。时当里昂工商业衰颓之极，罗兰汲汲讲整顿恢复之策，常有所论著，发表己见，舆望益高，而夫人实一切左右其间。罗兰之著述，无一不经夫人之讨论笔削；犹复料理家事，抚育幼女，又以余力常从事于博物学、植物学。盖罗兰夫人之一生，最愉快最幸福者，惟此四五年。

虽然，天不许罗兰夫人享家庭之幸福以终天年也，法兰西历史、世界历史必要求罗兰夫人之名以增其光焰也。于是风渐起，云渐乱，电渐进，水渐涌。嘻嘻出出！法国革命！！嗟嗟咄咄！法国遂不免于大革命！！！

其时之法国，承路易十四十五两朝之后，所播之祸种已熟。新王路易十六，既有不得不刈其祖父余殃之势，火山大爆裂之期将近，此处见一缕之烟，彼地闻阴阴之响，大乱固已不可避；而新王之柔懦，不能调和此破裂而反激之。虽有贤相尼卡亚，见事不可为，引身而退。于是国王之优柔，内廷权奸之跋扈，改革之因循，赋敛之烦重，生计之窘迫，种种原因，相煎相迫。人民之忍之也，一次复一次；其待之也，一年复一年。卒乃于千七百八十九年，破巴士的之狱，解放罪犯，而革命之第一声始唱。

巴士的破狱之凯歌，即罗兰夫人出阵之喇叭也。夫人以慧眼观察大局，见尼卡亚之举动，国会之举动，无一可以踌躇满志者，乃距跃忽起。以为革命既起，平生所梦想之共和主义，今已得实行之机会。夫人非爱革命，然以爱法国故，不得不爱革命。彼以为今日之法国已死，致死而之生之，舍革命末由。于是夫妻专以孕育革命精神、弘布革命思想为事。罗兰首创一里昂俱乐部；夫人自著鼓吹革命之论说，撮集卢梭《人权论》之大意，印刷美国布告独立文，无夙无夜，自携之以散布于远近。于是所谓罗家小册子者，如雨如霰，散落于巴黎、里昂之间。友人布列梭，创一《爱国报》于巴黎，友人占巴尼，创一《自由报》于里昂，夫人皆为其主笔，呼风唤雨，惊天动地，号神泣鬼，骇龙走蛇，而法国中央之气象一变。

千七百九十一年，里昂市以财政困难之故，乞援助于国会，罗兰被举为委员。于是夫妻相携，留滞巴黎者七阅月。彼等之到巴黎也，其旅馆忽为志士之公会场，友人布列梭、比的阿布科、罗拔士比等，相率引同志以相绍介，每间日辄集会于罗氏之寓。夫人于彼时，其举动如何？彼尝自记曰："余自知女子之本分，故虽日日于吾前开集会，吾决不妄参末议。虽然，诸同志之一举一动、一言一议，吾皆谛听牢记，无所遗漏。时或欲有所言，吾必啮吾舌以自制。"云云。呜呼！当此国步艰难之时，衮衮英俊，围炉抵掌，以议大计，偶一瞥眼，则见彼眉轩轩、目炯炯、风致绝世、神光逼人、口欲言而唇微啮、眼屡闪而色逾厉之一美人，监督于其侧。夫人虽强自制，而其满腔之精神，一身之魔力，已隐然举一世之好男儿，而卢牟之、亭毒之矣。

此七月间，既遍交诸名士，加盟于所谓同胞会者，又屡听俱乐部之演说，与国会之讨论。夫人憾革命进行之迟缓也，则大愤激，乃致书于布列梭曰："我所爱之士亚罗乎，（按：士亚罗者，罗马民政之领袖也。当时罗兰夫人及其同志以心醉共和政治故，故往复书简，常以希腊、罗马共和时代之名人相呼。）盍投卿之笔于火中，翩然以入于草泽乎？今之国会，不过腐败压抑之一团块耳，今日之内乱早已非凶事。我等固死也，有内乱或犹得而苏苏之。今也无内乱则无自由，我等犹惧内乱耶？犹避内乱耶？"此实夫人当时急进之情形也。夫人既怒国会之因循，遂愤然不复入傍听席。其年六月，路易第十六窃遁去，被捕而再归巴黎。夫人以为当时当实行革命而犹不实行，嗟惋益甚，窃叹息曰："我等今日必不可无一度革命。虽然，人民其果犹有此魄力与否，吾甚疑之。"自是怏怏然偕其夫共归里昂，归途撒布罗拔士比之革命檄以激大众。

夫妻归里昂之月秒，解散国会，而别开所谓立法议会者，以七百四十五名之新议员组织而成。同时工业制造官之缺裁撤，罗兰乃专从事笔舌，益尽瘁于爱国之业。十二月，举家移于巴黎。

彼时法国之大权，全在立法议会之手。而议会中实分三派：一为平原派，以其占坐席于议场平坦之地，故得此名，实平凡之人物所结集也。二曰山岳派，以占议场之高席，故有此名，实极端急激派；而此后以血涂巴黎之人，如罗拔士比、丹顿、马拉亚辈，皆此派之铮铮者也。三曰狄郎的士派，以其议员多自狄郎的士之地选出，故有此名；此派当时最有势力，布列梭、布科、鲁卡埃诸贤，皆出于此中。其人率皆受布尔特奇《英雄传》及卢梭《民约论》之感化，年少气锐，志高行洁，以如镜之理想与如裂之爱国心相结；而鼓吹之、操练之、指挥之者，实为罗兰夫人。狄郎的士派之党魁，名则罗兰，实则罗兰夫人。此历史家所同认也。

至是内外之形势益急，祸迫眉睫。彼奄奄残喘之路易第十六，乃不得不罢斥误国旧臣，而代之以民党。于是罗兰以舆望所归，被举为内务大臣，时千七百九十二年三月。夫妻受命移居于官邸。罗兰之入谒内廷也，服常服，戴圆帽，履旧靴，如访稔熟之亲友者然。宫中侍者，莫不失惊。

昔也地方一小商务官之妻，今也为将倾之路易朝内务大臣之夫人，罗兰夫人之势力，至是益盛。其家常为狄郎的士党之集会所。夫人日则招集诸党派，夜则鞠躬尽瘁，以助良人之职务。罗兰每与其同僚有所计议，必请夫人同列其席。内务大臣公案上，狼籍山积之重要文牍，一一皆经夫人之手，然后以下诸秘书官；凡提出于议会及阁议之报告书，皆由夫人属草；凡政府出刊之官报，皆由夫人指挥其方针，监督其业务：使当时新政府之动力，日趋于共和理想者，皆罗兰夫人为之也。法国内务大臣之金印，佩之者虽罗兰，然其大权实在此红颜宰相之掌握中矣。

罗兰夫人以为改革之业，决非可依赖朝廷，故他人虽或信路易，夫人决不信之。彼尝言曰："吾终不信彼生于专制之下、以专制而立之王，能实行立宪政治。"罗兰之初为大臣也，见路易，则欣欣然有喜色，归语夫人。夫人曰："君其被愚矣。政府不过一酒店耳，大臣不过王之一傀儡耳。"夫人不独疑王也，无论何人，凡与贵族党有关系者，皆疑之。时有一老练之外交家焦摩力者，引其友以见夫人。既退，夫人语人曰："彼辈诸好男儿，面有爱国之容，口多爱国之语。以吾观之，彼等非不爱国也；虽然，爱国不如其爱身。吾不愿我国中有此等人。"

以眇眇一罗兰夫人，驱其夫，驱其他诸大臣，驱狄郎的士全党，使日与王路易相远。至是年六月，而王与新政府之冲突，已达于极点。先是四月，已与奥大利宣战。战不利，人心汹汹。而国内顽固教士，多不肯誓守新宪法，事机愈纷纷岌岌。政府乃提出二大政策：一曰，由巴黎各区，募新兵二万，以防内讧外敌，保卫都城；二曰，凡不从宪法之教民，皆放逐之于境外。王路易不许。罗兰夫人以为狄郎的士党对于朝廷之向背，当以此方案之行否为断，乃促罗兰联合阁员，上书于王。言若欲安国家、利社稷，宜速实行此案；不然，则臣等惟有乞骸骨，不复能为王驰驱矣。此奏议文笔精劲，词理简明，论者谓法兰西史中公牍文字，以此为第一云。其属稿者实罗兰夫人也。果也路易第十六，刚愎自用，至六月十一日，新政府遂总辞职。

革命之势，愈剧愈急。至八月初十日，路易第十六终被废，幽闭于别殿。王政已倒，共和已立，立法议会，一变为民选议院。遂新置行政会议，罗兰亦复任内务行政官之职。废王之举，倡之者山岳党也，而狄郎的士党亦赞成之。

罗兰夫人之理想，今已现于实际，以为太平建设，指日可待。岂意一波未平，一波又起，前门拒虎，后门进狼；在上之大敌已毙，而在下之大敌，羽翼正成。今也罗兰夫人，遂不得不投其身于己所造出之革命急潮中，而被裹被挟被卷以去。

河出伏流，一泻千里，宁复人力所能捍御！罗兰夫人既已开柙而放出革命之猛兽，猛兽噬王，王毙；噬贵族，贵族毙；今也将张牙舞爪以向于司柙之人。夫人向欲以人民之势力动议会；今握议会实权者，人民也，饮革命之醉药而发狂之人民也。夫人夙昔所怀抱，在先以破坏，次以建设，一倒专制，而急开秩序的之新天地；虽然，彼高掌远蹠之革命巨灵，一步复一步，增加其速力，益咆哮驰突，以蹂躏蹴踏真正共和主义之立脚地。不及一月，而罗兰夫人及狄郎的士党诸名士，皆渐不得不与巴黎之众民为敌。当此之时，其势力可以弹压众民者，唯有一人，曰丹顿。丹顿者，山岳党之首领，而行政会议之一员，与罗兰同僚者也。其在民间，舆望最高，其资格正可以当此难局。虽然，罗兰夫人不喜其人，谓其太急激，不适于今日之用；以为必拒绝此同盟，然后狄郎的士党之党势，乃可以得安全。盖夫人乃单纯之理想家，暗于实用，故执拗若是，是亦无足为怪者。丹顿初时热心成就此同盟，每日必诣夫人之应接室，每官僚会集，常先期而至。至八月之末，共和同盟必不能就，遂相绝不复至。于是与暴民为敌之罗兰夫人党，不得不更敌暴民之友之山岳党。

彼法兰西史上以血题名之山岳党，以此年九月初旬，屠杀巴黎狱中王党之囚人，以为无政府魔神之牺牲。至是罗兰夫人，始知为山岳党所卖。月之五日，夫人与一书于友人曰："我等今已在罗拔士比、玛拉等之刀下。"其九日，复致一书曰："吾友丹顿君，革命之公敌也。彼以罗拔士比为傀儡，以玛拉为羽翼，握短刀、持药线以刺爆国民。呜呼！妾之热心于革命，卿所知也。虽然，妾耻之！革命之大义，为无道之竖子所污点，革命实可厌也。数十年所经营，而今日使我国终于此地位，吾实耻之！"可怜志高行洁而迂于世务之狄郎的士党，遂为山岳党所掩袭。自兹以往，巴黎乱民与山岳党以百丈怒潮之势，猛扑彼共和之城。其立于城上之罗兰夫人及狄郎的士党，遂不得不为此狂涛骇浪之所淘尽矣。

时势虽日非，而志气不稍挫，罗兰夫人愈奋力以鼓舞其麾下诸豪杰，常相语曰："我等今日既不能自救，虽然，一息尚存，我等不可以不救我国。"其时在议院有布列梭等，在政府有罗兰等，皆以恢复秩序，确立共和，制止乱暴为主义。虽然，大事已去，不可复挽。罗兰夫人之名，为议院所唾骂，为玛拉等主笔之报纸所凌辱，屡构诬辞，以陷罗兰夫妻，常有刺客出入于彼夫妻之闾。至千七百九十三年一月二十一日，山岳党遂乘势馘路易第十六之首于断头台上。虽狄郎的士派为激烈之大反对，终不可得救。其明日，罗兰遂辞职。

路易之死刑，实狄郎的士党覆没之先声也。彼山岳党既久蓄势力于巴黎市民中，立意先杀王，次刈狄郎的士党，以快其乱暴专制之志。乃于五月晦日之夜，遣捕吏于罗兰家。罗兰闻变脱逃，而夫人遂被逮，以温辞慰谕爱女及婢仆，乃入于遏比之牢。

夫人之在狱中也，曾无所恐怖，无所颓丧。取德谟逊之咏史诗、布尔特奇之《英雄传》、谦谟之《英国史》、西里顿之字典等，置诸左右，每日诵读著作，未尝或辍；时则静听巴黎骚扰之声。每到晨钟初报，起读其日之新闻纸，见国事日非，狄郎的士党之命，迫于旦夕，则歔欷慷慨，泪涔涔下。此时夫人所以自娱者，惟书与花而已。夫人在狱中，粗衣恶食，所有金钱，尽散诸贫困；惟花与书籍，则爱若性命，盖生平之嗜好然也。夫人幼时，每当读书入定之际，虽何人若不见，虽何事若不闻，惟屡屡以其读书之眼，转秋波以向花丛。此两种嗜好，至死不衰。

在狱凡二十四日，突然得放免之令。夫人从容辞狱囚，驱车归家。何图席尚未暖，忽复有两警吏蹑迹而来，出示一公文，则再逮捕之命令也，于是复入桑比拉志之狱。

凡知天命而自信笃者，举天下无不可处之境，举天下无不可为之时。罗兰夫人在此狱者凡四阅月，犹时时窃鼓舞其同志，气不少衰。尝致书于布列梭曰："吾友乎，君其毋失望。彼布尔达士在腓列比之野，遂喟然发'不能救罗马'之叹，妾之所不取也。"夫人在狱中，益以书与花自遣。又学英语，学绘画，时或从狱吏之妻假鸣琴，一弹三叹，听者泪下。时千七百九十三年之秋，革命之狂澜，轰天撼地，断头机厌人之血，布楞河塞人之肉，腥风飒飒、惨雨蒙蒙之时节；而此以身许国之一烈女，在桑比拉志狱中，日长如年。身世安危，久置度外，乃静念一身之过，默数全国之将来，遂伸纸吮笔草著《自传》《革命纪事》《人物逸话》三书。时有英国维廉女史者，尝访夫人于狱中，归而记其事曰：

> 罗兰夫人在桑比拉志狱，于一身境遇，毫无所怨尤。在狭隘之狱室，为壮快之谈论，一如在大臣官邸时也。其案上有书数卷，当余入访时，适见其读布尔特奇《英雄传》，声出金石。余方欲有所慰藉，夫人以乐天知命洒然自得之义告余。及最后，余问及其十三岁之爱女之消息，则夫人忽饮泪，几哽咽不能成声。呜呼！夫孰知轰轰烈烈威名震一世之罗兰夫人，其多情其慈爱有如此也。

十月三十一日，即狄郎的士党之名士二十二人殉国之日，夫人自桑比拉志狱移于康沙士黎狱。自是受鞫讯者数次，其最后公判之前日，有某律师欲为夫人辩护者，访之于狱中。夫人以己之命运已定，劝以勿为无益之辩护，徒危其身，脱指环以谢之。

其明日为最后公判之日。夫人着雪白之衣，出于法廷。其半掠之发，如波之肩，澄碧之两眼，与雪衣相掩映，一见殆如二十许妙龄绝代之佳人。法官以种种之伪证，欲诬陷夫人。夫人此际之答辩，实法兰西革命史中最悲壮之文也。其大旨以狄郎的士党之举动，俯仰天地，无所愧怍。最后乃昌言曰：

> 凡真正之大人物，常去私情私欲，以身献诸人类同胞，而其报酬则待诸千载以后。余今者谨待诸君之宣告，无所于悔。虽然，正人君子献身于断头台之日，是即正人君子置身于凯旋门之日也。今日此等污浊混乱以人血为酒浆之世界，余甚乐脱离之，无所留恋。余惟祝我国民速得真正之自由。苍天苍天！其眷然下顾，以救此一方民哉！

此热诚切挚之言，彼非法之法官闻之，皆咋舌不知所对。卒以预闻隐谋，不利于共和政体，宣告死刑。夫人肃然起立曰：

> 诸君肯认余为与古来为国流血之大人物有同一之价值乎，余深谢诸君。余惟愿学彼大人物从容就义之态度，毋为历史羞。

是日归至狱中，收摄万虑，作书数通，以遗亲友。其所与爱女书之末句云："汝宜思所以不辱其亲者。汝之两亲，留模范于汝躬。汝若学此模范而有得焉，其亦可以不虚生于天地矣。"

翌日为千七百九十三年十一月九日，罗兰夫人乘囚车以向于断头台。其时夫人之胸中，浮世之念尽绝，一种清净高尚不可思议之感想如潮而涌。夫人欲记之，乞纸笔而吏不许，后之君子憾焉。

泰西通例，凡男女同时受死刑，则先女而后男，盖免其见前戮者之惨状而战栗也。其日有与罗兰夫人同车来之一男子，震栗无人色。夫人怜之，乃曰："请君先就义，勿见余流血之状以苦君。"乃乞刽手一更其次第云。呜呼！其爱人义侠之心，至死不渝，有如此者。虽小节，亦可以概平生矣。

刀下风起血迸，一个之头已落。夫人以次登台，猛见台上一庞大之神像，题曰自由之神。夫人进前一揖而言曰：

> 呜呼！自由自由，天下古今几多之罪恶，假汝之名以行。

如电之刀一挥，断送四十一年壮快义烈之生涯，于是罗兰夫人，遂长为历史之人。夫人殉国后，其一婢一仆自投法廷，请从夫人以死。夫人殉国后，狄郎的士党名士布列梭，昏绝不省人事者经旬。夫人殉国后数日，由巴黎至卢安之大道旁，有以剑贯胸而死者，则罗兰其人也。

新史氏曰：吾草《罗兰夫人传》，而觉有百千万不可思议之感想刺激吾脑，使吾忽焉而歌，忽焉而舞，忽焉而怨，忽焉而怒，忽焉而惧，忽焉而哀。夫法国大革命，实近世欧洲第一大事也；岂惟近世，盖往古来今，未尝有焉矣；岂惟欧洲，盖天下万国，未尝有焉矣。结数千年专制之局，开百年来自由之治，其余波亘八十余年，其影响及数十国土，使千百年后之史家，永以为人类新纪元之一记念物。嘻！何其伟也！而发起之者乃在一区区纤纤之弱女子。吾壹不觯罗兰夫人有何神力，乃能支配狄郎的士全党，支配法兰西全国，且支配欧罗巴全洲百年间之人心也。呜呼！英雄造时势耶？时势造英雄耶？吾以为必有能造出"造时势之英雄"之时势，然后英雄乃得有所造。不然，罗兰夫人以如彼多情、如彼慈善之绝代佳人，当路易十六即位之始，且殷殷望治，讴歌政府政策者，何以卒投身于最惨最剧之场以不悔也？虽然，罗兰夫人竟以是死。夫既以身许国矣，则死国事者夫人之志也。乃其不死于王党，不死于贵族党，而死于平民党；不死于革命失败之时，而死于革命告成之后，则非夫人之志。夫人能造时势，而何以能造之使动，不能造之使静？能造之使乱，不能造之使平？曰：是由民族之缺点使然，不足为夫人咎也。窃尝论之，法国千七百八十九年之革命，与英国千六百六十年之革命，其事最相类：其祸机伏于前王专制时代，相类也；（英之有额里查白女皇，犹法之有路易十四也。）其激变由于今王之伪改革，相类也；其动力起于王与议会之争，相类也；其王逃而被获，获而被弑，相类也；革命后改为共和政治，相类也；共和政治，旋立旋废，相类也。惟其国民幸福之结果，则两国绝异：英国革命之后，则宪政确立焉，民业骤进焉，国威大扬焉；法国革命后，则演成恐怖时代，长以血迹污染其国史，使千百年后闻者，犹为之股栗，为之酸鼻。若是者何也？英国人能自治，而法国人不能也。能自治之民，平和可也，破坏亦可也；平和时代则渐进焉，破坏时代则骤进焉。（条顿民族之自治力，远过于拉丁民族，故能骤强。不独英、法两国为然也。荷兰与比利时，同居奈渣兰半岛，同经三十七年战争之乱，而荷兰人于战后，民生日优，国运日强，比利时则凋落无复旧观；日耳曼与意大利，同在南欧，其建国情形亦相类，而德国今为世界第一等强国，意国则薾然不能有所进：皆条顿、拉丁两族得失之林也。）不能自治之民，则固不可以享平和，亦不可以言破坏。平和时代，则其民气惰而国以敝；破坏时代，则其民气嚣而国以危。孔子曰：为政在人。岂不然哉？故以无公德无实力之人民，而相率以上破坏之途，是不啻操刀而割其国脉也。然则相率驯伏以求平和可乎？曰：是又安能？世界政治之进化，既已进入第二级，其风潮固欲避不可避，而岂能以一二人之力捍之？事机既迫于无可望，平和亦敝，破坏亦敝，此孔明所以有"与其坐以待亡，孰若伐之"之论也。不然，法国大革命之惨痛，虽以今日百年以后，我远东之国民，闻之犹且心悸，岂其当时欧洲列国而无所鉴焉？而何以全欧纷纷步其后尘，直至十九世纪下半纪，而其风犹未息也？盖民智一开，人人皆自认其固有之权利，固有之义务，则有非得之、非尽之而不能安者。使当时法之王、法之贵族而知此义也，则法国何至有此惨剧！使后此欧洲各国之君主、贵族而知有此义也，则后此欧洲各国何至有此惨剧！彼其君主、彼其贵族既不知此义矣，使其民复相率驯伏以求平和焉，则欧洲各国，亦至今为中世之黑暗时代而已。乃往车已折，而来轸方遒。欧洲中原之各君主、贵族，未尝不知查理士第一、路易第十六之事，而偏欲蹈其后以弄威福于一日，此所以扰攘亘七八十年而未艾也。呜呼！有读《罗兰夫人传》者乎？其在上位者，持保守主义者，当念民望之不可失、民怒之不可犯也如彼；苟其偷安苟且，弥缝掩饰，朘削无已，钳制屡行，则必有如法国一日中刑贵族王党千余人，断尸遍野，惨血塞渠，乃至欲求为一田舍翁而不可得。上蔡黄犬，华亭鹤唳，能勿惊心！自造此因，自刈此果，岂人力之所能避也？其在下位者，持进取主义者，当念民气之既动而难静，民德之易涣而难结也如此；苟无所以养之于平日，一旦为时势所迫，悍然投其身、投其国于孤注一掷，则必有如法国当日互相屠杀，今日同志，明日仇雠，争趋私利，变成无政府之现象。虽有一二志芳行洁、忧国忘身之士，而狂澜又安能挽也？呜呼！破坏之难免也如彼，破坏之可惧也又如此。人人不惧破坏，而破坏遂终不能免矣。何也？上不惧破坏，则惟愚民焉，压民焉，自以为得计，而因以胎孕破坏；下不惧破坏，则以谈破坏为快心之具，弁髦公德，不养实力，而因以胎孕破坏。然则欲免破坏，舍上下交相惧其冥术哉？呜呼！念铜驼于荆棘，能不怆然？见披发于伊川，谁为戎首？罗兰夫人！罗兰夫人！魂兮有灵，当哀鄙言。

（原刊1902年10月2日、16日《新民丛报》第17—18号）

三十自述

"风云入世多,日月掷人急。如何一少年,忽忽已三十。"此余今年正月二十六日在日本东海道汽车中所作《三十初度口占十首》之一也。人海奔走,年光蹉跎,所志所事,百未一就,揽镜据鞍,能无悲惭?擎一既结集其文,复欲为作小传。余谢之曰:"若某之行谊经历,曾何足有记载之一值?若必不获已者,则人之知我,何如我之自知?吾死友谭浏阳曾作《三十自述》,吾毋宁效颦焉。"作《三十自述》。

余乡人也。于赤县神州,有当秦汉之交,屹然独立群雄之表数十年,用其地与其人,称蛮夷大长,留英雄之名誉于历史上之一省;于其省也,有当宋元之交,我黄帝子孙与北狄异种血战不胜,君臣殉国,自沉崖山,留悲愤之记念于历史上之一县。——是即余之故乡也。乡名熊子,距崖山七里强,当西江入南海交汇之冲。其江口列岛七,而熊子宅其中央,余实中国极南之一岛民也。先世自宋末由福州徙南雄,明末由南雄徙新会,定居焉,数百年栖于山谷。族之伯叔兄弟,且耕且读,不问世事,如桃源中人。顾闻父老口碑所述,吾大王父最富于阴德,力耕所获,一粟一帛,辄以分惠诸族党之无告者。王父讳维清,字镜泉,为郡生员,例选广文,不就。王母氏黎。父名宝瑛,字莲涧,夙教授于乡里。母氏赵。

余生同治癸酉正月二十六日,实太平国亡于金陵后十年,清大学士曾国藩卒后一年,普法战争后三年,而意大利建国罗马之岁也。生一月而王母黎卒,逮事王父者十九年。王父及见之孙八人,而爱余尤甚。三岁仲弟启勋生,四五岁就王父及母膝下授四子书、《诗经》,夜则就睡王父榻,日与言古豪杰哲人嘉言懿行，而尤喜举亡宋、亡明国难之事，津津道之。六岁后，就父读，受中国略史，五经卒业。八岁学为文，九岁能缀千言。十二岁应试学院，补博士弟子员，日治帖括，虽心不慊之，然不知天地间于帖括外，更有所谓学也，辄埋头钻研。顾颇喜词章，王父、父母时授以唐人诗，嗜之过于八股。家贫无书可读，惟有《史记》一，《纲鉴易知录》一，王父、父日以课之，故至今《史记》之文，能成诵者八九。父执有爱其慧者，赠以《汉书》一，姚氏《古文辞类纂》一，则大喜，读之卒业焉。父慈而严，督课之外，使之劳作，言语举动稍不谨，辄呵斥不少假借。常训之曰："汝自视乃如常儿乎？"至今诵此语不敢忘。十三岁始知有段、王训诂之学，大好之，渐有弃帖括之志。十五岁，母赵恭人见背，以四弟之产难也。余方游学省会，而时无轮舶，奔丧归乡，已不获亲含殓，终天之恨，莫此为甚。时肄业于省会之学海堂，堂为嘉庆间前总督阮元所立，以训诂词章课粤人者也。至是乃决舍帖括以从事于此，不知天地间于训诂、词章之外，更有所谓学也。己丑年十七，举于乡，主考为李尚书端棻、王镇江仁堪。年十八计偕入京师，父以其稚也，挈与偕行，李公以其妹许字焉。下第归，道上海，从坊间购得《瀛环志略》，读之，始知有五大洲各国，且见上海制造局译出西书若干种，心好之，以无力不能购也。

其年秋，始交陈通甫。通甫时亦肄业学海堂，以高才生闻。既而通甫相语曰："吾闻南海康先生上书请变法，不达，新从京师归，吾往谒焉。其学乃为吾与子所未梦及，吾与子今得师矣。"于是乃因通甫修弟子礼，事南海先生。时余以少年科第，且于时流所推重之训诂词章学，颇有所知，辄沾沾自喜。先生乃以大海潮音，作师子吼，取其所挟持之数百年无用旧学更端驳诘，悉举而摧陷廓清之。自辰入见，及戌始退，冷水浇背，当头一棒，一旦尽失其故垒，惘惘然不知所从事，且惊且喜，且怨且艾，且疑且惧，与通甫联床竟夕不能寐。明日再谒，请为学方针，先生乃教以陆王心学，而并及史学、西学之梗概。自是决然舍去旧学，自退出学海堂，而间日请业南海之门。生平知有学自兹始。

辛卯，余年十九，南海先生始讲学于广东省城长兴里之万木草堂，徇通甫与余之请也。先生为讲中国数千年来学术源流、历史政治、沿革得失，取万国以比例推断之。余与诸同学日札记其讲义，一生学问之得力，皆在此年。先生又常为语佛学之精奥博大，余夙根浅薄，不能多所受。先生时方著《公理通》《大同学》等书，每与通甫商榷，辨析入微。余辄侍末席，有听受，无问难，盖知其美而不能通其故也。先生著《新学伪经考》，从事校勘；著《孔子改制考》，从事分篡。日课则《宋元、明儒学案》、"二十四史"、《文献通考》等，而草堂颇有藏书，得恣涉猎，学稍进矣。其年始交康幼博。十月，入京师，结婚李氏。明年壬辰，年二十，王父弃养。自是学于草堂者凡三年。

甲午，年二十二，客京师，于京国所谓"名士"者多所往还。六月，日本战事起，愤愤时局，时有所吐露，人微言轻，莫之闻也。顾益读译书，治算学、地理、历史等。明年乙未，和议成，代表广东公车百九十人，上书陈时局。既而南海先生联公车三千人，上书请变法，余亦从其后奔走焉。其年七月，京师强学会开，发起之者，为南海先生，赞之者为郎中陈炽、郎中沈曾植、编修张孝谦、浙江温处道袁世凯等。余被委为会中书记员。不三月，为言官所劾，会封禁。而余居会所数月，会中于译出西书购置颇备，得以余日尽浏览之，尔后益斐然有述作之志。其年始交谭复生、杨叔峤、吴季清、铁樵、子发父子。

京师之开强学会也，上海亦踵起。京师会禁，上海会亦废。而黄公度倡议续其余绪，开一报馆，以书见招。三月去京师，至上海，始交公度。七月《时务报》开，余专任撰述之役，报馆生涯自兹始，著《变法通议》《西学书目表》等书。其冬，公度简出使德国大臣，奏请偕行，会公度使事辍，不果。出使美、日、秘大臣伍廷芳，复奏派为参赞，力辞之。伍固请，许以来年往，既而终辞，专任报事。丁酉四月，直隶总督王文韶，湖广总督张之洞，大理寺卿盛宣怀，连衔奏保，有旨交铁路大臣差遣，余不之知也。既而以札来，粘奏折上谕焉，以不愿被人差遣辞之。张之洞屡招邀，欲致之幕府，固辞。时谭复生宦隐金陵，间月至上海，相过从，连舆接席。复生著《仁学》，每成一篇，辄相商榷，相与治佛学，复生所以砥砺之者良厚。十月，湖南陈中丞宝箴，江督学标，聘主湖南时务学堂讲席，就之。时公度官湖南按察使，复生亦归湘助乡治，湘中同志称极盛。

未几，德国割据胶州湾事起，瓜分之忧，震动全国，而湖南始创南学会，将以为地方自治之基础，余颇有所赞画。而时务学堂于精神教育，亦三致意焉。其年始交刘裴邨、林暾谷、唐绂丞，及时务学堂诸生李虎村、林述唐、田均一、蔡树珊等。

明年戊戌，年二十六。春，大病几死，出就医上海。既痊，乃入京师。南海先生方开保国会，余多所赞画奔走。四月，以徐侍郎致靖之荐，总理衙门再荐，被召见，命办大学堂译书局事务。时朝廷锐意变法，百度更新，南海先生深受主知，言听谏行；复生、暾谷、叔峤、裴邨，以京卿参预新政；余亦从诸君子之后，黾勉尽瘁。八月政变，六君子为国流血，南海以英人仗义出险，余遂乘日本大岛兵舰而东。去国以来，忽忽四年矣。

戊戌九月至日本，十月，与横滨商界诸同志谋设《清议报》。自此居日本东京者一年，稍能读东文，思想为之一变。己亥七月，复与滨人共设高等大同学校于东京，以为内地留学生预备科之用，即今之清华学校是也。其年，美洲商界同志始有中国维新会之设，由南海先生所鼓舞也。冬间，美洲人招往游，应之。以十一月首途，道出夏威夷岛。其地华商二万余人，相縶留，因暂住焉，创夏威夷维新会。适以治疫故，航路不通，遂居夏威夷半年。至庚子六月，方欲入美，而义和团变已大起，内地消息，风声鹤唳，一日百变。已而屡得内地函电，促归国，遂回马首而西。比及日本，已闻北京失守之报。七月急归沪，方思有所效，抵沪之翌日，而汉口难作，唐、林、李、蔡、黎、傅诸烈，先后就义，公私皆不获有所救。留沪十日，遂去，适香港。既而渡南洋，谒南海。遂道印度，游澳洲，应彼中维新会之招也。居澳半年，由西而东，环洲历一周而还。辛丑四月，复至日本。

尔来蛰居东国，忽又岁余矣。所志所事，百不一就，惟日日为文字之奴隶，空言喋喋，无补时艰，平旦自思，只有惭悚。顾自审我之才力，及我今日之地位，舍此更无术可以尽国民责任于万一，兹事虽小，亦安得已？一年以来，颇竭棉薄，欲草一中国通史，以助爱国思想之发达，然荏苒日月，至今犹未能成十之二。惟于今春为《新民丛报》，冬间复创刊

《新小说》，述其所学所怀抱者，以质于当世达人志士，冀以为中国国民遒铎之一助。呜呼！国家多难，岁月如流，眇眇之身，力小任重。吾友韩孔广诗云："舌下无英雄，笔底无奇士。"呜呼，笔舌生涯，已催我中年矣！此后所以报国民之恩者，未知何如？每一念及，未尝不惊心动魄，抑塞而谁语也。

孔子纪元二千四百五十三年壬寅十一月，任公自述。

(1902年12月作，原刊何擎一编《饮冰室文集》，广智书局1903年3月初版)

石醉六藏江建霞遗墨

余生平所历，镂刻于神识中最深者，莫如丁酉、戊戌间之在长沙。时义宁陈公为抚军，其子伯严随侍，江建霞、徐研父先后督学，黄公度陈杲，谭壮飞、熊秉三、唐绂丞以乡党之秀，左右其间，咸并力壹致以提倡当时所谓新学，而余实承乏讲席。未几，建霞受代去，舣舟待发，来时务学堂与余别。绂丞方赠余一菊花砚，壮飞为之铭。铭曰："空华了无真实相，用造蒴偈起众信。任公之研佛尘赠，两公石交我作证。"建霞睹之曰："此铭镌刻，岂可委石工？能此唯我耳。我当留一日，了此因缘。"遽归舟脱冠服。向夕，褐裘抱一猫至，且奏刀且侃侃谈当世事，又泛滥艺文，间以诙谑。夜分，余等送之舟中，蓺烛观所为日记，忽忽将曙。建霞转相送于江岸，濛濛黄月，与太白残焰相偎煦，则吾侪别时矣。自尔竟不复相见。今遂二十六年，建霞墓木既拱，同人亦零落略尽，余研固早已殉戊戌之难，而此情此景，犹萦旋吾脑际如昨日也。醉六与蔡松坡在当时同学中齿最稚，亦最为建霞所赏爱。松坡既了一大事以去，醉六亦尽瘁于戎马间十余年。而世变每下愈况，与吾侪夙昔所梦想者，乃日以远。余与醉六亦且间数岁始获一会合。今夏讲学东南，醉六来谒，出所宝藏建霞遗札相视。抚诵再四，殆不能为怀。差可喜者，吾侪以积年忧患之身，尚能留此书生面目不为地下师友羞。行矣醉六，愿长保此岁寒也。壬戌初秋。

［1922年8月作，收入《（乙丑重编）饮冰室文集》卷七十七，中华书局1926年9月初版］

亡友夏穗卿先生

我正在这里埋头埋脑做我的《中国近三百年学术史》里头《清代学者整理旧学之总成绩》一篇，忽然接到夏浮筠的信说他父亲穗卿先生死了！

我像受电气打击一般蓦地把三十年前的印象从悲痛里兜转来！几天内天天要写他又写不出。今天到车站上迎太戈尔，回家来又想起穗卿了。胡乱写那么几句。

近十年来，社会上早忘却有夏穗卿其人了。穗卿也自贫病交攻，借酒自戕。正是李太白诗说的"君平既弃世，世亦弃君平"。连我也轻容易见不着他一面，何况别人？但是，若有读过十八九年前的《新民丛报》和《东方杂志》的人，当知其中有署名别士的文章，读起来令人很感觉他思想的深刻和卓越。"别士"是谁？就是穗卿。

穗卿是晚清思想界革命的先驱者。

穗卿是我少年做学问最有力的一位导师。

穗卿既不著书，又不讲学，他的思想，只是和心赏的朋友偶然讲讲，或者在报纸上随意写一两篇。——印出来的著作，只有十几年前商务印书馆出版的一部《中国历史教科书》，也并非得意之作。——他晚年思想到怎样程度，恐怕除了他自己外没有人知道。但我敢说：

他对于中国历史有崭新的见解——尤其是古代史，尤其是有史以前。

他对于佛学有精深的研究——近世认识"唯识学"价值的人，要算他头一个。

我将来打算做一篇穗卿的传,把他学术全部详细说明。——但不知道我能不能,因为穗卿虽然现在才死,然而关于他的资料已不易搜集,尤其是晚年。——现在只把我所谓"三十年前印象"写写便了。

穗卿和我的交际,有他赠我两首诗说得最明白。第二首我记不真了——原稿更没有。第一首却一字不忘。请把他写下来:

> 壬辰在京师,广座见吾子。
> 草草致一揖,仅足记姓氏。
> 洎乎癸甲间,衡宇望尺咫。
> 春骑醉莺花,秋灯狎图史。
> 冥冥兰陵门,万鬼头如蚁。
> 质多举只手,阳乌为之死。
> 袒裼往暴之,一击类执豕。
> 酒酣掷杯起,跌宕笑相视。
> 颇谓宙合间,只此足欢喜。
> 夕烽从东来,孤帆共南指。
> 再别再相遭,便已十年矣。
> 吾子尚青春,英声乃如此。
> 嗟嗟吾党人,视子为泰否。

这首诗是他甲辰年游日本时赠我的,距今恰恰整二十年了。我因这首诗才可以将我们交往的年月约略记忆转来。

我十九岁始认得穗卿。——我的"外江佬"朋友里头,他算是第一个。初时不过"草草一揖",了不相关,以后不晓得怎么样便投契起来了。我当时说的纯是"广东官话",他的杭州腔又是终身不肯改的,我们交换谈话很困难,但不久都互相了解了。他租得一个小房子在贾家胡同,我住的是粉房琉璃街新会馆。——后来又加入一位谭复生,他住在北半截胡同浏阳馆。——"衡宇望尺咫",我们几乎没有一天不见面。见面就谈学问,常常对吵,每天总大吵一两场。但吵的结果,十次有九次我被穗卿屈服,我们大概总得到意见一致。

这会想起来,那时候我们的思想真"浪漫"得可惊!不知从那里会有恁么多问题,一会发生一个,一会又发生一个。我们要把宇宙间所有的问题都解决;但帮助我们解决的资料却没有,我们便靠主观的冥想,想得的便拿来对吵;吵到意见一致的时候,便自以为已经解决了。由今回想,真是可笑!但到后来知道问题不是那么容易解决,发生问题的勇气也一天减少一天了。

穗卿和我都是从小治乾嘉派考证学有相当素养的人。到我们在一块儿的时候,我们对于从前所学生极大的反动,不惟厌他,而且恨他。穗卿诗里头"冥冥兰陵门,万鬼头如蚁。质多举只手,阳乌为之死","兰陵"指的是荀卿;"质多"是佛典上魔鬼的译名,——或者即基督教经典里头的撒但;阳乌即太阳——日中有乌是相传的神话。清儒所做的汉学,自命为"荀学"。我们要把当时垄断学界的汉学打倒,便用"禽贼禽王"的手段去打他们的老祖宗——荀子。到底打倒没有呢?且不管。但我刚才说过,"我们吵到没有得吵的时候,便算问题解决"。我们主观上认为已经打倒了!"祖裼往暴之,一击类执豕。酒酣掷杯起,跌宕笑相视。颇谓宙合间,只此足欢喜。"这是我们合奏的革命成功凯歌。读起来可以想见当时我们狂到怎么样,也可以想见我们精神解放后所得的愉快怎么样。

穗卿自己的宇宙观人生观,常喜欢用诗写出来。他前后作有几十首绝句,说的都是怪话。我只记得他第一首:

  冰期世界太清凉,洪水芒芒下土方。巴别塔前一挥手,人天从此感参商。

这是从地质学家所谓冰期洪水期讲起,以后光怪陆离的话不知多少。当时除我和谭复生外没有人能解他。因为他创造许多新名词,非常在一块的人不懂。可惜我把那诗都忘记了——他家里也未必有稿。他又有四首寄托遥深的律诗，我只记得两句：

  阁视吾良秋柏实，化为瑶草洞庭深。

谭复生和他的是：

  ……金裘喷血和天斗，黄竹闻歌匦地哀。徐甲倘容心忏悔，愿身成骨骨成灰。

  死生流转不相值，天地翻时忽一逢。且喜无情成解脱，欲追前事已冥濛……

  这些话都是表现他们的理想，用的字句都是象征。当时我也有和作，但太坏，记不得了。

  简单说，我们当时认为：中国自汉以后的学问全要不得的；外来的学问都是好的。既然汉以后要不得，所以专读各经的正文和周秦诸子。既然外国学问都好，却是不懂外国话，不能读外国书，只好拿几部教会的译书当宝贝。再加上些我们主观的理想——似宗教非宗教似哲学非哲学似科学非科学似文学非文学的奇怪而幼稚的理想。我们所标榜的"新学"，就是这三种原素混合构成。

  我们的"新学"要得要不得，另一问题。但当时确用"宗教式的宣传"去宣传他。穗卿诗说"嗟嗟吾党人"，穗卿没有政治上的党，人人所共知；"吾党"却是学术界打死仗的党。

  穗卿为什么自名为别士呢？"别士"这句话出于墨子，是和"兼士"对称的。墨子主张兼爱，常说"兼以易别"，所以墨家叫做"兼士"，非墨家便叫做"别士"。我是心醉墨学的人，所以自己号称"任公"，又自命为"兼士"。穗卿说："我却不能做摩顶放踵利天下的人，只好听你们墨家排挤罢。"因此自号别士。他又有两句赠我的诗说道：

> 君自为繁我为简，白云归去帝之居。

这是他口里来说出我们彼此不同之点。大概他厌世的色彩很深，不像我凡事都有兴味。我们常常彼此互规其短；但都不能改，以后我们各走各路，学风便很生差别了。

穗卿又起我一个绰号叫做"佞人"。这句话怎么解呢？我们有一天闲谈，谈到这"佞"字，古人自谦便称"不佞"，《论语》又说"仁而不佞"，又说"非敢为佞也，疾固也"。不佞有什么可惜又有什么可谦呢？因记起某部书的训诂"佞，才也"。知道不佞即不才，仁而不佞即仁而无才，非敢为佞即不敢自命有才。然则穗卿为什么叫我做佞人呢？《庄子·天下篇》论墨子学术总结一句是"才士也夫"。——穗卿当时赠我的诗有一句"帝杀黑龙才士隐"，"黑龙"用《墨子·贵义篇》的话，才士即指墨子——他挖苦我的"墨学狂"，把庄子上给墨子的徽号移赠我，叫我做"才士"，再拿旧训诂展转注解一番，一变便变成了"佞人"！有一年正当丁香花盛开时候，我不知往那里去了，三天没有见他。回来见案头上留下他一首歪诗说道：

> 不见佞人三日了，不知为佞去何方。
> 春光如此不游赏，终日栖栖为底忙？

这虽不过当时一种绝不相干的雅谑，但令我永远不能忘记。现在三十年前的丁香花又烂漫着开，枝头如雪，"佞人"依旧"栖栖"，却不见留笺的人！

我们都学佛，但穗卿常常和我说："怕只法相宗才算真佛学。"那时窥基的《成唯识论述记》初回到中国，他看见了欢喜得几乎发狂！他又屡说"《楞严经》是假的"，当时我不以为然，和他吵了多次。但后来越读《楞严》越发现他是假。我十年来久想仿阎百诗《古文尚书疏证》的体例著一部《佛顶楞严经疏证》。三年前见穗卿和他谈起，他很高兴，还供给我许多资料。我这部书不知何年何月才做成，便做成也不能请教我的导师了！

穗卿是最静穆的人，常常终日对客不发一言。我记得他有一句诗：

　　一灯静如鹭。

我说这诗就是他自己写照。从前我们用的两根灯草的油灯，夜长人寂时澄心眇虑和他相对，好像沙滩边白鹭翘起一足在那里出神。穗卿这句诗固然体物入微，但也是他的人格的象征了。

"白云归去帝之居。"呜呼！穗卿先生归去了。
呜呼！思想界革命先驱的夏穗卿先生！
呜呼！我三十年前的良友夏穗卿先生！
　　　　　　　　　　十三年，四月，二十三日，穗卿死后六日。
　　　　　　　　　　　（原刊1924年4月29日《晨报副镌》）

南海先生七十寿言

岁丁卯二月五日，实我本师南海康先生七十生日，上距广州长兴里万木草堂设教伊始三十有七年矣。同学著籍者遍天下，咸思所以为先生寿。其最初受业于门者及游宦于京邑者若而人，则胥谋命启超为之辞。

启超窃惟先生思以道援天下溺，恻恻焉数十年如一日，顾竟不得所藉手至于今。世变愈棘，夷狄禽兽，交于中国；四民惨悴颠沛，不可终日。先生盖矗然忧伤，其不能一日展眉以为欢也。虽然，先生有天游焉。终日行不离辎重，而神明栖息乎方之外，以故一生所历劳苦患难，非恒人所克堪受，而常能无入而不自得。古之真人，盖有入水不濡，入火不热，寿不知其纪，而颜色常如婴儿者。孔子有言："智者乐，仁者寿。"先生惟仁也，故有终身之忧；惟智也，故不改其乐。仁且知，故乐而寿，正惟弟子不能及也。先生之功在国家，与其学术之开拓千古，若悉说之，将累万言弗能尽。吾侪今日求所以乐先生者，请语草堂之乐以为乐，可乎？

吾侪初侍先生于长兴也，徒侣不满二十人，齿率在十五六乃至十八九之间，其弱冠以上者裁二三人耳，皆天真烂漫，而志气踔跞向上，相爱若昆弟，而先生视之犹子。堂中有书藏，先生自出其累代藏书置焉；有乐器库，先生督制琴竽干戚之属略备。先生每逾午，则升坐讲古今学术源流。每讲辄历二三小时，讲者忘倦，听者亦忘倦。每听一度，则各各欢喜踊跃，自以为有所创获，退省则醰醰然有味，历久而弥永也。向晦，则燕见，率三四人入室旅谒，亦时有独造者。先生始则答问，继则广谭，因甲起乙，往往遂及道术，至广大至精微处。吾侪始学耳，能质疑献难者盖鲜；其有之，则先生大乐，谈益纵，而所以诲之者益丰。每月夜，吾侪则从游焉。粤秀山之麓，吾侪舞雩也，与先生相期焉或不相期。然而春秋佳日，三五之夕，学海堂、菊坡精舍、红棉草堂、镇海楼一带，其无万木草堂师弟踪迹者盖寡。每游，率以论文始，既乃杂逻泛滥于宇宙万有，芒乎沕乎，不知所终极。先生在，则拱默以听；不在，则主客论难锋起，声往往振林木。或联臂高歌，惊树上栖鸦拍拍起。噫嘻！学于万木，盖无日不乐，而此乐最殊胜矣。先生著《新学伪经考》方成，吾侪分任校雠；其著《孔子改制考》及《春秋董氏学》，则发凡起例，诏吾侪分纂焉。吾侪坐是获所启发，各斐然有述作之志。其著《大同书》，覃思独造，莫能赞一辞；然每发一义，未尝不择其可语者相与商榷，陈礼吉、曹箬伟其最有异闻也。抑先生虽以乐学教吾侪乎，然每语及国事阢陧，民生蕉萃，外侮凭陵，辄慷慨欷歔，或至流涕。吾侪受其教，则振荡怵惕，憬然于匹夫之责，而不敢自放弃自暇逸。每出，则举所闻以语亲戚朋旧，强聒而不舍。流俗骇怪指目之，谥曰"康党"，吾侪亦居之不疑也。

自长兴以后，而邝家祠，而府学宫，从游者岁增，动至数百千人。虽得朋日丰，而亲炙之时日不能遍给，乐稍杀矣。既而公车上书、强学会、戊戌政变以迄今日，忽忽三十年，先生转徙海外之日强半。吾侪相从于患难中，其间零落凋谢，不一二数。今先生七十，吾侪亦既皆垂垂老矣，各牵于人事，或经数岁不得合并。然每一侍坐，则先生谭兴之豪，与抚爱之切挚，一不减长兴时。吾侪深庆事先生之日方长，而所以鼓舞之使靖献于天下国家者，正未有艾也。

今国事诚有大不忍言者存，然剥极之后，会有其期。戊戌以后之新中国，惟先生实手辟之。今之少年，或能讥弹先生，然而导河积石，则孰非闻先生之风而兴者？事苟有济，成之何必在我！先生其亦或可稍纾悲悯，雍容扶杖，以待一阳之至也。

启超等或于役京国，或息影家园，或栖迟海外，不能一一抠衣趋祝；惟往往风晨雨夕，相促膝话畴昔少年同学事，则心魂温醲而神志飞扬，谓为有生弟一至乐，而知先生亦必有以乐乎此也。乃以所以乐先生者为先生寿，而属亲炙于侧者致辞焉。先生其将莞尔而笑曰：吾党之小子狂简犹昔也。

(原刊 1927 年 2 月 27 日《晨报·星期画报》第 73 期)

游历编

汗漫录（节录）

（一名《半九十录》）*

余乡人也。于赤县神州，有当秦汉之交，屹然独立群雄之表，数十年，用其地与其人，称蛮夷大长，留英雄之名誉于历史上之一省；于其省也，有当宋元之交，我黄帝子孙与北狄贱种血战不胜，君臣殉国，自沉于崖山，留悲愤之记念于历史上之一县。是即余之故乡也。余自先世数百年，栖于山谷。族之伯叔兄弟，且耕且读，不问世事，如桃源中人。余生九年，乃始游他县；生十七年，乃始游他省。犹了了然无大志，梦梦然不知有天下事。余盖完全无缺、不带杂质之乡人也。曾几何时，为十九世纪世界大风潮之势力所簸荡、所冲激、所驱遣，乃使我不得不为国人焉，浸假将使我不得不为世界人焉，是岂十年前熊子谷（熊子谷，吾乡名也。）中一童子所及料也？

虽然，既生于此国，义固不可不为国人；既生于此世界，义固不可不为世界人。夫宁可逃耶？宁可避耶？又岂惟无可逃、无可避而已，既有责任，则当知之；既知责任，则当行之。为国人、为世界人，盖其难哉！夫既难矣，又无可避矣，然则如何？曰学之而已矣。于是去年九月，以国事东渡，居于亚洲创行立宪政体之第一先进国，是为生平游他国之始；今年十一月，乃航太平洋，将适全地球创行共和政体之第一先进国，是为生平游他洲之始。于是生二十七年矣，乃于今始学为国人，学为世界人。曾子曰："任重而道远。"吾今者始上于学为人之途，殆亦如今日欲游阿美利

---

* 后改题为《夏威夷游记》。——编者注

加，而始发轫于横滨也。天地悠矣，前途辽矣。行百里者半九十，敢不惧欤？敢不念欤？

昔贤旅行，皆有日记。因效其体，每日所见所闻所行所感，夕则记之，名曰《汗漫录》，又名曰《半九十录》。以之自证，且贻同志云。其词芜，其事杂，日记之体宜然也。光绪二十五年己亥十一月十八日。

西历十二月十九日，即中历十一月十七日（以后所记皆用西历），始发东京。昔人诗曰："客舍并州已十霜，归心日日忆咸阳。无端更渡桑干水，却望并州是故乡。"吾于日本真有第二个故乡之感。盖故乡云者，不必其生长之地为然耳。生长之地所以为故乡者何？以其于己身有密切之关系，有许多之习惯，印于脑中，欲忘而不能忘者也。然则凡地之于己身有密切之关系，有许多之习惯，印于脑中，欲忘而不能忘者，皆可作故乡观也。

吾自中日战事以来，即为浪游：甲午二月如京师，十月归广东；乙未二月复如京师，出山海关；丙申二月南下，居上海，十月游杭州，十二月适武昌；丁酉二月复还上海，十月入长沙；戊戌二月复如京师，八月遂窜于日本，九月初二日到东京，以至于今。凡居东京者四百四十日，自浪游以来，淹滞一地之时日，未有若此之长者也。

此四百四十日中，师友、弟子、眷属来相见者前后共五十六人，至今同居朝夕促膝者尚三十余人。日本人订交形神俱亲谊等骨肉者数人，其余隶友籍者数十。横滨诸商，同志相亲爱者亦数十人，其少年子弟来及门者以十数。其经手所办之事，曰《清议报》，曰高等学校；此外有关系之事尚数端；倡而未成、成而未完备者亦数端。

又自居东以来，广搜日本书而读之，若行山阴道上，应接不暇。脑质为之改易，思想言论，与前者若出两人。每日阅日本报纸，于日本政界、学界之事，相习相忘，几于如己国然。盖吾之于日本，真所谓有密切之关系，有许多之习惯，印于脑中，欲忘而不能忘者在也。

吾友叶湘南，以去年十月东来，今年七月一归国，十月复来，语余曰：乡居三月，殆如客中，惟日日念日本，如思家然。湘南且然，况于余哉？孔子去鲁，迟迟吾行，去齐接淅而行，孟子之去齐，则三宿而后出昼，亦因其交情之深浅而异耳。吾之游美，期以六月，今背秋涉冬，始能成行。濡滞之诮，固知不免，爱根未断，我劳如何？

是夕大同学校于事诸君饯之于校中，高等学校发起人诸君饯之于千岁楼。席散后与同学诸君作竟夕谈于清议报馆。

或问曰：子中国人也，作日记而以西历纪日，毋乃无爱国心乎？答之曰：不然。凡事物之设记号，皆所以便人耳。记号之种类不一，如时月日、度量衡之类皆是也，乃至于语言文字，亦记号之繁而大者耳。记号既主于便人，则必以画一为贵。孔子大同之学，必汲汲于协时月正日、同律度量衡是也（吾昔有《纪年公理》一篇论此义）。当各人群未交通之时，各因其习惯而各设记号，此是一定之理。及其既交通之后，则必当画一之。不然，有十群于此，则一事物有十记号；有百群于此，则一事物有百记号。如是恐人类之脑筋，将专用之于记此记号，而犹且不给矣。然则画一之不可以已，无待言。

虽然，此群彼群，各尊其所习惯，将一于谁氏乎？曰是有两义：一曰强习俗以就学理，以公议比较其合于公理最简易者而用之是也；一曰强少人以就多人，因其已行之最广者而用之是也。既知此义，则无论何群之人，皆不可无舍己从人之识量，夫然后可引其线以至于大同也；且亦使各群之人，皆留其有用之脑筋以施之它事也。

如彼太阳历者，行之于世界既最广，按之于学理亦极密，故吾不惜舍己以用之。且吾今所游者，乃行用西历之地，吾若每日必对翻中历，乃录日记，虽此些少之脑筋，吾亦爱惜之也。抑所谓爱国云者，在实事不在虚文。吾国士大夫之病，惟争体面，日日盘旋于外形。其国家之实利实权，则尽以予人而不惜；惟于毫无关轻重之形式与记号，则出死力以争之，是焉得为爱国矣乎？吾则反是。

二十日正午，乘"香港丸"，发横滨。同人送之于江干者数十人，送之于舟中者十余人，珍重而别。午后一点，舟遂展轮。

二十一日，风浪渐恶，船摇胃翻，偃卧一床，蜷伏不敢动，经一日大觉其苦。因自思我去年本九死之人，脱虎口者幸耳；若就法场时，其苦较今日何如？即不尔，在缧绁中，坐卧一漆室，与蟹虱为伍，其苦又较今日何如？乃强起行船面，然遂苦吐，终蜷伏将息之。

是夕向晦即睡，沉沉然至明日午饭时乃醒，偿数日前之睡渴也。其夜风大作，船簸荡如箕，上下以百尺计。然竟不知之，毫不觉其苦也。因触悟三界惟心之真理。盖晕船者非船之能晕人，人之自晕也。六祖曰："非风动，非幡动，贤者心自动。"因此可以见道。

二十二日，风益恶，涛声打船如巨壑雷，浪花如雪山脉千百起伏，激水达桅杪，船如钻行海心者然。忽焉窗户玻片，为冲浪击碎，水喷射入数斗，床毡衣服书籍俱湿。强起启箧易服迁他室，晕懑不可支。舟人以木板遍护窗外，室中白昼然电灯者两日。

向晦，船忽停轮，盘旋良久。询之则舟中服役一日本人为浪所卷落于海也，汩浴于海面者殆两刻之久，然遂不能救。闻之惊惋久之。呜呼！古人曰："死生有命。"谅哉！苟其不死，虽日日投身于硝烟弹雨之中，不死自若也；苟其死也，则何地无岩墙，何日无虎疫，又岂独今之一舟子哉？死而可避，则此生存竞争之剧场中，无茧足而立之隙地矣。其以避而不死者，必其未至死期、未得死所者也，然则直多此一避耳。观于此，使人冒险之精神勃然而生。其明日，船员为死事者募恤孤之金，附客咸有所赠，余亦赠十金。

二十三日，风如故，然既已安之，能饮食行坐，无大苦。因思人之聪明才力，无不从阅历得来。吾少时最畏乘船，每过数丈之横水渡，亦必作呕。数年以来，奔走燕齐吴越间，每岁航海必数次，非大风浪，则如陆行矣。此次之风色，为生平所仅见，然不数日已习而安之，知习之必可以夺性也。历观古今中外许多英雄豪杰，少年皆如常儿耳。董子曰："勉强学问，勉强行道。"吾因此可以自慰，可以自厉。

二十五日，风稍定，如初开船之日。数日来，偃卧无一事，乃作诗以自遣。余素不能诗，所记诵古人之诗不及二百首，生平所为诗不及五十首。今次忽发异兴，两日内成十余首，可谓怪事！

余虽不能诗，然尝好论诗。以为诗之境界，被千余年来鹦鹉名士（余尝戏名词章家为"鹦鹉名士"，自觉过于尖刻。）占尽矣。虽有佳章佳句，一读之似在某集中曾相见者，是最可恨也。故今日不作诗则已，若作诗，必为诗界之哥仑布、玛赛郎然后可。犹欧洲之地力已尽，生产过度，不能不求新地于阿米利加及太平洋沿岸也。欲为诗界之哥仑布、玛赛郎，不可不备三长：第一要新意境，第二要新语句，而又须以古人之风格入之，然后成其为诗。不然，如移木星、金星之动物以实美洲，瑰伟则瑰伟矣，其如不类何！若三者具备，则可以为二十世纪支那之诗王矣。宋明人善以印度之意境、语句入诗，有三长具备者。如东坡之"溪声便是广长舌，山色岂非清净身？夜来八万四千偈，他日如何举似人"之类，真觉可爱。然此境至今日，又已成旧世界。今欲易之，不可不求之于欧洲。欧洲之意境、语句，甚繁富而玮异，得之可以陵轹千古，涵盖一切。今尚未有其人也。

时彦中能为诗人之诗，而锐意欲造新国者，莫如黄公度。其集中有《今别离》四首，及《吴太夫人寿诗》等，皆纯以欧洲意境行之。然新语句尚少，盖由新语句与古风格，常相背驰。公度重风格者，故勉避之也。

夏穗卿、谭复生，皆善选新语句。其语句则经子生涩语、佛典语、欧洲语杂用，颇错落可喜，然已不备诗家之资格。试举其一二：穗卿诗有"帝杀黑龙才士隐，书飞赤鸟太平迟。民皇备矣三重信，人鬼同谋百姓知"等句，每一句皆含一经义，可谓新绝。又有"有人雄起琉璃海，兽魄蛙魂龙所徙"等句，若不知其出典，虽十日思不能索其解。复生赠余诗云："大成大辟大雄氏，据乱升平及太平。五始当王讫麟获，三言不识乃鸡鸣。人天帝网光中现，来去云孙脚下行。莫共龙蛙争寸土，从知教主亚洲生。"又有"眼帘绘影影非实，耳鼓有声声已过"等句，又"虚空以太显诸仁"等句，其意、语皆非寻常诗家所有。复生本甚能诗者，然三十以后，鄙其前所作为旧学。晚年屡有所为，皆用此新体，甚自喜之；然已渐成七字句之语录，不甚肖诗矣。吾既不能为诗，前年见穗卿、复生之作，辄欲效之，更不成字句。记有一首云："尘尘万法吾谁适？生也无涯知有涯。大地混元兆螺蛤，千年道战起龙蛇。秦新杀翳应阳厄，彼保兴亡识轨差。我梦天门受天语，玄黄血海见三蛙。"尝有人乞为写之且注之，注至二百余字，乃能解。今日观之，可笑实甚也，真有以金星动物入地球之观矣。

其不以此体为主，而偶一点缀者，常见佳胜。文芸阁有句云："遥夜苦难明，他洲日方午。"盖夜坐之作也。余甚赏之。邱仓海《题无惧居士独立图》云："黄人尚昧合群理，诗界差争自主权。"对句可谓三长兼备。邱星洲有"以太同胞关痛痒，自由万物竞生存"之句，其境界大略与夏、谭相等，而遥优于余。郑西乡自言生平未尝作一诗，今见其近作一首云："太息神州不陆浮，浪从星海狎盟鸥。共和风月推君主，代表琴樽唱自由。物我平权皆偶国，天人团体一孤舟。此身归纳知何处，出世无机与化游。"读之不觉拍案叫绝。全首皆用日本译西书之语句，如共和、代表、自由、平权、团体、归纳、无机诸语，皆是也。吾近好以日本语句入文，见者已诧赞其新异；而西乡乃更以入诗，如天衣无缝。"天人团体一孤舟"之语，亦几于诗人之诗矣。吾于是乃知西乡之有诗才也。吾论诗宗旨大略如此。

　　然以上所举诸家，皆片鳞只甲，未能确然成一家言。且其所谓欧洲意境、语句，多物质上琐碎粗疏者，于精神、思想上未有之也。虽然，即以学界论之，欧洲之真精神、真思想，尚且未输入中国，况于诗界乎？此固不足怪也。吾虽不能诗，惟将竭力输入欧洲之精神、思想，以供来者之诗料可乎？要之支那非有诗界革命，则诗运殆将绝。虽然，诗运无绝之时也。今日者革命之机渐熟，而哥仑布、玛赛郎之出世必不远矣。上所举者，皆其革命军月晕础润之征也，夫诗又其小焉者也。

　　（下略）

（原刊1900年2月10日《清议报》第35册）

新大陆游记（节录）

十三

从内地来者，至香港、上海，眼界辄一变，内地陋矣，不足道矣；至日本，眼界又一变，香港、上海陋矣，不足道矣；渡海至太平洋沿岸，眼界又一变，日本陋矣，不足道矣；更横大陆至美国东方，眼界又一变，太平洋沿岸诸都会陋矣，不足道矣。此殆凡游历者所同知也。至纽约，观止也未？

吾闻日本游历家皆曰，先至美国，后至欧洲者，无不惊欧洲之局促顽旧；先至欧洲，后至美国者，无不惊美国之嚣尘杂乱。吾未至欧洲，吾不能言之。

吾在纽约无余日以从事游览，若政治上、生计上、社会上种种观察，百不得一，固不待论；即风景亦所见绝稀，吾深负纽约也。初到时，有拉杂笔记百数十条，记琐见琐闻。及游历遍，覆视之，觉其全属辽东豕，故概淘汰不编入，惟略存十数条如下：

野蛮人住地底，半开人住地面，文明人住地顶。住地面者，寻常一两层之屋宅是也。住地底者，孟子所谓下者为营窟。古之五祀，有中霤。穴地为屋，凿漏其上以透光，雨则溜下也。今吾国秦晋豫之间，犹有是风。北京之屋，亦往往有入门下数石级者，犹近于地底矣。纽约之屋，则十层至二十层者数见不鲜，其最高者乃至三十三层，真所谓地顶矣。然美国大都会通常之家屋，皆有地窖一二层，则又以顶而兼底也。

纽约触目皆鸽笼，其房屋也；触目皆蛛网，其电线也；触目皆百足之虫，其市街电车也。

纽约之中央公园，从第七十一街起至第一百二十三街止，其面积与上海英、法租界略相埒；而每当休暇之日，犹复车毂击、人肩摩。其地在全市之中央，若改为市场，所售地价，可三四倍于中国政府之岁入。以中国人之眼观之，必曰弃金钱于无用之地，可惜可惜！

纽约全市公园之面积，共七千方嗌架，为全世界诸市公园地之最多者。次则伦敦，共六千五百方嗌架。

论市政者，皆言太繁盛之市，若无相当之公园，则于卫生上、于道德上皆有大害。吾至纽约而信。一日不到公园，则精神昏浊，理想污下。

街上车、空中车、隧道车、马车、自驾电车、自由车，终日殷殷于顶上，硑硑于足下，辚辚于左，彭彭于右，隆隆于前，丁丁于后，神气为昏，魂胆为摇。

人言久住纽约者，其眼必较寻常人为快。苟不尔者，则当过十字街时，可以呆立终日，一步不敢行。

纽约之最大旅馆，其上等房位，每日百五十元（合墨西哥银三百余元）。房中陈设，皆法前王路易第十四宫中物云。李文忠游美时住此馆，但仅住二等房位耳，每日七十五元。其参随辈，皆住三四等以下云。以中国第一等地位之人，而作纽约第二等客，一笑。

格兰德之墓，亦纽约一游燕处也。格兰德罢任总统后，贫不能自存，无有恤之者；及其死也，以数兆金营其墓，可称咄咄怪事。闻贱丈夫欲罔利者，营此别业，吸引裙屐，因使其附近地价，可以骤涨云。兹事虽小，亦可见薄俗之一斑也。墓临河，风景绝美，士女云萃，过于公园。合肥手植一树于墓门，泐数言焉，行人咸目之。

自由岛者，在纽约海口中央，竖一自由女神像，法国人所赠也。美人宝之，登之有潇洒出尘之想。

郎埃仑在布碌仑之西，由纽约乘电车半点钟可达，避暑之地也，游者以夜。余尝一游，未至里许，已见满天云锦，盖电灯总在数千万盏以上也。层楼杰阁，皆缀华灯，遥望疑为玻璃世界。中有一园，名狂笑园者，人以洋一角售券入园。园中诸陈设玩区，有普通者，有特别者。特别者另买券乃能入观，其券贱者半角，最贵者亦不过两角半。然欲遍观之，每人须费二十三元有奇。自余如狂笑园而稍小者，尚数十区，欲遍游非三四日不能。然至者率皆中下等社会及儿童耳。

十六

纽约全省之华人，约二万，其在纽约市及布碌仑（与纽约相连，今合为一自治团体。）者万五千，大率业洗衣工者最多，杂碎馆者次之，厨工及西人家杂工又次之。其余商人，则皆恃工以为生。商店大小亦有数百家，自成一所谓"唐人埠"者。每来复，唐人埠街衢为塞，盖工人休暇，皆来集也；余日则颇冷淡。吾侪在东方诸市演说，惟来复日听众阗塞，余日则至者不及半数。

杂碎馆自李合肥游美后始发生。前此西人足迹不履唐人埠，自合肥至后一到游历，此后来者如鲫。西人好奇家欲知中国人生活之程度，未能至亚洲，则必到纽约唐人埠一观焉。合肥在美思中国饮食，属唐人埠之酒食店进馔数次。西人问其名，华人难于具对，统名之曰"杂碎"。自此杂碎之名大噪。仅纽约一隅，杂碎馆三四百家，遍于全市。此外东方各埠，如费尔特费、波士顿、华盛顿、芝加高、必珠卜诸埠称是。全美国华人衣食于是者凡三千余人，每岁此业所入可数百万，蔚为大国矣。

中国食品本美，而偶以合肥之名噪之，故举国嗜此若狂。凡杂碎馆之食单，莫不大书"李鸿章杂碎""李鸿章面""李鸿章饭"等名。因西人崇拜英雄性及好奇性，遂产出此物。李鸿章功德之在粤民者，当惟此为最矣。然其所谓杂碎者，烹饪殊劣，中国人从无就食者。

西人性质有大奇不可解者，如嗜杂碎其一端也。其尤奇者，莫如嗜用华医。华医在美洲起家至十数万以上者，前后殆百数十人。现诸大市，殆无不有著名之华医二三焉。余前在澳洲见有所谓安利医生者，本不识一字，以挑菜为生，贫不能自存。年三十余，始以医诳西人，后竟致富三百余万。及至美洲，其类此者数见不鲜。所有皆中国草药，以值百数十钱之药品，售价至一金或十金不等，而其门如市，应接不暇，咄咄怪事。

西例，凡业医者必须得政府之许可，然在美国得之并不难，各医家皆自称在中国某学校卒业之医学士、医学博士等。盖美国贿赂风盛行，有钱则万事俱办也。自此点观察之，则不如日本远甚。日本唐人埠之医生，无一能得免许状者。

纽约者，全世界第一大市场，商业家最可用武之地也。中国至微至贱之货物，如爆竹，如葵扇，如草席，每岁销数皆各值美金数百万，大者无论矣。然大率由美国人手经办，中国人自办者寥寥。统计纽约全市，其与西人贸易之商店，仅两家而已。中国人对外竞争之无力，即此可见。谓中国人富于商务之天才者，亦诬甚矣。

纽约及东部一带之华人，有眷属者颇稀，不如西部之多，盖道远往来难之所致欤？以此之故，华童在学校者亦甚少，约计不盈百人。

哥伦比亚大学，美国大学中之第一流也。吾中国学生一人，曰严君锦熔，北洋大学堂官费所派遣者，学政治法律，明年可以卒业。

二十

五月十四日，由纽约至华盛顿。

华盛顿，美国京都，亦新大陆上一最闲雅之大公园也。从纽约、波士顿、费尔特费诸烦浊之区，忽到此土，正如哀丝豪竹之后闻素琴之音，大酒肥肉之余嚼鲈莼之味，其愉快有不能以言语形容者。全都结构皆用美术的意匠，盖他市无不有历史上天然之遗传，而华盛顿市则全出于人造者也。

都中建筑最宏丽庄严者为"喀别德儿"（Capitol）。喀别德儿者，译言元首之意，谓此地为一国之元首也。喀别德儿之中央一高座为联邦法院，其左右两座次高者为上议院、下议院，其后一大座为图书馆，合称为喀别德儿。喀别德儿之前，置华盛顿一铜像。其中央高座、中门、棂楹、楄壁，盖皆美国历史纪念画。其技或绘或雕或塑，其质或金或石或木，自殖民时代、独立时代、南北战争时代以至近日，凡足以兴国民之观感者，无一不备，对之令人肃然起敬，沛然气壮，油然意远。甚矣，美术之感人深也！环喀别德儿之周遭，皆用最纯白大理石铺地，净无纤尘，光可鉴发。其外则嘉木修荫，芳草如簧，行人不哗，珍禽时鸣。琅环福地，匪可笔传矣。

华盛顿之图书馆，世界中第一美丽之图书馆也。藏书之富，今不具论。其衣墙覆瓦之美术，实合古今万国之菁英云。吾辈不解画趣，徒眩其金碧而已。数千年来世界上著名之学者，莫不有造像，入之如对严师。其观书堂中，常千数百人，而悄然无声，若在空谷。

观书堂壁间以精石编刻古今万国文字，凡百余种。吾中国文亦有焉，所书者为"子夏曰：日知其所亡，月无忘其所能，可谓好学也已矣"二十一字，写颜体，笔法遒劲，尚不玷祖国名誉。

喀别德儿之庄严宏丽如彼，而还观夫大统领之官邸，即所谓白宫（White House）者，则渺小两层垩白之室，视寻常富豪家一私第不如远甚。观此不得不叹羡平民政治质素之风，其所谓平等者真乃实行，而所谓国民公仆者真丝忽不敢自侈也。於戏！倜乎远矣。

全都中公家之建筑最宏敞者为国会（即喀别德儿），次为兵房，次为邮局，最湫隘者为大统领官邸。民主国之理想，于此可见。

华盛顿纪功华表，矗立都之中央，与喀别德儿相对，高五百英尺，实美国最高之建筑物也。其中空，可以升降。用升降机上之，须五分钟始达绝顶，步行则须二十分钟以外。登华表绝顶以望全都，但见芳草甘木，掩映于琼楼玉宇间，左瞰平湖，十顷一碧。同行一西人，为余指点某邱某壑，是独立军决斗处；某河某岸，是南北战争时南军侵入处。余感慨欷歔，不能自胜，得一诗云："琼楼高处寒如许，俯瞰鸿濛是帝乡。十里歌声春锦绣，百年史迹血玄黄。华严国土天龙静，金碧山川草树香。独有行人少颜色，抚阑天末望斜阳。"

华盛顿纪功华表构造时，征石于万国，五洲土物，鸠集备矣。各国赠石，皆系以铭，用其国文泐之，以颂美国国父之功德。吾中国亦有一石焉，当时使馆所馈，道员某为题词。其文乃用《瀛寰志略》所论载，谓华盛顿视陈胜、吴广，有过之无不及云。呜呼！此石终不可磨，此耻终不可洒，见之气结。

旅美十月，惟在华盛顿五日中最休暇，遍游其兵房、库房、铸银局、博物院、植物院等。惜不能到华盛顿故里一观遗迹，最为憾事。

每夕使馆中人多相访者，询美政府对满洲问题之真相颇悉。今事已过去，已发表，不复再述。

华盛顿除使馆外，有中国留学生八人，寿州孙氏居其五，皆沉实向学，有用才也。

四十

综观以上所列，则吾中国人之缺点，可得而论次矣。

一曰有族民资格而无市民资格。吾中国社会之组织，以家族为单位，不以个人为单位，所谓家齐而后国治是也。周代宗法之制，在今日其形式虽废，其精神犹存也。窃尝论之，西方阿利安人种之自治力，其发达固最早，即吾中国人之地方自治，宜亦不弱于彼。顾彼何以能组成一国家而我不能？则彼之所发达者，市制之自治；而我所发达者，族制之自治也。试游我国之乡落，其自治规模，确有不可掩者。即如吾乡，不过区区二三千人耳，而其立法、行政之机关，秩然不相混。他族亦称是。若此者，宜其为建国之第一基础也。乃一游都会之地，则其状态之凌乱，不可思议矣。凡此皆能为族民、不能为市民之明证也，吾游美洲而益信。彼既已脱离其乡井，以个人之资格，来住于最自由之大市，顾其所赍来、所建设者，仍舍家族制度外无他物，且其所以维持社会秩序之一部分者，仅赖此焉。此亦可见数千年之遗传，植根深厚，而为国民乡导者，不可不于此三致意也。

二曰有村落思想而无国家思想。吾闻卢斯福之演说，谓今日之美国民最急者，宜脱去村落思想，其意盖指各省、各市人之爱省心、爱市心而言也。然以历史上之发达观之，则美国所以能行完全之共和政者，实全恃此村落思想为之原。村落思想，固未可尽非也。虽然，其发达太过度，又为建国一大阻力。此中之度量分界，非最精确之权量，不足以衡之。而我中国则正发达过度者也。岂惟金山人为然耳，即内地亦莫不皆然；虽贤智之士，亦所不免。廉颇用赵，子房思韩，殆固有所不得已者耶？然此界不破，则欲成一巩固之帝国，盖亦难矣。

三曰只能受专制不能享自由。此实刍狗万物之言也，虽然，其奈实情如此，即欲掩讳，其可得耶？吾观全地球之社会，未有凌乱于旧金山之华人者。此何以故？曰自由耳。夫内地华人性质，未必有以优于金山，然在内地，犹长官所及治、父兄所及约束也。南洋华人，与内地异矣，然英、荷、法诸国，待我甚酷，十数人以上之集会，辄命解散，一切自由，悉被剥夺，其严刻更过于内地，故亦戢戢焉。其真能与西人享法律上同等之自由者，则旅居美洲、澳洲之人是也。然在人少之市，其势不能成，故其弊亦不甚著。群最多之人，以同居于一自由市者，则旧金山其称首也，而其现象乃若彼。

有乡人为余言，旧金山华人，惟前此左庚氏任领事时，最为安谧，人无敢挟刃寻仇者，无敢聚众滋事者，无敢游手闲行者，各秘密结社，皆敛迹屏息，夜户无惊，民孜孜务就职业。盖左氏授意彼市警吏，严缉之而重罚之也。及左氏去后，而故态依然。此实专制安而自由危，专制利而自由害之明证也。吾见其各会馆之规条，大率皆仿西人党会之例，甚文明，甚缜密；及观其所行，则无一不与规条相反悖。即如中华会馆者，其犹全市之总政府也，而每次议事，其所谓各会馆之主席及董事，到者不及十之一，百事废弛，莫之或问。或以小小意见，而各会馆抗不纳中华会馆之经费，中华无如何也。至其议事，则更有可笑者。吾尝见海外中华会馆之议事者数十处，其现象不外两端：（其一）则一二上流社会之有力者，言莫予违，众人唯诺而已，名为会议，实则布告也，命令也。若是者，名之为寡人专制政体。（其二）则所谓上流社会之人，无一有力者，遇事曾不敢有所决断，各无赖少年，环立于其旁，一议出则群起而噪之，而事终不得决。若是者，名之为暴民专制政体。若其因议事而相攘臂、相操戈者，又数见不鲜矣。此不徒海外之会馆为然也，即内地所称公局、公所之类，何一非如是？即近年来号称新党志士者所组织之团体，所称某协会、某学社者，亦何一非如是？此固万不能责诸一二人，盖一国之程度，实如是也。即李般所谓国民心理，无所往而不发现也。夫以若此之国民，而欲与之行合议制度，能耶否耶？更观其选举，益有令人失惊者。各会馆之有主席也，以为全会馆之代表也。而其选任之也，此县与彼县争（各会馆多合同数县者）；一县之中，此姓与彼姓争；一姓之中，此乡与彼乡争；一乡之中，此房与彼房争。每当选举时，往往杀人流血者，不可胜数也。夫不过区区一会馆耳，所争者岁千余金之权利耳，其区域不过限于一两县耳，而弊端乃若此；扩而大之，其惨象宁堪设想？恐不仅如南美诸国之四年一革命而已。以若此之国民，而欲与之行选举制度，能耶否耶？

难者将曰：此不过旧金山一市之现象而已，以汝粤山谷犷顽之民俗，律我全国，恶乎可？虽然，吾平心论之，吾未见内地人之性质，有以优于旧金山人也；吾反见其文明程度，尚远出旧金山人下也。问全国中有能以二三万人之市，容六家报馆者乎？无有也。问全国中之团体，有能草定如八大会馆章程之美备者乎？无有也。以旧金山犹如此，内地更可知矣。且即使内地人果有以优于金山人，而其所优者亦不过百步之与五十步；其无当于享受自由之资格，则一而已。夫岂无一二聪伟之士，其理想、其行谊，不让欧美之上流社会者？然仅恃此千万人中之一二人，遂可以立国乎？恃千万人中之一二人，以实行干涉主义以强其国，则可也；以千万人中之一二人为例，而遂曰全国人可以自由，不可也。

夫自由云，立宪云，共和云，是多数政体之总称也。而中国之多数、大多数、最大多数，如是如是，故吾今若采多数政体，是无以异于自杀其国也。自由云，立宪云，共和云，如冬之葛，如夏之裘，美非不美，其如于我不适何？吾今其毋眩空华，吾今其勿圆好梦。一言以蔽之，则今日中国国民，只可以受专制，不可以享自由。吾祝吾祷，吾讴吾思，吾惟祝祷讴思我国得如管子、商君、来喀瓦士、克林威尔其人者生于今日，雷厉风行,以铁以火,陶冶锻炼吾国民二十年、三十年乃至五十年,夫然后与之读卢梭之书,夫然后与之谈华盛顿之事。(以上三条,皆说明无政治能力之事。其保守心太重一端,人人共知,无俟再陈。)

四曰无高尚之目的。此实吾中国人根本之缺点也。均是国民也,或为大国民、强国民,或为小国民、弱国民,何也?凡人处于空间,必于一身衣食住之外,而有更大之目的;其在时间,必于现在安富尊荣之外,而有更大之目的。夫如是,乃能日有进步,缉熙于光明;否则凝滞而已,堕落而已。个人之么匿体如是,积个人以为国民,其拓都体亦复如是。欧美人高尚之目的不一端,以吾测之,其最重要者,则好美心其一也,(希腊人言德性者,以真、善、美三者为究竟。吾中国多言善而少言美,惟孔子谓《韶》尽美又尽善,孟子言可欲之谓善,充实之谓美,皆两者对举,此外言者甚希。以比较的论之,虽谓中国为不好美之国民可也。)社会之名誉心其二也,宗教之未来观念其三也。泰西精神的文明之发达,殆以此三者为根本,而吾中国皆最缺焉。故其所营营者只在一身,其所孳孳者只在现在,凝滞堕落之原因,实在于是。此不徒海外人为然也,全国皆然,但吾至海外而深有所感,故论及之。此其理颇长,非今日所能毕其词也。

此外,中国人性质不及西人者多端,余偶有所触辄记之,或过而忘之。今将所记者数条,丛录于下,不复伦次也:

西人每日只操作八点钟,每来复日则休息。中国商店每日晨七点开门,十一二点始歇,终日危坐店中,且来复日亦无休,而不能富于西人也;且其所操作之工,亦不能如西人之多。何也?凡人做事,最不可有倦气,终日终岁而操作焉,则必厌,厌则必倦,倦则万事堕落矣。休息者,实人生之一要件也。中国人所以不能有高尚之目的者,亦无休息实尸其咎。

美国学校,每岁平均只读百四十日书,每日平均只读五六点钟书,而西人学业优尚于华人,亦同此理。

华人一小小商店,动辄用数人乃至十数人;西人寻常商店,惟一二人耳。大约彼一人总做我三人之工。华人非不勤,实不敏也。

来复日休息,洵美矣。每经六日之后,则有一种方新之气,人之神气清明实以此。中国人昏浊甚矣,即不用彼之礼拜,而十日休沐之制,殆不可不行。

试集百数十以上之华人于一会场，虽极肃穆毋哗，而必有四种声音：最多者为咳嗽声，为欠伸声，次为嚏声，次为拭鼻涕声。吾尝于演说时默听之，此四声者如连珠然，未尝断绝。又于西人演说场、剧场静听之，虽数千人不闻一声。东洋汽车、电车必设唾壶，唾者狼藉不绝；美国车中设唾壶者甚希，即有亦几不用。东洋汽车途间在两三点钟以上者，车中人假寐过半；美国车中虽行终日，从无一人作隐几卧。东西人种之强弱优劣可见。

旧金山西人常有迁华埠之议，盖以华埠在全市中心最得地利，故彼涎之，抑亦借口于吾人之不洁也。使馆参赞某君尝语余曰，宜发论使华人自迁之。今夫华埠之商业，非能与西人争利也，所招徕者皆华人耳；自迁他处，其招徕如故也。迁后而大加整顿之，使耳目一新，风气或可稍变；且毋使附近彼族，日日为其眼中钉，不亦可乎？不然，我不自迁，彼必有迁我之一日，及其迁而华埠散矣，云云。此亦一说也。虽然，试问能办得到否？不过一空言耳。

旧金山凡街之两旁人行处（中央行车），不许吐唾，不许抛弃腐纸杂物等，犯者罚银五元；纽约电车不许吐唾，犯者罚银五百元。其贵洁如是，其厉行干涉、不许自由也如是。而华人以如彼凌乱秽浊之国民，毋怪为彼等所厌。

西人行路，身无不直者，头无不昂者。吾中国则一命而伛，再命而偻，三命而俯。相对之下，真自惭形秽。

西人行路，脚步无不急者，一望而知为满市皆有业之民也，若不胜其繁忙者然。中国人则雅步雍容，鸣琚佩玉，真乃可厌。在街上远望数十丈外有中国人迎面来者，即能辨认之，不徒以其躯之短而颜之黄也。

西人数人同行者如雁群，中国人数人同行者如散鸭。

西人讲话，与一人讲，则使一人能闻之；与二人讲，则使二人能闻之；与十人讲，则使十人能闻之；与百人、千人、数千人讲，则使百人、千人、数千人能闻之。其发声之高下，皆应其度。中国则群数人坐谈于室，声或如雷；聚数千演说于堂，声或如蚊。西人坐谈，甲语未毕，乙无傲言；中国人则一堂之中，声浪稀乱，京师名士，或以抢讲为方家，真可谓无秩序之极。孔子曰："不学诗，无以言；不学礼，无以立。"吾友徐君勉亦云：中国人未曾会行路，未曾会讲话。真非过言。斯事虽小，可以喻大也。

（1904年2月《新民丛报》临时增刊本）

欧游心影录（节录）

欧游中之一般观察及一般感想

上篇　大战前后之欧洲

一　楔子

民国八年双十节之次日，我们从意大利经过瑞士，回到巴黎附近白鲁威的寓庐。回想自六月六日离去法国以来，足足四个多月。坐了几千里的铁路，游了二十几个名城，除伦敦外，却没有一处住过一来复以上。真是走马看花，疲于奔命，如今却有点动极思静了。白鲁威离巴黎二十分钟火车，是巴黎人避暑之地。我们的寓庐，小小几间朴素楼房，倒有个很大的院落，杂花丰树，楚楚可人。当夏令时，想是风味绝佳，可惜我都不曾享受。到得我来时，那天地肃杀之气，已是到处弥满。院子里那些秋海棠野菊，不用说早已萎黄凋谢。连那十几株百年合抱的大苦栗树，也抵不过霜威风力，一片片的枯叶蝉联飘堕，层层堆叠，差不多把我们院子变成黄沙荒碛。还有些树上的叶，虽然还赖在那里挣他残命，却都带一种沉忧凄断之色，向风中战抖抖的作响，诉说他魂惊望绝。到后来索性连枝带梗滚掉下来，像也知道该让出自己所占的位置，教后来的好别谋再造。欧北气候，本来森郁，加以今年早寒，当旧历重阳前后，已有穷冬闭藏景象。总是阴霾霾的欲雨不雨，间日还要涌起濛濛黄雾。那太阳有时从层云叠雾中瑟瑟缩缩闪出些光线来，像要告诉世人，说他还在那里。但我们正想要去亲炙他一番，他却已躲得无踪无影了。我们住的这避暑别墅，本来就不是预备御冬之用，一切构造，都不合现在的时宜，所以住在里头的人，对于气候的激变，感受不便，自然是更多且更早了。欧战以来，此地黑煤的稀罕，就像黄金一样，便有钱也买不着。我们靠着取暖的两种宝贝，就是那半干不湿的木柴，和那煤气厂里蒸取过煤气的煤渣。那湿柴煨也再煨不燃，吱吱的响，像背地埋怨，说道你要我中用，还该先下一番工夫，这样生吞活剥起来，可是不行的。那煤渣在那里无精打彩的干炙，却一阵一阵的爆出碎屑来，像是恶很很的说道，我的精髓早已榨干了，你还要相煎太急吗？我们想着现在刚是故国秋高气爽的时候，已经一寒至此，将来还有三四个月的严冬，不知如何过活。因此连衣服也不敢多添，好预备他日不时之用。只得靠些室内室外运动，鼓起本身原有的热力，来抵抗外界的沍寒。我们同住的三五个人，就把白鲁威当作一个深山道院。巴黎是绝迹不去的，客人是一个不见的，镇日坐在一间开方丈把的屋子里头，傍着一个不生不灭的火炉，围着一张亦圆亦方的桌子，各人埋头埋脑做各自的功课。这便是我们这一冬的单调生活趣味，和上半年恰恰成个反比例了。我的功课中有一件，便是要做些文章，把这一年中所观察和所感想写出来。

七　科学万能之梦

大凡一个人，若使有个安心立命的所在，虽然外界种种困苦，也容易抵抗过去。近来欧洲人，却把这件没有了。为什么没有了呢？最大的原因，就是过信"科学万能"。原来欧洲近世的文明有三个来源，第一是封建制度，第二是希腊哲学，第三是耶稣教。封建制度，规定各人和社会的关系，形成一种道德的条件和习惯。哲学是从智的方面研究宇宙最高原理及人类精神作用，求出个至善的道德标准。宗教是从情的意的两方面，给人类一个"超世界"的信仰，那现世的道德，自然也跟着得个标准。十八世纪前的欧洲,就是靠这个过活。自法国大革命后,封建制度完全崩坏,古来道德的条件和习惯,大半不适于用,欧洲人的内部生活,渐渐动摇了。社会组织变更,原是历史上常态,生活就跟着他慢慢蜕变,本来没有什么难处。但这百年来的变更却与前不同。因科学发达结果,产业组织,从根柢翻新起来,变既太骤,其力又太猛,其范围又太广,他们要把他的内部生活凑上来和外部生活相应,却处处措手不及。最显著的就是现在都会的生活和从前堡聚的村落的生活截然两途。聚了无数素不相识的人在一个市场或一个工厂内共同生活,除了物质的利害关系外,绝无情感之可言,此其一。大多数人无恒产,恃工为活,生活根据,飘摇无着,好像枯蓬断梗,此其二。社会情形太复杂,应接不暇,到处受刺戟,神经疲劳,此其三。劳作完了想去耍乐,耍乐未完又要劳作,昼夜忙碌,无休养之余裕,此其四。欲望日日加高,百物日日加贵,生活日日加难,竞争日日加烈,此其五。以上所说,不过随手拈出几条。要而言之,近代人因科学发达,生出工业革命,外部生活变迁急剧,内部生活随而动摇,这是很容易看得出的。内部生活,本来可以凭宗教哲学等等力量,离去了外部生活依然存在。近代人却怎样呢?科学昌明以后,第一个致命伤的就是宗教。人类本从下等动物蜕变而来,那里有什么上帝创造,还配说人为万物之灵吗?宇宙间一切现象,不过物质和他的运动,那里有什么灵魂,更那里有什么天国?讲到哲学,从前康德和黑格尔时代,在思想界俨然有一种权威像是统一天下。自科学渐昌,这派唯心论的哲学便四分五裂,后来冈狄的实证哲学和达尔文的《种源论》同年出版,旧哲学更是根本动摇。老实说一句,哲学家简直是投降到科学家的旗下了。依着科学家的新心理学,所谓人类心灵这件东西,就不过物质运动现象之一种;精神和物质的对待,就根本不成立。所谓宇宙大原则,是要用科学的方法试验得来,不是用哲学的方法冥想得来的。这些唯物派的哲学家,托庇科学宇下建立一种纯物质的纯机械的人生观,把一切内部生活外部生活,都归到物质运动的"必然法则"之下。这种法则,其实可以叫做一种变相的运命前定说。不过旧派的前定说,说运命是由八字里带来或是由上帝注定,这新派的前定说,说运命是由科学的法则完全支配。所凭借的论据虽然不同,结论却是一样。不惟如此，他们把心理和精神看成一物，根据实验心理学，硬说人类精神，也不过一种物质，一样受"必然法则"所支配。于是人类的自由意志，不得不否认了。意志既不能自由，还有什么善恶的责任？我为善不过那"必然法则"的轮子推着我动，我为恶也不过那"必然法则"的轮子推着我动，和我什么相干？如此说来，这不是道德标准应如何变迁的问题，真是道德这件东西能否存在的问题了。现今思想界最大的危机，就在这一点。宗教和旧哲学，既已被科学打得个旗靡辙乱，这位"科学先生"便自当仁不让起来，要凭他的试验发明个宇宙新大原理。却是那大原理且不消说，敢是各科各科的小原理，也是日新月异，今日认为真理，明日已成谬见。新权威到底树立不来，旧权威却是不可恢复了。所以全社会人心，都陷入怀疑沉闷畏惧之中，好像失了罗针的海船遇着风遇着雾，不知前途怎生是好。既然如此，所以那些什么乐利主义、强权主义越发得势。死后既没有天堂，只好尽这几十年尽地快活。善恶既没有责任，何妨尽我的手段来充满我个人欲望。然而享用的物质增加速率，总不能和欲望的腾升同一比例，而且没有法子令他均衡。怎么好呢？只有凭自己的力量自由竞争起来，质而言之，就是弱肉强食。近年来甚么军阀甚么财阀，都是从这条路产生出来，这回大战争，便是一个报应。诸君又须知，我们若是终久立在这种唯物的机械的人生观上头，岂独军阀财阀的专横，可憎可恨，就是工团的同盟抵抗乃至社会革命，还不同是一种强权作用？不过从前强权，在那一班少数人手里，往后的强权，移在这一班多数人手里罢了。总之在这种人生观底下，那么千千万万人前脚接后脚的来这世界走一躺〔趟〕住几十年，干什么呢？独一无二的目的就是抢面包吃。不然就是怕那宇宙间物质运动的大轮子缺了发动力，特自来供给他燃料。果真这样，人生还有一毫意味，人类还有一毫价值吗？无奈当科学全盛时代，那主要的思潮，却是偏在这方面，当时讴歌科学万能的人，满望着科学成功，黄金世界便指日出现。如今功总算成了，一百年物质的进步，比从前三千年所得还加几倍，我们人类不惟没有得着幸福，倒反带来许多灾难。好像沙漠中失路的旅人，远远望见个大黑影，拼命往前赶，以为可以靠他向导；那知赶上几程，影子却不见了，因此无限凄惶失望。影子是谁？就是这位"科学先生"。欧洲人做了一场科学万能的大梦，到如今却叫起科学破产来。这便是最近思潮变迁一个大关键了。

（自注）读者切勿误会，因此菲薄科学，我绝不承认科学破产，不过也不承认科学万能罢了。

八　文学的反射

要晓得时代思潮，最好是看他的文学。欧洲文学，讲到波澜壮阔，在前则有文艺复兴时期，在后则推十九世纪。两者同是思想解放的产物，但气象却有点根本不同之处：前者偏于乐观，后者偏于悲观；前者多春气，后者多秋气；前者当文明萌苴之时，觉得前途希望汪洋无际，后者当文明烂熟之后，觉得样样都试过了，都看透了，却是无一而可。我如今且简单讲几句。百年来的思潮和文学印证出来，十九世纪的文学，大约前半期可称为浪漫忒派（即感想派）全盛时代，后半期可称为自然派（即写实派）全盛时代。浪漫忒派承古典派极敝之后，崛然而起，斥摹仿，贵创造，破形式，纵感情，恰与当时唯心派的哲学和政治上生计上的自由主义同一趋向。万事皆尚新奇，总要凭主观的想像力描出些新境界新人物，要令读者跳出现实界的圈子外，生一种精神交替的作用。当时思想初解放，人人觉得个性发展可以绝无限制，梦想一种别开生面完全美满的生活。他们的诗家，有点和我国的李太白一样，游心物表，块然自乐。他们的小说，每部多有一个主人翁，这主人翁就是作者自己写照，性格和生活总是与寻常人不同。好写理想的武士表英雄万能，好写理想的美人表恋爱神圣，结果全落空想，和现在的实生活渺不相涉了。到十九世纪中叶，文学霸权，就渐渐移到自然派手里来。自然派所以勃兴，有许多原因。第一件，承浪漫忒派之后，将破除旧套发展个性两种精神做个基础，自然应该更进一步趋到通俗求真的方面来。第二件，其时物质文明剧变骤进，社会情状日趋繁复，多数人无复耽玩幻想的余裕；而且觉得幻境虽佳，总不过过门大嚼，倒不如把眼前事实写来，较为亲切有味。第三件，唯物的人生观正披靡一时，玄虚的理想，当然排斥，一切思想，既都趋实际，文学何独不然。第四件，科学的研究法，既已无论何种学问都广行应用，文学家自然也卷入这潮流，专用客观分析的方法来做基础。要而言之，自然派当科学万能时代，纯然成为一种科学的文学。他们有一个最重要的信条，说道"即真即美"。他们把社会当作一个理科试验室，把人类的动作行为，当作一瓶一瓶的药料，他们就拿他分析化合起来，那些名著，就是极翔实极明了的试验成绩报告。又像在解剖室中，将人类心理层层解剖，纯用极严格极冷静的客观分析，不含分毫主观的感情作用。所以他们书中的背景，不是天堂，不是来生，不是古代，不是外国，却是眼面前我们所栖托的社会。书中的人物，不是圣贤，不是仙佛，不是英雄，不是美人，却是眼面前一般群众。书中的事迹，不是什么惊天动地的大业，不是什么可歌可泣的奇情，却是眼面前日常生活的些子断片。我们从前有句格言，说是"画犬马难于画鬼神"。这自然派文学，将社会实相描写逼真，总算极尽画犬马之能事了。诸君试想，人类既不是上帝，如何没有缺点？虽以毛嫱、西施的美貌，拿显微镜照起来，还不是毛孔上一高一低的窟窿纵横满面。何况现在社会，变化急剧，构造不完全，自然更是丑态百出了。自然派文学，就把人类丑的方面、兽性的方面，赤条条和盘托出，写得个淋漓尽致。真固然是真，但照这样看来，人类的价值差不多到了零度了。总之，自从自然派文学盛行之后，越发令人觉得人类是从下等动物变来，和那猛兽弱虫没有多大分别，越发令人觉得人类没有意志自由，一切行为，都是受肉感的冲动和四围环境所支配。我们从前自己夸嘴，说道靠科学来征服自然界，如今科学越发昌明，那自然界的威力却越发横暴，我们快要倒被他征服了。所以受自然派文学影响的人，总是满腔子的怀疑，满腔子的失望。十九世纪末全欧洲社会，都是阴沉沉地一片秋气，就是为此。

九　思想之矛盾与悲观

凡一个人，若是有两种矛盾的思想在胸中交战，最是苦痛不过的事，社会思潮，何独不然。近代的欧洲，新思想和旧思想矛盾，不消说了。就专以新思想而论，因为解放的结果，种种思想同时从各方面迸发出来，都带几分矛盾性。如个人主义和社会主义矛盾，社会主义和国家主义矛盾，国家主义和个人主义也矛盾，世界主义和国家主义又矛盾。从本原上说来，自由平等两大主义，总算得近代思潮总纲领了，却是绝对的自由和绝对的平等，便是大大一个矛盾。分析起来，哲学上唯物和唯心的矛盾，社会上竞存和博爱的矛盾，政治上放任和干涉的矛盾，生计上自由和保护的矛盾。种种学说，都是言之有故持之成理，从两极端分头发展，愈发展得速，愈冲突得剧。消灭是消灭不了，调和是调和不来。种种怀疑，种种失望，都是为此。他们有句话叫做"世纪末"，这句话的意味，从狭义的解释，就像一年将近除夕，大小帐务，逼着要清算，却是头绪纷繁，不知从何算起；从广义解释，就是世界末日，文明灭绝的时候快到了。

我们自到欧洲以来，这种悲观的论调，着实听得洋洋盈耳。记得一位美国有名的新闻记者赛蒙氏和我闲谈（他做的战史公认是第一部好的），他问我："你回到中国干什么事，是否要把西洋文明带些回去？"我说："这个自然。"他叹一口气说："唉！可怜！西洋文明已经破产了。"我问他："你回到美国却干什么？"他说："我回去就关起大门老等，等你们把中国文明输进来救拔我们。"我初初听见这种话，还当他是有心奚落我。后来到处听惯了，才知道他们许多先觉之士，着实怀抱无限忧危，总觉得他们那些物质文明，是制造社会险象的种子，倒不如这世外桃源的中国，还有办法。这就是欧洲多数人心理的一斑了。

十　新文明再造之前途

诸君，我想诸君听了我这番话，当下就要起一个疑问，说道，"依你说来，欧洲不是整个完了吗？物质界的枯窘既已如彼，精神界的混乱又复如此，还有甚么呢？从前埃及、中亚细亚乃至希腊、罗马，都曾经过极灿烂的文明，后来都是灭绝了或中断了，不要这回欧洲又闹这出戏罢。"我对于这个疑问，敢毅然决然答应道："不然，不然，大大不然。"欧洲百年来物质上精神上的变化，都是由"个性发展"而来，现在还日日往这条路上去做。他和古代中世乃至十八世纪前的文明，根本上有不同的一点。从前是贵族的文明受动的文明，如今却是群众的文明自发的文明。从前的文明是靠少数特别地位特别天才的人来维持他，自然逃不了"人亡政息"的公例。今世的文明，是靠全社会一般人个个自觉日日创造出来的。所以他的"质"虽有时比前不如，他的"量"却比从前来得丰富，他的"力"却比从前来得连续。现在的欧洲，一言以蔽之，万事万物，都是"群众化"。这种现象，连我们有时也看得讨厌，有人说，这不是叫社会向上，倒是叫社会向下了。其实不然。一面固是叫旧日在上的人向下，一面仍是叫旧日在下的人向上。然而旧日在下的人总是大多数，所以扯算起来，社会毕竟是向上了。这种步骤，英国人所经过的最为明白。英国从前种种权利，都是很少数的贵族专有，渐渐拿出来给中级的人共享，渐渐拿出来给次中级又次中级乃至最低级的人一齐共享。不独物质上的权利如此，就是学问上艺术上乃至思想上，他那由上而下由集而散的情形，也复如此。英国固然是最好的模范，其他各国，也都是同一趋势。所以他的文明，是建设在大多数人心理上，好像盖房子从地脚修起，打了个很结实的桩儿，任凭暴风疾雨，是不会摇动的。讲到他的思潮，当法国大革命后唯心派哲学浪漫派文学全盛之时，好像二十来岁一个活泼青年，思想新解放，生气横溢，视天下事像是几着可了，而且不免驰骛于空华幻想，离人生的实际却远了。然而他这种自由研究的精神和尊重个性的信仰，自然会引出第二个时代来，就是所谓科学万能自然派文学全盛时代。这个时代，由理想入到实际。一到实际，觉得从前甚么善咧美咧，都是我们梦里虚构的境界，社会现象，却和他正相反，丑秽惨恶，万方同慨。一面从前的理想和信条，已经破坏得七零八落。于是全社会都陷入怀疑的深渊，现出一种惊惶沉闷凄惨的景象。就像三十前后的人，出了学校，入了社会，初为人夫，初为人父，觉得前途满目荆棘，从前的理想和希望，丢掉了一大半。十九世纪末叶欧洲的人心，就是这样。虽然，他们并没有入到衰老时期。怎见得呢？凡老年人的心理，总是固定的，沉滞的，但会留恋过去，不想开拓将来。他那精神的生活，也和他的肉体一样，新陈代谢的机能，全然没了，破坏性反抗性是绝不会发动了。现代欧洲人，却不是那样。他们还是日日求自我的发展，对于外界的压迫，百折不回的在那里反抗。日日努力精进，正像三四十来岁在社会上奋斗的人，总想从荆天棘地中，建立一番事业。如今却不比从前在学校里发空议论了，他们人情世态甜酸苦辣都经过来，事事倒觉得亲切有味,于是就要从这里头找出一个真正的安身立命所在,如今却渐渐被他找着了。在社会学方面,就有俄国科尔柏特勤一派的互助说,与达尔文的生存竞争说相代兴。他是主张自我要发展的,但是人类总不能遗世独立,大事小事,没有一件不靠别人扶助,所以互相扶助,就是发展自己的唯一手段。他的论据,也是从科学上归纳出来,所以在思想界一天一天的占势力。在哲学方面,就有人格的唯心论、直觉的创化论种种新学派出来,把从前机械的唯物的人生观,拨开几重云雾。人格的唯心论,由美国占晤士首倡,近来英美学者愈加发挥。从前唯心派哲学家,将"心灵"认作绝对的一个实体,和他对象的"世界"相对待,分为两橛。占晤士一派,用科学研究法,证明人类心的性能,实适应于外界而渐次发达,意力和环境互相提携,便成进化。人类生活的根本义,自然是保全自己发展自己,但人人各有个自己,用"自己"这个字,称呼通换不过来,所以给他一个通名,就叫做"人格"。这"人格"离了各个的自己,是无所附丽,但专靠各个的"自己"也不能完成。假如世界上没有别人,我的"人格"从何表现?假如全社会都是罪恶,我的"人格"受了他的渐染和压迫,如何能健全?由此可知人格是个共通的,不是个孤另的。想自己的人格向上,唯一的方法,是要社会的人格向上。然而社会的人格,本是从各个"自己"化合而成。想社会的人格向上,唯一的方法,又是要自己的人格向上。这就是意力和环境提携便成进化的道理。明白这个道理,那么所谓个人主义、社会主义、国家主义、世界主义种种矛盾,都可以调和过来了。直觉的创化论,由法国柏格森首倡,德国倭铿所说,也大同小异。柏格森拿科学上进化原则做个立脚点,说宇宙一切现象,都是意识流转所构成,方生已灭,方灭已生,生灭相衔,便成进化。这些生灭,都是人类自由意志发动的结果,所以人类日日创造,日日进化。这"意识流转"就唤做"精神生活",是要从反省直觉得来的。我们既知道变化流转就是世界实相,又知道变化流转的权操之在我,自然可以得个"大无畏",一味努力前进便了。这些见地,能毂把种种怀疑失望,一扫而空,给人类一服"丈夫再造散"。就学问上而论,不独唯心唯物两派哲学有调和余地,连科学和宗教也渐渐有调和余地了。以上所述几家学派,都是当本世纪初期早已句出萌达，但未能完成，未能普及，便碰着这回大战。当战争中，人人都忙着应战，思想界的著述，实在寂寥，所以至今没见甚么进步。将来能否大成，和康德、黑格尔、达尔文诸先辈的学说有同等的权威，转移一代人心，也不敢必。但是欧人经过这回创巨痛深之后，多数人的人生观因刺激而生变化。将来一定从这条路上打开一个新局面来，这是我敢断言的哩。

下篇　中国人之自觉

五　尽性主义

第五，国民树立的根本义，在发展个性。《中庸》里头有句话说得最好，"唯天下至诚为能尽其性"。我们就借来起一个名叫做"尽性主义"。这尽性主义，是要把各人的天赋良能，发挥到十分圆满。就私人而论，必须如此，才不至成为天地间一赘疣，人人可以自立，不必累人，也不必仰人鼻息。就社会国家而论，必须如此，然后人人各用其所长，自动的创造进化，合起来便成强固的国家、进步的社会。这回德国致败之原，就是因为国家主义发达得过于偏畸，人民个性，差不多被国家吞灭了，所以碰着英、法、美等个性最发展的国民，到底抵敌不过。因为"人自为战"的功用丧失了，所以能胜而不能败。德国式的国家主义，拿国家自身目的做个标准，把全国人放在个一定的模子里鼓铸出来，要供国家之用，结果犹且不胜其敝。我国则并无所谓国家目的，徒以社会上畸形的组织，学说上堕性的权威，把各人的本能，从小就桎梏斫丧起来。如今人开口便说是中国民智不开，或说是人才消乏，诚然不错。但又须知，在这种旧社会束缚驰骤之下，才智是断不能发生。因为旧社会也有一个模子，将中国人一式铸造，脱了模就要在社会上站不住。无论何人，总要带几分矫揉的态度来迁就他，天赋良能，绝不能自由扩充到极际。近来中国人，才智不逮欧西，都是为此。今日第一要紧的，是人人抱定这尽性主义，如陆象山所谓"总要还我堂堂地做个人"。将自己的天才（不论大小，人人总有些。）尽量发挥，不必存一毫瞻顾，更不可带一分矫揉。这便是个人自立的第一义，也是国家生存的第一义。

六　思想解放

第六，要个性发展，必须从思想解放入手。怎样叫做思想解放呢？无论甚么人向我说甚么道理，我总要穷原竟委想过一番，求出个真知灼见。当运用思想时，绝不许有丝毫先入为主的意见束缚自己，空洞洞如明镜照物。经此一想，觉得对我便信从，觉得不对我便反抗。"曾经圣人手，议论安敢到？"这是韩昌黎极无聊的一句话。圣人做学问，便已不是如此，孔子教人择善而从，不经一番择，何由知得他是善？只这个择字，便是思想解放的关目。欧洲现代文化，不论物质方面精神方面，都是从"自由批评"产生出来。对于在社会上有力量的学说，不管出自何人，或今或古，总许人凭自己见地所及，痛下批评。批评岂必尽当，然而必经过一番审择，才能有这批评，便是开了自己思想解放的路。因这批评，又引起别人的审择，便是开了社会思想解放的路。互相浚发，互相匡正，真理自然日明，世运自然日进。倘若拿一个人的思想做金科玉律，范围一世人心，无论其人为今人为古人，为凡人为圣人，无论他的思想好不好，总之是将别人的创造力抹杀，将社会的进步勒令停止了。须知那人若非经过一番思想，如何能创出这金科玉律来？我们既敬重那人，要学那人，第一件便须学他用思想的方法。他必是将自己的思想脱掉了古代思想和并时思想的束缚，独立自由研究，才能立出一家学说，不然，这学说可不算他的了。既已如此，为甚么我们不学他这一点，倒学他一个反面？我中国千余年来，学术所以衰落，进步所以停顿，都是为此。有人说：思想一旦解放，怕人人变了离经畔道。我说：这个全属杞忧。若使不是经不是道，离他畔他不是应该吗？若使果是经果是道，那么，俗语说得好："真金不怕红炉火。"有某甲的自由批评攻击他，自然有某乙某丙的自由批评拥护他，经一番刮垢磨光，越发显出他真价。倘若对于某家学说不许人批评，倒像是这家学说经不起批评了。所以我奉劝国中老师宿儒，千万不必因此着急，任凭青年纵极他的思想力，对于中外古今学说随意发生疑问，就是闹得过火，有些"非尧舜薄汤武",也不要紧。他的话若没有价值,自然无伤日月,管他则甚?若认为毂得上算人心世道之忧,就请痛驳起来呀!只要彼此适用思辨的公共法则,驳得针锋相对,丝丝入扣,孰是孰非,自然见个分晓。若单靠禁止批评,就算卫道,这是秦始皇偶语弃市的故技,能毂成功吗?还有几句打破后壁的话,待我说来。思想解放,道德条件一定跟着动摇,同时社会上发现许多罪恶,这是万无可逃的公例。但说这便是人心世道之忧,却不见得。道德条件,本是适应于社会情形建设起来。(孔子所谓时中时宜,最能发明此理。)社会变迁,旧条件自然不能适用;不能适用的条件,自然对于社会上失了拘束力,成了一种僵石的装饰品。一面旧条件既有许多不适用,一面在新社会组织之下,需要许多新条件,却并未规定出来,道德观念的动摇,如何能免?我们主张思想解放,就是受了这动摇的刺激,想披荆斩棘求些新条件,给大家安心立命。他们说解放思想便是破坏道德,道德二字作何解释,且不必辨,就算把思想完全封锁起来,试问他们所谓道德,是否就人人奉行?旧道德早已成了具文,新道德又不许商榷,这才真是破坏道德哩。至于罪恶的发现,却有两个原因。第一件,是不受思想解放影响的。因为旧道德本已失了权威,不复能拘束社会,所以恶人横行无忌。你看武人政客土匪流氓,做了几多罪恶,难道是新思想提倡出来吗?第二件,是受思想解放影响的。因为提倡解放思想的人,自然爱说抉破藩篱的话,有时也说得太过。那些坏人就断章取义,拿些话头做护身符,公然作起恶来。须知这也不能算思想解放的不好,因为他本来是满腔罪恶,从前却隐藏掩饰起来,如今索性尽情暴露,落得个与众共弃,还不是于社会有益吗?所以思想解放,只有好处,并无坏处。我苦口谆劝那些关心世道人心的大君子,不必反抗这个潮流罢。

七　彻底

第七,提倡思想解放,自然靠这些可爱的青年。但我也有几句忠告的话:"既解放便须彻底,不彻底依然不算解放。"就学问而论,总要拿"不许一毫先入为主的意见束缚自己"这句话做个原则。中国旧思想的束缚固然不受,西洋新思想的束缚也是不受。一种学说到眼前,总要虚心研究,放胆批评。但这话说来甚易，做到实难。因为我们学问根柢，本来甚浅，稍有价值的学说到了面前，都会发生魔力，不知不觉就被他束缚起来。我们须知，拿孔孟程朱的话当金科玉律说他神圣不可侵犯，固是不该；拿马克思、易卜生的话当做金科玉律说他神圣不可侵犯，难道又是该的吗？我们又须知，现在我们所谓新思想，在欧洲许多已成陈旧，被人驳得个水流花落。就算他果然很新，也不能说"新"便是"真"呀！我们又须知，泰西思想界，现在依然是浑沌过渡时代，他们正在那里横冲直撞寻觅曙光。许多先觉之士，正想把中国、印度文明输入，图个东西调和。这种大业，只怕要靠我们才得完成哩。我们青年将来要替全世界人类肩起这个大责任，目前预备工夫，自然是从研究西洋思想入手。一则因为他们的研究方法，确属精密，我们应该采用他；二则因为他们思想解放已经很久，思潮内容丰富，种种方面可供参考。虽然，研究只管研究，盲从却不可盲从，须是老吏断狱一般，无论中外古今何种学说，总拿他做供词证词，助我的判断，不能把判断权径让给他。这便是彻底解放的第一义。就德性论，那层解缚的工夫，却更费力了。德性不坚定，做人先自做不成，还讲什么思想？但我们这德性，也受了无数束缚，非悉数解放，不能树立。祖宗的遗传，社会的环境，都是有莫大力量，压得人不能动弹。还有个最凶很的大敌，就是五官四肢，他和我顷刻不离，他处处要干涉我诱惑我，总要把我变成他的奴隶。我们要完成自己的个性，却四面遇着怨敌，所以坐在家里头也要奋斗，出来到一切人事交际社会也要奋斗。不是斗别人，却是斗自己。稍松点劲，一败涂地，做了捕房，永世不能自由了。青年人对于种种关头，更是极难通过，因为他生理冲动的作用，正在极强极盛时候，把心性功能压住了。所以有时发扬得越猛，堕落得越快。在没有思想的人，固不足惜；有思想的人，结果得个堕落，那国家元气，真搁不住这种斫丧了。欲救此病，还是从解放着力。常常用内省工夫，体认出一个"真我"。凡一切束缚这"真我"的事物，一层一层的排除打扫。这便是彻底解放的第二义。

八　组织能力及法治精神

第八，我们中国人最大的缺点，在没有组织能力，在没有法治精神。

拿一个一个的中国人和一个一个的欧美人分开比较，无论当学生，当兵，办商业，做工艺，我们的成绩，丝毫不让他们。但是他们合起十个人，力量便加十倍，能做成十倍大规模的事业；合起千百万个人，力量便加千百万倍，能做成千百万倍大规模的事业。中国人不然，多合了一个人，不惟力量不能加增，因冲突掣肘的结果，彼此能力相消，比前倒反减了；合的人越发多，力量便减到零度。所以私家开个铺子，都会赚钱，股分公司，什有九要倒帐。很勇敢的兵丁，合起来做个军队，都成败类。立宪共和便闹成个四不像。总之凡属要经一番组织的事业，到中国人手里，总是一塌糊涂了结。但是没组织的社会和有组织的社会碰头，直是挤不过去，结果非被淘汰不可。然则人家的组织能力从何而来，我们为什么竟自没有呢？我想起来，争的只是一件，就是有无"法治精神"的区别。一群人为甚么能结合起来，靠的是一种共同生活的规条，大众都在这规条的范围内分工协力。若是始终没有规条，或是规条定了不算帐，或是存了一个利用的心，各人仍旧是希图自己的便利，这群体如何能成立？便不能共同生活。欧美人的社会，大而国家政治，小而团体游戏，人人心坎中，都认定若干应行共守的规则，觉得他神圣不可侵犯。这种规则，无论叫做法律叫做章程叫做条例叫做公约，无论成文或不成文，要之初时是不肯轻容易公认，一经公认之后，便不许违反又不许利用。一群人靠了这个，便像一副机器有了发动机，个个轮子自然按步就班的运行。我国人这种观念，始终没有养成。近来听见世界有个"法治"的名词，也想检来充个门面，至于法治精神，却分毫未曾领会。国会、省议会，天天看见第几条第几项的在那里议，其实政府就没有把他当一回事，人民就没有把他当一回事，议员自身更没有把他当一回事。什么公司咧，什么协会咧，个个都有很体面的几十条章程，按到实际，不过白纸上印了几行黑墨。许多人日日大声疾呼，说最要紧是合群结团体，你想在这种脾气之下，群怎么能合，团体怎么能成？其实提倡的人，先自做了这种脾气的奴隶，这还有什么好说呢？我初时在那里想，这个不要是我国民天赋的劣根性罢，果然如此，便免不了最后的生存淘汰，真可惊心动魄！后来细想，知道不然，乃是从前的历史，把这种良能压住了，久未发达。因为从前过的是单调生活，不是共同生活,自然没有什么合理的公守规条。从前国家和家族,都是由命令服从两种关系结构而成。命令的人,权力无上,不容有公认规则来束缚他;服从的人,只随时等着命令下来就去照办,也用不着公认规则。因此之故,法治两字,在从前社会,可谓全无意义。人类的开化是向共同生活而趋,便叫我们觉得没有组织便不能存活。若不把组织的良能重新浚发出来,这身子从何托命?什么是良能?只法治精神便是了。

十三　中国人对于世界文明之大责任

以上十二段,我都是信手拈来,没有什么排列组织。但我觉得我们因此反省自己从前的缺点,振奋自己往后的精神,循着这条大路,把国家挽救建设起来,决非难事。我们的责任,这样就算尽了吗?我以为还不止此。人生最大的目的,是要向人类全体有所贡献。为什么呢?因为人类全体才是"自我"的极量,我要发展"自我",就须向这条路努力前进。为什么要有国家?因为有个国家,才容易把这国家以内一群人的文化力聚拢起来继续起来增长起来,好加入人类全体中助他发展。所以建设国家是人类全体进化的一种手段,就像市府乡村的自治结合,是国家成立的一种手段。就此说来,一个人不是把自己的国家弄到富强便了,却是要叫自己国家有功于人类全体。不然,那国家便算白设了。明白这道理,自然知道我们的国家,有个绝大责任横在前途。什么责任呢?是拿西洋的文明来扩充我的文明,又拿我的文明去补助西洋的文明,叫他化合起来成一种新文明。我在巴黎曾会着大哲学家蒲陀罗 Boutreu(柏格森之师),他告诉我说:"一个国民,最要紧的是把本国文化发挥光大。好像子孙袭了祖父遗产,就要保住他,而且叫他发生功用。就算很浅薄的文明,发挥出来,都是好的。因为他总有他的特质,把他的特质和别人的特质化合,自然会产出第三种更好的特质来。你们中国,着实可爱可敬,我们祖宗裹块鹿皮拿把石刀在野林里打猎的时候,你们不知已出了几多哲人了。我近来读些译本的中国哲学书,总觉得他精深博大。可惜老了,不能学中国文。我望中国人总不要失掉这分家当才好。"我听着他这番话,觉得登时有几百斤重的担子加在我肩上。又有一回,和几位社会党名士闲谈,我说起孔子的"四海之内皆兄弟","不患寡而患不均",跟着又讲到井田制度,又讲些墨子的"兼爱""寝兵"。他们都跳起来说道:"你们家里有这些宝贝,却藏起来不分点给我们,真是对不起人啊!"我想我们还毂不上说对不起外人,先自对不起祖宗罢了。近来西洋学者,许多都想输入些东方文明,令他们得些调剂。我仔细想来,我们实在有这个资格。何以故呢?从前西洋文明,总不免将理想实际分为两橛,唯心唯物,各走极端。宗教家偏重来生,唯心派哲学高谭玄妙,离人生问题,都是很远。科学一个反动,唯物派席卷天下,把高尚的理想又丢掉了。所以我从前说道:"顶时髦的社会主义,结果也不过抢面包吃。"这算得人类最高目的么?所以最近提倡的实用哲学、创化哲学,都是要把理想纳到实际里头,图个心物调和。我想我们先秦学术,正是从这条路上发展出来。孔老墨三位大圣,虽然学派各殊,"求理想与实用一致",却是他们共同的归着点。如孔子的"尽性赞化""自强不息",老子的"各归其根",墨子的"上同于天",都是看出有个"大的自我""灵的自我",和这"小的自我""肉的自我"同体,想要因小通大,推肉合灵。我们若是跟着三圣所走的路,求"现代的理想与实用一致",我想不知有多少境界可以辟得出来哩。又佛教虽创自印度,而实盛于中国。现在大乘各派,五印全绝,正法一脉,全在支那。欧人研究佛学,日盛一日,梵文所有经典,差不多都翻出来。但向梵文里头求大乘,能得多少?我们自创的宗派,更不必论了。像我们的禅宗,真可以算得应用的佛教,世间的佛教,的确是要印度以外才能发生,的确是表现中国人特质,叫出世法和现世法并行不悖。现在柏格森、倭铿等辈,就是想走这条路还没走通。我常想,他们若能读唯识宗的书,他的成就一定不止这样,他们若能理解禅宗,成就更不止这样。你想!先秦诸哲,隋唐诸师,岂不都是我们仁慈圣善的祖宗积得好几大宗遗产给我们吗?我们不肖,不会享用,如今倒要闹学问饥荒了。就是文学美术各方面,我们又何尝让人?国中那些老辈,故见自封,说什么西学都是中国所固有,诚然可笑;那沉醉西风的,把中国甚么东西,都说得一钱不值,好像我们几千年来,就像土蛮部落,一无所有,岂不更可笑吗?须知凡一种思想,总是拿他的时代来做背景。我们要学的,是学那思想的根本精神,不是学他派生的条件。因为一落到条件，就没有不受时代支配的。譬如孔子，说了许多贵族性的伦理，在今日诚然不适用，却不能因此菲薄孔子。柏拉图说奴隶制度要保存，难道因此就把柏拉图抹杀吗？明白这一点，那么研究中国旧学，就可以得公平的判断，去取不至谬误了。却还有很要紧的一件事，要发挥我们的文化，非借他们的文化做涂径不可。因为他们研究的方法，实在精密，所谓"欲善其事，必先利其器。"不然，从前的中国人，那一个不读孔夫子，那一个不读李太白，为甚么没有人得着他好处呢？所以我希望我们可爱的青年，第一步，要人人存一个尊重爱护本国文化的诚意；第二步，要用那西洋人研究学问的方法去研究他，得他的真相；第三步，把自己的文化综合起来，还拿别人的补助他，叫他起一种化合作用，成了一个新文化系统；第四步，把这新系统往外扩充，叫人类全体都得着他好处。我们人数居全世界人口四分之一，我们对于人类全体的幸福，该负四分之一的责任。不尽这责任，就是对不起祖宗，对不起同时的人类，其实是对不起自己。我们可爱的青年啊！立正！开步走！大海对岸那边有好几万万人，愁着物质文明破产，哀哀欲绝的喊救命，等着你来超拔他哩。我们在天的祖宗三大圣和许多前辈，眼巴巴盼望你完成他的事业，正在拿他的精神来加佑你哩。

欧行途中

二　南洋所感

船开了，经过香港、新加坡、槟榔屿，一天一天的热起来。十日以前，走津浦路线，正遇着大雪，燕齐平陆，一白千里。十日以后，在槟榔屿植物园赏起荷来了。我们的衣服，就好像剥竹笋，一层一层的褪，到后来穿一件白夹，还是汗下如雨。想起来人类受环境的支配，真是利害，你不顺应他，你能够存活吗？现时国内大多数人所说的话，所做的事，所怀的思想，岂不都是穿着大毛游历新加坡吗？

我们离开国境已经十多日，却是到的地方，还是和内地旅行一样。新加坡、槟榔屿一带，除了一面英国国旗外，简直和广东、福建的热闹市镇，毫无差别。开大矿的么，中国人。种大橡皮园的么，中国人。大行号么，中国人。杂货小贩么，中国人。苦力么，中国人。乞丐么，中国人。计英属海峡殖民地三州，中国人约二十六七万，欧洲各国白人合计，不过六千八百。再就南洋华侨全体约计，英属（殖民地三州，保护地四州合计）二百万，荷属三百万，暹罗、安南等处三百五十万，总数八百五十万。和南斯拉夫、比利时两国的人口大略相等，比匈牙利、罗马尼亚略少些，比荷兰略多些，比瑞士、希腊约多一倍。唉！他们都是和英法德美分庭抗礼的一个国家了。再者美国十三州联合建国时，人数也不过几百万，他们当初也不过因为在家乡觅食艰难，出外别谋生路，那动机正和我们去南洋的一样，如今是怎么一个局面啰呢？比起来正是羞得死人。我们在船上讨论到这些情形，张君劢就做了一篇文章，论中华民族南洋建国问题。我想我们中国人，直到如今，从没有打过主意要建设自己的国家，不然，何至把本国糟到这般田地？四万万人尚且不成一个国，七八百万人更何足道？我从前说的一个原则，所谓"我住在这地方，就要管这地方的事。为什么呢？因为和我有利害关系"。我们中国人就向来没有认得这个原则，倘使认得，我们不知建了多少国了。我从前又说的，"我们能够建设北京市会丰台村会，才能建设中华民国。"我如今再说句，我们能够建设广州、汕头、厦门市会，自然能建设南洋新国，如其不然，甚么话都是白说。好在我国民也渐渐自觉了，我敢信我们中华民国，不久定要建设起来。至于南洋新国，也是民族自决的一条正路，海外侨民，文化较稚，还须内地人助他开发。从前也有过些人设法劝导华侨赞助国内运动，这个固然是好。但国内的事，还应该国内人多负些义务，华侨却有他自己应做的事。什么事呢？还是那句老话，"我住在这地方，就要管这地方的事，因为和我有利害关系"。我想我们青年，若是那位有兴致，去传播这种思想，拿来做终身事业，倒是男儿报国一件大事哩。

好几年没有航海，这次远游，在舟中日日和那无限的空际相对，几片白云，自由舒卷，找不出他的来由和去处。晚上满天的星，在极静的境界里头，兀自不歇的闪动。天风海涛，奏那微妙的音乐，侑我清睡。日子狠易过，不知不觉到了哥仑波了。哥仑波在楞伽岛，这岛土人叫他做锡兰。我佛世尊，曾经三度来这岛度人，第三次就在岛中最高峰顶上，说了一部《楞伽》大经。相传有许多众生，天咧，人咧，神咧，鬼咧，龙咧，夜叉咧，阿乾闼咧，阿修罗咧，都跟着各位菩萨阿罗汉在那里围绕敬听。大慧菩萨问了一百零八句偈，世尊句句都把一个非字答了，然后阐发识流性海的真理。后来这部经入中国，便成了禅宗宝典。我们上岸游山，一眼望见对面一个峰，好像四方城子，土人都是四更天拿着火把爬上去礼拜，那就是世尊说经处了。山里头有一所名胜，叫做坎第，我们雇辆汽车出游。一路上椰子槟榔，漫山遍谷，那叶子就像无数的绿凤，迎风振翼。还有许多大树，都是蟠着龙蛇偃蹇的怪藤，上面有些琐碎的高花，红如猩血。经过好几处的千寻大壑，树都满了，望下去就像汪洋无际的绿海。沿路常常碰着些大象，像位年高德劭的老先生规行矩步的从树林里大摇大摆出来。我们渴了，看见路旁小瀑布，就去舀水吃，却有几位黝泽可鉴的美人，捧着椰子，当场剖开，翠袖殷勤，劝我们饮椰乳。刘子楷新学会照相，不由分说，把我们和这张黑女碑照在一个镜子里了，他自己却逍遥法外。走了差不多四点钟，到坎第了。原来这里拔海已经三千尺，在万山环绕之中，潴出一个大湖。湖边有个从前锡兰土酋的故宫，宫外便是卧佛寺。黄公度有名的《锡兰岛卧佛》诗，咏的就是这处。从前我们在日本游过箱根日光的湖，后来在瑞士，游过勒蒙四林城的湖。日本的太素，瑞士的太丽，说到湖景之美，我还是推坎第。他还有别的缘故，助长起我们美感。第一件，他是热带里头的清凉世界，我们在山下，挥汗如雨，一到湖畔，忽然变了春秋佳日。第二件，那古貌古心的荒殿丛祠，唤起我们意识上一种神秘作用，像是到了灵境了。我们就在湖畔宿了一宵，那天正是旧历腊月十四，差一两分未圆的月浸在湖心，天上水底两面镜子对照，越显出中边莹澈。我们费了两点多钟，联步绕湖一匝。蒋百里说道：今晚的境界，是永远不能忘记的。我想真是哩！我后来到欧洲，也看了许多好风景，只是脑里的影子，已渐渐模糊起来，坎第却是时时刻刻整个活现哩。中间有一个笑话，我们步月，张君劢碰着一个土人，就和他攀谈，谈甚么呢，他问那人你们为甚么不革命，闹得那人瞠目不知所对。诸君评一评，在这种潇洒出尘的境界，脑子还是装满了政治问题，天下有这种杀风景的人吗？闲话休题，那晚上三更，大众归寝，我便独自一个，倚阑对月，坐到通宵，把那记得的《楞伽经》默诵几段。心境的莹澄开旷，真是得未曾有。天亮了，白云盖满一湖。太阳出来，那云变了一条组练，界破山色。真个是"只好自怡悦，不堪持赠君"哩。程期煎迫，匆匆出山，上得船来，离拔锚只得五分钟了。

我们在船上，好像学生旅行，通英文的学法文，通法文的学英文。每朝八点钟，各人抱一本书在船面高声朗诵，到十二点止，彼此交换着当教习。别的功课，照例是散三躺步，睡一躺午觉，打三两躺球，我和百里，还每日下三盘棋。余外的日子，都是各人自由行动了。我就趁空做几篇文章，预备翻译出来，在巴黎鼓吹舆论。有三两篇替中国瞎吹，看起来有点肉麻，连稿也没有存了。内中一篇，题目叫做《世界和平与中国》，算是表示我们国民对于平和会议的希望，后来译印英法文，散布了好几千本。

冬春之交，印度洋风色最好，我们走了二十多日，真是江船一样。听说红海热得了不得，我们都有戒心。到红海了。走了三日，还和印度差不多。有一天清早，杨鼎甫看日出回来说："好冷呀！"我们就得了一句妙语，说是"红海号寒"。又一天我们晚上看日落，算是生平未见的奇景，那云想是从沙漠里倒蒸上来，红得诡怪，我着实没有法子把他形容出来。那形态异常复杂，而且变化得极快，韩昌黎《南山》《陆浑山》两首诗所描拟的奇特事象，按起来件件都有，却还写不到百分之一。倒影照到海里来，就像几千万尾赪色鲤鱼，在那里鳞鳞游泳，我直到那日，才晓得红海所以得名，海真算整个是红了。

我们到苏彝士了，算是头一回看见战场。原来一九一七年，土耳其要袭取运河，逼到边界，离此地仅七十英里。后来英军把他击退了。运河两旁，密布着层层铁网，岸上一堆一堆的帐棚，戍兵还未撤呢。我们过河，那边一艘英国运兵船下来，两船上的人，彼此欢呼万岁，那一阵声音真似山崩地裂。听说停战通航苏彝士的船，我们才算第二号哩。

第二日便到坡赛，我们半个月未踏陆地了。上岸散步，分外神旺。看见些阿剌伯女人个个戴着条一尺多长的黑面巾，连头带面盖着，只露出一双眼睛，想着他们不知到几时才有解放的自觉哩。市上法人颇多，商店招牌，多用法文。这地方政治势力，虽然属英，经济势力，法人却还不弱。我们到海滨一家旅馆午饭，随即往观利涉铜像。眼望地中海，左手挟一张运河图，右手指着红海，神采奕奕动人。据史家说，这运河当埃及王朝，曾经掘过，后来淤塞了。直到四千年后，才出这位利涉。据此说来，科学到底有多少进步，却成疑问了。

船到地中海，没有那么舒服了。有一两天，那船竟像劣马，跄踉跳掷起来。天气也渐冷了，子楷躲在舱里，好像冬虫入蛰。我们几个人，一切功课，还是照常。同船有位波兰人，也和子楷同病，他羡慕我们到了不得，便上了一个尊号，叫做"善航海的国民"，我们真受宠若惊了。

我们的船，直航英国，志那亚、拿波里、马赛等处，都不经过。横断地中海西行，南欧风景，一点看不着。行了七日，过直布罗陀海峡。真是一夫当关，万夫莫开，西班牙自从失了这个地方，他的海权，便和英国办交代了。从上海到伦敦，走了一个半月，巡了半边地球，看见的就只一个英国。唉！这天之骄子，从那里得来呀！

伦敦初旅

一　战后雾中之伦敦

二月十二日正午，船将拢岸，丁、徐二君已偕英使馆各馆员乘小轮来迎。我们相视而笑，算是合抱绕世界一周了。我们才登岸，战后惨淡凄凉景况，已经触目皆是。我们住的旅馆，虽非顶阔，也还算上等。然而室中暖气管是关闭了，每个房间给一斗多的碎煤，算是一日二十四点钟的燃料。电力到处克减，一盏惨绿色的电灯，孤孤零零好像流萤自照。白来火的稀罕，就像金刚石，我们有烟癖的人，没有钻燧取火的本领，只好强迫戒掉了。我们在旅馆客屋吃茶，看见隔座一位贵妇人从项圈下珍珍重重取出一个金盒子来，你猜里头什么东西呢？哈哈！是一小方块白糖，他连客也不让，劈了一半，放在自家茶碗里，那一半仍旧珍珍重重交给他的项圈。我想我们这几年在本国，真算得纨袴子弟，不知稼穑艰难。自想自从货币生计发达以来，世人总以为只要有钱何求不得？到今日也知道钱的功用是有限度了。又想在物质文明享用极丰的欧洲，他们为国家存亡起见，万众一心，牺牲幸福，忍耐力之强，着实可敬。但经过此番之后，总应该觉得：平常舒服惯了，方便惯了，也算不得一回好事。在物质的组织之下，全社会像个大机器，一个轮子出了毛病，全副机器停摆，那苦痛真说不尽。只怕从今以后，崇拜物质文明的观念，总有些变动罢。

黄公度的《伦敦苦雾行》，头一句是"苍天已死黄天立"。我们到欧洲破题儿第一天受了这个印象，是永远不能忘记的。我们在马车上望见那将近西没的太阳，几个人费了一番彻底的研究，才判定他是日是月。晚上我和子楷散步，远远见有一团朦胧红气，我猜是街灯，子楷猜是钟楼，那里知道原来就是日间误认的月光。日月灯三件事，闹得一塌糊涂，这不是笑话吗？我但觉受了极湿极重的空气压迫，两颧骨紧张作疼，往街上散步多时，才稍好些。无怪英人拿户外运动竞技等事，当作人生日用必需，渐渐成为公共嗜好了。伦敦每年总有好几个月是这样，而且全国也和伦敦差不多，所以他们养成一种沉郁严重的性格，坚忍奋斗的习惯，英国人能够有今日，只怕叨这雾的光不少哩。可见得民族盛强，并不是靠绝对丰顺的天惠，环境有些苛酷，才真算玉汝于成哩。

二　威士敏士达寺

我们因旅馆难觅，由徐、丁二君先往巴黎布置，我和同舟诸君，在伦敦勾留五日。趁这空暇，随意观光，头一个要拜会的，自然是有名的"英国凌烟阁"威士敏士达寺（Westminster Abbey）。我们从托拉福加广场，经白宫街维多利亚街，到泰姆河畔。眼前屹立一长方形古寺，双塔高耸，和那峨特式建筑的巴力门毗连并立，一种庄严朴茂气象，令人起敬，这便是威士敏士达寺了。我们先大略研究这寺的历史，他是从十一世纪爱华德忏悔王创建，十三世纪末，亨利第三大加改筑，到今将近千年，累代皆有增修，那西塔的门楼，还是二十年前新造。最奇的是把各时代的款式，合冶一炉，几乎成了千年来建筑术的博览会。拿一个人作譬，好像戴着唐朝一顶进贤冠，披着宋朝一件绯袍，手拄着明朝一方笏，套上清朝团龙补挂〔褂〕，脚底下还踏着一双洋皮靴子，你想这不是很滑稽很难看吗？然而他却没有丝毫觉得不调和，依然保持十分庄严，十分趣味。我想这一个寺就可以算得英国国民性的"象征"，他们无论政治上法律上宗教道德上风俗礼节上，都是一部分一部分的蜕变，几百年前和几百年后的东西，常常同时并存，却不感觉有一些子矛盾。他们的保守性，有一点和我们一样，他们的容纳性调和性，怕很值得我们一学罢。这寺内最重要的一部分，一三七六年创始，一五二八年落成，约经一世纪半的长久日子。算起来，当绘图的时候，随种一株杉树，还可以等他长成来充梁柱。他们却勤勤恳恳依着原定的计划，经一百多年，丝毫不乱，丝毫不懈，到底做到成功了。唉！兹事虽小，可以喻大。试问我们中国人，可曾有预备一百年后才造成的房子吗？须知若是有一个人要造怎么一间房子，这个人首先就要立定主意，自己不打算看见他成功，自己更不打算拿来享用。这个人一定是不安小就，图个规模宏远，明知道一生一世不能完成的事业，却要立个理想的基础传给别人。有了这个人就行啰吗？不然，不然。还要后起的人和他一样的心事，一样的魄力，才能把他的事业继承下去，不至前功尽弃。我想欧洲文明从何而来，就是靠这一点；人类社会所以能够进化，也只靠这一点。前人常常立些伟大的计划替后人谋幸福，后人保持前人的遗产，更加扩充光大，人生的目的，人生的责任，就尽于是了。我游威士敏士达最初起的就是这种感想，后来遍历大陆，到处见的寺院，动辄都是几百年工程，这感想便日印日深。回想我们中国人的过去，真是惭愧无地，悬想我们中国人的将来，更是惶恐无地了。

威士敏士达，是英国国教的教会堂，是国家和王室的大礼堂，历代君主加冕大葬，都在此举行，却依然是全英国一般小百姓日日公共礼拜祈祷之所。就只一点，这寺又算得平民主义的象征了。我们却为甚么叫他做"英国的凌烟阁"呢？因为他又是个国葬之地，几百年来名人坟墓都在寺中。原来这寺本王室诸陵所在，后来凡有功德于国家的人，都葬在里头，拿中国旧话讲,算是陪葬某陵了。但他们陪葬的,不是拿王室的功臣做标准,是拿国家的人物做标准,所以政治家,学者,诗人,乃至名优,都在其列。入到寺中,自然令人肃然起敬,而且发出一种尚友古人的志气。我们拿着一本《向导录》要来按图索骥了。入门西便,劈头就是那廿四岁做大宰相的威廉比特遗像,张开手正在那里演说。迎面一位长发隆准的老头儿,哈哈!这就是我们读近世史时最熟的老朋友格兰斯顿呀!他和他的夫人,就在这底下作永久平和的安息。啊啊!这是奈端,上头的墓志铭用拉丁文,Isaci Newtoni,连他名字的拼音都改了。当时受文艺复兴的影响,好古实在好得有趣。这是发明蒸汽的瓦特,这是生物学泰斗达尔文,这是非洲探险的立温斯敦。这一带是政治家,大半自由党名士,这一带是诗人小说家,可惜我们学问固陋,记不起许多名字了。哈哈!这是谁?是 Sir 哈拔忒黎,是个唱索士比亚名剧的戏子,因戏唱得好,国家赏他功劳,封他一个爵,大街上不是还有他的铜像吗?这是大画家尼尔拉,他是法国人呀!怎么也葬在此?他是十七八世纪时对于英国美术界最有功的,威士敏士达的外国人,算他独一无二了。这是罗拔比尔,这是哈布顿,这是拉沙尔,这是沙士勃雷,都是些大名鼎鼎的政治家,我实在应接不暇了。进到里层,许多王陵比外面是壮丽些,但我们对于他却没甚趣味,草草走过罢。嗳哟!这南廊北廊两位女王,一位伊里查白,一位马丽。他们姐儿俩,生冤家死对头,一个要了一个的命,到了可也和解了,同在一个庙里双栖双宿。还有查理第二,当他在这里加冕的时候,大发雷霆,把那杀父之仇克林威尔寺内的坟掘了,后来克林威尔仍旧改葬迁回这寺,和他的陵也相去不远。啊啊!这才真叫做冤亲平等,一视同仁,可见这威士敏士达,并没认得甚么个人,只认得一个英国哩。我们这一游,整整游了个下半天,真如太史公所谓"高山仰止,景行行止,想见其为人,低回留之,不能去焉"。我想我们外国人,一进此寺,尚且感动到这种田地,他们本国人该怎么样呢?威士敏士达,就是一种极严正的人格教育,就是一种极有活力的国民精神教育。教育是单靠学校吗?咦!我国民听呀!我国民听呀!

五　下议院旁听

　　原来巴力门是上下两院的总名，两院同在一座房子里头，自成院落，我们未到议场，先将全部规模看过大概。你看！这警察好奇怪呀！个个都像《红楼梦》上的史湘云，脖子上带着朝珠一般的金锁链，链上好漂亮的一个金麒麟。入门左手边那像一个旧木厂的是什么地方？是从前查理第一的餐房，台阶下那块石，查理就站在上头受死刑裁判。这算专制魔王头一个的现世报。却是直到如今各国当权的人，还要跟着他学，真是不可解哩！哦？好大的两幅画，画的都是拿破仑战争时英国海陆军的功绩。那英、普两位元帅在那里握手，好亲密呀。唉！国际上有什么感情，只算得个小人之交，以势利合罢。哦！这一带廊好长！两面架上皮的都是几百年来的法律和议事录。我想各国人都拿世界当个学校，在那里上"政治功课"，这位姓英的老哥，头一个试验及第，这些都是他毕业成绩，我们揣摩揣摩啊。怎么这里有个饭馆？许多议员在那里吃茶，听说还常常请客。哈哈！英国人的政治趣味，就和他爱打球一样，这巴力门也算得一个团体竞技俱乐部哩。啊啊！这后面就是泰姆河。好闲旷呀！不知那些议员老爷们，可有几个人领略得来。嗳哟！时候不早了。那边开会好一会了。我们进去罢。

　　好一个森郁的议场。墙壁用无数三角碎片的橡木砌成，年代久了，现出一种暗澹深黝的色泽。四周并没有大的窗户，只靠屋顶透光。一个平面的屋顶，满盖五彩玻璃，式样也是三角，颜色以淡黄为主，深蓝深红相间错，当这气凝雾重之时，越显得阴沉沉地。好像饱经世故的人，一点才华不显出来，内里却含着一片淋漓元气，外貌的幽郁，全属动心忍性的一种表象。西人常说：美术是国民性的反射。我从前领略不出来，到了欧洲，方才随处触悟，这威士敏士达和巴力门两片建筑，不是整个英国人活现出来吗？各国会议场，什有九是圆的，巴力门却是个长方形。中间一个议长席，左右两边，便是一排一排的长椅子。他不像我们参众两院有什么国务员席政府委员席，因为他们非议员不能入阁，国务员都是以议员资格列席，当然无所谓国务员席了。国务员坐在议长右手边第一排椅子，政府党员一排一排的坐在后面,在野党首领坐在左手边第一排椅子,党员也一排一排的坐在后面。连演说台也没有,无论怎么长的话,都是从本座站起来便讲。各座位前没有桌子,纸笔墨不用说是没有了。议长是尊严得很。他的座是像神龛一样,巍巍在上,罩着一个圆盖,两边还垂些幡穗。议长坐在里头,活像塑成的一尊神道。议长席下面有一张长桌,桌上摆着一根金光灿烂的杖笏,这是表示议长威权的一种仪仗,议长参列甚么正式典礼,一定有人拿着这笏做前导。据说克林威尔拿军队解散国会时,曾把这笏丢到街外,说道:"这是什么东西拿来吓谁?"哈哈!克林威尔如今安在,这笏倒是与天同寿咧。桌子靠外尽头,两边各摆一个漆匣子,我没有研究他是革制是木制,更不知里头装着什么宝贝,但他恰好放在两党首领座位的面前。那些党魁演说,初时总是抚摩着他,讲到起劲,便把他奋拳痛殴起来,所以英国闺秀有句美谈,说是"但愿嫁得个痛殴巴力门漆匣的可人夫婿"。以上所说议场规模,都是我当时很受感动的一种印象,所以不嫌琐碎,把他详叙。如今要说到会议情形了。本日是开会后第一次议事,讨论的是"奉答诏书上奏文"。(各君主国国会行开会礼之日,照例有一篇诏书,这诏书便是政府一种抽象的施政方针。国会第一次会议,议的总是上奏文,在野党对于上奏文的主张,总含有弹劾政府的意味。)首相劳特佐治,本在巴黎和会,前日乘飞机赶回来出席。我们初入议场时,看见右边第一排椅子坐着枢密院长般拿罗(Bonar Law),财政总长张伯伦(Chamberlin),还有两三位国务员,随后劳特佐治也到了,就正对着那漆匣子坐。那左边漆匣子后面,坐着劳工党首领亚丹逊(Adamson)。他是怎么样一个人呢?他从十七岁到二十四岁在煤矿里做苦工,是一位货真价实正途出身的劳工党,他要把从前掘煤的拳力殴起匣子来了。我想从今以后闺秀择婿,不该专向上流搢绅求人才,连矿丁车夫,怕也要一费法眼哩。诸君莫当是笑话,这是英国宪政史上一件大事,英国将来或者免得掉过激的社会革命,就是靠这种精神了。我们初进场时,亚丹逊正站着演说,跟着又是妥玛演说。他是铁路工团总书记,去年曾当过阁员。两人所说的大意,都是说前日诏书,关于劳工政策,未见有切实表示,因力说战后劳工困苦情形,主张上奏文中,要特别注重这点。这算是向政府放了第一枝箭了,两人说的都是情词激越,亹亹动人。对面劳特佐治把两条腿跷在桌子上，(诸君莫误会，说他无礼，这是巴力门里一种时髦态度。)和他的同僚都侧着耳朵凝神静听，还时时拿铅笔把他们的演说要点，记在一片小纸上，好预备答驳。我听了双方辩论两点多钟，真是感服到五体投地。他们讨论国家大计，像似家人妇子围在一张桌子上聚谈家务，真率是真率到十分，腆诚是腆诚到十分。自己的主张，虽是丝毫不肯放让，对于敌党意见，却是诚心诚意的尊重他。我想一个国民，若是未经养成这种精神，讲什么立宪共和，岂非南辕北辙！这几年来，国民对于议员，很有点不满意。在议员自身，固然是要猛醒，但根本责任，仍在国民。议员不是国民一分子吗？有这种国民，自然有这种议员，撵一位去，换一位来，暮四朝三，还是一样。不责备自己，单责备议员，根本就是错谬。我劝我国民快些自觉罢，从这里下一番苦工啊。不然，我们要应那组织国家的试验，便换了一百个题目，也是要落第哩。空论少发，言归本题。这回讨论，不用问自然知道是在野党失败，因为右边坐着黑压压的一大堆，左边疏疏落落像几点晨星，形势太过悬绝了。但是他们的少数党，明知他的主张决无通过之望，依然是接二连三把他提出，还演说得淋漓尽致。(那多数党明知自己一定得胜，却从没有恃强压制，令敌党不能尽言，总要彼此痛痛快快辩论一番，才给他一个否决。)就中国人眼光看来，他们真算是呆子。分明没有结果的提案，翻来覆去的说他，岂非都是废话！那里知道英国宪政所以日进无疆，都是为此。还记得当十九世纪初年，急进党只有一名议员在议会，他就把那普通选举法案提出，当然是立刻否决了，明年又一字不易的提出，年年否决，年年提出，如是者一连七年。像吾们绝顶聪明的中国人，断不会做这种笨事。你说他笨吗？今日何如？普通选举，不是成了全世界的天经地义吗？他们一种主张，绝不希望立刻成功，只是要将他成了一个问题，唤起国民注意，慢慢的造成舆论，乃知孔子的"知其不可而为之"，墨子的"虽天下不取强聒而不舍"，真是有道理。笨的英国人所以能成功，聪明的中国人所以没出息，所争就在这一点哩。

六　巴力门逸话

巴力门许多琐碎的习惯，就外国人眼光看来，觉得不可解，其实处处都可以看得出英国人的特别性格。他那议长戴着斑白的假头发，披着纯黑的大袈裟，那秘书服装也是一样，像戏台上扮的什么脚色。议长的名号，不叫做"伯里玺天德"（President），不叫做"赤亚们"（Chairman），却叫做"士璧架"（Speaker），翻译起来，说是"说话人"的意味。因为从前国王向议会要钱，总是找他说话，得了这个名，至今不改。最奇怪的，下院议员七百零七名，议席却只有五百九十六号，若是全体都出席，便有一百一十一人没有坐处。这种不合情理的过节，改正他并非甚难，英国人却不管，还是那老样子。我中、英两国，向来都以保守著名，但我们中国人所保守的，和英国正相反。中国人最喜欢换招牌，抄几条宪法，便算立宪，改一个年号，便算共和，至于政治社会的内容，连骨带肉，都是前清那个旧躯壳。英国人内部是不断的新陈代谢，实际上时时刻刻在那里革命，却是那古香古色的老招牌，抵死也不肯换，时髦算时髦极了，顽固也顽固极了。巴力门里头，最神圣的是"阿达"（Order）这个字，（原意训秩序，此处含义稍广，泛指规则。）议员言动，有些子违犯规则，"阿达""阿达"的声浪，便四座怒鸣。若从议长口中说出"阿达"这个字来，无论议场若何喧哗，立刻就变肃静。他们的"阿达"，却从没有第几条第几项的写在纸上。问他有多少"阿达"，"阿达"的来历如何？没有人能觳回答。试举他几个例：从前有位新到院的议员，初次演说，开口就说了一声"诸君"，便到处叫起"阿达"来了。因为他们的"阿达"，凡有演说，都是对议长说话，不是对议员说话，所以头一句只能说"士璧架"，不能说"诸君"。因此之故，若是有人正在演说时，你若向他前面走过，便犯了"阿达"，因为把他声浪隔断，怕"士璧架先生"听不真了。"阿达"中最不可思议的，是他们的丝织高头帽，他们穿什么衣服，是绝对自由，惟有这顶高头帽，非戴不可。为这顶帽子，那老政治家格兰斯顿，就闹了两回笑话。原来他们的"阿达"，每到议案采决时，先行摇铃，隔两分钟摇一次，三次后会员都要齐集廊下分立左右以定可否。格翁正在洗澡（院内有浴室），铃响起来，换衣服，万赶不及，只得身披浴衣，头戴高帽，飞奔出来，惹得哄堂大笑。他们的"阿达"，寻常演说是光着头的，惟有当采决铃声已响，临时提出动议，那提出人必要戴高帽演说。有一回格翁又闹乱子了，他提出这

331

种动议却忘记戴帽,忽然前后左右都叫起"阿达"来,他找他的帽子又找不着,急忙忙把旁座的戴上。格翁是个有名的大脑袋,那高帽便像大冬瓜上头放着个漱口盂,又是一场哄堂大笑。还有好笑的,那戏装打扮的议长,这高头帽也要预备。要来什么用呢?原来巴力门采决的法定人数要四十名,刚缺一名不足时,议长就来凑数。六分钟摇铃三次,每次铃响后,议长点数目。一,二,三,点到第四十,他就把高帽戴在假头发上,高呼"四十",你想这种情形,不是真有点像唱戏吗?他们又有一个"阿达",每次散会,总是议员动议,议长宣告。有一天议员个个都忘了动议,竟自鸟兽散了,弄得议长一个人在那神龛里(议长席)坐到三更。幸亏一个院内守夜的走过,问起来由,才到处找得一位议员进来,正式动议,议长然后正式宣告散会,你说好笑不好笑呢?咦!诸君莫笑,这种琐琐碎碎的情节,就是英国人法治精神的好标本,"英国国旗永远看不见日落",都是从这"阿达神圣"的观念赢得来哩。我方才说,英国人爱政治活动就像爱打球,同是一种团体竞技的顽意儿。须知他们打球也是最讲规则的,不尊重规则,就再没有人肯和你顽了。就算中国人打牌,也有他种种规则,若打输了就推翻桌子,还成话吗?我们办了几年共和政治,演的都是翻桌子把戏,这却从何说起。他们不制定一种法律便罢,一经制定,便神圣不可侵犯,并经一定程序改废之后,是有绝对效力,无论何人都要服从。所以他们对于立法事业,丝毫不肯放过,人民有了立法权,就算有了自由,都是为此。若是法律定了不算帐,白纸上洒些黑墨来哄人,方便自己的要他,不方便的就随时抹杀,那么何必要这些法律?就有了立法权又中何用呢?讲到这一点,那些半野蛮未开化的军阀不足责了,就是我们高谈宪政的一派人,也不能不分担责任。因为他们蔑法的举动,我们虽然不是共犯,但一时为意气所蔽,竟有点不以为非了。就只一点,便是对国民负了莫大罪恶。我如今觉悟过来了,所以要趁个机会,向国民痛彻忏悔一番。并要劝我们朋友辈,从此洗心革面,自己先要把法治精神培养好了,才配谈政治哩。一面还要奉劝那高谈护法的一派人,也注意这种精神修养。若是拿护法做个招牌,骨子里面还是方便自己的法律就要他,不方便的随时抹杀,那罪恶岂不是越发深重吗?总之我自从这回到了欧洲,才觉得中国人法律神圣的观念，连根芽都还没有。既没有这种观念，自然没有组织能力，岂但政治一塌糊涂，即社会事业，亦何从办起。唉！我国民快点自觉啊！快点自忏啊！

战地及亚洛二州纪行

二　凡尔登

我们昨天下半天和今日上半天，走的都是笔直的一条大路，这是巴黎通凡尔登的官道，真所谓"周道如砥，其直如矢"。我们拿英国路政来比较，确是有点不同。英国的道路，不用说也十分修洁，但他总是因山林川泽的形势，而且绕避田园庐墓，所以不免弯回曲折。法国的道路，是仿古代罗马人样子，都画出纵横直线。此事虽小，却很可以表出两国国民的特性。英国人百事都是历史上自然发达，有一种环境起，便做出一种事实来和他顺应，好像是"行乎其所不得不行，止乎其所不得不止"。法国人不然，百事都悬出一个理想，拿理想做标准来规立计画，依着计画演成事实。我们试从政治上艺术上种种方面观察，到处可以看出两国根本精神不同之点，路政亦其一端了。这两种精神，各有好处。别国人学步，怕还是学法国稳当些哩。这是我路上一时的感想，离本题太远了，请读者见谅。

七日午前，我们穿过阿冈林，这是极大的一座森林。德军围攻凡尔登时，失败过后，还想纵断巴黎和凡尔登的后路，所以用全力来争此地。他的皇太子军即屯林中，两军在此经过多少回苦战。现在地下的铁条网和树上底障穗（用来防飞机侦视的）依然到处满布，树木虽然还未毁尽，却把绝好风景的所在，弄成狼籍不堪了。出了大林，远远早望见凡尔登高原，十点半钟就到那里了。

凡尔登市是怎么一个光景呢？我这枝拙笔，竟苦不能形容。诸君若有游过意大利的人，将那二千年前罗马的"佛林"和维苏威火山底下的邦渒拿来联想比较，或可仿佛一二。但比起破坏的程度来，反觉得自然界的暴力，远不及人类野蛮人的暴力，又远不及文明人哩。我们初到，就先在旧市街凭吊一回，但见到处都是半堵废墙，底下堆着一大堆断砖零瓦。还亏是地气冱寒，野草毒虫，不易繁殖，不然，恐怕全市早已无插足之地了。随后参观一个大教堂遗址，正殿早已残破无余，旁边一间牧师静室，还算完好。这教堂是凡尔登最高处，我们从四面破窗中大略凭眺形势，雄峻肃括之概，一览在目。当德军开始攻击时，他的皇太子向军士演说，说半个月后德皇就要在这教堂行凯旋礼。如今却是德皇和教堂都是同归于尽，细想真是何苦来呢？

　　这日天气异常凛冽，我游市街时，手足都僵了，上下牙齿不住的在那里打架，想弄杯火酒一吃挡挡寒气，却是全市没有一家店铺，从那里找起？后来到炮台里头去，算是得着了，方才稍稍回过暖来。这总炮台穴在地中，最深处离地平好几十丈，进去就像到了五千年前埃及的金字塔里头，觉得和地面上成了两个世界。据说当时大炮每日几百发的在外边乱打，炮台里头的人听着，不过像几串爆竹哩。我于军事是十二分外行，里头各种设备的标新领异，实在无从理会。就中令我很感动的有几件事：第一，里头有个大教堂，听说当军务最吃紧的时候，祈祷礼拜，未曾停过，兵士的信仰，比平时还加增了好些。我想陆秀夫在崖山舟中抱着帝昺讲《论语》，是讲给一个人听的，所以看来觉得有点迂腐，有点作伪；这个却是当多数人生死呼吸的关头，替他打一根道德的药针，真算国民教育一种好法门哩。第二，里头有个很大的音乐场，兵士打仗回来，就在那里奏乐唱歌跳舞看影戏，还有许多军中文艺会军中美术会，常常在那里开会呢！"歌舞从戎"，"投戈讲艺"，在我们历史上是一种文饰的美谈，在他们却是日常茶饭哩。第三，里头有一个极完整消费协会，是由兵士组织的，军官也加入帮忙，是将兵士需要物品，廉价贩售，听说每日有好几万佛郎的进出哩。单就这几件事看来，你想人家的兵是什么样的兵，人家的国民是什么样的国民，像我们还配在世界上站住吗？

　　我们大略游览一遍，就在炮台内食堂午饭，承他们司令官极优渥的招待。停战以来，意大利王、比利时王都也曾到过凡尔登一次，都是在这里吃中饭，而且吃的就是营里的家常便饭，不过开一瓶香槟酒，就算敬礼外宾了，就这一点也很看出他们的平等精神哩。食堂正中，挂着政府颁给的光荣勋章，——这勋章不是给个人的是给炮台的，——下面挂一个海棠式铜牌，刻着Cannot has he pas一句话，意思是"不准他过去"这句话，是比丹将军接防凡尔登时誓师所说的，如今变成凡尔登历史的成语了。此外则各协约国所赠的勋章，挂满四壁，还有许多德国炮弹铜帽等类和各炮台被敌炮打下的铁片，摆满一屋，竟把食堂成了小小一个博物院了。

下午我们去游分炮台，本来要游两个，因为迷失了路，险些连一个都游不成哩。我们坐的是军用汽车，还有总炮台的军官做向导，怎么会迷失了路呢？因为他们炮台，都是暗垒，外面本来就没有标帜，各垒联络路线，每每要拿地图现找。经这回猛攻之后，路线多改了样子，所以连本地人都闹糊涂了。我们出了市街，便循一带冈峦而行，但见满地焦枯，连一根草毛也没有，这里一个坑，那边一个洞，好像癞头和尚的样子。那大的坑竟有三两丈深十来丈阔，现在冰雪塞满，雪溶过后，想来里头可以淹得死人。唉！这都是一颗炮弹打成的哩。若问这些地方几时可以恢复原状，只怕三二十年还毂不上说这话。因为地面几丈深以内，都是硝精铁屑，把地质地味完全变了，除非将这层地皮老实划去，另垫新土，才可以供耕植之用。唉！真不料最可宝贵的科学发明，给这班野兽一般的人拿起来戕杀生灵荒秽土地。老子说："圣人不死，大盗不止"，其言很有至理哩。路上弥望，别无他物，就只有一簇一簇的丛冢，上头插着千百成群的十字架，和那破残零乱的铁条网互相掩映。此外便是破头盔咧，破靴咧，弹壳咧，马蹄铁咧，空罐头咧，东一件西一件，算是这几十里高原的装饰品。我们从总炮台出来的时候，天气本已是阴霾四合，到这时候更下起濛濛丝雨来。我们的车既已迷了路，三翻五覆的回旋停顿，我们也就几次下车，分头步行。我但觉得四周围色是死的，声是死的，天是死的，地是死的，任凭你怎么热中的人，到此也是兜头一盆冷水。现在所谓光华烂缦的文明，究竟将来作何结果，越想越令人不寒而栗哩。

好容易才找着一座分炮台，这炮台名字叫做"伏"，我就叫他伏垒。这伏垒经过敌军两次猛扑，几乎失陷。一次有敌军五十七人肉薄到垒门一个小丘上，距大炮机盖所在不过数丈，被守兵歼灭了，守兵也死了三十二人。垒中军官和我们谈那回短兵相接的壮烈搏战，还是肉飞神动，我觉得总不过是人类兽性的写真罢了，懒得记他。但两造死亡的八十九人，却是同葬一丘，真算得"白首同所归"了。我想魂而有知，风晨雨夕，彼此聚谈，真不解白白交换这条性命所为何来哩。

我们由那垒中军官引导，里里外外很详细的参观一回，今也不必细述，不过大规模的壕沟生活，总算看过大概罢了。天色不早了，我们若趱不上梅孜，就要露宿一宵。赶紧走罢。

三　亚尔莎士、洛林两州

亚、洛二州问题，总算这回大战主要动机之一。自德国全败，这问题迎刃而解，不等到维尔赛议和，早已在休战条约上割还法国了。我们已经到了凡尔登，和洛林州的首都梅孜相距咫尺，所以就将这历史上葛藤最多的两州顺便一游。

凡读过西洋史的人，谁也知道一八七一年普法和约普国割去法国这两州。法人引为大耻，卧薪尝胆以求复仇。但从历史上放眼看来，要认这两州正当的主权，这盘帐其实算不清楚。查尔曼大帝裂土分封时，这两州还算是分给德国。至一五五二年，梅孜、苴尔、凡尔登三小侯，要脱离德意志皇帝而独立，乃求法王亨利第二保护，是为这问题发轫之始。其后经过三十年战争及一六四八年一七六九年战争，这两州才完全合并给法国，自此公认为法国领土者将一百年。而普法战争起，普国割这两州时，那里肯认是攘夺，还不是说的光复旧物吗？所以割让后五十年间，一部分故老遗民，暗中拿爱祖国这句话相激厉，一面政府当道，也是拿爱祖国这句话相诰诫。同是一句话，却是归结到正反对的两极端，也算得亘古未闻的奇语了。虽如此说，两州人民，比较的还是认法国当祖国者居多数，所以那回割让条约，虽经两政府交换，而亚尔莎士人婴城固守尚四十余日，到粮尽械竭，才勉强纳降。两州人民跟着还力争住民投票自决所属，德人不许，忍气吞声算了。一面在法国议会当时两州所选出的议员，向国会作诀别演说，拿"长毋相忘""复归有日"的话来相矢誓，一字一泪，给法国人和两州住民一种极深刻的激刺。这都是那回割让时所演沉痛悲壮的史剧了。

到这回割还法国，虽不敢说全体住民个个都满足，但总算欢迎的多，反对的少，前回所演种种悲剧，一出也没有演过。德人虽亦有"住民投票自决所属"的煽动，住民却是置之不理，这可见两州归还法国，总算得名正言顺了。论起两州隶德的年代，实在比隶法的年代还久长些，为甚么定要倾向法国呢？据我看来，第一件，当十六七世纪时，德国文化程度，实在有些不及法国，故两州改隶以后，自然易于渐染法风。第二件，莱因左岸的住民，本来都带一种活泼跳脱的性质，和法国国民性相近，和德国国民性相远。第三件，自从德国占领以后，求治太急，努力用同化政策，事事加以干涉；不知法国大革命以来，自由平等理想，深入人心，两州民既已习之若素，专制之威，如何能受？所以愈干涉愈生反感，愈防范愈招携贰，德人所以不能终有两州，一半也算咎由自取哩。记得当时老毛奇将军有句话，说道："亚尔莎士、洛林，过得五十年，才算真真我们德国的领土呢！"他的意思，也是认定了这块肥肉不是很容易吞得下去。不料恰恰到了第四十九年，就要吐却出来，毛奇的话，竟成谶语了。

　　法、德两国所以拼命的争这两州，并不是面子上争领土伸缩的名誉，其实军事上生计上，两州之对于两国，真有"得之则生，不得则死"的切肤利害。军事上呢？老毛奇叫他做"最短的国境防备线"，梅孜和司脱拉堡两要塞，都是世界著名难攻不落的坚垒。生计上呢？米尼特的铁矿区，广袤四百六十三方里，绵跨两州，每年产铁二千一百万吨。计德国全境每年产铁总额二千八百五十万吨，这个矿区所产，占了四分之三了。五年以来，所以能军械日新持久不屈，都是靠这矿的供给。两州关系，既已如此重要，所以法国开战之初，即以恢复两州为最主要之目的，中间和英、俄两国缔结密约，头一条就是要求讲和时以此为主要条件。一九一六年时威尔逊想做调人，要求两造宣布战争目的，法国首举的便是恢复两州，后来威尔逊提议讲和条件十四条，便将这条加入，明白承认。反观德国方面，虽屡次提议讲和，然而对于这一条，始终绝无丝毫让步的表示，和议所以中梗，未始不由于此。倘使战局成为两败俱伤的局面，那么到议和时，对于这个问题，不知还有多大的争执？后来德国一败涂地，这问题竟在休战条约上轻轻松松一刀两段的解决，也算五年来人人意想不到的事哩。两州的历史和他的价值，既已大略说明，再叙我们行踪罢。

我们离开伏垒，天气已将近晚，匆匆乘车往东进发，雨却渐渐大起来了。当黄昏惨淡的时候，冒着风，冲着雨，行这千里萧条的原野，虽然我们异乡异客，没有什么风景山河之感，但对着这种气象，也不免"人言愁我始欲愁"了。将近日落时，已经由法国洛林州入到旧德国洛林州——洛林割让时，仅割其半，所以从前德、法二国，各皆有此州名，——当初开战时，法国军队，曾由此地侵入，其后德军越比来攻，始仓皇调返，那时用兵痕迹，还隐约可辨。将到梅孜附郭，经过一座森林，随行参谋官指点说是一七九八年法国革命军大败联合军之处，还有个纪念碑呢！我想那回战胜，真算得人类进化史上一场义战，可惜天黑，不能下车凭吊了。我们一路饥寒交逼，直至晚上快十点钟，才到洛林省城的梅孜。幸亏客栈是早已经知会过的，替我们留下很丰盛的晚饭，诸君试想，这顿饭是怎么个滋味呢？

客栈里挂一幅画，很有意思，画的是中间坐着一位极慈祥的老太婆，旁边两位女孩儿，大的穿亚尔莎士服装，小的穿洛州服装，都扑在他怀里，那题目是"认娘还要投票吗？"因为那时德国和中立国报纸，每每援引威尔逊十四条的民族自决主义，说亚、洛两州改属，也该由住民投票一次。法国人反对他，这画就是表示这个意思。我说法国人也未免过于意气用事，其实投票一次，还不一定是大多数通过改属吗？这样子取得这两州的主权，不是更公正更巩固吗？两州问题，纠缠不休的已经好几百年，因为德、法两国你来我往的拿他当战利品，那住民就像从前俄国农奴一样跟着土地移转管辖，没有一回尊重他们自决的权利，所以终久成一个问题。这回还是照钞旧文的解决，能否算做永远解决，我还不敢断言哩。

我们新近从伦敦《泰晤士报》上看见美国人赛蒙一篇通信，——此人是著名新闻记者，曾和我谈论，说西洋文明定要根本改造，——说"梅孜这地方，是法、德两文明直接交冲点，大礼拜堂及某〔其〕附近代表法国文明，车站及其附近代表德国义明"。我看见这话，觉得很有趣，所以一到梅孜，就想按图索骥的研究一番。虽是对于两国国民性没有深邃的研究，不能下精辟的观察，但就表面看来，也像有几分领会。车站一带，土人叫做新城，礼拜堂一带，叫做老城，两城气象，一望便觉截然不同。新城建筑，都是方的粗的坚实的朴素的严整的，老城建筑，都是圆的多角的致巧的流丽的。那街道，新城表示一种意匠的秩序的感想，老城表示一种自然的自由的感想。再看那民情，新城自然觉得有一种方严峻整的美德，老城自然觉得有一种活泼乐群的美德。子细看来，真是两种文明好个对照。别处都市，划出一区自为风气的，未尝没有，例如美国各市的唐人街，欧洲各市的犹太人街。虽住民气象，与别不同，但总是寄人篱下，不能把自己的文明特情表示出来，像梅孜这样的实是少见。因为两边都是很高等的文明，程度相当，同生息于自治政制之下，各人能彀把他固有的特长，用平等的方式尽量发挥，所以特质都显豁呈露了。现时虽未能淳化为一，但接触既频繁既切密，则化合作用，自然发生，将来或有一种新性质的文明，从此地胎孕，也未可知。就这点看来，德、法两国屡争二州，迭为胜负，安知不是全人类进化事业之一种手段呢？我因此又想起欧洲文明，为什么内容如此其丰富，分化如此其灵敏，就是因为接触的机会多，消受的机能惯。我国从前除了印度以外，没有机会和别方面的高等文明接触，无怪停顿到今了。现在机会到来，且看我们能不能利用罢。

我们在梅孜住了一天半，照例应看的地方都看到了，内中最令我感动的，却是一个新铜像。该市公园正中，本来有一座德皇维廉第一的铜像，光复之后，市民把他毁了，别造一座来替代。我们来游的时候，正在拿石灰捏成像范，还未动工呢。你猜这替代维廉第一的人是谁？玻安加利吗？不然。克里曼梭吗？不然。岳福吗？福煦吗？不然不然。法国前代的英雄某人某人吗？更不然。他是一个没有名字的人，也并不像那一位有名人的相貌。他身穿法国兵卒的军衣，头戴法国兵卒的军帽，背着一个军用皮包，右肩擎一枝枪，左脚踏着一件德国军帽，像碑底下刻着 Cn las aj 三个字，——直译为"拿住他们了"，——若定要问这人姓甚名谁，我只得拿中国话答应，说是姓法名叫兰西的一位兵大爷便了。我看了这铜像，觉得他用意真是深长美善，他表示出一国中历史上大事业，并不是一两位有名人做出来的，乃是大多数无名人做出来的，所以这个铜像，我叫他做"平民化"的铜像。其实欧美今后大势所趋，那件事不是"平民化"，这铜像不过一种显著的表征罢了。

我们昨日才看新战场，今日又来看古战场，看的什么？就是梅孜郊外圣帕里华一带古原，一八七〇年拿破仑第三的大军在此地打个大败仗，闹到国内革命，身为俘囚，和这回维廉第二的末路，恰好一个对照。我们来游时，正碰着一大群市民围着一座德国纪功碑，演那"长绳百尺拽碑倒"的把戏。那碑是一个铜狮子擎着德国国徽，张牙舞爪，我们到得跟前，狮子正倒滚下来呢，——相隔十来丈，还有一碑，是德意志女神，手拿一箭，射向法境。那碑是前两天拽倒了，一群孩子在神身上正爬着顽，我们便向这些孩子讨点破铜片带回做纪念，一面周览平原。只见水田漠漠中轻风吹动麦秧，好像波纹皱漾，除远远望见一座土堆说是当时战士丛冢外，战争遗迹，一点都看不出来了。五十年事，如梦如梦，真可发人深省，但不知那梦中人前梦后梦却相续到几时才了哩。

十一日夜间四点钟由梅孜搭火车，天亮就到司脱拉斯堡，——以下省称司堡。司堡是亚尔莎士的省城，从前德国经营这两州新领土，就拿这里做中心点，所以规模比梅孜更为宏大。全市也可分作老城新城两大部分。老城以大教堂为中心，教堂全部用红色石筑成，所以我起他一个名叫做赭石寺。赭石寺为十三四世纪遗物，最精丽之峨特式，内部全用攒叠式的圆柱，一大柱以无数小柱围绕之，攒而为一，各小柱皆透凿离立，雕镂之精，生平少见。旧城内屋舍的建筑，许多都是文艺复兴时代式，楼房多凸出，好像飞檐，上层比下层宽，屋顶多作尖三角形，家家外墙，多有壁画，满目都是古香古色。赭石寺旁边，有一间十五世纪的古屋，如今拿来做饭馆，我们就在那里吃晚饭，并不是贪他菜好，只算顽古董罢了。新城是德国割领后所建，以德皇行宫为中心，行宫前面一个大广场，右边一带为各行政官署，左边一带为大学和图书馆，正对面为州议会和法庭，广场中间便是大公园，那种庄严整肃的气象，简直成了缩影的柏林了。这就是司堡大概的形势。

司堡当第一世纪，已见纪载，原是欧洲中部一座有名的古城，十三世纪前为天主教圣僧采地，十三世纪至十七世纪为德意志自由市，一六六一年，始隶法籍。那时正路易十四全盛时代，所以他的市民对于法国文化感受极深，贡献亦不少。发明印字机的顾丹伯、创造法国国歌的黎士礼，都是本市籍贯，所以他的市民，对于法国对于世界，都很有点自负，法国人向来也拿他当国中声明文物很重要的一部分。所以巴黎罗浮宫前面有八座女神像，代表全国，内中一座，就是司脱拉斯堡女神。自从德国割去亚、洛二州，巴黎市民便在这神像左臂上缠一块黑纱，表示持丧服的意思。每年到割让纪念日，总有无数人集在这女神像下，徘徊瞻恋，继以痛哭，五十年来如一日。直到这回休战条约实行，两州完全光复，那神臂黑纱方才除掉，如今满身都挂着极美丽的花球花圈了。我曾做过一首诗写这件事，诗虽不好，也把他记下来。

《司脱拉斯堡女神歌》
"忆共众灵戏玉京，餐霞浴曦能驻龄。罡风一夜吹梦堕，只影沦谪随客星。银汉半枯碧槎断，雌凤雄龙不相管。高鬟撒珥任云幪，绣襦委篋随尘浣。（亚尔莎士妇女服饰喜戴角巾，高盈尺，其裙皆刺绣。）尘浣云幪秋复春，旧时鸳侣愁知闻。玉珰减泪回环寄，青鸟无凭空断魂。叩阊问天天不语，诏我灵风与梦雨。乌纱笼臂篆沉忧，绿玉垂胸结延伫。（普法战役曾从军者立有一会，其会徽之绶章黑绿相间，黑示持丧，绿表希望。巴黎人亦常将此章悬神像胸际。）多情今夕是何年，云卷长空月自圆。相将驾鹤好归去，瑶池广乐正喧阗。却看王母头如雪，相思待与从头说。点检零脂未忍施，中有啼鹃万丝血。"

我们在公园散步，迎面来一位老头儿，襟上带着黑绿绶相间的铜质小徽章，一望就知道是普法战争时候的军人了，我就迎上去和他攀谈。据他说当一八七〇年普军围城五十天，打进城的炮弹共十九万三千七百二十二颗，城中旧建筑毁去了什之七八。当时他们的守将有句名话，说是"你拿去是可以，要我送给你却是不能"。至今他们市民还常常念着这两句话呢！这位老头儿他说他自己住在这城里四十九年，从来不肯说过一句德国话。他和我们唠唠叨叨的说了一大堆话，虽是语无伦次，我总觉得十分可敬。现在新任都督，名叫游霞卫，也是本城人，普法战后，大去其乡，五十年不履故土。这回战争,在凡尔登立过大功,光复后带了八师团在这里防守。可惜他正往巴黎,我们没有会见。

我们游亚、洛二州,刺激最深的,就是法国人这点爱国热诚,他们全国人无论男女老幼识字不识字,对于这件事都当作私仇私恨一般,痛心刻骨,每饭不忘。法国能觳轰轰烈烈站在世界上头,就是靠这点子精神贯注。将来若有世界大同那一天,把国界破掉,那是别一个问题;若是国家这样东西一日尚存,国民缺了这点精神,那国可就算完了。这点精神和所谓军国主义却是根本不同,军国主义是要凌夺别人,这点精神只是防卫自己。就个人而论,必要人人对于自己努力正当防卫,不畏强暴,然后强横的人才知敛迹,所以个人勇于自卫,便是裁制恶人的最好法门。推论到国家,则国民勇于自卫,便是裁制暴国的最好法门了。这回大战,在人类进化史上很有价值,就是为此。我们对于法国人很表敬意,也是为此。回头看我们中国人,说他没有这点精神吗?不能,你看这回对于山东问题,那一个不激昂慷慨。说他确有这点精神吗?这却还待商量,你看现在全国中有人提起台湾一个字吗?我们失台湾,还是在法国失亚、洛二州后二十年哩,都是战败割地,情形全然一样。人家是深痛彻骨,五十年间没有一刻忘记。我们在当时,何尝不也是人人惊心动魄,不过三五年,早已撇在脑后,像是公认抢劫的人有正当权利了。然则今日虽然磨拳擦掌的争山东,等到山东当真被人拿去后,只怕也把他当作第二个台湾一字不提了。我不敢说从前争台湾现在争山东这些举动都是出于虚伪,但可惜只像小孩子一般,一时恼起来,闹得泼天撒地,过了点把钟,便全然忘记了,这叫做只有冲动,没有情操。我想我们中国人,智力不发达,是很容易补救的一件事,情操不发达,那却是不治之症。什么好主义拿到中国都变成"恶化",为的就是这个毛病。我们说要爱国吗?像法国人这种爱法,真可以令我们反省哩。

至于讲到亚、洛二州本身问题,德国同化政策,虽然没有成功,却是影响也很不小。毛奇说是过了五十年可以安心,我想若是没有这回战争,德国再下几十年水磨工夫,未始无成功之日。因为前次割让以后,许多法国有血性的人都搬走了,德国人便移植了许多进来。现在情形,洛林州虽是法人占优势，亚尔莎士州却是德人占优势，因为他本来是德意志民族的自由市，加以五十年来刻意经营，自然是势力日增了。不过因为德国是专制政体，他们爱自由惯了，有点不愿意，这是和德国军阀的恶感，并不是对于德国文化根本反对。倒反因为两种文化，接触得近，现在隐然造成非法非德亦法亦德一个小小的新文化区域来。德国人从前想拿他做战利品，固然失败，法国人以为他从此回了娘家，恐怕也要斟酌哩。记得我们在梅孜的时候，拉着一位十一二岁的小孩子问他是法国人还是德国人，他说"我是洛林人"，后来到司堡拉着一位十七八岁的，还是拿那句话问他，他说"我也不管是德是法，只要没有兵的国，我就愿做他的国民"。这虽是孩子话，却可以看出个中消息哩。

（原刊1920年3月6日—6月6日《晨报》，收入《梁任公近著》第一辑上卷，商务印书馆1922年12月初版）

宗教编

保教非所以尊孔论

此篇与著者数年前之论，正相反对，所谓我操我矛以伐我者也。今是昨非，不敢自默。其为思想之进步乎，抑退步乎？吾欲以读者思想之进退决之。著者识。

绪　论

近十年来，忧世之士，往往揭三色旗帜以疾走号呼于国中，曰保国，曰保种，曰保教。其陈义不可谓不高，其用心不可谓不苦。若不佞者，亦此旗下之一小卒徒也。虽然，以今日之脑力眼力，观察大局，窃以为我辈自今以往，所当努力者，惟保国而已，若种与教，非所亟亟也。何则？彼所云保种者，保黄种乎？保华种乎？其界限颇不分明。若云保黄种也，彼日本亦黄种，今且浡然兴矣，岂其待我保之？若云保华种也，吾华四万万人，居全球人数三分之一，即为奴隶为牛马，亦未见其能灭绝也。国能保则种自莫强；国不存则虽保此奴隶牛马，使孳生十倍于今日，亦奚益也！故保种之事，即纳入于保国之范围中，不能别立名号者也。至倡保教之议者，其所蔽有数端：一曰不知孔子之真相，二曰不知宗教之界说，三曰不知今后宗教势力之迁移，四曰不知列国政治与宗教之关系。今试一一条论之。

第一　论教非人力所能保

教与国不同。国者积民而成，舍民之外更无国，故国必恃人力以保之。教则不然。教也者，保人而非保于人者也。以优胜劣败之公例推之，使其教而良也，其必能战胜外道，愈磨而愈莹，愈压而愈伸，愈束而愈远。盖其中自有所谓一种烟士披里纯（Inspiration）者，以嘘吸人之脑识，使之不得不从我，岂其俟人保之？使其否也，则如波斯之火教，印度之婆罗门教，阿剌伯之回回教，虽一时借人力以达于极盛，其终不能存于此文明世界，无可疑也。此不必保之说也。

抑保之云者，必其保之者之智慧能力，远过于其所保者，若慈父母之保赤子，专制英主之保民是也。（保国不在此数。国者无意识者也，保国实人人之自保耳。）彼教主者，不世出之圣贤豪杰，而人类之导师也。吾辈自问其智慧能力，视教主何如？而漫曰保之保之，何其狂妄耶！毋乃自信力太大，而亵教主耶？此不当保之说也。然则所谓保教者，其名号先不合于论理，其不能成立也固宜。

第二　论孔教之性质与群教不同

今之持保教论者，闻西人之言曰支那无宗教，辄怫然怒形于色，以为是诬我也，是侮我也。此由不知宗教之为何物也。西人所谓宗教者，专指迷信宗仰而言，其权力范围乃在躯壳界之外，以魂灵为根据，以礼拜为仪式，以脱离尘世为目的，以涅槃天国为究竟，以来世祸福为法门。诸教虽有精粗大小之不同，而其概则一也。故奉其教者，莫要于起信，（耶教受洗时，必诵所谓《十信经》者，即信耶稣种种奇迹是也。佛教有《起信论》。）莫急于伏魔。起信者，禁人之怀疑，窒人思想自由也；伏魔者，持门户以排外也。故宗教者非使人进步之具也，于人群进化之第一期，虽有大功德，其第二期以后，则或不足以偿其弊也。孔子则不然，其所教者，专在世界国家之事，伦理道德之原，无迷信，无礼拜，不禁怀疑，不仇外道，孔教所以特异于群教者在是。质而言之，孔子者哲学家、经世家、教育家，而非宗教家也。西人常以孔子与梭格拉底并称，而不以之与释迦、耶稣、摩诃末并称，诚得其真也。夫不为宗教家，何损于孔子？孔子曰："未能事人，焉能事鬼？""未知生，焉知死？""子不语：怪力乱神。"盖孔子立教之根柢，全与西方教主不同。吾非必欲抑群教以扬孔子，但孔教虽不能有他教之势力，而亦不至有他教之流弊也。然则以吾中国人物论之，若张道陵（即今所谓张天师之初祖也。）可谓之宗教家，若袁了凡（专提倡《太上感应篇》《文昌帝君阴骘文》者。）可谓之宗教家，（宗教有大小，有善恶。埃及之拜物教，波斯之拜火教，可谓之宗教，则张、袁不可不谓之宗教。）而孔子则不可谓之宗教家。宗教之性质，如是如是。

持保教论者，辄欲设教会，立教堂，定礼拜之仪式，著信仰之规条；事事摹仿佛、耶，惟恐不肖。此靡论其不能成也，即使能之，而诬孔子不已甚耶？孔子未尝如耶稣之自号化身帝子，孔子未尝如佛之自称统属天龙，孔子未尝使人于吾言之外皆不可信，于吾教之外皆不可从。孔子人也，先圣也，先师也；非天也，非鬼也，非神也。强孔子以学佛、耶，以是云保，则所保者必非孔教矣。无他，误解宗教之界说，而艳羡人以忘我本来也。

第三　论今后宗教势力衰颓之征

保教之论何自起乎？惧耶教之侵入，而思所以抵制之也。吾以为此之为虑，亦已过矣。彼宗教者，与人群进化第二期之文明，不能相容者也。科学之力日盛，则迷信之力日衰；自由之界日张，则神权之界日缩。今日耶稣教势力之在欧洲，其视数百年前，不过十之一二耳。昔者各国君主，皆仰教皇之加冕以为尊荣，今则帝制自为也；昔者教皇拥罗马之天府，指挥全欧，今则作寓公于意大利也；昔者牧师、神父，皆有特权，今则不许参与政治也。此其在政界既有然矣。其在学界，昔者教育之事，全权属于教会，今则改归国家也。歌白尼等之天文学兴，而教会多一敌国；达尔文等进化论兴，而教会又多一敌国。虽竭全力以挤排之，终不可得，而至今不得不迁就其说、变其面目以弥缝一时也。若是乎耶稣教之前途可以知矣。彼其取精多,用物宏,诚有所谓"百足之虫,至死不僵"者,以千数百年之势力,必非遽消磨于一旦,固无待言。但自今以往,耶稣教即能保其余烬,而亦必非数百年前之面目可断言也。而我今日乃欲摹其就衰之仪式,为效颦学步之下策,其毋乃可不必乎!

或曰:彼教虽浸衰于欧洲,而浸盛于中国,吾安可以不抵制之?是亦不然。耶教之入中国也有两目的:一曰真传教者,二曰各国政府利用之以侵我权利者。中国人之入耶教也亦有两种类:一曰真信教者,二曰利用外国教士以抗官吏武断乡曲者。彼其真传教、真信教者,则何害于中国?耶教之所长,又安可诬也?吾中国汪汪若千顷之波,佛教纳之,回教纳之,乃至张道陵、袁了凡之教亦纳之,而岂其有靳于一耶稣?且耶教之入我国数百年矣,而上流人士,从之者稀,其力之必不足以易我国明矣,而畏之如虎,何为者也?至各国政府与乡里莠民之利用此教以侵我主权、挠我政治,此又必非开孔子会倡言保教之遂能抵抗也。但使政事修明,国能自立,则学格兰斯顿之予爱兰教会以平权可也,学俾斯麦、嘉富洱之予山外教徒以限制亦可也,主权在我,谁能侵之?故彼之持保教抵制之说者,吾见其进退无据也。

第四　论法律上信教自由之理

彼持保教论者,自谓所见加流俗人一等,而不知与近世文明法律之精神,适相剌谬也。今此论,固不过一空言耳。且使其论日盛,而论者握一国之主权,安保其不实行所怀抱,而设立所谓国教以强民使从者?果尔,则吾国将自此多事矣。彼欧洲以宗教门户之故,战争数百年,流血数十万,至今读史,犹使人毛悚股栗焉。几经讨论,几经迁就,始以信教自由之条,著诸国宪;至于今日,各国莫不然,而争教之祸亦几熄矣。夫信教自由之理,一以使国民品性趋于高尚,(若特立国教,非奉此者不能享完全之权利,则国民或有心信他教,而为事势所迫,强自欺以相从者,是国家导民以弃其信德也。信教自由之理论,此为最要。)一以使国家团体归于统一,(昔者信教自由之法未立，国中有两教门以上者，恒相水火。）而其尤要者，在画定政治与宗教之权限，使不相侵越也。政治属世间法，宗教属出世法。教会不能以其权侵政府，固无论矣，而政府亦不能滥用其权以干预国民之心魂也。（自由之理，凡一人之言论、行事、思想，不至有害于他人之自由权者，则政府不得干涉之。我欲信何教，其利害皆我自受之，无损于人者也，故他人与政府皆不得干预。）故此法行而治化大进焉，吾中国历史有独优于他国者一事，即数千年无争教之祸是也。彼欧洲数百年之政治家，其心血手段，半耗费于调和宗教、恢复政权之一事，其陈迹之在近世史者，班班可考也，吾中国幸而无此镠镯，是即孔子所以贻吾侪以天幸也。而今更欲循泰西之覆辙以造此界限何也？今之持保教论者，其力固不能使自今以往，耶教不入中国。昔犹孔自孔，耶自耶，各行其自由，耦俱而无猜。无端而画鸿沟焉，树门墙焉，两者日相水火，而教争乃起，而政争亦将随之而起。是为吾国民分裂之厉阶也。言保教者不可不深长思也。

第五　论保教之说束缚国民思想

文明之所以进，其原因不一端，而思想自由，其总因也。欧洲之所以有今日，皆由十四五世纪之时，古学复兴，脱教会之樊篱，一洗思想界之奴性，其进步乃沛乎莫能御。此稍治史学者所能知矣。我中国学界之光明，人物之伟大，莫盛于战国，盖思想自由之明效也。及秦始皇焚百家之语，坑方术之士，而思想一窒；及汉武帝表章六艺，罢黜百家，凡不在六艺之科者绝勿进，而思想又一窒。自汉以来，号称行孔子教者二千余年于兹矣，而皆持所谓表章某某、罢黜某某者，以为一贯之精神；故正学异端有争，今学古学有争，言考据则争师法，言性理则争道统。各自以为孔教，而排斥他人以为非孔教，于是孔教之范围，益日缩日小。浸假而孔子变为董江都、何邵公矣，浸假而孔子变为马季长、郑康成矣，浸假而孔子变为韩昌黎、欧阳永叔矣，浸假而孔子变为程伊川、朱晦庵矣，浸假而孔子变为陆象山、王阳明矣，浸假而孔子变为纪晓岚、阮芸台矣，皆由思想束缚于一点，不能自开生面。如群猿得一果，跳掷以相攫；如群妪得一钱，诟骂以相夺：其情状抑何可怜哉！夫天地大矣，学界广矣，谁亦能限公等之所至，而公等果何为者？无他，暖暖姝姝，守一先生之言，其有稍在此范围外者，非惟不敢言之，抑亦不敢思。此二千年来保教党所成就之结果也。曾是孔子而乃如是乎？孔子作《春秋》，进退三代，是正百王，乃至非常异义可怪之论，胥溢于编中。孔子之所以为孔子，正以其思想之自由也。而自命为孔子徒者，乃反其精神而用之，此岂孔子之罪也？呜呼！居今日诸学日新、思潮横溢之时代，而犹以保教为尊孔子，斯亦不可以已乎？

抑今日之言保教者，其道亦稍异于昔。彼欲广孔教之范围也，于是取近世之新学新理以缘附之，曰某某者孔子所已知也，某某者孔子所曾言也。其一片苦心，吾亦敬之，而惜其重诬孔子而益阻人思想自由之路也。夫孔子生于二千年以前，其不能尽知二千年以后之事理学说，何足以为孔子损！梭格拉底未尝坐轮船，而造轮船者不得不尊梭格拉底；阿里士多德未尝用电线，而创电线者不敢菲薄阿里士多德：此理势所当然也。以孔子之圣智，其所见与今日新学新理相暗合者必多多，此奚待言。若必一一而此附之、纳入之，然则非以此新学新理厘然有当于吾心而从之也，不过以其暗合于我孔子而从之耳。是所爱者仍在孔子，非在真理也。万一遍索之于四书六经，而终无可比附者，则将明知为铁案不易之真理，而亦不敢从矣；万一吾所比附者，有人从而剔之，曰孔子不如是，斯亦不敢不弃之矣。若是乎真理之终不能饷遗我国民也。故吾最恶乎舞文贱儒，动以西学缘附中学者，以其名为开新，实则保守，煽思想界之奴性而滋益之也。我有耳目，我有心思，生今日文明灿烂之世界，罗列中外古今之学术，坐于堂上而判其曲直，可者取之，否者弃之，斯宁非丈夫第一快意事耶？必以古人为虾，而自为其水母，而公等果胡为者？然则以此术保教者，非诬则愚，要之决无益于国民可断言也。

第六　论保教之说有妨外交

保教妨思想自由，是本论之最大目的也。其次焉者，曰有妨外交。中国今当积弱之时，又值外人利用教会之际，而国民又夙有仇教之性质，故自天津教案以迄义和团，数十年中，种种外交上至艰极险之问题，起于民教相争者殆十七八焉。虽然，皆不过无知小民之起衅焉耳。今也博学多识之士大夫，高树其帜曰保教保教，则其所著论所演说，皆不可不昌言何以必要保教之故，则其痛诋耶教必矣。夫相争必多溢恶之言，保无有抑扬其词，文致其说，以耸听者，是恐小民仇教之不力，而更扬其波也。吾之为此言，吾非劝国民以媚外人也；但举一事必计其有利无利、有害无害，并其利害之轻重而权衡之。今孔教之存与不存，非一保所能致也；耶教之入与不入，非一保所能拒也：其利之不可凭也如此。而万一以我之叫嚣，引起他人之叫嚣，他日更有如天津之案，以一教堂而索知府、知县之头；如胶州之案，以两教士而失百里之地、丧一省之权；如义和之案，以数十西人之命，而动十一国之兵、偿五万万之币者；则为国家忧，正复何如？呜呼！天下事作始也简，将毕也巨。持保教论者，勿以我为杞人也。

第七　论孔教无可亡之理

虽然，保教党之用心，吾固深谅之而深敬之。彼其爱孔教也甚，愈益爱之，则愈益忧之，惧其遂将亡也，故不复权利害，不复揣力量，而欲出移山填海之精神以保之。顾吾以为抱此隐忧者，乃真杞人也。孔教者，悬日月，塞天地，而万古不能灭者也。他教惟以仪式为重也，故自由昌而仪式亡；惟以迷信为归也，故真理明而迷信替。其与将来之文明决不相容，天演之公例则然也。孔教乃异是：其所教者，人之何以为人也，人群之何以为群也，国家之何以为国也。凡此者，文明愈进，则其研究之也愈要。近世大教育家多倡人格教育之论。人格教育者何？考求人之所以为人之资格，而教育少年，使之备有此格也。东西古今之圣哲，其所言合于人格者不一，而最多者莫如孔子。孔子实于将来世界德育之林，占一最重要之位置，此吾所敢豫言也。夫孔子所望于我辈者，非欲我辈呼之为救主，礼之为世尊也。今以他人有救主、世尊之名号，而我无之，遂相惊以孔教之将亡，是乌得为知孔子矣乎？夫梭格拉底、亚里士多德之不逮孔子也亦远矣，而梭氏、亚氏之教，犹愈久而愈章，曾是孔子而顾惧是乎！吾敢断言曰：世界若无政治，无教育，无哲学，则孔教亡；苟有此三者，孔教之光大，正未艾也。持保教论者，盍高枕而卧矣？

第八　论当采群教之所长以光大孔教

吾之所以忠于孔教者，则别有在矣。曰毋立一我教之界限，而辟其门，而恢其域，挹群教而入之，以增长荣卫我孔子是也。彼佛教、耶教、回教乃至古今各种之宗教，皆无可以容纳他教教义之量。何也？彼其以起信为本，以伏魔为用，从之者殆如妇人之不得事二夫焉。故佛曰"天上地下，惟我独尊"；耶曰"独一无二，上帝真子"。其范围皆有一定，而不能增减者也。孔子则不然，鄙夫可以竭两端，三人可以得我师，盖孔教之精神，非专制的而自由的也。我辈诚尊孔子，则宜直接其精神，毋拘墟其形迹。孔子之立教，对二千年前之人而言者也，对一统闭关之中国人而言之也，其通义之万世不易者固多，其别义之与时推移者亦不少。孟子不云乎："孔子圣之时者也。"使孔子而生于今日，吾知其教义之必更有所损益也。今我国民非能为春秋战国时代之人也，而已为二十世纪之人；非徒为一乡一国之人，而将为世界之人，则所以师孔子之意而受孔子之赐者必有在矣。

故如佛教之博爱也，大无畏也，勘破生死也，普度众生也，耶教之平等也，视敌如友也，杀身为民也，此其义虽孔教固有之，吾采其尤博深切明者以相发明；其或未有者，吾急取而尽怀之，不敢廉也；其或相反而彼为优者，吾舍己以从之，不必吝也。又不惟于诸宗教为然耳，即古代希腊、近世欧美诸哲之学说，何一不可以兼容而并包之者？若是于孔教为益乎，为损乎，不待知者而决也。夫孔子特自异于狭隘之群教，而为我辈遵孔教者开此法门，我辈所当自喜而不可辜此天幸者也。大哉孔子！大哉孔子！海阔从鱼跃，天空任鸟飞。以是尊孔，而孔之真乃见；以是演孔，而孔之统乃长。又何必鳃鳃然猥自贬损，树一门划一沟，而曰保教保教为也！

结　论

嗟乎嗟乎！区区小子，昔也为保教党之骁将，今也为保教党之大敌。嗟我先辈，嗟我故人，得毋有恶其反覆，诮其模棱，而以为区区罪者！虽然，吾爱孔子，吾尤爱真理；吾爱先辈，吾尤爱国家；吾爱故人，吾尤爱自由。吾又知孔子之爱真理，先辈、故人之爱国家、爱自由，更有甚于吾者也。吾以是自信，吾以是忏悔。为二千年来翻案，吾所不惜；与四万万人挑战，吾所不惧。吾以是报孔子之恩我，吾以是报群教主之恩我，吾以是报我国民之恩我。

（原刊1902年2月22日《新民丛报》第2号）

宗教家与哲学家之长短得失

天下事理，有得必有失，然所得即寓于所失之中，所失即在于所得之内。天下人物，有长必有短，然长处恒与短处相缘，短处亦与长处相丽。苟徒见其所得焉、所长焉而偏用之，及其缺点之发现，则有不胜其敝者矣；苟徒见其所失焉、所短焉而偏废之，则去其失、去其短，而所得、所长亦无由见矣。论学论事论人者，皆不可不于此深留意焉。

宗教家言，与哲学家言，往往相反对者也。吾畴昔论学，最不喜宗教，以其偏于迷信而为真理障也。虽然，言穷理则宗教家不如哲学家，言治事则哲学家不如宗教家，此征诸历史而斑斑者也。历史上英雄豪杰，能成大业轰轰一世者，大率有宗教思想之人多，而有哲学思想之人少。（其两思想并无之人虽尤多，然仅恃哲学以任者则殆绝也。）其在泰西，克林威尔，再造英国者也，其所以犯大不韪而无所避，历千万难而不渝者，宗教思想为之也。女杰贞德，再造法国者也，其人碌碌无他长，而惟以迷信以热诚，感动国人，而摧其敌，宗教思想为之也。维廉滨，开辟美洲者也，其所以以自由为性命，视躯壳为牺牲者，宗教思想为之也。美国之华盛顿、林肯，皆豪杰而圣贤也，皆富于宗教思想之人也。玛志尼、加富尔，皆孕育意大利者也。玛志尼欲建新国，而先倡新宗教，其"少年意大利"，实据宗教之地盘以筑造之者也，其所以团结而不涣、忍耐而不渝者，宗教思想为之也；加富尔之治国，首裁抑教权，然敌教会非敌教旨也，其迷信之力亦颇强，故不治产而以国为产，不娶妻而以国为妻，宗教思想为之也。格兰斯顿，十九世纪英国之杰物也，其迷信之深，殆绝前古，（格公每来复日必往礼拜堂，终身未尝间断。又格公尝与达尔文对谈终日，达娓娓语其生物学新理，格公若毫不领略其趣味者然。）其所以能坚持一主义，感动舆论，革新国是者，宗教思想为之也。其在日本，维新前诸人物，如大盐中斋、横井小楠之流，皆得力于禅学者也，西乡隆盛其尤著也。其所以蹈白刃而不悔，前者仆后者继者，宗教思想为之也。其在我国，则近世哲学与宗教两者，皆销沉极焉，然若康南海，若谭浏阳，皆有得于佛学之人也。两先生之哲学，固未尝不戛戛独造，渊渊入微，至其所以能震撼宇宙，唤起全社会之风潮，则不恃哲学，而仍恃宗教思想之为之也。若是乎宗教思想之力，果如此其伟大而雄厚也。

哲学亦有两大派：曰唯物派，曰唯心派。唯物派只能造出学问，唯心派时亦能造出人物。故拿破仑、俾士麦，皆笃好斯宾挪莎之书，受其感化者不少焉；而俄罗斯虚无党人，亦崇拜黑智儿学说，等于日用饮食。夫斯、黑二子之书，皆未尝言政治言事功也，而其感染人若此，盖唯心哲学亦殆近于宗教矣。吾昔读欧洲史，见其争自由而流血者，前后相接，数百年如一日，而其人物类皆出于宗教迷信，窃疑非以迷信之力，不能夺人生死之念。及考俄国虚无党历史，其人不信耶稣教者十而八九，（其首领女杰苏菲亚临刑时，教士持十字架为之祈祷，盖景教国国俗通例也。苏菲亚斥退之曰："吾不信耶教，毋以此相聒。"云云。他多类是。）而何以能甘鼎镬如饴，无罣碍无恐怖若此？吾深求其故，而知彼有唯心派哲学以代之也。唯心哲学，亦宗教之类也。吾国之王学，唯心派也。苟学此而有得者，则其人必发强刚毅，而任事必加勇猛，观明末儒者之风节可见也。本朝二百余年，斯学销沉，而其支流超渡东海，遂成日本维新之治，是心学之为用也。心学者实宗教之最上乘也。

夫宗教思想何以宜于治事，而哲学思想何以不宜？（此指狭义之哲学，即唯心派以外之哲学也。）吾深思之，得五因焉：

一曰无宗教思想则无统一　今日世界众生，根器薄弱，未能有一切成佛之资格，未能达群龙无首之地位。故必赖有一物焉从而统一之，然后不至随意竞争，轶出范围之外，散漫而无所团结。统一之之具不一，而宗教其最要者也。故人人自由之中，而有一无形之物位于其上者，使其精神结集于一团。其遇有不可降之客气也，则此物足以降之；其遇有不可制之私欲也，则此物可以制之；其遇有不可平之党争也，则此物可以平之：若此者，莫善于宗教。宗教精神，一军队精神也。故在愈野蛮之国，则其所以统一民志者，愈不得不惟宗教是赖。使今日世界而已达文明之极点也，则人人有自治力，诚无待于宗教，而无如今犹非其时也。故曰无宗教思想则无统一。

二曰无宗教思想则无希望　希望者人道之粮也。人莫不有两境界：一曰现在界，二曰未来界。现在界属于实事，未来界属于希望。人必常有一希望焉，悬诸心目中，然后能发动其勇气而驱策之以任一切之事。虽然，有一物焉，常与希望相缘，而最为希望之蠹者，曰"失望"。当希望时其气盛数倍者，至失望时其气沮亦数倍。故有形之希望，希望中之颇危险者也。若宗教则无形之希望也。此七尺之躯壳，此数十寒暑之生涯，至区区眇小不足道也。吾有灵魂焉，吾之大事业，在彼不在此。故苦我者一时，而乐我者永劫；苦我者幻体，而乐我者法身。得此希望，则有安身立命之地，无论受何挫折，遇何烦恼，皆不至消沮，而其进益厉。苟不尔者，则一失意而颓然丧矣。故曰无宗教思想则无希望。

三曰无宗教思想则无解脱　人之所以不能成大业者，大率由为外境界之所束缚也。声焉，色焉，货利焉，妻孥焉，名誉焉，在在皆可沾恋。一有沾恋，则每遇一事之来也，虽认为责任之所不容诿，而于彼乎于此乎一一计度之：而曰如此且不利于吾名誉，则任事之心减三四焉矣；而曰如此直不利于吾身家，则任事之心减六七焉矣；而曰如此且不利于吾性命，则任事之心减八九焉矣。此所以知非艰而行惟艰也。宗教者，导人以解脱者也。此器世间者，业障之所成耳；此顽躯壳者，四大之所合耳。身且非我有，而身外之种种幻象，更何留恋焉？得此法门，则自在游行，无罣无碍，舍身救世，直行所无事矣。而不然者，虽日日强节之，而临事犹不能收其效也。故曰无宗教思想则无解脱。

四曰无宗教思想则无忌惮　孔子曰："小人而无忌惮也。"人至于无忌惮，而小人之量极矣。今世所谓识时俊杰者，口中摭拾一二新学名词，遂吐弃古来相传一切道德，谓为不足轻重；而于近哲所谓新道德者，亦未尝窥见其一指趾。自谓尽公德，吾未见其公德之有可表见，而私德则早已蔑弃矣。闻《礼运》大同之义，他无所得，而先已不亲其亲；读边沁功利之书，他无所思，而惟知自乐其乐；受斯密《原富》之篇，不以之增公益，而以之殖私财；睹达尔文物竞之论，不以之结团体，而以之生内争；耳洛克、康德意欲自由之论，则相率于逾闲荡检，而曰我天赋本权；睹加富尔、俾士麦外交应敌之策，则相竞于机械诡诈，而曰我办事手段。若此者，皆所谓无忌惮者也。夫在西国此等学说盛行而无流弊者何也？有谨严迂腐之宗教以剂之也。泰西教义虽甚浅薄，然以末日审判、天国在迩等论，日日相聒，犹能使一社会中中下之人物，各有所慑，而不敢决破藩篱。（若上智则自能直受高义，不至有流弊。）虽然此等教旨，与格致学理不相容，殆不可以久立。至如我佛业报之说，谓今之所造，即后之所承，一因一果之间，其应如响，其印如符，丝毫不能假借，此则无论据何学理，而决不能破之者也。苟有此思想，其又安敢放恣暴弃，造恶业于今日而收恶果于明日耶？孔子曰："狷者有所不为。"又曰："克己复礼为仁。"凡诸教门，无论大小，莫不有戒。戒也者，进民德之一最大法门也。吾见日本近三十年来，民智大进，而民德反下，其所以虽受西人之学而效不及彼者，其故可深长思矣。故曰无宗教思想则无忌惮。

　　五曰无宗教思想则无魄力　甚矣人性之薄弱也！孔子曰："知及之，仁不能守之。"若是者比比然矣。故佛之说教也，曰大雄，曰大无畏，曰奋迅，曰勇猛，曰威力。括此数义，而取象于师子。夫人之所以有畏者何也？畏莫大于生死。有宗教思想者，则知无所谓生、无所谓死。死者死吾体魄中之铁若余金类、木类、炭、小粉、糖、盐、水若余杂质气质而已，而吾自有不死者存，曰灵魂。既常有不死者存，则死吾奚畏？死且不畏，余更何有？故真有得于大宗教良宗教之思想者，未有不震动奋厉而雄强刚猛者也。若哲学家不然，其用算学也极精，其用名学也极精，目前利害，剖析毫厘。夫天下安有纯利而无害之事？千钧之机，阁以一沙，则不能动焉。哲学家往往持此说，三思四思五六思，而天下无一可办之事矣。故曰无宗教思想则无魄力。

　　要而论之，哲学贵疑，宗教贵信。信有正信，有迷信。勿论其正也迷也，苟既信矣，则必至诚；至诚则能任重，能致远，能感人，能动物。故寻常人所以能为一乡一邑之善士者，常赖宗教；大人所以能为惊天动地之事业者，亦常赖宗教。抑人之至诚，非必待宗教而始有也，然往往待宗教而始动，且得宗教思想而益增其力。宗教其顾可蔑乎？记曰："至诚而不动者未之有也。"为有宗教思想者言也。又曰："不诚未有能动者也。"为无宗教思想者言也。

曰：然则宗教长而哲学短，宗教得而哲学失乎？曰：又不然。宗教家言，所以立身也，所以治事也，而非所以讲学。何以故？宗教与迷信常相为缘故。一有迷信，则真理必掩于半面；迷信相续，则人智遂不可得进，世运遂不可得进。故言学术者不得不与迷信为敌，敌迷信则不得不并其所缘之宗教而敌之。故一国之中，不可无信仰宗教之人，亦不可无摧坏宗教之人。生计学公例，功愈分而治愈进焉，不必以操术之殊而相非也。

虽然，摧坏宗教之迷信可也，摧坏宗教之道德不可也。道德者天下之公，而非一教门之所能专有也。苟摧坏道德矣，则无忌惮之小人，固非宗教，而又岂足以自附于哲学之林哉？

曰：天下之宗教多矣，吾谁适从？曰：宗教家言，皆应于众生根器而说法也，故时时不同，地地不同；一时一地，亦复人人不同。吾闻某教之言而生感者，即吾应以某教而得度也。故今日文明国最重信教自由，吾乌敢而限之？且吾今之言，言宗教也，非言宗教学也。若言宗教学，则固有优劣高下之可言。今以之立身，以之治事，则不视其教之优劣高下何如，而视其至诚所感所寄之程度何如。虽劣下如袁了凡之宗教，有时亦能产人物，他无论也。若夫以宗教学言，则横尽虚空，竖尽来劫，取一切众生而度尽之者，佛其至矣！佛其至矣！

凡迷信宗教者必至诚，而至诚不必尽出于迷信宗教。至诚之发，有诚于善者，亦有诚于恶者。但使既诚矣，则无论于善于恶，而其力量常过于寻常人数倍。至诚与发狂二者之界线，相去一秒黍耳。故其举动之奇警也，猛烈也，坚忍也，锐入也，常有为他人之所不能喻者，以为彼何苦如是。其至诚之恶焉者，如至诚于色而为情死，至诚于货而攫市金；其善焉者，如至诚于孝而割股，至诚于忠而漆身，至诚于国、至诚于道而流血成仁。若此者皆不诚之人所百思不得其解者也。故天地间有一无二之人物，天地间可一不可再之事业，罔不出于至诚。知此义者可以论宗教矣。

（原刊1902年10月31日《新民丛报》第19号）

论佛教与群治之关系

吾祖国前途有一大问题，曰："中国群治当以无信仰而获进乎？抑当以有信仰而获进乎？"是也。信仰必根于宗教，宗教非文明之极则也。虽然，今日之世界，其去完全文明尚下数十级，于是乎宗教遂为天地间不可少之一物。人亦有言：教育可以代宗教。此语也，吾未敢遽谓然也。即其果然，其在彼教育普及之国，人人皆渐渍熏染，以习惯而成第二之天性，其德力智力，日趋于平等，如是则虽或缺信仰而犹不为害。今我中国犹非其时也，于是乎信仰问题，终不可以不讲。（参观本报第十九号《宗教家与哲学家之长短得失》）

因此一问题，而复生出第二之问题，曰："中国而必需信仰也，则所信仰者当属于何宗教乎？"是也。吾提此问，闻者将疑焉，曰："吾中国固自有孔教在，而何容复商榷为也？"虽然，吾以为孔教者，教育之教也，非宗教之教也。其为教也，主于实行，不主于信仰，故在文明时代之效或稍多，而在野蛮时代之效或反少。亦有心醉西风者流，睹欧美人之以信仰景教而致强也，欲舍而从之以自代，此尤不达体要之言也。无论景教与我民族之感情，枘凿已久，与因势利导之义相反背也，又无论彼之有眈眈逐逐者楯于其后，数强国利用之以为钓饵，稍不谨而末流之祸将不测也，抑其教义非有甚深微妙，可以涵盖万有、鼓铸群生者。吾以畴昔无信仰之国而欲求一新信仰，则亦求之于最高尚者而已，而何必惟势利之为趋也。吾师友多治佛学，吾请言佛学。

一　佛教之信仰乃智信而非迷信

孔子曰："知之为知之，不知为不知，是知也。"又曰："吾有知乎哉？无知也。"又曰："及其至也，虽圣人亦有所不知焉。"又曰："未知生，焉知死？"盖孔教本有阙疑之一义，言论之间，三致意焉。此实力行教之不二法门也。至如各教者，则皆以起信为第一义。夫知焉而信焉可也，不知焉而强信焉，是自欺也。吾尝见迷信者流，叩以微妙最上之理，辄曰是造化主之所知，非吾侪所能及焉。是何异专制君主之法律，不可以与民共见也。佛教不然。佛教之最大纲领，曰"悲智双修"，自初发心以迄成佛，恒以转迷成悟为一大事业。其所谓悟者，又非徒知有佛焉而盲信之之谓也。故其教义云："不知佛而自谓信佛，其罪尚过于谤佛者。"何以故？谤佛者有怀疑心，由疑入信，其信乃真故。世尊说法四十九年，其讲义关于哲学学理者十而八九，反覆辩难，弗明弗措，凡以使人积真智求真信而已。浅见者或以彼微妙之论为不切于群治，试问希腊及近世欧洲之哲学，其于世界之文明，为有裨乎、为无裨乎？彼哲学家论理之圆满，犹不及佛说十之一，今欧美学者，方且竞采此以资研究矣，而岂我辈所宜诟病也。要之他教之言信仰也，以为教主之智慧，万非教徒之所能及，故以强信为究竟；佛教之言信仰也，则以为教徒之智慧，必可与教主相平等，故以起信为法门。佛教之所以信而不迷，正坐是也。近儒斯宾塞之言哲学也，区为"可知"与"不可知"之二大部，盖从孔子阙疑之训，救景教徇物之弊，而谋宗教与哲学之调和也。若佛教则于不可知之中而终必求其可知者也。斯氏之言，学界之过渡义也；佛说则学界之究竟义也。

二　佛教之信仰乃兼善而非独善

凡立教者必欲以其教易天下，故推教主之意，未有不以兼善为归者也。至于以此为信仰之一专条者，则莫如佛教。佛说曰："有一众生不成佛者，我誓不成佛。"此犹其自言之也。至其教人也，则曰："惟行菩萨行者得成佛，其修独觉禅者永不得成佛。"独觉者何？以自证自果为满足者也。学佛者有二途，其一则由凡夫而直行菩萨行，由菩萨而成佛者也；其他则由凡夫而证阿罗汉果，而证阿那含果，而证斯陀含果，而证辟支佛果者也。辟支佛果，即独觉位也，亦谓之声闻，亦谓之二乘。辟支佛与佛相去一间耳，而修声闻二乘者，证至此已究竟矣。故佛又曰："吾誓不为二乘声闻人说法。"佛果何恶于彼而痛绝之甚？盖以为凡夫与谤佛者，犹可望其有成佛之一日；若彼辈则真自绝于佛性也。所谓菩萨行者何也？佛说又曰："已已得度，回向度他，是为佛行；未能自度，而先度人，是为菩萨发心。"故初地菩萨之造诣，或比之阿罗汉、阿那含尚下数级焉，而以发心度人之故，即为此后证无上果之基础。彼菩萨者，皆至今未成佛者也。（其有已成佛而现菩萨身者，则吾不敢知。）何以故？有一众生未成佛彼誓不成佛故。夫学佛以成佛为希望之究竟者也，今彼以众生故，乃并此最大之希望而牺牲之，则其他更何论焉！故舍己救人之大业，惟佛教足以当之矣。虽然，彼非有所矫强而云然也，彼实见夫众生性与佛性本同一源。苟众生迷而曰我独悟，众生苦而曰我独乐，无有是处。譬诸国然，吾既托生此国矣，未有国民愚而我可以独智，国民危而我可以独安，国民悴而我可以独荣者也。知此义者，则虽牺牲龥躬种种之利益以为国家，其必不辞矣。

三 佛教之信仰乃入世而非厌世

明乎菩萨与独觉之别，则佛教之非厌世教可知矣。宋儒之谤佛者，动以是为清净寂灭而已，是与佛之大乘法适成反比例者也。景教者，衍佛之小乘者也，翘然日悬一与人悬绝之天国以歆世俗，此宁非引进愚民之一要术？然自佛视之，则已堕落二乘声闻界矣。佛固言天堂也，然所祈向者非有形之天堂，而无形之天堂；非他界之天堂，而本心之天堂。故其言曰："不厌生死，不爱涅槃。"又曰："地狱天堂，皆为净土。"何以故？菩萨发心当如是故。世界既未至"一切众生皆成佛"之位置，则安往而得一文明极乐之地？彼迷而愚者，既待救于人，无望能造新世界焉矣；使悟而智者，又复有所歆于他界，而有所厌于侪辈，则进化之责，谁与任之也？故佛弟子有问佛者曰："谁当下地狱？"佛曰："佛当下地狱。不惟下地狱也，且常住地狱；不惟常住也，且常乐地狱；不惟常乐也，且庄严地狱。"夫学道而至于庄严地狱，则其愿力之宏大，其威神之广远，岂复可思议也？然非常住常乐之，乌克有此？彼欧美数百年前，犹是一地狱世界，而今日已骤进化若彼者，皆赖百数十仁人君子住之乐之而庄严之也。知此义者，小之可以救一国，大之可以度世界矣。

四　佛教之信仰乃无量而非有限

宗教之所以异于哲学者，以其言灵魂也。知灵魂，则其希望长，而无或易召失望以至堕落。虽然，他教之言灵魂，其义不如佛教之完。景教之所揭橥也，曰永生天国，曰末日审判。夫永生犹可言也，谓其所生者在魂不在形，于本义犹未悖也。至末日审判之义，则谓人之死者，至末日期至，皆从冢中起，而受全知全能者之鞫讯；然则受鞫讯者，仍形耳，而非魂也。借曰魂也，则此魂与形俱生，与形俱灭，而曾何足贵也？故孔教专衍形者也，则曰善不善报诸子孙；佛教专衍魂者也，则曰善不善报诸永劫。其义虽不同，而各圆满具足者也。惟景教乃介两者之间，故吾以为景教之言末日，犹未脱埃及时代野蛮宗教之迷见者也。（埃及人木乃伊术，保全尸壳，必有所为，殆令为将来再生永生地也。又按：景教杂形以言魂者甚多，即如所言亚当犯罪，其子孙堕落，云云，亦其一端也。如耶氏之教，则吾辈之形，虽受于亚当，然其魂则固受诸上帝也。亚当一人有罪，何至罚及其数百万年以后之裔孙？此殆犹是积善之家有余庆、不善之家有余殃之义而已，仍属衍形教，不可谓之衍魂教也。耶氏言末日审判之义，峭紧严悚，于度世法门，亦自有独胜处，未可厚非；特其言魂学之圆满，固不如佛耳。）夫人生也有涯，而知也无涯。故为信仰者苟不扩其量于此数十寒暑以外，则其所信者终有所挠。浏阳《仁学》云："好生而恶死，可谓大惑不解者矣，盖于不生不灭瞢焉。瞢而惑，故明知是义，特不胜其死亡之惧，缩朒而不敢为，方更于人祸之所不及，益以纵肆于恶。而顾景汲汲，而四方蹙蹙，惟取自慰快己尔①，天下岂复有可治也！……今使灵魂之说明，虽至暗者犹知死后有莫大之事及无穷之苦乐，必不于生前之暂苦暂乐，而生贪著厌离之想；知天堂地狱森列于心目，必不敢欺饰放纵，将日迁善以自兢惕；知身为不死之物，虽杀之亦不死，则成仁取义，必无怛怖于其衷，且此生未及竟者，来生固可以补之，复何所惮而不亹亹！"呜呼！此"应用佛学"之言也。（西人于学术每分纯理与应用两门，如纯理哲学、应用哲学、纯理经济学、应用生计学等是也。浏阳《仁学》，吾谓可名为应用佛事。）浏阳一生得力在此，吾辈所以崇拜浏阳、步趋浏阳者亦当在此。若此者，殆舍佛教末由。

五　佛教之信仰乃平等而非差别

他教者，率众生以受治于一尊之下者也。惟佛不然，故曰："一切众生皆有佛性。"又曰："一切众生，本来成佛，生死涅槃，皆如昨梦。"其立教之目的，则在使人人皆与佛平等而已。夫专制政体固使人服从也，立宪政体亦使人服从也。而其顺逆相反者，一则以我服从于他，使我由之而不使我知之也；一则以我服从于我，吉凶与我同患也。故他教虽善，终不免为据乱世、小康世之教；若佛教则兼三世而通之者也。故信仰他教或有流弊，而佛教决无流弊也。

六　佛教之信仰乃自力而非他力

凡宗教必言祸福，而祸福所自出，恒在他力，若祈祷焉，若礼拜焉，皆修福之最要法门也。佛教未尝无言他力者，然只以施诸小乘，不以施诸大乘。其通三乘、摄三藏而一贯之者，惟因果之义。此义者，实佛教中小大精粗，无往而不具者也。佛说现在之果，即过去之因；现在之因，即未来之果。既造恶因，而欲今后之无恶果焉，不可得避也；既造善因，而惧

---

① 《饮冰室合集》作"惟取心快已尔"，谭嗣同《仁学》原文作"惟取自快慰焉尔"。——编者注

后此之无善果焉，亦不必忧也。因果之感召，如发电报者然：在海东者动其电机，长短多寡若干度，则虽隔数千里外，而海西电机之发露，其长短多寡若干度与之相应，丝毫不容假借。人之熏其业缘于"阿赖耶"识（阿赖耶识者，八识中之第八识也。其义不可得译，故先辈唯译音焉。欲知之者，宜读《楞伽经》及《成唯识论》。）也，亦复如是。故学道者必慎于造因。吾所已造者，非他人所能代消也；吾所未造者，非他人所能代劳也。又不徒吾之一身而已，佛说此五浊恶世者，亦由众生业识熏结而成。众生所造之恶业，有一部分属于普通者，有一部分属于特别者。其属于普通之部分，则递相熏积相结而为此器世间；（佛说有所谓"器世间""有情世间"者，一指宇宙，一指众生也。）其特别之部分，则各各之灵魂，（灵魂本一也，以妄生分别故，故为各各。）自作而自受之。而此两者自无始以来，又互相熏焉，以递引于无穷。故学道者，（一）当急造切实之善因以救吾本身之堕落；（二）当急造宏大之善因以救吾所居之器世间之堕落。何也？苟器世间犹在恶浊，则吾之一身，未有能达净土者也，所谓"有一众生不成佛，则我不能成佛"，是实事也，非虚言也。嘻！知此义者可以通于治国矣。一国之所以腐败衰弱，其由来也非一朝一夕。前此之人，莳其恶因，而我辈今日刈其恶果。然我辈今日非可诿咎于前人而以自解免也。我辈今日而亟造善因焉，则其善果或一二年后而收之，或十余年后而收之，或数百年后而收之；造善因者递续不断，而吾国遂可以进化而无穷。造恶因者亦然。前此恶因既已蔓苴，而我复灌溉而播殖之，其贻祸将来者，更安有艾也？又不徒一群为然也，一身亦然。吾蒙此社会种种恶业之熏染，受而化之，旋复以熏染社会。我非自洗涤之而与之更始，于此而妄曰吾善吾群、吾度吾群，非大愚则自欺也。故佛之说因果，实天地间最高尚完满博深切明之学说也。近世达尔文、斯宾塞诸贤言进化学者，其公理大例，莫能出此二字之范围。而彼则言其理，而此则并详其法，此佛学所以切于人事，征于实用也。夫寻常宗教家之所短者，在导人以倚赖根性而已，虽有"天助自助者"一语以为之弥缝，然常横天助二字于胸中，则其独立不羁之念，所减杀已不少矣。若佛说者，则父母不能有所增益于其子，怨敌不能有所咒损于其仇，无歆羡，无畔援，无罣碍，无恐怖，独往独来，一听众生之自择。中国先哲之言曰："天作孽，犹可违；自作孽，不可逭。"又曰："自求多福，在我而已。"此之谓也。特其所言因果相应之理，不如佛说之深切著明耳。佛教洵倜乎远哉！

　　以上六者，实鄙人信仰佛教之条件也。於戏！佛学广矣、大矣、深矣、微矣，岂区区末学所能窥其万一？以佛耳听之，不知以此为赞佛语耶，抑谤佛语耶？虽然，即曰谤佛，吾仍冀可以此为学佛之一法门。吾愿造是因，且为此南赡部洲有情众生造是因。佛力无尽，我愿亦无尽。

　　难者曰：子言佛教有益于群治，辩矣。印度者，佛教祖国也，今何为至此？应之曰：嘻！子何闇于历史？印度之亡，非亡于佛教，正亡于其不行佛教也。自佛灭度后十世纪，全印即已无一佛迹，而婆罗门之余焰，尽取而夺之；佛教之平等观念、乐世观念，悉已摧亡，而旧习之喀私德及苦行生涯，遂与印相终始焉。后更乱以回教，末流遂极于今日。然则印之亡，佛果有罪乎哉？吾子为是言，则彼景教所自出之犹太，今又安在也？夫宁得亦以犹太之亡，为景教优劣之试验案也？虽然，世界两大教，皆不行于其祖国，其祖国皆不存于今日，亦可称天地间一怪现象矣。

（原刊1902年12月30日《新民丛报》第23号）

佛典之翻译（节录）

七

译事之难久矣；近人严复，标信达雅三义，可谓知言。然兼之实难，语其体要，则惟先信然后求达，先达然后求雅。佛译初兴，口笔分途；口授者已非娴汉言，笔受者更罕明梵旨。则惟影响掇拾，加以藻缋，冀悦俗流。其后研究日进，学者始深以为病。僧叡之论旧译《维摩》，谓："见什师后，始悟前译之伤本，谬文之乖趣。"（《祐录》引《毗摩罗诘提经义疏序》）支敏度亦云："或其文梵越，其趣亦乖，或文义混杂，在疑似之间。"（《祐录》引《合维摩诘经自序》）罗什览《大品般若》旧译，谓："多纰缪失旨，不与梵本相应。"（《高僧传》本传）随举数例，他可推矣。故至道安、罗什时翻译文体之讨论，成为一重要问题。

道安，极能文之人也，其文传于今者尚数十篇，华藻皆彬彬焉。乃其论译事，务主质朴；质而言之，则安殆主张直译之人也。其品骘前人，谓："支谶弃文存质，深得经意。"（《高僧传·支谶传》）谓："又罗、支越，断凿甚巧，巧则巧矣，惧窍成而混沌终矣。"（《祐录》卷九引）其泛论文体也，曰："昔来出经者，多嫌梵言方质，改适今俗，此所不取；何者？传梵为秦，以不闲方言，求知辞趣耳，何嫌文质？……经之巧质，有自来矣；唯传事不尽，乃译人之咎耳。"（《鞞婆沙序》）又曰："将来学者审欲求先圣雅言，宜详览焉：诸出为秦言便约不烦者，皆蒲萄酒之被水者也。"

(《比丘大戒序》)又云："若以《诗》为烦重，以《尚书》为质朴，而删令合今，则马、郑所深恨也。"(《摩诃钵罗若波罗蜜经抄序》，以上俱《祐录》引。)其最有名者为"五失本三不易"之论：五失本者：一、谓句法倒装；二、谓好用文言；三、谓删去反复咏叹之语；四、谓删去一段落中解释之语；五、谓删后段覆牒前段之语。三不易者：一、谓既须求真，又须喻俗；二、谓佛智悬隔，契会实难；三、谓去古久远，无从博证。(原文俱见《续高僧传》卷二《彦琮传》中，以其文太繁，且亦伤华难读，故撮举其大意如此。)凡兹陈义，可谓博深切明。盖东晋、南北朝文体，正所谓"八代之衰"；靡藻淫声，令人欲哕。以此译书，何能达旨？安公瘏口匡救，良非得已。故其所监译之书，自谓："案本而传，不令有损言游字，时改倒句，余尽实录。"(《鞞婆沙序》)究其旨趣，殆归直译矣。翻译文体之创设，安公最有功焉。

罗什持论，与安稍异。什尝与僧叡论西方辞体，谓："天竺国俗，甚重文藻；……改梵为秦，失其藻蔚；虽得大意，殊隔文体；有似嚼饭与人，非徒失味，乃令呕秽也。"(《高僧传》本传)平心论之，完全直译，因彼我文体悬隔太甚，必至难于索解；善参意译，乃称良工。安公监译之《鞞婆沙》，非久便劳再治；而什公诸译，传习迄今：盖此之由。然安公力主矜慎，固译界之"狷者"；遵而行之，可以寡过。什公秦梵两娴，诵写自在；信而后达，达而后雅；非有天才，岂易学步耶？

隋彦琮尝著《辩正论》以垂翻译之式；先引安公"五失本三不易"之论，次乃述己意，文凡数千言。其中要语，谓："得本关质，斫巧由文。"谓："梵师独断，则微言罕革；笔人参制，则余辞必混。"谓："宁贵朴而近理，不贵巧而背源。"末论译家，宜有"八备"："一、诚心爱法，志愿益人，不惮久时。二、将践觉场，先牢戒足，不染讥恶。三、筌晓三藏，义贯两乘，不苦暗滞。四、旁涉坟史，工缀典词，不过鲁拙。五、襟抱平恕，器量虚融，不好专执。六、耽于道术，澹于名利，不欲高炫。七、要识梵言，乃闲正译，不坠彼学。八、薄阅苍雅，粗谙篆隶，不昧此文。"(全文见《续高僧传》本传)此不惟商榷译例，而兼及译才译德，可谓名论矣。

翻译之事，遣辞既不易，定名尤最难。全采原音，则几同不译；易以汉语，则内容所含之义，差之毫厘，即谬以千里。折衷两者，最费苦心。什公译《摩诃般若》，改正旧名最多。僧叡所谓："梵音失者，正之以天竺；秦言谬者，定之以字义；不可变者，即而书之；是以异名斌然，梵音殆半。"（《大品经序》）而奘公亦谓："五种不翻：一、秘密故，如陀罗尼；二、含多义故，如薄伽；三、此无故，如阎浮树；四、顺古故，如阿耨菩提；五、生善故，如般若。"（周敦义《翻译名义序》引）凡此皆足见前代译家之忠实审慎，其所定程式，可供今日之参考者固不少也。

大抵初期译事所以不振，全由口笔分歧，不能通会。若笔受之人，亦谙梵语，庶有可观；否则讹谬诘籀，不胜其敝。故传称："宣译之功，世高、支谦以后，莫逾于佛念。"（《高僧传》本传）念通梵文也。智恺与真谛对翻《摄论》《俱舍》，十七月中，文疏俱了，谛谓恺曰："吾早值子无恨矣。"恺通梵文也。（见《续高僧传·法泰传》）若主译之人，华梵两通，则所出诸编，自彰全美。罗什非惟能操汉语，且善属文；其赠法和诗，（见本传）及与慧远往复书，（见《远传》）虽颜、鲍、沈、任，不是过也。故所译文质斐亹，传诵不衰。《玄奘传》云："前代已来所译经教，初从梵语，倒写本文；次乃回之，顺同此俗；然后笔人观理文句，中间增损，多坠全言。今所翻传，都由奘旨，意思独断，出语成章；词人随写，即可披玩。"观此可知前期后期译业大不相同之处；彦琮所谓"梵师独断，则微言罕革"也。大抵欲输入外国学术以利本国，断不能以此责任诿诸外人。自隋以前，诸经译主，什九梵僧；梵僧如罗什者，能有几人？自唐以后，玄奘、义净自揽元匠；此则译业所由造于峰极也。

吾撰本章已，忽起一大疑问，曰："当时梵文何故不普及耶？"吾竟不能解答此问题。自晋迄唐数百年间，注意及此者，惟彦琮一人。其言曰："彼之梵法，大圣规模；……研若有功，解便无滞。匹于此域，固不为难；难尚须求，况其易也。或以内执人我，外惭谘问，枉令秘术，旷隔神州；静言思之，愍然流涕。向使……才去俗衣，寻教梵字；……则应五天正语，充布阎浮，三转妙音，普流震旦。人人共解，省翻译之劳；代代咸明，除疑网之失。……"（《续高僧传》本传）琮之此论，其于我学界污隆，信有绝大关系。前此且勿论。隋唐以降，寺刹遍地；梵僧来仪，先后接踵；国中名宿，通梵者亦正不乏。何故不以梵语，汹为僧课？而乃始终乞灵于译本。致使今日国中，无一梵籍；欲治此业，乃藉欧师；耻莫甚焉。诘其所由，吾未能对；吾认此为研究我国民性者应注意之一事实而已。

吾草此章，本图略叙；及其脱稿，忽数万言；词太繁芜，惧致厌读。然吾所以不避者，以我国吸受外来文化，此为其第一度；在国史全体上，实占最重要之位置。而千年以来，绝无记述；国人至今，熟视无睹。非稍详赡，莫洞渊源。且今日则其第二度行至矣。我先民之精神，在在足资奋发，其长短得失，亦一一可取鉴。夫吾之言，则岂仅为望古怀旧而言也。

(1920年春夏间作，收入《梁任公近著》第一辑中卷，商务印书馆1923年6月初版)

翻译文学与佛典（节录）
（一名《中国古代之翻译事业》）

六　翻译文学之影响于一般文学

凡一民族之文化，其容纳性愈富者，其增展力愈强，此定理也。我民族对于外来文化之容纳性，惟佛学输入时代最能发挥。故不惟思想界生莫大之变化，即文学界亦然。其显绩可得而言也。

（第一）国语实质之扩大

初期译家，除固有名词对音转译外，其抽象语多袭旧名，吾命之曰"支谦流"之用字法。盖对于所谓术语者，未甚经意，此在启蒙草创时，固应然也。及所研治日益深入，则觉旧语与新义，断不能适相吻合，而袭用之必不免于笼统失真。于是共努力从事于新语之创造。如前所述道安、彦琮之论译例；乃至明则撰《翻经仪式》，玄奘立"五种不翻"，赞宁举"新意六例"；其所讨论，则关于正名者什而八九。或缀华语而别赋新义；如"真如""无明""法界""众生""因缘""果报"等；或存梵音而变为熟语，如"涅槃""般若""瑜伽""禅那""刹那""由旬"等。其见于《一切经音义》《翻译名义集》者既各以千计。近日本人所编《佛教大辞典》，所收乃至三万五千余语。此诸语者非他，实汉晋迄唐八百年间诸师所创造，加入吾国语系中而变为新成分者也。夫语也者所以表观念也；增加三万五千语，即增加三万五千个观念也。由此观之，则自译业勃兴后，我国语实质之扩大，其程度为何如者？

译家正名之结果，更能令观念增其正确之程度。尝读苻秦译之《阿毗昙八犍度论》，其第一篇第三章题为《人跋渠》，第二篇第三章亦题《人跋渠》；及唐玄奘重译此书名为《发智论》，其第一篇之《人跋渠》，则改题为《补特迦〔伽〕罗纳息》；第二篇之《人跋渠》，则改题为《有情纳息》。（"跋渠""纳息"皆译音，即他经所译"品"字之义。）考第一篇原文为 Pudgara Varga；第二篇原文为 Sattva Varga；据玄奘《音义》卷二十二释"补特伽罗"云："梵本补（Pu），此云数；特伽（dga），此云取；罗（ra），此云趣。数取趣，谓数数往来诸趣也。"此殆近于所谓灵魂者；而其物并非"人类"所专有。《唯识述记》卷一释"有情"云："梵言萨埵（Sattva），有情识故，能爱生故。"此殆指凡含生之类而言；故旧本亦译为"众生"。然则此两字皆不能以旧语之"人"字函之明矣。而初期译家，口笔分功，不能相喻。闻梵师所说，义与"人"近，则两皆以"人"译之。读者为旧来"人"字观念所囿，则于本意绝不能了解。且彼中两语，我译以同一之词，则两观念之区分，无由辩晰。逮新译出，斯弊乃祛。盖我国自汉以后，学者唯古是崇，不敢有所创作。虽值一新观念发生，亦必印嵌以古字，而此新观念遂晻没于囫囵变质之中，一切学术，俱带灰色，职此之由。佛学既昌，新语杂陈；学者对于梵义，不肯囫囵放过；搜寻语源，力求真是，其势不得不出于大胆的创造。创造之途既开，则益为分析的进化。此国语内容所以日趋于扩大也。

（第二）语法及文体之变化

吾辈读佛典，无论何人，初展卷必生一异感，觉其文体与他书迥然殊异。其最显著者：（一）普通文章中所用"之乎者也矣焉哉"等字，佛典殆一概不用。（除支谦流之译本）（二）既不用骈文家之绮词俪句，亦不采古文家之绳墨格调。（三）倒装句法极多。（四）提挈句法极多。（五）一句中或一段落中含解释语。(六)多覆牒前文语。(七)有联缀十余字乃至数十字而成之名词。——一名词中,含形容格的名词无数。(八)同格的语句,铺排叙列,动至数十。(九)一篇之中,散文诗歌交错。(十)其诗歌之译本为无韵的。凡此皆文章构造形式上,画然辟一新国土。质言之,则外来语调之色彩甚浓厚,若与吾辈本来之"文学眼"不相习;而寻玩稍进,自感一种调和之美。此种文体之确立,则罗什与其门下诸彦实尸其功。若专从文学方面校量,则后此译家,亦竟未有能过什门者也。

赞宁论译事云:"声明中(一)'苏漫多',谓泛语平语言辞也。(二)'彦底多',谓典正言辞也。佛说法多依'苏漫多',意住于义,不依于文;又被一切故。若'彦底多',非诸类所能解故。……折中适时,自存法语,斯得译经之旨矣。"(《宋高僧传》卷三)"彦底多"者,即古雅之文;"苏漫多"者,即通俗之文也。佛恐以辞害意且妨普及,故说法皆用通俗语。译家惟深知此意,故遣语亦务求喻俗。吾侪今读佛典,诚觉仍有许多艰深难解之处。须知此自缘内容含义,本极精微,非可猝喻。亦如近译罗素、安斯坦诸述作,虽用白话,原非尽人能解也。若专以文论,则当时诸译师,实可谓力求通俗。质言之,则当时一种革命的白话新文体也。(试读什译《法华·譬喻品》《信解品》等篇,当知此言不谬。)佛典所以能为我国文学界开一新天地,皆此之由。

尤有一事当注意者,则组织的解剖的文体之出现也。稍治佛典者,当知科判之学,为唐宋后佛学家所极重视。其著名之诸大经论,恒经数家或十数家之科判;分章分节分段,备极精密。(道安言诸经皆分三部分,一序分,二正宗分,三流通分;此为言科判者之始。以后日趋细密。)推原斯学何以发达,良由诸经论本身,本为科学组织的著述。我国学者,亦以科学的方法研究之,故条理愈剖而愈精。此种著述法,其影响于学界之他方面者亦不少。夫隋唐义疏之学,在经学界中有特别价值,此人所共知矣。而此种学问,实与佛典疏钞之学同时发生。吾固不敢径指此为翻译文学之产物,然最少必有彼此相互之影响,则可断言也。而此为著述进化一显著之阶段,则又可断言也。

自禅宗语录兴,宋儒效焉,实为中国文学界一大革命;然此殆可谓为翻译文学之直接产物也。盖释尊只有说法，并无著书。其说法又皆用"苏漫多"。弟子后学汲其流，则皆以喻俗之辩才为尚。入我国后，翻译经典，虽力谢雕饰，然犹未敢径废雅言。禅宗之教，既以大刀阔斧，抉破尘藩；即其现于文字者，亦以极大胆的态度，掉臂游行。故纯粹的"语体文"完全成立；然其动机实导自翻译。试读什译《维摩诘》等编，最足参此间消息也。

（第三）文学的情趣之发展

吾为说于此，曰："我国近代之纯文学——若小说，若歌曲，皆与佛典之翻译文学有密切关系。"闻者必以为诞；虽然，吾盖确信之。吾征诸印度文学进展之迹而有以明其然也。夫我国佛教，自罗什以后，几为大乘派所独占，此尽人所能知矣。须知大乘在印度本为晚出；其所以能盛行者，固由其教义顺应时势以开拓，而借助于文学之力者亦甚多。大乘首创，共推马鸣。读什译《马鸣菩萨传》，则知彼实一大文学家大音乐家；其弘法事业，恒借此为利器。试细检藏中马鸣著述：其《佛本行赞》，实一首三万余言之长歌。今译本虽不用韵，然吾辈读之，犹觉其与《孔雀东南飞》等古乐府相仿佛。其《大乘庄严论》，则直是《儒林外史》式之一部小说；其原料皆采自《四阿含》，而经彼点缀之后，能令读者肉飞神动。（拙著《佛典解题》，于此二书别有考证批评。）马鸣以后成立之大乘经典，尽汲其流；皆以极壮阔之文澜，演极微眇之教理。若《华严》《涅槃》《般若》等，其尤著也。（此一段，吾知必为时流谈佛者所大骇怪；但吾并不主张"大乘非佛说"，不过承认大乘经典晚出耳。其详见拙著《中国佛教史》。）此等富于文学性的经典，复经译家宗匠以极优美之国语为之传写，社会上人人嗜读；即不信解教理者，亦靡不心醉于其词缋。故想像力不期而增进，诠写法不期而革新，其影响乃直接表见于一般文艺。我国自《搜神记》以下一派之小说，不能谓与《大庄严经论》一类之书无因缘。而近代一二巨制《水浒》《红楼》之流，其结体运笔，受《华严》《涅槃》之影响者实甚多。即宋元明以降，杂剧传奇弹词等长篇歌曲，亦间接汲《佛本行赞》等书之流焉。吾知闻吾说者必大呵斥：谓子所举各书，其中并不含佛教教理，其著者或且于佛典并未寓目；如子所言，毋乃附会太甚。此等呵辞，吾固承认也。虽然，吾所笃信佛说"共业所成"之一大原理，谓凡人类能有所造作者，于其自业力之外，尤必有共业力为之因缘。所谓共业力者，则某时代某部分之人共同所造业，积聚遗传于后；而他时代人之承袭此公共遗产者，各凭其天才所独到，而有所创造。其所创造者，表面上或与前业无关系，即其本人亦或不自知；然以史家慧眼烛之，其渊源历历可溯也。吾以为近代文学与大乘经典，实有如是之微妙关系；深达文心者，当不河汉吾言。

吾对此问题，所欲论者犹多未尽；为篇幅及时日所限，姑止于此。读斯篇者，当已能略察翻译事业与一国文化关系之重大。今第二度之翻译时期至矣。从事于此者，宜思如何乃无愧古人也。

（原刊1921年7月15日《改造》第3卷第11号）

评非宗教同盟

一

一月以来，因基督教同盟在北京开会的反动，引起非宗教同盟的运动，我认为是一种好气象。为甚么说他好呢？凡向来不成问题的事情，忽然成了问题，是国民思想活跃的表征，所以好。一个问题到跟前，便有一部分人打着鲜明旗帜泼剌剌的运动，是国民气力昂进的表征，所以好。要而言之，凡一切有主张的公开运动，无论他所主张和我相同或相反，我总认他的本质是好。

凡从事于公开运动的人，有一个原则必要遵守。那原则是："一面坚持自己的主张，不肯抛弃；一面容许旁面或对面有别的主张，不肯压迫。"为什么必须如此？因为凡一个问题总有多方面，又正惟有多方面才成问题。我从这方面看，有这样的主张，你从那方面看，有那样的主张，于是乎问题成立。若只许有甲方面的主张不许有乙丙丁等方面的主张，那么结果还是"不成问题"四个大字完事。德谟克拉西精神存在与不存在，所争就在这一点。我想非宗教运动从怎么起呢？为的是现在所谓"教会的宗教"，只许有片面的主张，在他主张范围内，总是摆出那副"不成问题"的面孔来，所以要"非"他。那么，主张非宗教的人，自然和他相反；必定要连那"非非宗教"乃至"非非非宗教"的各种主张，都一视同仁的拿研究问题的态度欢迎他，那精神才算贯彻。我承认国中加入非宗教运动的人都应该有这种精神，在这个前提底下，很愿意提出我的主张，对他们作一回"问题的"讨论。

二

对于"非宗教"的问题表示赞否以前，有一个最要紧的先决问题："宗教是什么？"这个问题，古今学者所下的定义不知多少；我不是宗教学专门家，没有批评他们的学力，更不敢说我所下的定义一定对。依我所见到的，只能说："宗教是各个人信仰的对象。"

这句话很笼统，要稍为下一番解释：

（一）对象　对象有种种色色，或人，或非人，或超人，或主义，或事情，只要为某人信仰所寄，便是某人的信仰对象。

（二）信仰　信仰有两种特征：第一，信仰是情感的产物，不是理性的产物。第二，信仰是目的，不是手段；只有为信仰牺牲别的，断不肯为别的牺牲信仰。

（三）各个人　信仰是一个一个人不同的，虽夫妇父子之间，也不能相喻。因为不能相喻，所以不能相强。

照这样解释，我所认的宗教范围，大略可见了。总而言之，从最下等的崇拜无生物崇拜动物起，直登最高等的如一神论、无神论，都是宗教。他们信仰的对象，或属"非人"，如蛇如火如生殖器等等；或属"超人"，如上帝、天堂、净土等等；或属"人"，如吕祖、关公、摩诃末、耶稣基督、释迦牟尼等。不惟如此，凡对于一种主义有绝对信仰，那主义便成了这个人的宗教：例如现在欧洲信奉马克思主义的人，我们可以叫他做"马克思教徒"；前清末年信奉排满主义的人，我们可以叫他做"排满教徒"；因为他们的对于这个主义的精神作用，和一般教徒对于所信的教无二无别。不惟如此，凡对于一件事情有绝对信仰，那事情便成了这个人的宗教：例如赵氏遗孤，可以说是程婴、杵臼的信仰对象；睢阳城可以说是张巡、许远的信仰对象；因为他们对于这件事情的精神作用，和一般教徒对于所信的教无二无别。不惟如此，任凭一个人都可以做别人的信仰对象；

例如海岛五百人，拿田横做他们的信仰对象；朱祖文、颜佩韦等，拿周顺昌做他们的信仰对象；乃至老亲是孝子的信仰对象，弱子是慈母的信仰对象，情郎是淑女的信仰对象；因为他们对于这个人的精神作用，和一般教徒对于所信的教无二无别。

说到这里，还是把信仰的特征，郑重声明一下。我刚才说过："信仰是目的，不是手段。"倘若有人利用一种信仰的招牌来达他别种目的，我们不能承认这个人有信仰。例如罗马城外土窟里头许多被烟薰死的基督教徒，我们认他对于基督教有信仰；彼得寺里头许多穷侈极丽的教皇坟，那坟中人我们绝对的不承认他对于基督教有信仰，因为他们完全是靠基督的肉做面包，靠基督的血做红酒。和这个同类的，像满街的和尚，我们不承认他对于佛教有信仰；吃孔教会饭的人，我们不承认他对于孔子有信仰；天天上吕祖、济公乩坛，求什么妻财子禄的人，我们姑且不必问他们的信仰对象为高为下，根本就不能承认他们是有信仰。亦如靠几句剩余价值论当口头禅出锋头的人，我们不能认他对于马克思有信仰；荡妇和狎客山盟海誓，我们不能认他们相互间有信仰。我所谓宗教，是要把一类"非信仰的"淘去汰去了，赤裸裸的来研究信仰的本质。

三

我在这种宗教定义底下，要试一试，研究宗教这样东西到底是好是坏；非宗教的生活，到底可能不可能？

宗教这样东西，完全是情感的。情感这样东西，含有秘密性，想要用理性来解剖他，是不可能的。凡有信仰的人，对于他所信仰的事，总含有几分呆气，自己已经是不知其然而然，旁人越发莫名其妙。你要把他的信仰对象，和他条分缕晰〔析〕的说"这里不对那里不对"，除非他已经把他信仰抛弃，不然，任凭你说到唇焦舌敝，也是无用。因为只有情感能变易情感，理性绝对的不能变易情感。俗语说的："情人眼里出西施。"譬如有个男子爱恋一个丑女子，你和他用理性来解剖说："如何如何才算得美人的标准，你所爱恋的人如何如何的不对。"这种话，说一万遍也无用，因为他和你不同一个世界。你拿万人一律的眼睛,归纳得一个客观上万人一律的美人标准;他的眼睛,却是排行在第一万零一,你归纳出来的标准,他完全不适用。凡带有宗教性的人,带有宗教性的事,多半如此。从科学的眼光看来,这些人很是可怜:客观的事理明明是如此,为什么经过你的主观就会变了样?你这个人不是发狂,一定是有病。不惟可怜,而且危险,而且有害:分明用数学算得出用几何画得出、用玻璃瓶化验得出的事理,你却不懂,你却凭你那盲目的情感横冲直撞;倘若个个人都如此,这世界如何是了!从这方面看来,可以说宗教是一件极幼稚极野蛮极不合理极妨害进步极破坏规律的东西,我们应该极力扑灭他。

从别方面看来,却完全不是怎么一回事,宇宙间是否有绝对的真理,我们越发研究,越发怀疑。即如方才所说万人一律的美人标准,偏有第一万零一个人不肯承认,何以见得那一万个人一定是,这一个人一定非?你说人类要做合理的生活,我就要先问你什么才算合理?"理"是那一门的学者所能包办?你说凭效率来判断,我就先要问量效率的尺在那里?从什么地方产出?老实说:人生不是这样呆板的;人生不过无量数的个人各各从其所好,行其所安,在那里动。所好所安,就是各个人从感情发出来的信仰。各人的所好所安,谁合理谁不合理,那样有效率那样没有效率;绝不是拿算学的式、物理学的眼光所能判断。周顺昌算得一个多大人物,朱祖文拿他一期的生活都送给他,值得吗?依我个人看,很值得,而且很是明朝人的光彩。屈原这个人真呆极了,楚怀王不信你的话,有什么要紧,就气成那个样子,自己去寻死?须知:世界上不是这种呆子,再不会创造出《离骚》《九歌》《九章》这等好文学来。保罗倒钉十字架,有什么益处?还不是替后来的基督教徒做幌子,令他们多卖几张赎罪券?但倘若没有保罗这一班人,一部西洋中世史可都冷落了。卢骚的《民约论》,马克思的《价值论》,后人批评指摘出他们的缺点,不知多少;倘若欧洲人个个都有这种圆满细密的批评头脑,那么,《人权宣言》,劳农政府,永世不会出现了。孔子说颜回:"一箪食,一瓢饮,在陋巷,人不堪其忧,回也不改其乐。"从一般不堪其忧的"人"看来,这还有什么可乐?何不和那"富于周公"的季氏,主张物质上享用均等?然而非这样便不成其为颜回了。须知理性是一件事,情感又是一件事。理性只能叫人知道某件事该做某件事该怎样做法,却不能叫人去做事;能叫人去做事的,只有情感。我们既承认世界事要人去做,就不能不对于情感这样东西十分尊重。既已尊重情感吗?老实不客气,情感结晶,便是宗教化。一个人做按步就班的事,或是一件事已经做下去的时候,其间固然容得许多理性作用;若是发心着手做一件顶天立地的大事业,那时候,情感便是威德巍巍的一位皇帝,理性完全立在臣仆的地位,情感烧到白热度,事业才会做出来;那时候若用逻辑方法,多归纳几下,多演绎几下,那么,只好不做罢了。人类所以进化,就只靠这种白热度情感发生出来的事业;这种白热度情感,吾无以名之,名之曰宗教。

有人说:"宗教的起源,因为人类承认自己脆弱;因为恐怖时候,用来做倚靠;绝望时候,用来做安慰。"我想,下等宗教,或者是如此,高等宗教,决不是如此;受用宗教的人,或者是如此,宗教的本质,决不是如此。这类话,全是从消极方面看宗教;宗教的作用,却完全是积极的不是消极的。

说到这里,可以提出我对于"非宗教"赞否的结论了。我对于那些靠基督肉当面包、基督血当红酒的人,对于那些靠释迦牟尼化缘的人,对于那些吃孔教会饭的人,对于那些膜拜吕祖、济颠的人,都深恶痛绝,从这方面看来,也可以说我是个非宗教者。虽然,我本来不承认那些鬼头鬼脑的行动是宗教行动;我只认他们是宗教的蟊贼;我在我所下的宗教定义之下,认宗教是神圣,认宗教为人类社会有益且必要的物事;所以我自己彻头彻尾承认自己是个非非宗教者。

四

我是个非非宗教者,然而对于非宗教的运动,却表十分敬意。为什么呢?因为非宗教运动,便是宗教。我刚才说信仰对象的时候,认主义为信仰对象之一种;"非宗教"是个主义,在这个主义旗帜底下开始运动,是表明他们对于这个主义信仰到白热度;他那精神作用,和我所谓宗教,无二无别。我既已认宗教是神圣，所以对于这种"非宗教的宗教"，当然也认他是神圣。

然则这回我们国里头的非宗教大同盟怎么样呢？我对于这件事，现时还不敢下判断；但我可以先悬一个判断的标准：他果然是个"非宗教的宗教"，我便敬重他；他若不是个"非宗教的宗教"，我便不敬重他。两种的分别在那里呢？假如他们并不是拿非宗教主义做目的，乃是拿来做达别的目的的一种手段，就不是"非宗教的宗教"。假如他们并未尝对于这主义有什么热烈的信仰，不过趁热闹随声附和一回，越发不是"非宗教的宗教"。我希望这回主持非宗教运动的人，不是如此。

有几句枝叶的话，我还要说说：我觉得这回各处非宗教同盟团体发出来的电报，那态度有点不对。为的是客气太胜，把恳切严正的精神倒反掩没了。我们看过去，不知不觉便和两个月以前看那"洛阳才子"之《驱鳄文》《讨武檄》式的电报起一种联想。我以为许多"灭此朝食""铲除恶魔"一类话，无益于事实，徒暴露国民虚憍的弱点，失天下人的同情。至于对于那些主张信教自由的人加以严酷的责备，越发可以不必了。我希望非宗教运动诸君，对于这两点，有一番切实的反省。

我转个方面，向基督教徒说几句话：我希望他们因这次运动唤起一种反省。他们在中国办教育事业，我是很感激的；但要尊重各个人的信仰神圣，切不可拿信不信基督教来做善恶的标准。他们若打算替人类社会教育一部分人，我认他们为神圣的宗教运动；若打算替自己所属的教会造就些徒子徒孙，我说他先自污蔑了宗教两个字。

我最后还对于非宗教同盟会中人有一种积极的要求；而且这种要求，是我们都该分担责任的：现在弥漫国中的下等宗教——就是我方才说的拿信仰做手段的邪教，什么同善社咧，悟善社咧，五教道院咧，……实在猖獗得很，他的势力比基督教不知大几十倍；他的毒害，是经过各个家庭，侵蚀到全国儿童的神圣情感，我们全国多数人在这种信仰状态底下，实在没有颜面和基督教徒争是非。我希望持非宗教主义的人，急其所急，先从这方面下一番讨伐的苦功，庶几不至贻基督教徒以口实啊！

要而言之，信仰是神圣，信仰在一个人为一个人的元气，在一个社会为一个社会的元气。中国人现在最大的病根，就是没有信仰；因为没有信仰——或者假借信仰来做手段，所以复辟派首领打复辟派的首领，洪宪派首领，革命派首领，胡匪首领，可以聚拢在一起干事；所以和尚庙里头会供关帝、供财神，吕祖、济公的乩坛，日日有释迦牟尼、耶稣基督来降乩说法。像这样的国民，说可以在世界上站得住，我实在不能不怀疑。我说：现在想给我们国民一种防腐剂，最要紧是确立信仰。信仰怎么样才能确立呢？我再覆述前头一句话："只有情感能变易情感，理性绝对的不能变易情感。"

（1922年4月16日在北京哲学社讲演，原刊1922年4月25日《东方杂志》第19卷第8号）

历史编

新史学（节录）

中国之旧史学

于今日泰西通行诸学科中，为中国所固有者，惟史学。史学者学问之最博大而最切要者也，国民之明镜也，爱国心之源泉也。今日欧洲民族主义所以发达，列国所以日进文明，史学之功居其半焉。然则但患其国之无兹学耳，苟其有之，则国民安有不团结，群治安有不进化者？虽然，我国兹学之盛如彼，而其现象如此，则又何也？

今请举中国史学之派别，表示之而略论之：

史学 {
- 第一　正史 {（甲）官书　所谓"二十四史"是也。
  （乙）别史　如华峤《后汉书》、习凿齿《蜀汉春秋》《十六国春秋》《华阳国志》《元秘史》等，其实皆正史体也。}
- 第二　编年　《资治通鉴》等是也。
- 第三　纪事本末 {（甲）通体　如《通鉴纪事本末》《绎史》等是也。
  （乙）别体　如平定某某方略、《三案始末》等是也。}
- 第四　政书 {（甲）通体　如《通典》《文献通考》等是也。
  （乙）别体　如《唐开元礼》《大清会典》《大清通礼》等是也。
  （丙）小纪　如《汉官仪》等是也。}
- 第五　杂史 {（甲）综记　如《国语》《战国策》等是也。
  （乙）琐记　如《世说新语》《唐代丛书》《明季稗史》等是也。
  （丙）诏令奏议　《四库》另列一门，其实杂史耳。}
- 第六　传记 {（甲）通体　如《满汉名臣传》《国朝先正事略》等是也。
  （乙）别体　如某帝实录、某人年谱等是也。}
- 第七　地志 {（甲）通体　如各省通志、《天下郡国利病书》等是也。
  （乙）别体　如纪行等书是也。}
- 第八　学史　如《明儒学案》《国朝汉学师承记》等是也。
- 第九　史论 {（甲）理论　如《史通》《文史通义》等是也。
  （乙）事论　如历代史论、《读通鉴论》等是也。
  （丙）杂论　如《廿二史札记》《十七史商榷》等是也。}
- 第十　附庸 {（甲）外史　如《西域图考》《职方外纪》等是也。
  （乙）考据　如《禹贡图考》等是也。
  （丙）注释　如裴松之《三国志注》等是也。}
}

都为十种二十二类。

试一翻四库之书，其汗牛充栋、浩如烟海者，非史学书居十六七乎？上目太史公、班孟坚，下至毕秋帆、赵瓯北，以史家名者不下数百，兹学之发达，三千年于兹矣。然而陈陈相因，一邱之貉，未闻有能为史界辟一新天地，而令兹学之功德，普及于国民者，何也？吾推其病源，有四端焉：

一曰知有朝廷而不知有国家。吾党常言，二十四史非史也，二十四姓之家谱而已。其言似稍过当，然按之作史者之精神，其实际固不诬也。吾国史家，以为天下者君主一人之天下，故其为史也，不过叙某朝以何而得之，以何而治之，以何而失之而已，舍此则非所闻也。昔人谓《左传》为"相斫书"，岂惟《左传》，若二十四史，真可谓地球上空前绝后之一大相斫书也。虽以司马温公之贤，其作《通鉴》，亦不过以备君王之浏览。（其论语，无一非忠告君主者。）盖从来作史者，皆为朝廷上之君若臣而作，曾无有一书为国民而作者也。其大蔽在不知朝廷与国家之分别，以为舍朝廷外无国家。于是乎有所谓正统、闰统之争论，有所谓鼎革前后之笔法，如欧阳之《新五代史》、朱子之《通鉴纲目》等。今日盗贼，明日圣神；甲也天命，乙也僭逆。正如群蛆啄矢，争其甘苦；狙公赋芧，辨其四三；自欺欺人，莫此为甚。吾中国国家思想，至今不能兴起者，数千年之史家，岂能辞其咎耶！

二曰知有个人而不知有群体。历史者，英雄之舞台也，舍英雄几无历史。虽泰西良史，亦岂能不置重于人物哉？虽然，善为史者，以人物为历史之材料，不闻以历史为人物之画像；以人物为时代之代表，不闻以时代为人物之附属。中国之史，则本纪、列传，一篇一篇，如海岸之石，乱堆错落。质而言之，则合无数之墓志铭而成者耳。夫所贵乎史者，贵其能叙一群人相交涉、相竞争、相团结之道，能述一群人所以休养生息、同体进化之状，使后之读者，爱其群、善其群之心，油然生焉。今史家多于鲫鱼，而未闻有一人之眼光，能见及此者，此我国民之群力、群智、群德，所以永不发生，而群体终不成立也。

三曰知有陈迹而不知有今务。凡著书贵宗旨。作史者将为若干之陈死人作纪念碑耶？为若干之过去事作歌舞剧耶？殆非也。将使今世之人，鉴之裁之，以为经世之用也。故泰西之史，愈近世则记载愈详。中国不然，非鼎革之后，则一朝之史不能出现。又不惟正史而已，即各体莫不皆然。故温公《通鉴》，亦起战国而终五代。果如是也，使其朝自今以往，永不易姓，则史不其中绝乎？使如日本之数千年一系，岂不并史之为物而无之乎？太史公作《史记》，直至《今上本纪》，且其记述，不少隐讳焉，史家之天职然也。后世专制政体，日以进步，民气学风，日以腐败，其末流遂极于今日。推病根所从起，实由认历史为朝廷所专有物，舍朝廷外无可记载故也。不然，则虽有忌讳于朝廷，而民间之事，其可纪者不亦多多乎，何并此而无也？今日我辈欲研究二百六十八年以来之事实，竟无一书可凭借，非官牍铺张循例之言，则口碑影响疑似之说耳。时或借外国人之著述，窥其片鳞残甲。然甲国人论乙国之事，例固百不得一，况吾国之向闭关不与人通者耶？于是乎吾辈乃穷。语曰："知古而不知今，谓之陆沉。"夫陆沉我国民之罪，史家实尸之矣。

四曰知有事实而不知有理想。人身者，合四十余种原质而成者也，合眼、耳、鼻、舌、手足、脏腑、皮毛、筋络、骨节、血轮、精管而成者也。然使采集四十余种原质，作为眼、耳、鼻、舌、手足、脏腑、皮毛、筋络、骨节、血轮、精管无一不备，若是者，可谓之人乎？必不可。何则？无其精神也。史之精神维何？曰理想是已。大群之中有小群，大时代之中有小时代，而群与群之相际，时代与时代之相续，其间有消息焉，有原理焉。作史者苟能勘破之，知其以若彼之因，故生若此之果，鉴既往之大例，示将来之风潮，然后其书乃有益于世界。今中国之史，但呆然曰：某日有甲事，某日有乙事。至其事之何以生，其远因何在，近因何在，莫能言也。其事之影响于他事或他日者若何，当得善果，当得恶果，莫能言也。故汗牛充栋之史书，皆如蜡人院之偶像，毫无生气，读之徒费脑力。是中国之史，非益民智之具，而耗民智之具也。

以上四者，实数千年史家学识之程度也。缘此四蔽，复生三病：

其一能铺叙而不能别裁。英儒斯宾塞曰："或有告者曰，邻家之猫，昨日产一子。以云事实，诚事实也；然谁不知为无用之事实乎？何也？以其与他事毫无关涉，于吾人生活上之行为，毫无影响也。然历史上之事迹，其类是者正多。能推此例以读书观万物，则思过半矣。"此斯氏教人以作史、读史之方也。泰西旧史家，固不免之，而中国殆更甚焉：某日日食也，某日地震也，某日册封皇子也，某日某大臣死也，某日有某诏书也，满纸填塞，皆此等"邻猫生子"之事实，往往有读尽一卷，而无一语有入脑之价值者。就中如《通鉴》一书，属稿十九年，别择最称精善，然今日以读西史之眼读之，觉其有用者，亦不过十之二三耳，（《通鉴》载奏议最多，盖此书专为格君而作也，吾辈今日读之，实嫌其冗。）其他更何论焉！至如《新五代史》之类，以别裁自命，实则将大事皆删去，而惟存"邻猫生子"等语，其可厌不更甚耶？故今日欲治中国史学，真有无从下手之慨。"二十四史"也，"九通"也，《通鉴》《续通鉴》也，《大清会典》《大清通礼》也，《十朝实录》《十朝圣训》也，此等书皆万不可不读，不读其一，则罣漏正多。然尽此数书而读之，日读十卷，已非三四十年不为功矣。况仅读此数书，而决不能足用，势不可不于前所列十种二十二类者一一涉猎之。（杂史、传志、札记等所载，常有有用过于正史者。何则？彼等常载民间风俗，不似正史专为帝王作家谱也。）人寿几何，何以堪此？故吾中国史学智识之不能普及，皆由无一善别裁之良史故也。

其二能因袭而不能创作。中国万事，皆取"述而不作"主义，而史学其一端也。细数二千年来史家，其稍有创作之才者，惟六人：一曰太史公，诚史界之造物主也。其书亦常有国民思想，如项羽而列诸本纪，孔子、陈涉而列诸世家，儒林、游侠、刺客、货殖而为之列传，皆有深意存焉。其为立传者，大率皆于时代极有关系之人也。而后世之效颦者，则胡为也？二曰杜君卿。《通典》之作，不纪事而纪制度。制度于国民全体之关系，有重于事焉者也。前此所无而杜创之，虽其完备不及《通考》，然创作之功，马何敢望杜耶？三曰郑渔仲。夹漈之史识，卓绝千古，而史才不足以称之。其《通志·二十略》，以论断为主，以记述为辅，实为中国史界放一光明也。惜其为太史公范围所困，以纪传十之七八，填塞全书，支床叠屋，为大体玷。四曰司马温公。《通鉴》亦天地一大文也，其结构之宏伟，其取材之丰赡，使后世有欲著通史者，势不能不据为蓝本，而至今卒未有能逾之者焉。温公亦伟人哉！五曰袁枢。今日西史，大率皆纪事本末之体也，而此体在中国，实惟袁枢创之，其功在史界者亦不少。但其著《通鉴纪事本末》也，非有见于事与事之相联属，而欲求其原因结果也，不过为读《通鉴》之方便法门，著此以代抄录云尔。虽为创作，实则无意识之创作，故其书不过为《通鉴》之一附庸，不能使学者读之有特别之益也。六曰黄梨洲。黄梨洲著《明儒学案》，史家未曾有之盛业也。中国数千年，惟有政治史，而其他一无所闻。梨洲乃创为学史之格，使后人能师其意，则中国文学史可作也，中国种族史可作也，中国财富史可作也,中国宗教史可作也。诸类此者,其数何限!梨洲既成《明儒学案》,复为《宋元学案》,未成而卒。使假以十年,或且有汉唐学案、周秦学案之宏著,未可料也。梨洲诚我国思想界之雄也。若夫此六君子以外,(袁枢实不能在此列。)则皆所谓"公等碌碌,因人成事"。《史记》以后,而二十一部,皆刻画《史记》;《通典》以后,而八部皆摹仿《通典》:何其奴隶性至于此甚耶?若琴瑟之专壹,谁能听之?以故每一读辄惟恐卧,而思想所以不进也。

合此六弊,其所贻读者之恶果,厥有三端:一曰难读。浩如烟海,穷年莫殚,前既言之矣。二曰难别择。即使有暇日,有耐性,遍读应读之书,而苟非有极敏之眼光,极高之学识,不能别择其某条有用、某条无用,徒枉费时日脑力。三曰无感触。虽尽读全史,而曾无有足以激厉其爱国之心,团结其合群之力,以应今日之时势而立于万国者。然则吾中国史学,外貌虽极发达,而不能如欧美各国民之实受其益也,职此之由。

今日欲提倡民族主义,使我四万万同胞强立于此优胜劣败之世界乎,则本国史学一科,实为无老无幼、无男无女、无智无愚、无贤无不肖所皆当从事,视之如渴饮饥食一刻不容缓者也。然遍览乙库中数十万卷之著录,其资格可以养吾所欲、给吾所求者,殆无一焉。呜呼!史界革命不起,则吾国遂不可救。悠悠万事,惟此为大!《新史学》之著,吾岂好异哉?吾不得已也。

(原刊1902年2月8日《新民丛报》第1号)

史学之界说

欲创新史学,不可不先明史学之界说;欲知史学之界说,不可不先明历史之范围。今请析其条理而论述之。

第一,历史者,叙述进化之现象也。现象者何?事物之变化也。宇宙间之现象有二种:一曰为循环之状者,二曰为进化之状者。何谓循环?其进化有一定之时期,及期则周而复始,如四时之变迁、天体之运行是也。

何谓进化？其变化有一定之次序，生长焉，发达焉，如生物界及人间世之现象是也。循环者去而复来者也，止而不进者也；凡学问之属于此类者，谓之天然学。进化者往而不返者也，进而无极者也；凡学问之属于此类者，谓之历史学。天下万事万物，皆在空间，又在时间，（空间、时间，佛典译语，日本人沿用之。若依中国古义，则空间宇也，时间宙也。其语不尽通行，故用译语。）而天然界与历史界，实分占两者之范围。天然学者，研究空间之现象者也；历史学者，研究时间之现象者也。就天然界以观察宇宙，则见其一成不变，万古不易，故其体为完全，其象如一圆圈；就历史界以观察宇宙，则见其生长而不已，进步而不知所终，故其体为不完全，且其进步又非为一直线，或尺进而寸退，或大涨而小落，其象如一螺线。明此理者，可以知历史之真相矣。

由此观之，凡属于历史界之学，（凡政治学、群学、平准学、宗教学等，皆近历史界之范围。）其研究常较难；凡属于天然界之学，（凡天文学、地理学、物质学、化学等，皆天然界之范围。）其研究常较易。何以故？天然界已完全者也，来复频繁，可以推算，状态一定，可以试验。历史学未完全者也，今犹日在生长发达之中，非逮宇宙之末劫，则历史不能终极。吾生有涯，而此学无涯。此所以天然诸科学，起源甚古，今已斐然大成；而关于历史之各学，其出现甚后，而其完备难期也。

此界说既定，则知凡百事物，看生长、有发达、有进步者，则属于历史之范围；反是者，则不能属于历史之范围。又如于一定期中，虽有生长发达，而及其期之极点，则又反其始，斯仍不得不以循环目之。如动植物，如人类，虽依一定之次第，以生以成；然或一年，或十年，或百年，而盈其限焉，而反其初焉。一生一死，实循环之现象也。故物理学、生理学等，皆天然科学之范围，非历史学之范围也。

孟子曰："天下之生久矣，一治一乱。"此误会历史真相之言也。苟治乱相嬗无已时，则历史之象当为循环，与天然等，而历史学将不能成立。孟子此言盖为螺线之状所迷，而误以为圆状，未尝综观自有人类以来万数千年之大势，而察其真方向之所在；徒观一小时代之或进或退、或涨或落，遂以为历史之实状如是云尔。譬之江河东流以朝宗于海者，其大势也；乃或所见局于一部，偶见其有倒流处，有曲流处，因以为江河之行，一东一西，一北一南，是岂能知江河之性矣乎？(《春秋》家言，有三统，有三世。三统者，循环之象也，所谓"三王之道若循环，周而复始"，是也。三世者，进化之象也，所谓据乱、升平、太平，与世渐进，是也。三世则历史之情状也，三统则非历史之情状也。三世之义，既治者则不能复乱，藉曰有小乱，而必非与前此之乱等也。苟其一治而复一乱，则所谓治者必非真治也。故言史学者，当从孔子之义，不当从孟子之义。）吾中国所以数千年无良史者，以其于进化之现象，见之未明也。

第二，历史者，叙述人群进化之现象也。进化之义既定矣；虽然，进化之大理，不独人类为然，即动植物乃至无机世界，亦常有进化者存。而通行历史所纪述，常限于人类者，则何以故？此不徒吾人之自私其类而已。人也者，进化之极则也，其变化千形万状而不穷者也。故言历史之广义，则非包万有而并载之，不能完成；至语其狭义，则惟以人类为之界。虽然，历史之范围，可限于人类；而人类之事实，不能尽纳诸历史。夫人类亦不过一种之动物耳，其一生一死，固不免于循环，即其日用饮食，言论行事，亦不过大略相等，而无进化之可言。故欲求进化之迹，必于人群。使人人析而独立，则进化终不可期，而历史终不可起。盖人类进化云者，一群之进也，非一人之进也。如以一人也，则今人必无以远过于古人。语其体魄，则四肢五官，古犹今也；质点血轮，古犹今也。语其性灵，则古代周、孔、柏（柏拉图）、阿（阿里士多德）之智识能力，必不让于今人，举世所同认矣。然往往有周、孔、柏、阿所不能知之理，不能行之事，而今日乳臭小儿知之能之者何也？无他，食群之福，享群之利，藉群力之相接相较、相争相师、相摩相荡、相维相系、相传相嬗，而智慧进焉，而才力进焉，而道德进焉。进也者，人格之群，非寻常之个人也。（人类天性之能力，能随文明进化之运而渐次增长与否，此问题颇难决定。试以文明国之一小儿，不许受教育，不许蒙社会之感化，沐文明之恩泽，则其长成，能有以异于野蛮国之小儿乎？恐不能也。盖由动物进而为人，已为生理上进化之极点；由小儿进为成人，已为生理上进化之极点。然则一个人，殆无进化也；进化者，别超出于个人之上之一人格而已，即人群是也。）然则历史所最当致意者，惟人群之事。苟其事不关系人群者，虽奇言异行，而必不足以入历史之范围也。

畴昔史家，往往视历史如人物传者然。夫人物之关系于历史固也，然所以关系者，亦谓其于一群有影响云尔。所重者在一群，非在一人也。而中国作史者，全反于此目的，动辄以立佳传为其人之光宠。驯至连篇累牍，胪列无关世运之人之言论行事；使读者欲卧欲呕，虽尽数千卷，犹不能于本群之大势有所知焉：由不知史之界说限于群故也。

第三，历史者，叙述人群进化之现象，而求得其公理公例者也。凡学问必有客观、主观二界。客观者，谓所研究之事物也；主观者，谓能研究此事物之心灵也。（亦名"所界""能界"。"能""所"二字，佛典译语常用为名词。）和合二观，然后学问出焉。史学之客体，则过去、现在之事实是也；其主体，则作史、读史者心识中所怀之哲理是也。有客观而无主观，则其史有魄无魂，谓之非史焉可也。（偏于主观而略于客观者，则虽有佳书，亦不过为一家言，不得谓之为史。）是故善为史者，必研究人群进化之现象，而求其公理公例之所在，于是有所谓历史哲学者出焉。历史与历史哲学虽殊科，要之苟无哲学之理想者，必不能为良史，有断然也。虽然，求史学之公理公例，固非易易。如彼天然科学者，其材料完全，其范围有涯，故其理、例亦易得焉。如天文学，如物质学，如化学，所已求得之公理公例不可磨灭者，既已多端；而政治学、群学、宗教学等，则瞠乎其后，皆由现象之繁赜，而未到终点也。但其事虽难，而治此学者不可不勉。大抵前者史家不能有得于是者，其蔽二端：一曰知有一局部之史，而不知自有人类以来全体之史也。或局于一地、或局于一时代如中国之史，其地位则仅叙述本国耳；于吾国外之现象，非所知也（前者他国之史亦如是）。其时代则上至书契以来，下至胜朝之末止矣；前乎此，后乎此，非所闻也。夫欲求人群进化之真相，必当合人类全体而比较之，通古今文野之界而观察之。内自乡邑之法团，（凡民间之结集而成一人格之团体者，谓之法团，亦谓之法人。法人者，法律上视之与一个人无异也。一州之州会，一市之市会，乃至一学校、一会馆、一公司，皆统名为法团。）外至五洲之全局；上自穹古之石史，（地质学家从地底僵石中考求人物进化之迹，号曰石史。）下至昨今之新闻，何一而非客观所当取材者？综是焉以求其公理公例，虽未克完备，而所得必已多矣。问畴昔之史家，有能焉者否也？二曰徒知有史学，而不知史学与他学之关系也。夫地理学也，地质学也，人种学也，人类学也，言语学也，群学也，政治学也，宗教学也，法律学也，平准学也（即日本人所谓经济学），皆与史学有直接之关系；其他如哲学范围所属之伦理学、心理学、论理学、文章学，及天然科学范围所属之天文学、物质学、化学、生理学，其理论亦常与史学有间接之关系，何一而非主观所当凭藉者？取诸学之公理公例，而参伍钩距之，虽未尽适用，而所得又必多矣。问畴昔之史家，有能焉者否也？

夫所以必求其公理公例者，非欲以为理论之美观而已，将以施诸实用焉，将以贻诸来者焉。历史者，以过去之进化，导未来之进化者也。吾辈食今日文明之福，是为对于古人已得之权利；而继续此文明，增长此文明，挚殖此文明，又对于后人而不可不尽之义务也。而史家所以尽此义务之道，即求得前此进化之公理公例，而使后人循其理、率其例以增幸福于无疆也。史乎史乎！其责任至重，而其成就至难。中国前此之无真史家也，又何怪焉！而无真史家，亦即吾国进化迟缓之一原因也。吾愿与同胞国民，筚路蓝缕以辟此途也。

以上说"界说"竟。作者初研究史学，见地极浅，自觉其界说尚有未尽未安者；视吾学他日之进化，乃补正之。著者识。

（原刊1902年3月10日《新民丛报》第3号）

论 正 统

中国史家之谬，未有过于言正统者也。言正统者，以为天下不可一日无君也，于是乎有统；又以为天无二日、民无二王也，于是乎有正统。"统"之云者，殆谓天所立而民所宗也；"正"之云者，殆谓一为真而余为伪也。千余年来，陋儒龂龂于此事，攘臂张目，笔斗舌战，支离蔓衍，不可穷诘。一言蔽之曰，自为奴隶根性所束缚，而复以煽后人之奴隶根性而已。是不可以不辨。

"统"字之名词何自起乎？殆滥觞于《春秋》。《春秋公羊传》曰："何言乎王正月？大一统也。"此即后儒论正统者所援为依据也。庸讵知《春秋》所谓"大一统"者，对于三统而言。《春秋》之大义非一，而通三统实为其要端。通三统者正以明天下为天下人之天下而非一姓之所得私有，与后儒所谓"统"者，其本义既适相反对矣。故夫"统"之云者，始于霸者之私天下，而又惧民之不吾认也，乃为是说以钳制之，曰：此天之所以与我者，吾生而有特别之权利，非他人所能几也。因文其说曰"亶聪明、作父母"；曰"辨上下、定民志"。统之既立，然后任其作威作福、恣睢蛮野而不得谓之不义；而人民之稍强立不挠者，乃得坐之以不忠不敬、大逆无道诸恶名，以锄之摧之。此"统"之名所由立也。记曰："得乎丘民而为天子。"若是乎，无统则已，苟其有统，则创垂之而继续之者，舍斯民而奚属哉！故泰西之良史，皆以叙述一国国民系统之所由来及其发达进步、盛衰兴亡之原因结果为主，诚以民有统而君无统也。藉曰君而有统也，则不过一家之谱牒，一人之传记，而非可以冒全史之名，而安劳史家之哓哓争论也。然则以国之统而属诸君，则固已举全国之人民，视同无物，而国民之资格所以永坠九渊而不克自拔，皆此一义之为误也。故不扫君统之谬见，而欲以作史，史虽充栋，徒为生民毒耳。

统之义已谬，而正与不正，更何足云！虽然，亦既有是说矣，其说且深中于人心矣，则辞而辟之，固非得已。正统之辨，昉于晋而盛于宋。朱子《通鉴纲目》所推定者，则秦也，汉也，东汉也，蜀汉也，晋也，东晋也，宋、齐、梁、陈也，隋也，唐也，后梁、后唐、后汉、后晋、后周也。本朝乾隆间御批《通鉴》从而续之，则宋也，南宋也，元也，明也，清也。所谓"正统"者，如是如是。而其所据为理论以衡量夫正不正者约有六事：

一曰，以得地之多寡而定其正不正也。凡混一宇内者，无论其为何等人，而皆奉之以正。如晋、元等是。

二曰，以据位之久暂而定其正不正也。虽混一宇内，而享之不久者，皆谓之不正。如项羽、王莽等是。

三曰，以前代之血胤为正而其余皆为伪也。如蜀汉、东晋、南宋等是。

四曰，以前代之旧都所在为正而其余皆为伪也。如因汉而正魏，因唐而正后梁、后唐、后晋、后汉、后周等是。

五曰，以后代之所承者、所自出者为正而其余为伪也。如因唐而正隋、因宋而正周等是。

六曰，以中国种族为正而其余为伪也。如宋、齐、梁、陈等是。

此六者互相矛盾，通于此则窒于彼，通于彼则窒于此。而据朱子《纲目》及《通鉴辑览》等所定，则前后互歧，进退失据，无一而可焉。请穷诘之。夫以得地之多寡而定，则混一者固莫与争矣，其不能混一者，自当以最多者为最正。则苻秦盛时，南至邛僰，东抵淮泗，西极西域，北尽大碛，视司马氏版图过之数倍；而宋金交争时代，金之幅员，亦有天下三分之二，而果谁为正而谁为伪也？如以据位之久暂而定，则如汉、唐等之数百年，不必论矣。若夫拓跋氏之祚，迥轶于宋、齐、梁、陈；钱镠、刘隐之系，远过于梁、唐、晋、汉、周；而西夏李氏，乃始唐乾符，终宋宝庆，凡三百五十余年，几与汉、唐埒，地亦广袤万里，又谁为正而谁为伪也？如以前代之血胤而定，则杞、宋当二日并出，而周不可不退处于篡僭；而明李槃以宇文氏所臣属之萧岿为篡贼，萧衍延苟全之性命而使之统陈，以沙陀夷族之朱邪存勖、不知所出之徐知诰冒李唐之宗而使之统分据之天下者，将为特识矣。而顺治十八年间，故明弘光、隆武、永历，尚存正朔，而视同闰位，何也？而果谁为正而谁为伪也？如以前代旧都所在而定，则刘、石、慕容、苻、姚、赫连、拓跋所得之土，皆五帝三王之故宅也，女真所抚之众，皆汉唐之遗民也，而又谁为正而谁为伪也？如以后代所承、所自出者为正，则晋既正矣，而晋所出之魏，何以不正？前既正蜀，而后复正晋，晋自篡魏，岂承汉而兴邪？唐既正矣，且因唐而正隋矣，而隋所自出之宇文，宇文所自出之拓跋，何以不正？前正陈而后正隋，隋岂因灭陈而始有帝号邪？又乌知夫谁为正而谁为伪也？若夫以中国之种族而定，则诚爱国之公理，民族之精神，虽迷于"统"之义，而犹不悖于"正"之名也；而惜乎数千年未有持此以为鹄者也。李存勖、石敬瑭、刘智远，以沙陀三小族，窃一掌之地，而靦然奉为共主；自宋至明百年间，黄帝子孙，无尺寸土，而史家所谓"正统"者，仍不绝如故也，而果谁为正而谁为伪也？于是乎而持正统论者，果无说以自完矣。

大抵正统之说之所以起者，有二原因：（其一）则当代君臣自私本国也。温公所谓"宋魏以降，各有国史，互相排黜，南谓北为索虏，北谓南为岛夷。朱氏代唐，四方幅裂，朱邪入汴，比之穷、新，（原注："唐庄宗自以为继唐，比朱梁于有穷篡夏、新室篡汉。"）运历年纪，弃而不数。此皆私己之偏辞，非大公之通论也"。（《资治通鉴》卷六十九）诚知言矣。自古正统之争，莫多于蜀魏问题。主都邑者以魏为真人，主血胤者以蜀为宗子。而其议论之变迁，恒缘当时之境遇。陈寿主魏，习凿齿主蜀，寿生西蜀，而凿齿东晋也。西晋踞旧都，而上有所受，苟不主都邑说，则晋为僭矣。故寿之正魏，凡以正晋也。凿齿时则晋既南渡，苟不主血胤说，而仍沿都邑，则刘、石、苻、姚正而晋为僭矣。凿齿之正蜀，凡亦以正晋也。其后温公主魏，而朱子主蜀，温公生北宋，而朱子南宋也。宋之篡周宅汴，与晋之篡魏宅许者同源，温公之主都邑说也，正魏也，凡以正宋也。南渡之宋与江东之晋同病，朱子之主血胤说也，正蜀也，凡亦以正宋也。盖未有非为时君计者也。至如五代之亦觍然目为正统也，更宋人之谰也。彼五代抑何足以称代？朱温盗也，李存勖、石敬瑭、刘智远沙陀犬羊之长也。温可代唐，则侯景、李全可代宋也；沙陀三族可代中华之主，则刘聪、石虎可代晋也。郭威非夷非盗，差近正矣，而以黥卒乍起，功业无闻，乘人孤寡，夺其穴以篡立，以视陈霸先之能平寇乱，犹奴隶耳。而况彼五人者，所掠之地，不及禹域二十分之一，所享之祚，合计仅五十二年，而顾可以圣仁神武某祖某皇帝之名奉之乎？其奉之也，则自宋人始也。宋之得天下也不正，推柴氏以为所自受，因而溯之，许朱温以代唐，而五代之名立焉。（以上采王船山说）其正五代也，凡亦以正宋也。至于本朝，以异域龙兴，入主中夏，与辽、金、元前事相类。故顺治二年三月，议历代帝王祀典，礼部上言，谓辽则宋曾纳贡，金则宋尝称侄，帝王庙祀，似不得遗，骎骎乎欲伪宋而正辽、金矣。后虽惮于清议，未敢悍然，然卒增祀辽太祖、太宗、景宗、圣宗、兴宗、道宗，金太祖、太宗、世宗、章宗、宣宗、哀宗，其后复增祀元魏道武帝、明帝、孝武帝、文成帝、献文帝、孝文帝、宣武帝、孝明帝，岂所谓兔死狐悲、恶〔物〕伤其类者耶？由此言之，凡数千年来哓哓于正不正、伪不伪之辨者，皆当时之霸者与夫霸者之奴隶，缘饰附会，以为保其一姓私产之谋耳。而时过境迁之后，作史者犹慷他人之慨，断断焉辨得失于鸡虫，吾不知其何为也！

（其二）由于陋儒误解经义，煽扬奴性也。陋儒之说，以为帝王者圣神也。陋儒之意，以为一国之大，不可以一时而无一圣神焉者，又不可以同时而有两圣神焉者。当其无圣神也，则无论为乱臣、为贼子、为大盗、为狗偷、为仇雠、为夷狄，而必取一人一姓焉，偶像而尸祝之曰：此圣神也！此圣神也！当其多圣神也，则于群圣群神之中，而探阄焉，而置棋焉，择取其一人一姓而膜拜之曰：此乃真圣神也，而其余皆乱臣、贼子、大盗、狗偷、仇雠、夷狄也。不宁惟是，同一人也，甲书称之为乱贼、偷盗、仇雠、夷狄，而乙书则称之为圣神焉。甚者同一人也，同一书也，而今日称之为乱贼、偷盗、仇雠、夷狄，明日则称之为圣神焉。夫圣神自圣神，乱贼自乱贼，偷盗自偷盗，夷狄自夷狄，其人格之相去，不可以道里计，一望而知，无能相混者也，亦断未有一人之身，而能兼两涂者也。异哉！此至显、至浅、至通行、至平正之方人术，而独不可以施诸帝王也。谚曰："成即为王，败即为寇。"此真持正统论之史家所奉为月旦法门者也。夫众所归往谓之王，窃夺殃民谓之寇。既王矣，无论如何变相，而必不能堕而为寇；既寇矣，无论如何变相，而必不能升而为王，未有能相即焉者也。如美人之抗英而独立也，王也，非寇也，此其成者也；即不成焉，如菲律宾之抗美，波亚之抗英，未闻有能目之为寇者也。元人之侵日本，寇也，非王也，此其败者也；即不败焉，如蒙古蹂躏俄罗斯，握其主权者数百年，未闻有肯认之为王者也。中国不然。兀术也，完颜亮也，在《宋史》则谓之为贼、为虏、为仇，在《金史》则某祖、某皇帝矣，而两皆成于中国人之手，同列正史也。而诸葛亮入寇、丞相出师等之差异更无论也。朱温也，燕王棣也，始而曰叛曰盗，忽然而某祖、某皇帝矣。而曹丕、司马炎之由名而公、由公而王、由王而帝更无论也。准此以谈，吾不能不为匈奴冒顿、突厥颉利之徒悲也，吾不能不为汉吴楚七国、淮南王安、晋八王、明宸濠之徒悲也，吾不能不为上官桀、董卓、桓温、苏峻、侯景、安禄山、朱泚、吴三桂之徒悲也，吾不得不为陈涉、吴广、新市、平林、铜马、赤眉、黄巾、窦建德、王世充、黄巢、张士诚、陈友谅、张献忠、李自成、洪秀全之徒悲也。彼其与圣神，相去不能以寸耳，使其稍有天幸，能于百尺竿头，进此一步，何患乎千百年后赡才博学、正言说论、倡天经明地义之史家，不奉以"承天广运、圣德神功、肇纪立极、钦明文思、睿哲显武、端毅弘文、宽裕中和、大成定业、太祖高皇帝"之徽号！而有腹诽者则曰大不敬、有指斥者则曰逆不道也。此非吾过激之言也。试思朱元璋之德，何如窦建德？萧衍之才，何如王莽？赵匡胤之功，何如项羽？李存勖之强，何如冒顿？杨坚传国之久，何如李元昊？朱温略地之广，何如洪秀全？而皆于数千年历史上巍巍然圣矣神矣。吾无以名之，名之曰幸不幸而已。若是乎，史也者，赌博耳，儿戏耳，鬼蜮之府耳，势利之林耳。以是而为史，安得不率天下而禽兽也？而陋儒犹嚣嚣然曰：此天之经也，地之义也，人之伦也，国之本也，民之坊也。吾不得不深恶痛绝夫陋儒之毒天下如是其甚也！

然则不论正统则亦已耳，苟论正统，吾敢翻数千年之案而昌言曰：自周秦以后，无一朝能当此名者也。（第一）夷狄不可以为统，则胡元及沙陀三小族在所必摈，而后魏、北齐、北周、契丹、女真更无论矣。（第二）篡夺不可以为统，则魏、晋、宋、齐、梁、陈、北齐、北周、隋、后周、宋在所必摈，而唐亦不能免矣。（第三）盗贼不可以为统，则后梁与明在所必摈，而汉亦如唯之与阿矣。然则正统当于何求之？曰统也者，在国非在君也，在众人非在一人也。舍国而求诸君，舍众人而求诸一人，必无统之可言，更无正之可言。必不获已者，则如英、德、日本等立宪君主之国，以宪法而定君位继承之律；其即位也，以敬守宪法之语誓于大众，而民亦公认之。若是者，其犹不谬于得丘民为天子之义，而于正统庶乎近矣。虽然，吾中国数千年历史上，何处有此？然犹断断焉于百步五十步之间，而曰统不统、正不正，吾不得不怜其愚而恶其妄也。

后有良史乎，盍于我国民系统盛衰、强弱、主奴之间，三致意焉尔！

（原刊1902年7月5日《新民丛报》第11号）

论书法

新史氏曰：吾壹不解夫中国之史家，何以以书法为独一无二之天职也；吾壹不解夫中国之史家，何以以书法为独一无二之能事也；吾壹不解夫中国之史家，果据何主义以衡量天下古今事物，而敢嚣嚣然以书法自鸣也！史家之言曰：书法者本《春秋》之义，所以明正邪，别善恶，操斧钺权，褒贬百代者也。书法善则为良史，反是则为秽史。嘻！此瞽言也！《春秋》之书法，非所以褒贬也。夫古人往矣，其人与骨皆已朽矣，孔子岂其不惮烦，而一一取而褒贬之？《春秋》之作，孔子所以改制而自发表其政见也。生于言论不自由时代，政见不可以直接发表，故为之符号标识焉以代之。书尹氏卒，非贬尹氏也，借尹氏以讥世卿也；书仲孙忌帅师围运，非贬仲孙忌也，借仲孙忌以讥二名也。此等符号标识，后世谓之书法。惟《春秋》可以有书法。《春秋》经也，非史也；明义也，非记事也。使《春秋》而史也，而记事也，则天下不完全、无条理之史，孰有过于《春秋》者乎？后人初不解《春秋》之为何物，胸中曾无一主义，撷拾一二断烂朝报，而规规然学《春秋》，天下之不自量，敦此甚也？吾敢断言曰：有《春秋》之志者可以言书法，无《春秋》之志者不可以言书法。

问者曰：书法以明功罪，别君子小人，亦使后人有所鉴焉。子何绝之甚？曰：是固然也，虽然，史也者，非纪一人一姓之事也，将以述一民族之运动、变迁、进化、堕落，而明其原因结果也。故善为史者，必无暇断断焉褒贬一二人，亦决不肯断断焉褒贬一二人。何也？褒贬一二人，是专科功罪于此一二人，而为众人卸其责任也；上之启枭雄私天下之心，下之堕齐民尊人格之念，非史家所宜出也。吾以为一民族之进化堕落，其原因决不在一二人，以为可褒则宜俱褒，以为可贬则宜俱贬。而中国史家，只知有一私人之善焉恶焉、功焉罪焉，而不知有一团体之善焉恶焉、功焉罪焉。以此牖民，此群治所以终不进也。吾非谓书法褒贬之必可厌，吾特厌夫作史者以为舍书法褒贬外，无天职、无能事也。

今之谈国事者，辄曰恨某枢臣病国，恨某疆臣殃民。推其意，若以为但能屏逐此一二人，而吾国之治，即可与欧美最文明国相等者然。此实为旧史家谬说所迷也。吾见夫今日举国之官吏士民，其见识与彼一二人者相伯仲也，其意气相伯仲也，其道德相伯仲也，其才能相伯仲也。先有无量数病国殃民之人物，而彼一二人乃乘时而出焉，偶为其同类之代表而已。

一二人之代表去，而百千万亿之代表者，方且比肩而立，接踵而来。不植其本，不清其源，而惟视进退于一二人，其有济乎？其无济乎？乃举国之人，莫或自讥自贬，而惟讥贬此一二人，吾不能不为一二人呼冤也。史也者，求有益于群治也。以此为天职、为能事，问能于群治有丝毫之影响焉否也？

且旧史家所谓功罪善恶，亦何足以为功罪善恶？彼其所纪载，不外君主与其臣妾交涉之事。大率一切行谊，有利于时君者则谓之功，谓之善，反是者则谓之罪，谓之恶。其最所表彰者，则死节之臣也；其最所痛绝者，则叛逆及事二姓者也。夫君子何尝不贵死节？虽然，古人亦有言：君为社稷死则死之，为社稷亡则亡之；苟为己死而为己亡，非其亲昵，谁敢任之？若是乎，死节之所以可贵者，在死国，非在死君也。试观二十四史所谓忠臣，其能合此资格者几何人也？事二姓者，一奴隶之不足，而再奴隶焉，其无廉耻不待论也。虽然，亦有辨焉：使其有救天下之志，而欲凭借以行其道也，则佛肸召而子欲往矣，公山召而子欲往矣，伊尹且五就汤而五就桀矣，未见其足以为圣人病也；苟不尔者，则持禄保位、富贵骄人以终身于一姓之朝，安用此斗量车载之忠臣为也？《纲目》书"莽大夫扬雄死"，后世言书法者所最津津乐道也。吾以为扬雄之为人，自无足取耳，若其人格之价值，固不得以事莽不事莽为优劣也。新莽之治，与季汉之治，则何择焉？等是民贼也。而必大为鸿沟以划之曰：事此贼者忠义也；事彼贼者奸佞也。吾不知其何据也！雄之在汉，未尝得政，未尝立朝，即以旧史家之论理律之，其视魏征之事唐，罪固可未减焉矣。而雄独蒙此大不韪之名，岂有他哉？李世民幸而王莽不幸，故魏征幸而扬雄不幸而已。吾非欲为儇薄卑靡之扬雄讼冤，顾吾见夫操斧钺权之最有名者，其衡量人物之论据，不过如是，吾有以见史家之与人群渺不相涉也。至于叛逆云者，吾不知泗上之亭长，何以异于渔阳之戍卒；晋阳之唐公，何以异于宸濠之亲藩；陈桥之检点，何以异于离石之校尉；乃一则夷三族而复被大憝之名，一则履九五而遂享神圣之号。天下岂有正义哉？惟权力是视而已。其间稍有公论者，则犯颜死谏之臣时或表彰之是已。虽然，其所谓敢谏者，亦大率为一姓私事十之九，而为国民公义者十之一。即有一二，而史家之表彰之者，亦必不能如是其力也。嘻！吾知其故矣。霸者之所最欲者，则臣妾之为之死节也；其次则匡正其子孙之失德而保其祚也。所最恶者，臣妾之背之而事他人也；其尤甚者，则发难而与己为敌也。故其一赏一罚，皆以此为衡。汉高岂有德于雍齿而封之？岂有憾于丁公而杀之？所谓为人妇则欲其和我，为我妇则欲其为我詈人耳。而彼等又知夫人类有尚名誉之性质，仅以及身之赏罚，而不足以惩劝也，于是鼎革之后，辄命其臣妾修前代之史，持此衡准以赏罚前代之人，因以示彼群臣群妾曰：尔其效此，尔其毋效彼。此霸者最险最黠之术也。当崇祯、顺治之交，使无一洪承畴，则本朝何以有今日？使多一史可法，则本朝又何以有今日？而洪则为《国史·贰臣传》之首，史则为《明史·忠烈传》之魁矣。夫以此两途判别洪、史之人格，夫谁曰不宜？顾吾独不许夫霸者之利用此以自固而愚民也。问二千年来史家之书法，其有一字非为霸者效死力乎？无有也。霸者固有所为而为之，吾无责焉；独不解乎以名山大业自期者，果何德于彼，而必以全力为之拥护也。故使克林威尔生于中国，吾知其必与赵高、董卓同诟；使梅特涅而生于中国，吾知其必与武乡、汾阳齐名。何也？中国史家书法之性质则然也。

吾非谓史之可以废书法，顾吾以为书法者，当如布尔特奇之《英雄传》，以悲壮淋漓之笔，写古人之性行事业，使百世之下，闻其风者，赞叹舞蹈，顽廉懦立，刺激其精神血泪，以养成活气之人物；而必不可妄学《春秋》，侈衮钺于一字二字之间，使后之读者，加注释数千言，犹不能识其命意之所在。吾以为书法者，当如吉朋之《罗马史》，以伟大高尚之理想，褒贬一民族全体之性质，若者为优，若者为劣，某时代以何原因而获强盛，某时代以何原因而致衰亡，使后起之民族读焉，而因以自鉴曰：吾侪宜尔，吾侪宜毋尔；而必不可专奖厉一姓之家奴走狗，与夫一二矫情畸行，陷后人于狭隘偏枯的道德之域，而无复发扬蹈厉之气。君不读龙门《史记》乎，史公虽非作史之极轨，至其为中国史家之鼻祖，尽人所同认矣。《史记》之书法也，岂尝有如庐陵之《新五代史》、晦庵之《通鉴纲目》，咬文嚼字，矜愚饰智，断断于缌小功之察而问无齿决者哉？

(原刊1902年9月16日《新民丛报》第16号)

中国历史研究法（节录）

自　序

　　中国历史可读耶？二十四史、两《通鉴》、九通、五纪事本末乃至其他别史、杂史等都计不下数万卷，幼童习焉，白首而不能殚，在昔犹苦之，况于百学待治之今日，学子精力能有几者？中国历史可不读耶？然则此数万卷者，以之覆瓿，以之当薪；举凡数千年来我祖宗活动之迹足征于文献者，认为一无价值，而永屏诸人类文化产物之圈外；非惟吾侪为人子孙者所不忍，抑亦全人类所不许也。既不可不读而又不可读，其必有若而人焉竭其心力以求善读之，然后出其所读者以供人之读，是故新史之作，可谓我学界今日最迫切之要求也已。近今史学之进步有两特征。其一，为客观的资料之整理：——畴昔不认为史迹者，今则认之；畴昔认为史迹者，今或不认。举从前弃置散佚之迹，钩稽而比观之；其夙所因袭者，则重加鉴别以估定其价值。如此则史学立于"真"的基础之上，而推论之功，乃不至枉施也。其二，为主观的观念之革新：——以史为人类活态之再现，而非其僵迹之展览；为全社会之业影，而非一人一家之谱录。如此，然后历史与吾侪生活相密接，读之能亲切有味；如此，然后能使读者领会团体生活之意义，以助成其为一国民为一世界人之资格也。欧美近百数十年之史学界，全向于此两种方向以行。今虽仅见其进未见其止，顾所成就则既斐然矣。我国史界浩如烟海之资料，苟无法以整理之耶？则诚如一堆瓦砾，只觉其可厌。苟有法以整理之耶？则如在矿之金，采之不竭；学者任掣治其一部分，皆可以名家；而其所贡献于世界者皆可以极大。启超不自揆，蓄志此业，逾二十年，所积丛残之稿，亦既盈尺。顾不敢自信，迁延不以问诸世。客岁在天津南开大学任课外讲演，乃衰理旧业，益以新知，以与同学商榷。一学期终，得《中国历史研究法》一卷，凡十万言。孔子曰："工欲善其事，必先利其器。"吾治史所持之器，大略在是。吾发心殚三四年之力，用此方法以创造一新史。吾之稿本，将悉以各学校之巡回讲演成之。其第二卷为《五千年史势鸟瞰》，以今春在北京清华学校讲焉；第三卷以下以时代为次，更俟续布也。顾兹事体大，原非一手一足之烈所能为力；况学殖浅薄如启超者，重以讲堂匆匆开演，讲义随讲随布，曾未获稍加挈勘，则其纰缪舛误矛盾漏略之多，又岂俟论。区区此稿，本宜坚镌之以俟他日之改定。既而覆思吾研究之结果，虽未必有价值，其或者因吾之研究以引起世人之研究焉，因世人之研究以是正吾之研究焉，则其所得不已多耶？故贸然刊布而字之曰《史稿》。孟子曰："取人为善，与人为善。"吾之此书，非敢有以与人也，将以取诸人而已。愿读者鉴兹微尚，痛予别裁，或纠其大端之谬，或绳其小节之疏，或著论箴驳，或通函诲责，俾得自知其失而自改之，由稿本蜕变以成定本，则片言之锡，皆吾师也。十一年一月十八日，启超自述。

第三章　史之改造

吾生平有屡受窘者一事，每遇青年学子叩吾以治国史宜读何书，辄沉吟久之而卒不能对。试思吾舍二十四史、《资治通鉴》、三通等书外，更何术以应此问？然在今日百学待治之世界，而读此浩瀚古籍，是否为青年男女日力之所许，姑且勿论。尤当问费此莫大之日力，其所得者究能几？吾侪欲知吾祖宗所作事业，是否求之于此而已足？岂惟仅此不足，恐虽遍读隋唐志、《明史》等所著录之十数万卷，犹之不足也。夫旧史既不可得遍读，即遍读之亦不能养吾欲而给吾求，则惟有相率于不读而已。信如是也，吾恐不及十年而中国史学，将完全被驱出于学问圈外。夫使一国国民而可以无需国史的智识，夫复何言。而不然者，则史之改造，真目前至急迫之一问题矣。

吾前尝言著书须问将以供何等人之读，今请申言此义：古代之史，是否以供人读，盖属疑问。观孔子欲得诸国史，求之甚艰；而魏史乃瘗诸汲冢中；虽不敢谓其必禁传读，要之其目的在珍袭于秘府，而不在广布于公众，殆可断言。后世每朝之史，必易代而始布，故吾侪在今日，尚无《清史》可读，此尤旧史半带秘密性之一证也。私家之史，自是为供读而作，然其心目中之读者，各各不同。"孔子成《春秋》而乱臣贼子惧"，《春秋》盖以供当时贵族中为人臣子者之读也。司马光《资治通鉴》，其主目的以供帝王之读，其副目的以供大小臣僚之读，则吾既言之矣。司马迁《史记》，自言"藏诸名山，传与其人"，盖将以供后世少数学者之读也。自余诸史目的略同，大率其读者皆求诸禄仕之家与好古绩学专门之士。夫著作家必针对读者以求获其所希望之效果，故缘读者不同，而书之精神及其内容组织亦随而不同，理固然也。读者在禄仕之家，则其书宜为专制帝王养成忠顺之臣民；读者在绩学专门之士，则其书不妨浩瀚杂博奥衍，以待彼之徐整理而自索解。而在此两种读者中，其对于人生日用饮食之常识的史迹，殊非其所渴需；而一般民众自发自进的事业，或反为其所厌忌。质而言之，旧史中无论何体何家，总不离贵族性，其读客皆限于少数特别阶级——或官阀阶级，或智识阶级。故其效果，亦一如其所期，助成国民性之畸形的发达，此二千年史家所不能逃罪也。此类之史，在前代或为其所甚需要。非此无以保社会之结合均衡，而吾族或早已溃灭。虽然，此种需要，在今日早已过去，而保存之则惟增其毒。在今日惟个性圆满发达之民，自进而为种族上地域上职业上之团结互助，夫然后可以生存于世界而求有所贡献。而历史其物，即以养成人类此种性习为职志。今之史家，常常念吾书之读者与彼迁《记》、光《鉴》之读者绝不同伦，而矢忠覃精以善为之地焉，其庶可以告无罪于天下也。

复次：历史为死人——古人而作耶？为生人——今人或后人而作耶？

据吾侪所见，此盖不成问题，得直答曰为生人耳。然而旧史家殊不尔尔，彼盖什九为死人作也。史官之初起，实由古代人主欲纪其盛德大业以昭示子孙；故纪事以宫廷为中心，而主旨在隐恶扬善。观《春秋》所因鲁史之文而可知也。其有良史，则善恶毕书，于是褒贬成为史家特权。然无论为褒为贬，而立言皆以对死人则一也。后世奖厉虚荣之涂术益多，墓志家传之类，汗牛充栋；其目的不外为子孙者欲表扬其已死之祖父；而最后荣辱，一系于史。驯至帝者以此为驾驭臣僚之一利器。试观明清以来饰终之典，以"宣付史馆立传"为莫大恩荣，至今犹然；则史之作用可推矣。故如魏收市佳传以骄侪辈，袁枢谢曲笔以忤乡人，（看《北史》收传、《宋史》枢传）贤否虽殊，而壹皆以陈死人为鹄。后人评史良楛，亦大率以其书对于死人之态度是否公明以为断。乃至如各史及各省府县志，对于忠义节孝之搜访，惟恐不备。凡此皆求有以对死者也。此类观念，其在国民道德上有何等关系，自属别问题。若就史言史，费天地间无限缣素，乃为千百年前已朽之骨校短量长，果何为者。夫史迹为人类所造，吾侪诚不能于人外求史。然所谓"历史的人格者"，别自有其意义与其条件。（此意义与条件，当于第七章说明之。）史家之职，惟在认取此"人格者"与其周遭情状之相互因果关系而加以说明。若夫一个个过去之古人，其位置不过与一幅之画一坐之建筑物相等。只能以彼供史之利用，而不容以史供其利用，抑甚明矣，是故以生人本位的历史代死人本位的历史，实史界改造一要义也。

复次：史学范围，当重新规定，以收缩为扩充也。学术愈发达则分科愈精密；前此本为某学附庸，而今则蔚然成一独立科学者，比比然矣。中国古代，史外无学，举凡人类智识之记录，无不丛纳之于史，厥后经二千年分化之结果，各科次第析出，例如天文、历法、官制、典礼、乐律、刑法等，畴昔认为史中重要部分，其后则渐渐与史分离矣。今之旧史，实以年代记及人物传之两种原素糅合而成。然衡以严格的理论，则此两种者实应别为两小专科，曰"年代学"，曰"人谱学"——即"人名辞典学"，而皆可谓在史学范围以外。若是乎，则前表所列若干万卷之史部书，乃无一部得复称为史。若是乎，畴昔史学硕大无朋之领土，至是乃如一老大帝国，逐渐瓦解而无复余。故近代学者，或昌言史学无独立成一科学之资格，论虽过当，不为无见也。虽然，今之史学，则既已获有新领土，而此所谓新领土，实乃在旧领土上而行使新主权。例如天文：自《史记·天官书》迄《明史·天文志》皆以星座躔度等记载，充满篇幅；此属于天文学范围，不宜以入历史，固也。虽然就他方面言之，我国人何时发明中星，何时发明置闰，何时发明岁差，乃至恒星行星之辨别，盖天浑天之论争，黄道赤道之推步，等等，此正吾国民继续努力之结果，其活动状态之表示，则历史范围以内之事也。是故天文学为一事，天文学史又为一事。例如音乐：各史《律历志》及《乐书》《乐志》详述五声十二律之度数，郊祀铙歌之曲辞，此当委诸音乐家之专门研究者也。至如汉晋间古雅乐之如何传授如何废绝，六朝南部俚乐之如何兴起，隋唐间羌胡之乐谱乐器如何输入，来自何处，元明间之近代的剧曲如何发展，此正乃历史范围以内之事也。是故音乐学为一事，音乐史又为一事，推诸百科，莫不皆然。研究中国哲理之内容组织，哲学家所有事也；述哲学思想之渊源及其相互影响递代变迁与夫所产之结果，史家所有事也。研究中国之药剂证治，医家所有事也；述各时代医学之发明及进步，史家所有事也。对于一战争，研究其地形阨塞、机谋进止以察其胜负之由，兵家所有事也；综合古今战役而观兵器战术之改良进步，对于关系重大之诸役，寻其起因而推论其及于社会之影响，史家所有事也。各列传中，记各人之籍贯门第传统等等，谱牒家所有事也；其嘉言懿行，撷之以资矜式，教育家所有事也；观一时代多数人活动之总趋向与夫该时代代表的人物之事业动机及其反响，史家所有事也。由此言之，今后史家，一面宜将其旧领土一一划归各科学之专门，使为自治的发展，勿侵其权限，一面则以总神经系——总政府自居，凡各活动之相，悉摄取而论列之。乃至前此亘古未入版图之事项——例如吾前章所举隋唐佛教、元明小说等，悉吞纳焉以扩吾疆宇，无所让也。旧史家惟不明此区别，故所记述往往侵入各专门科学之界限，对于该学，终亦语焉不详，而史文已繁重芜杂而不可殚读。不宁惟是，驰骛于此等史外的记述，则将本范围内应负之职责而遗却之，徒使学者读破万卷，而所欲得之智识，仍茫如捕风。今之作史者，先明乎此，庶可以节精力于史之外，而善用之于史之内矣。

复次：吾侪今日所渴求者，在得一近于客观性质的历史。我国人无论治何种学问，皆含有主观的作用……搀以他项目的，而绝不愿为纯客观的研究。例如文学，欧人自希腊以来，即有"为文学而治文学"之观念。我国不然，必曰因文见道。道其目的，而文则其手段也。结果则不诚无物，道与文两败而俱伤。惟史亦然，从不肯为历史而治历史，而必侈悬一更高更美之目的——如"明道""经世"等；一切史迹，则以供吾目的之刍狗而已。其结果必至强史就我，而史家之信用乃坠地。此恶习起自孔子，而二千年之史，无不播其毒。孔子所修《春秋》，今日传世最古之史书也，宋儒谓其"寓褒贬，别善恶"，汉儒谓其"微言大义，拨乱反正"。两说孰当，且勿深论，要之孔子作《春秋》别有目的，而所记史事，不过借作手段，此无可疑也。坐是之故，《春秋》在他方面有何等价值，此属别问题；若作史而宗之，则乖莫甚焉。例如二百四十年中，鲁君之见弑者四（隐公，闵公，子般，子恶），见逐者一（昭公），见戕于外者一（桓公），而《春秋》不见其文，孔子之徒，犹云"鲁之君臣未尝相弑"（《礼记·明堂位》文）。又如狄灭卫，此何等大事，因掩齐桓公之耻，则削而不书。（看闵二年《穀梁传》"狄灭卫"条下）晋侯传见周天子，此何等大变，因不愿暴晋文公之恶，则书而变其文。（看僖二十八年"天王狩于河阳"条下《左传》及《公羊传》）诸如此类，徒以有"为亲贤讳"之一主观的目的，遂不惜颠倒事实以就之。又如《春秋》记杞伯姬事前后凡十余条，以全部不满万七千字之书，安能为一妇人分去尔许篇幅，则亦曰借以奖厉贞节而已。其他记载之不实不尽不均，类此者尚难悉数。故汉代今文经师，谓《春秋》乃经而非史，吾侪不得不宗信之；盖《春秋》而果为史者，则岂惟如王安石所讥断烂朝报，恐其秽乃不减魏收矣。顾最不可解者，孔叟既有尔许微言大义，何妨别著一书，而必淆乱历史上事实以惑后人，而其义亦随之而晦也。自尔以后，陈陈相因，其宗法孔子愈笃者，其毒亦愈甚，致令吾侪常有"信书不如无书"之叹，如欧阳修之《新五代史》，朱熹之《通鉴纲目》，其代表也。郑樵之言曰："史册以详文该事，善恶已章，无待美刺。读萧、曹之行事，岂不知其忠良？见莽、卓之所为，岂不知其凶逆？……而当职之人，不知留意于宪章，徒相尚于言语。正犹当家之妇，不事饔飧，专鼓唇舌。"（《通志·总序》）此言可谓痛切。夫史之性质，与其他学术有异；欲为纯客观的史，是否事实上所能办到，吾犹未敢言。虽然，吾侪有志史学者，终不可不以此自勉，务持鉴空衡平之态度，极忠实以搜集史料，极忠实以叙论之，使恰如其本来。当如格林威尔所云"画我须是我"。当如医者之解剖，奏刀砉砉，而无所谓恻隐之念扰我心曲也。乃至对本民族偏好溢美之辞，亦当力戒。良史固所以促国民之自觉，然真自觉者决不自欺，欲以自觉觉人者尤不宜相蒙。故吾以为今后作史者，宜于可能的范围内，裁抑其主观而忠实于客观，以史为目的而不以为手段。夫然后有信史；有信史然后有良史也。

复次：吾前言人类活动相而注重其情态。夫摹体尚易，描态实难；态也者，从时间方面论，则过而不留；后刹那之态方呈，前刹那之态已失。从空间方面论，则凡人作一态，实其全身心理生理的各部分协同动作之结果，且又与环境为缘；若仅为局部的观察，睹其一而遗其他，则真态终未由见。试任取一人而描其一日之态，犹觉甚难。而况史也者，积千万年间千千万万生死相续之人，欲观其继续不断之全体协同动作，兹事抑谈何容易。史迹既非可由瞑想虚构；则不能不取资于旧史；然旧史所能为吾资者，乃如儿童用残之旧课本，原文本已编辑不精，讹夺满纸，而复东缺一叶，西缺数行，油污墨渍，存字无几。又如电影破片，若干段已完全失却，前后不相衔接；其存者亦罅漏模糊，不甚可辨。昔顾炎武论春秋战国两时代风尚之剧变，而深致叹息于中间百三十三年史文之阙佚。（《日知录》卷十三）夫史文阙佚，虽仅此百三十三年，而史迹之湮亡，则其数量云胡可算。盖一切史迹，大半借旧史而获传；然旧史著作之目的，与吾侪今日所需求者多不相应；吾侪所认为极可宝贵之史料，其为旧史所摈弃而遂湮没以终古者，实不知凡几。吾侪今日，乃如欲研究一燹余之芜城废殿，从瓦砾堆中搜集断橼破甓，东拼西补，以推测其本来规制之为何若。此种事业，备极艰辛，犹且仅一部分有成功希望，一部分或竟无成功希望。又不惟残缺之部分为然耳；即向来公认为完全美备之史料，——例如正史——试以科学的眼光严密审查，则其中误者伪者又不知凡几。吾侪今日对于此等史迹，殆有一大部分须为之重新估价，而不然者，则吾史乃立于虚幻的基础之上，而一切研索推论，皆为枉费。此种事业，其艰辛亦与前等，而所得或且更微末。以上两种劳作，一曰搜补的劳作，二曰考证的劳作，皆可谓极不经济的——劳多而获少的。虽然，当知近百年来欧洲史学所以革新，纯由此等劳作导其先路。吾国史苟不经过此一番爬剔洗炼，则完善之作，终不可期。今宜专有人焉胼手胝足，以耕以畲，以待后人之获。一部分人出莫大之劳费以为代价，然后他部分人之劳费乃可以永节省。此吾侪今日应有之觉悟也。此两种劳作之下手方法，皆于第五章专论之，今不先赘。

复次：古代著述，大率短句单辞，不相联属。恰如下等动物，寸寸断之，各自成体。此固由当时文字传写困难，不得不然，抑亦思想简单，未加组织之明证也。此例求诸古籍中，如《老子》，如《论语》，如《易传》，如《墨经》，莫不皆然。其在史部，则《春秋》《世本》《竹书纪年》，皆其类也。厥后《左传》《史记》等书，常有长篇记载，篇中首尾完具，视昔大进矣。然而以全书论，仍不过百数十篇之文章汇成一帙而已。《汉书》以下各史，踵效《史记》；《汉纪》《通鉴》等，踵效《左传》；或以一人为起讫，或以一事为起讫。要之不免将史迹纵切横断。《纪事本末》体稍矫此弊，然亦仅以一事为起讫，事与事之间不生联络；且社会活动状态，原不仅在区区数件大事，纪事纵极精善，犹是得肉遗血、得骨遗髓也。吾不尝言历史为过去人类活动之再现耶？夫活动而过去，则动物久已消灭。曷为能使之再现，非极巧妙之技术不为功也。故真史当如电影片，其本质为无数单片，人物逼真，配景完整，而复前张后张紧密衔接，成为一轴，然后射以电光，显其活态。夫舍单张外固无轴也，然轴之为物，却自成一有组织的个体，而单张不过为其成分。若任意抽取数片，全没却其相互之动相，木然只影，粘着布端，观者将却走矣。惟史亦然，人类活动状态，其性质为整个的，为成套的，为有生命的，为有机能的，为有方向的，故事实之叙录与考证，不过以树史之躯干，而非能尽史之神理。善为史者之驭事实也：横的方面最注意于其背景与其交光，然后甲事实与乙事实之关系明，而整个的不至变为碎件。纵的方面最注意于其来因与其去果，然后前事实与后事实之关系明，而成套的不至变为断幅。是故不能仅以叙述毕乃事。必也有说明焉有推论焉，所叙事项虽千差万别，而各有其凑笋之处，书虽累百万言，而筋摇脉注，如一结构精悍之短札也；夫如是庶可以语于今日之史矣。而惜乎求诸我国旧史界，竟不可得，即欧美近代著作之林，亦不数数觏也。

今日所需之史，当分为专门史与普遍史之两途。专门史如法制史文学史哲学史美术史等等，普遍史即一般之文化史也。治专门史者，不惟须有史学的素养，更须有各该专门学的素养。此种事业，与其责望诸史学家，毋宁责望诸各该专门学者。而凡治各专门学之人，亦须有两种觉悟：其一，当思人类无论何种文明，皆须求根柢于历史。治一学而不深观其历史演进之迹，是全然蔑视时间关系，而兹学系统，终末由明了。其二，当知今日中国学界，已陷于"历史饥饿"之状况，吾侪不容不亟图救济。历史上各部分之真相未明，则全部分之真相亦终不得见。而欲明各部分之真相，非用分功的方法深入其中不可。此决非一般史学家所能办到，而必有待于各学之专门家分担责任。此吾对于专门史前途之希望也。专门史多数成立，则普遍史较易致力，斯固然矣。虽然，普遍史并非由专门史丛集而成。作普遍史者须别具一种通识，超出各专门事项之外而贯穴乎其间。夫然后甲部分与乙部分之关系见，而整个的文化，始得而理会也。是故此种事业，又当与各种专门学异其范围，而由史学专门家任之。昔自刘知几以迄万斯同，皆极言众手修史之弊；郑樵、章学诚尤矢志向上，以"成一家之言"为鹄；是皆然矣。虽然，生今日极复杂之社会，而欲恃一手一足之烈，供给国人以历史的全部智识，虽才什左、马，识伯郑、章，而其事终不可以致。然则当如之何？曰：惟有联合国中有史学兴味之学者，各因其性之所嗜与力之所及，为部分的精密研究。而悬一公趋之目的与公用之研究方法，分途以赴，而合力以成。如是，则数年之后，吾侪之理想的新史，或可望出现。善乎黄宗羲之言曰："此非末学一人之事也。"（《明儒学案·发凡》语）

（商务印书馆1922年1月初版）

研究文化史的几个重要问题

——对于旧著《中国历史研究法》之修补及修正

前回已经把文化的概念和内容说过。文化史是叙述文化的；懂得文化是什么，自然也懂得文化史是什么，似乎不用再词费。但我觉得前人对于历史的观念有许多错误，对于文化史的范围尤其不正确；所以还要提出几个问题来讨论一番。

第一　史学应用归纳研究法的最大效率如何？

现代所谓科学，人人都知道是从归纳研究法产生出来。我们要建设新史学，自然也离不了走这条路。所以我旧著《中国历史研究法》极力提倡这一点；最近所讲演《历史统计学》等篇，也是这一路精神。但我们须知道，这种研究法的效率是有限制的。简单说：整理史料要用归纳法，自然毫无疑义；若说用归纳法就能知道"历史其物"，这却太不成问题了。归纳法最大的工作是求"共相"，把许多事物相异的属性剔去，相同的属性抽出，各归各类，以规定该事物之内容及行历何如。这种方法应用到史学，却是绝对不可能。为什么呢？因为历史现象只是"一躺过"，自古及今，从没有同铸一型的史迹。这又为什么呢？因为史迹是人类自由意志的反影；而各人自由意志之内容，绝对不会从同。所以史家的工作，和自然科学家正相反，专务求"不共相"。倘若把许多史迹相异的属性剔去，专抽出那相同的属性，结果便将史的精魂剥夺净尽了。因此，我想：归纳研究法之在史学界，其效率只到整理史料而止。不能更进一步。然则把许多"不共相"堆叠起来，怎么能成为一种有组织的学问？我们常说历史是整个的，又作何解呢？你根问到这一点吗？依我看：什有九要从直觉得来，不是什么归纳演绎的问题。这是历史哲学里头的最大关键，我现在还没有研究成熟，等将来再发表意见罢。

第二　历史里头是否有因果律？

这条和前条，只是一个问题，应该一贯的解决。原来因果律是自然科学的命脉；从前只有自然科学得称为科学，所以治科学离不开因果律，几成为天经地义。谈学问者，往往以"能否从该门学问中求出所含因果公例"为"该门学问能否成为科学"之标准。史学向来并没有被认为科学，于是治史学的人因为想令自己所爱的学问取得科学资格，便努力要发明史中因果。我就是这里头的一个人。我去年著的《中国历史研究法》内中所下历史定义，便有"求得其因果关系"一语。我近来细读立卡儿特著作，加以自己深入反覆研究，已经发觉这句话完全错了。我前回说过："宇宙事物，可中分为自然、文化两系。自然系是因果律的领土，文化系是自由意志的领土。"（看《什么是文化》）两系现象，各有所依；正如鳞潜羽藏，不能相易，亦不必相羡。历史为文化现象复写品，何必把自然科学所用的工具扯来装自己门面？非惟不必，抑且不可。因为如此便是自乱法相，必至进退失据。当我著《历史研究法》时，为这个问题，着实恼乱我的头脑。我对于史的因果很怀疑，我又不敢拨弃他，所以那书里头有一段说道：

"若欲以因果律绝对的适用于历史，或竟为不可能的而且有害的亦未可知。何则？历史为人类心力所造成；而人类心力之动，乃极自由而不可方物。心力既非物理的或数理的因果律所能完全支配，则其所产生之历史，自亦与之同一性质。今必强悬此律以驭历史，其道将有时而穷，故曰不可能。不可能而强应用之，将反失历史之真相，故曰有害也。然则吾侪竟不谈因果可乎？曰：断断不可。……"（原著一七六叶）

我现在回看这篇旧著，觉得有点可笑。既说"以因果律驭历史，不可能而且有害"，何以又说"不谈因果断断不可"？我那时候的病根，因为认定因果律是科学万不容缺的属性，不敢碰他，所以有这种矛盾不彻底的见解。

当时又因为调和这种见解，所以另外举出历史因果律与自然科学因果律不同的三点。（原著一七七至一七九叶）其实照那三点说来，是否还可以名之为因果律，已成疑问了。我现在要把前说修正，发表目前所见如下：

因果是什么？"有甲必有乙，必有甲才能有乙，于是命甲为乙之因，命乙为甲之果。"所以因果律也叫做"必然的法则"。（科学上还有所谓"盖然的法则"，不过"必然性"稍弱耳，本质仍相同。）"必然"与"自由"，是两极端；既必然便没有自由，既自由便没有必然。我们既承认历史为人类自由意志的创造品，当然不能又认他受因果必然法则的支配。其理甚明。

再检查一检查事实，更易证明：距今二千五百年前，我们人类里头产出一位最伟大的人物，名曰佛陀。为什么那个时候会产生佛陀？试拿这问题来考试一切史家，限他说出那"必然"的原因，恐怕无论什么人都要交白卷！这还罢了；佛陀本是一位太子，物质上快乐尽彀享用，原可以不出家，为什么他要出家？出家成道后，本来可以立刻"般涅槃"，享他的精神快乐，为什么他不肯如彼，偏要说四十九年的法？须知：倘使佛陀不出家，或者成道后不肯说法，那么，世界上便没有佛教；我们文化史上便缺短了这一份大遗产。试问有什么必然的因果法则支配佛陀令其必出家必说法？一点儿也没有；只是赤裸裸的凭佛陀本人的意志自由创造！须知：不但佛陀和佛教如此，世界上大大小小的文化现象，没有一件不是如此。欲应用自然科学上因果律求出他"必然的因"，可是白费心了！

"果"的方面，也是如此。该撒之北征雅里亚（今法兰西一带地），本来为对付内部绷标一派的阴谋；结果倒成了罗马统一欧洲之大业的发轫。明成祖派郑和入海，他的目的不过想访拿建文，最多也不过为好大喜功之一念所冲动；然而结果会生出闽粤人殖民南洋的事业。历史上无论大大小小事都是如此，从没有一件可以预先算准那"必然之果"。为什么呢？因为人类自由意志最是不可捉摸的，他正从这方向创造，说不定一会又移到那方向创造去。而且一个创造又常常引起（或不引起）第二第三……个创造。你想拿玻璃管里加减原素那种顽意来测量历史上必然之果，岂不是痴人说梦吗？

所以历史现象，最多只能说是"互缘"，不能说是因果。互缘怎么解呢？谓互相为缘。佛典上常说的譬喻："相待如交芦"，这件事和那件事有不断的联带关系，你靠我我靠你才能成立。就在这种关系状态之下，前波后波，衔接动荡，便成一个广大渊深的文化史海。我们做史学的人，只要专从这方面看出历史的"动相"和"不共相"。倘若拿"静"的"共"的因果律来凿四方眼，那可糟了！

然则全部历史里头，竟自连一点因果律都不能存在吗？是又不然。我前回说过：文化总量中，含有文化种、文化果两大部门。文化种是创造活力，纯属自由意志的领域，当然一点也不受因果律束缚。文化果是创造力的结晶，换句话说：是过去的"心能"，现在变为"环境化"。成了环境化之后，便和自然系事物同类，入到因果律的领域了。这部分史料，我们尽可以拿因果律驾驭他。

第三　历史现象是否为进化的？

我对于这个问题，本来毫无疑义，一直都认为是进化的。现在也并不曾肯抛弃这种主张，但觉得要把内容重新规定一回。

孟子说："天下之生久矣：一治一乱。"这句话可以说是代表旧史家之共同观念。我向来最不喜欢听这句话，（记得二十年前在《新民丛报》里头有几篇文章很驳他。）因为和我所信的进化主义不相容。但近来我也不敢十分坚持了。我们平心一看，几千年中国历史，是不是一治一乱的在那里循环？何止中国，全世界只怕也是如此。埃及呢，能说现在比"三十王朝"的时候进化吗？印度呢，能说现在比《优波尼沙昙》成书、释迦牟尼出世的时候进化吗？说孟子、荀卿一定比孔子进化，董仲舒、郑康成一定比孟、荀进化，朱熹、陆九渊一定比董、郑进化，顾炎武、戴震一定比朱、陆进化，无论如何，恐说不去。说陶潜比屈原进化，杜甫比陶潜进化，但丁比荷马进化，索士比亚比但丁进化，摆伦比索士比亚进化；说黑格儿比康德进化，倭铿、柏格森、罗素比黑格儿进化，这些话都从那里说起？又如汉、唐、宋、明、清各朝政治比较，是否有进化不进化之可言？亚历山大、该撒、拿破仑等辈人物比较，又是否有进化不进化之可言？所以从这方面找进化的论据，我敢说一定全然失败完结。

从物质文明方面说吗？从渔猎到游牧，从游牧到耕稼，从耕稼到工商，乃至如现代所有之几十层高的洋楼，几万里长的铁道，还有什么无线电、飞行机、潜水艇等等，都是前人所未曾梦见。许多人得意极了，说是我们人类大大进化！虽然，细按下去，对吗？第一，要问这些物质文明，于我们有什么好处？依我看：现在点电灯坐火船的人类，所过的日子，比起从前点油灯坐帆船的人类，实在看不出有什么特别舒服处来。第二，要问这些物质文明，是否得着了过后再不会失掉？中国"千门万户"的未央宫，三个月烧不尽的咸阳城，推想起来，虽然不必像现代的纽约、巴黎，恐怕也有他的特别体面处，如今那里去了呢？罗马帝国的繁华，虽然我们不能看见，看发掘出来的建筑遗址，只有令现代人吓死羞死，如今又都往那里去了呢？远的且不必说，维也纳、圣彼得堡战前的派势，不过隔五六年，如今又都往那里去了呢？可见物质文明这样东西，根柢脆薄得很，霎时间电光石火一般发达，在历史上原值不了几文钱。所以拿这些作进化的证据，我用佛典上一句话批评他："说为可怜愍者"。

现在讲学社请来的杜里舒，前个月在杭州讲演，也曾谈到这个问题。他大概说："凡物的文明，都是堆积的非进化的；只有心的文明是创造的进化的。"又说："彀得上说进化的只有一条'智识线'。"他的话把文化内容说得太狭了，我不能完全赞成。虽然，我很认他含有几分真理。我现在并不肯撤消我多年来历史的进化的主张，但我要参酌杜氏之说，重新修正进化的范围。我以为历史现象可以确认为进化者有二：

一、人类平等及人类一体的观念，的确一天比一天认得真切，而且事实上确也着着向上进行。

二、世界各部分人类心能所开拓出来的"文化共业"，永远不会失掉，所以我们积储的遗产，的确一天比一天扩大。

只有从这两点观察，我们说历史是进化，其余只好编在"一治一乱"的循环圈内了。但只须这两点站得住，那么，历史进化说也尽彀成立哩。

以上三件事，本来同条共贯，可以通用一把钥匙来解决他。总结一句，历史为人类活动所造成，而人类活动有两种，一种是属于自然系者，一种是属于文化系者。分配到这三个问题，得表如下：

（自然系的活动）　　　　（文化系的活动）

第一题　归纳法研究得出　　归纳法研究不出
第二题　受因果律支配　　　不受因果律支配
第三题　非进化的性质　　　进化的性质

（1922年12月在南京金陵大学第一中学讲演，收入《梁任公学术讲演集》第三辑，商务印书馆1923年9月初版。又，1923年3月3日《时事新报·学灯》刊出此文，去掉开头一节，副题为"为新闻报馆三十年纪念作"，并有著者附记一则）

中国历史研究法补编（节录）

总　论

第一章　史的目的

　　无论研究何种学问，都要有目的。甚么是历史的目的？简单一句话，历史的目的在将过去的真事实予以新意义或新价值，以供现代人活动之资鉴。假如不是有此种目的，则过去的历史如此之多已经足够了，在中国他种书籍尚不敢说，若说历史书籍，除二十四史以外，还有九通及九种记事本末等，真是汗牛充栋，吾人做新历史而无新目的，大大可以不作。历史所以要常常去研究，历史所以值得研究，就是因为要不断的予以新意义及新价值以供吾人活动的资鉴。譬如电影，由许多呆板的影片凑合成一个活动的电影，一定有他的意义及价值，合拢看，是活的，分开看，是死的。吾人将许多死的影片组织好，通上电流，使之活动，活动的结果，就是使人感动。研究历史也同做电影一样：吾人将许多死的事实组织好，予以意义及价值，使之活动，活动的结果，就是供给现代人应用。再把这个目的分段细细解释，必定要先有真事实，才能说到意义，有意义才能说到价值，有意义及价值才可说到活动。

甲　求得真事实

（一）钩沉法　想要求得真事实，有五种用功的方法：已经沉没了的实事，应该重新寻出。此类事实，愈古愈多。譬如欧洲当中世纪的时候，做罗马史的人，专靠书本上的记载，所以记载的事情有许多靠不住的。后来罗马邦渒等处发现很多古代的遗迹实物，然后罗马史的真相才能逐渐明白。此类事实，不专限于古代；即在近代亦有许多事实没去了，要把他钩出来，例子亦很不少。如俾士麦死了以后，他的日记才流传出来；那日记上面所记的与前此各种记录所传的大不相同，于是当时历史上欧洲诸国的关系因而有许多改观的地方。此种例子，在中国尤其繁多：在光绪二十六七年间，有一次，德皇威廉第二发起组织中俄德联盟，相传结有密约。关于欧洲方面的史料虽略有发现，关于中国方面的史料一点也没有。要知道这件事的真相，非设法问当时的当事人不可。慈禧太后死了；庆亲王奕劻当时掌握朝政，想来很了然，可惜没有法子去问。此外，孙宝琦当时为驻德公使，在理应该清楚，但他并没有记载下来。若不趁这时问个明白，此项史料便如沉落大海了；我们若把他钩起来，岂非最有趣味最关紧要的事情。

（二）正误法　有许多事实，从前人记错了，我们不特不可盲从，而且应当改正。此类事实，古代史固然不少，近代史尤其多。比如现在京汉路上的战争，北京报上所载的就完全不是事实。吾人研究近代史，若把所有报纸，所有官电，逐日仔细批阅抄录，用功可谓极勤，但结果毫无用处。在今日尚如此，在古代亦是一样。而且还要错误得更利害些。

以上两种方法，在《中国历史研究法》上讲得很详，此处用不着细说了。其实吾人研究历史，不单在做麻烦工作及寻难得资料，有许多资料并不难觅，工作亦不麻烦的题目，吾人尤其应该注意。近人考据，喜欢专门研究一个难题，这种精神固然可取，但专门考校尚非主要工作；没有问题的资料应当如何整理，极其平常的工作应当如何进行，实为重要问题。上述二项，讲的是含有特别性的事实的处理方法。下面三项，专讲含有普通性的事实的处理方法。

（三）新注意　有许多向来史家不大注意的材料，我们应当特别注意它。例如诗歌的搜集，故事的采访，可因以获得许多带历史成分的材料，前人不甚注意，现在北京大学有人在那里研究了。还有许多普通现象，普通事务，极有研究的价值的。例如用统计的方法研究任何史料，都可有发明；从地理上的分配及年代的分配考求某种现象在何代或何地最为发达，也就是其中的一种。又如西域的文化，从前人看得很轻，普通提到甘肃、新疆，常与一般蛮夷平等看待，以为绝对没有甚么文化。但据最近的研究，——尤其是法国人德国人的研究，——发见西域地方在古代不特文化很高，而且与中国本部有密切的关系，许多西方文化皆从西域输入。此外，有许多小事情，前人不注意，看不出他的重要，若是我们予以一种新解释，立刻便重要起来。往往因为眼前问题引出很远的问题，因为小的范围扩张到大的范围。我们研究历史，要将注意力集中，要另具只眼，把历史上平常人所不注意的事情，作为发端，追根研究下去，可以引出许多新事实，寻得许多新意义。

（四）搜集排比法　有许多历史上的事情，原来是一件件的分开着，看不出什么道理；若是一件件的排比起来，意义就很大了。例如扫帚草是一株极平常的植物，栽花栽到扫帚草，一点也不值得注意；但是若把它排成行例，植成文字，那就很好看了。所谓"属辞比事，《春秋》之教"，正是这个意思。我们研究历史，要把许多似乎很不要紧的事情联合起来，加以研究。又如中国人过节，是一件极普通的事情，一年之中要过许多的节；单过中秋，觉得没有什么意义；若把端午七夕中秋重阳等节排比起来，加以比较，然后研究为什么要过节，过节如何过法，就可以从这里边看出许多重要的意义，或者是纪念前哲，或者娱乐自己；国民心理的一部分，胥可由此看出。诸如此类的事实很多，散落零乱时，似无价值，一经搜集排比，意义便极其重大。所以历史家的责任，就在会搜集，会排比。

（五）联络法　第四种方法可以适用于同时的材料，第五种方法可以适用于先后的材料。许多历史上的事情，顺看平看似无意义，亦没有什么结果，但是细细的把长时间的历史通盘联络起来，就有意义，有结果了。比如晚明时代，许多士大夫排斥满清，或死或亡，不与合作，看去似很消极，死者自死，亡者自亡，满清仍然做他的皇帝，而且做得很好，这种死亡，岂不是白死亡了吗，这种不合作，岂不是毫无意义吗？若把全部历史综合来看，自明室衰亡看起，至辛亥革命止，原因结果，极明白了；意义价值，亦很显然。假如没有晚明那些学者义士仗节不辱，把民族精神唤起，那末辛亥革命能否产生，还是问题呢。历史上有许多事情是这样：若是不联络看，没有什么意义可言；假如仔细研究，关系极其重要。

上述对于事实的五种用功方法，若研究过去事实，此五种方法都有用，或全用，或用一二种，不等。以下再讲予以新意义及新价值。

乙　予以新意义

所谓予以新意义，有几种解释。或者从前的活动，本来很有意义，后人没有觉察出来。须得把它从新复活。所谓"发潜阐幽"就是这个意思，或者从前的活动，被后人看错了，须得把它从新改正。此种工作，亦极重要。前一项例子比较的少，后一项例子比较的多。譬如研究周公的封建制度，追求本来用意究竟何在；有人说封建是社会上最好的制度。最有益的制度，到底周公采用封建，就是因为它是最有益的制度吗？其实周公意思并非认封建对于全体社会有何益处，不过对于周朝那个时代较为适用较为有益而已。又如研究王荆公的新法，追求他本来用意究竟何在。从前大家都把他看错了，都认为一个聚敛之臣。到底荆公采用新法，完全以聚敛为目的吗？其实荆公种种举动，都有深意。他的青苗保甲保马市易诸法，在当时确是一种富国强兵之要术。到了后来，仍然常常采用呢。还有一种，本来的活动完全没有意义，经过多少年以后，忽然看出意义来了。因为吾人的动作，一部分是有意识的动作，一部分是无意识的动作，——心理学上或称潜意识，或称下意识。如像说梦话或受催眠术等，都是。——一人如此，一团体一社会的多数活动亦然。许多事本来无意义，后人读历史才能把意义看出，总括起来说，吾人悬拟一个目的，把种种无意义的事实追求出一个新意义，本来有意义而看错了的，给他改正，本有意义而没觉察的，给他看出来。所谓予以新意义，就是这样解释。

丙　予以新价值

所谓予以新价值，就是把过去的事实，从新的估价。价值有两种：有一时的价值，过时而价顿减；有永久的价值，时间愈久，价值愈见加增。

研究历史的人，两种都得注意，不可有所忽视。什么是一时的价值？有许多事实，在现在毫无价值，在当时价值很大。即如封建制度，确是周公的强本固基的方法。周朝八百多年的天下，全靠这种制度维持。吾人不能因为封建制度在今日没有用处，连他过去的价值，亦完全抹杀。历史上此类事实很多，要用公平眼光从当时环境看出他的价值来。什么是永久的价值？有许多事实，在当时价值甚微，在后代价值极为显著。即如晚明士大夫之抗满清，在当时确是一种消极的无效果的抵制法，于满清之统治中国丝毫无损；但在辛亥革命时，才知道从前的排满是有价值的；而且在永久的民族活动上，从前的排满也是极有价值。历史家的责任，贵在把种种事实摆出来，从新估定一番。总括起来说：就是从前有价值，现在无价值的，不要把它轻轻抹杀了；从前无价值，现在有价值的，不要把它轻轻放过了。

丁　供吾人活动之资鉴

新意义与新价值之解释既明，兹再进而研究供吾人活动之资鉴。所谓活动，亦有二种解释，即社会活动方面与个人活动方面。研究两方面的活动，都要求出一种用处。现在人很喜欢倡"为学问而学问"的高调。其实"学以致用"四字也不能看轻。为什么要看历史？希望自己得点东西。为什么要作历史？希望读者得点益处。学问是拿来致用的，不单是为学问而学问而已。

先言社会活动方面：社会是继续有机体，个人是此有机体的一个细胞。吾人不论如何活动，对于全盘历史，整个社会，总受相当束缚。看历史要看他的变迁，这种变迁就是社会活动。又分二目：

（一）转变的活动　因为经过一番活动，由这种社会变成他种社会，或者由一种活动生出他种活动，无论变久变暂，变好变坏，最少有一大部分可以备现代参考。通常说一治一乱，我们要问如何社会会治，如何社会会乱；并且看各部分各方面的活动，如像君主专制之下，君主宰相的活动，以及人民的活动，如何结果，如何转变：这样看出来的成败得失，可以供吾人一部分的参考。

（二）增益的活动　政治的治乱，不过一时的冲动；全部文比才是人类活动的成绩。人类活动好像一条很长的路，全部文化好像一个很高的山。吾人要知道自己的立足点，自己的责任，须得常常设法走上九百级的高山上添上一把土。因是之故，第一要知道文化遗产之多少。若不知而创作，那是白费气力。第二要知道添土的方法。我是中国一分子，中国是世界一分子，旁人添一把土，我亦添一把土，全部文化自然增高了。

次述个人活动方面：严格说起来，中国过去的历史，差不多以历史为个人活动的模范，此种特色，不可看轻。看历史要看他的影响，首当其冲者就是个活动。亦可分为二目：

（一）外的方面　司马光作《资治通鉴》，其本来目的就是拿给个人作模范的。自从朱子以后，读此书的人都说他"最能益人神智"。什么叫益人神智？就是告诉人对于种种事情如何应付的方法，此即历史家真实本领所在。司马光的《资治通鉴》可以益人神智之处甚多，毕秋帆的《续资治通鉴》可以益人神智之处就少了。因为毕书注重死的方面，光书注重活的方面。光书有好几处纪载史事，不看下面，想不出应付的方法，再看下面，居然应付得很好。这种地方，益人神智不少。

（二）内的方面　我们看一个伟人的传记，看他能够成功的原因，往往有许多在很小的地方，所以自己对于小事末节，也当特别注意。但不单要看他的成功，还要看他的失败，如何会好，如何会坏，两面看到，择善而从。读史，外的益处，固然很多，内的益处，亦复不少。

史家有社会个人两方俱顾虑到的，好像一幅影片，能教人哭，能教人笑。影片而不能使人哭，使人笑，犹之历史不能增长智识，锻炼精神，便没有价值一样。

戊　读史的方式

附带要说几句：关于读历史的方法，本来可以不在这儿讲。不过稍为略说几句，对于自己研究上亦有很大的益处。如何读历史，才能变死为活，才能使人得益，依我的经验，可以说有两种：一种是鸟瞰式，一种是解剖式。

（一）鸟瞰式　这种方法在知大概。令读者于全部书或全盘事能得一个明了简单的概念，好像乘飞机飞空腾跃，在半天中俯视一切，看物撮影，都极其清楚不过。又可以叫做飞机式的读史方法。

（二）解剖式　这种方法在知底细。令读者于一章书或一件事能得一个彻始彻终的了解。好像用显微镜细察苍蝇，把苍蝇的五脏六腑看得丝丝见骨。这种方法又可以叫做显微镜的读史方法。

此回所讲，偏于专史性质，既较精细深刻，所以用的方法以解剖式为最多。然用鸟瞰式的时候亦有。最好先得概念，再加以仔细研究。一面做显微镜式的工作，不要忘了做飞机式的工作。一面做飞机式的工作，亦不要忘了做显微镜式的工作。实际上，单有鸟瞰，没有解剖，不能有圆满的结果。单有解剖，没有鸟瞰，亦不能得良好的路径。二者不可偏废。

至于参考书目，关于专门的，我想开一总单，不分章节。因为图书馆少，恐怕分配不均。开一总单，则彼此先后借阅，不致拥挤。下礼拜打算就开出来。（名达按：先生后因身体不健，未及编此参考书目。）关于一般的，可以先读下列各书；没读过的非读不可，读过的不妨重读。

（一）《中国历史研究法》　　　　　梁启超
（二）《史通》　　　　　　　　　　刘知几
（三）《通志》（总叙及二十略叙）　郑　樵
（四）《文史通义》　　　　　　　　章学诚
（五）《章氏遗书》（关于论史之部）章学诚

第二章　史家的四长

刘子元〔玄〕说史家应有三长，即史才、史学、史识。章实斋添上一个史德，并为四长。实斋此种补充，甚是。要想做一个史家，必须具备此四种资格。子玄虽标出三种长处，但未加以解释；如何才配称史才、史学、史识，他不曾讲到。实斋所著《文史通义》，虽有《史德》一篇，讲到史家心术的重要，但亦说得不圆满。今天所讲，就是用刘、章二人所说的话，予以新意义，加以新解释。

子元〔玄〕、实斋二人所讲，专为作史的人说法。史学家要想作一部好史，应具备上述三长或四长。同学诸君方在读书时代，只是预备学问，说不上著作之林；但我们学历史，其目的就在想将来有所贡献；此刻虽不是著作家，但不可不有当著作家的志向。并且，著作家的标准亦很难说，即如太史公用毕生精力作了一部《史记》，后人不满意的地方尚多，其余诸书更不用说了。此刻我们虽不敢自称著作家，但是著作家的训练工作则不可少。所以史家四长之说，就不得不细细用一番功夫去研究，看要如何才能够达到这种目的。

至于这几种长处的排列法，各人主张不同：子元〔玄〕以才为先，学次之，识又次之；实斋又添德于才学识之后。今将次第稍为变更一下，先史德，次史学，又次史识，最后才说到史才。

甲　史德

现在讲史德。诸君有功夫，可参看《文史通义》的《史德》篇。实斋以为作史的人，心术应该端正。譬如《魏书》，大众认为秽史，就是因魏收心术不端的原故。又如《左氏春秋》，刘歆批评他"是非不谬于圣人"，就是心术端正的原故。简单说起来，实斋所谓史德，乃是对于过去毫不偏私，善恶褒贬，务求公正。

历代史家对于心术端正一层，大部异常重视。这一点，吾人认为有相当的必要，但尚不足以尽史德的含义。我以为史家第一件道德，莫过于忠实。如何才算忠实？即"对于所叙述的史迹，纯采客观的态度，不丝毫参以自己意见"便是。例如画一个人，要绝对像那个人。假使把灶下婢画成美人，画虽然美，可惜不是本人的面目。又如做一个地方游记，记的要确是那个地方。假使写颜子的陋巷，说他陈设美丽，景致清雅，便成了建筑师的计划，不是实地的事物了。

忠实一语，说起来似易，做起来实难。因为凡人都不免有他的主观；这种主观，蟠踞意识中甚深，不知不觉便发动起来。虽打主意力求忠实，但是心之所趋，笔之所动，很容易把信仰丧失了。完美的史德，真不容易养成。最常犯的毛病，有下列数种，应当时时注意，极力铲除。

（一）夸大　一个人做一部著作，——无论所作的是传记，是记事本末，是方志，或是国史，——总有他自己的特别关系。即如替一个人作特别传记，必定对于这个人很信仰，时常想要如何才做得很好。中国人称说孔子，总想像他是无所不知，无所不晓。所以《孔子家语》及其他纬书竟把孔子说成一个神话中的人物了。例如说孔子与颜子在泰山顶上同看吴国城门中的一个人，颜子看得模糊，孔子看得极其清楚。诸如此类，其意思纵使本来不坏，但是绝非事实，只能作为一种神话看待。无论说好说坏，都是容易过分，正如子贡所谓"纣之不善，不如是之甚也"。又如地方志，自己是那一省人，因为要发挥爱乡心，往往把那一省说得很好。不过，过分的夸大，结果常引出些无聊的赞美，实际上毫无价值。再如讲中国史，听见外国人鄙视中国，心里就老大不愿意，总想设法把中国的优点表彰出来，一个比一个说得更好，结果只养成全国民的不忠实之夸大性。夸大心，人人都有；说好说坏，各人不同。史家尤其难免。自问没有，最好；万一有了，应当设法去掉它。

（二）附会　自己有一种思想，或引古人以为重，或引过去事实以为重，皆是附会。这种方法，很带宣传意味，全不是事实性质。古今史家，皆不能免。例如提倡孝道，把大舜作个榜样，便附会出完廪浚井等等事实来。想提倡夫妇情爱，便附会出杞梁哭夫的事实，一哭会把城墙哭崩了。愈到近代，附会愈多。关于政治方面，如提倡共和政体，就附会到尧、舜禅让，说他们的"询于四岳"，就是天下为公，因说我们古代也有共和政治，民主精神。关于社会方面，如提倡共产制度，就附会周初井田，是以八家为井，井九百亩，每家百亩，公田百亩，因说我们古代也讲土地国有，平均劳逸。这种附会，意思本非不善，可惜手段错了。即如尧、舜禅让，有没有这回事，尚是问题；勉强牵合到民主政治上去，结果两败俱伤。从事实本身说，失却历史的忠实性；从宣传效力说，容易使听的人误解。曹丕篡汉时，把那鬼混的禅让礼行完之后，他对人说，"舜、禹之事，吾知之矣"。假使青年学子误解了尧、舜"询于四岳"，以为就是真正共和，也学曹丕一样说，"共和之事，吾知之矣"，那可不糟透了吗？总之，我们若信仰一主义，任用何手段去宣传都可以，但最不可借史事做宣传工具。非惟无益，而又害之。

（三）武断　武断的毛病，人人都知道不应该，可是人人都容易犯。因为历史事实，散亡很多，无论在古代，在近代，都是一样。对于一件事的说明，到了材料不够时，不得不用推想。偶然得到片辞孤证，便很高兴，勉强凑合起来，作为事实。因为材料困难，所以未加审择，专凭主观判断，随便了之。其结果就流为武断了。固然，要作一部历史，绝对不下断案是不行的。——断案非论断，乃历史真相。即如尧、舜禅让，究竟有没有这回事，固极难定；但不能不搜集各方面的意见，择善而从，下一个"盖然"的断案。——但是不要太爱下断案了。有许多人爱下判断，下得太容易，最易陷于武断：资料和自己脾胃合的，便采用；不合的，便删除；甚至因为资料不足，从事伪造；晚明人犯此毛病最多。如王弇州、杨升庵等皆是。

忠实的史家对于过去事实，十之八九应取存疑的态度。即现代事实，亦大部分应当特别审慎。民国十五年来的事实，算是很容易知道了，但要事事都下断案，我自己就常无把握，即如最近湖北的战事，吴佩孚在汉口，究竟如何措施？为什么失汉阳，为什么失武胜关？若不谨慎，遽下断案，或陷于完全错误，亦未可知。又如同学之间，彼此互作传记，要把各人的真性格描写出来，尚不容易；何况古人，何况古代事实呢？所以历史事实，因为种种关系，绝对确实性很难求得的时候，便应采取怀疑态度，或将多方面的异同详略罗列出来。从前司马光作《资治通鉴》，同时就作考异，或并列各说，或推重一家。这是很好的方法。

总而言之，史家道德，应如鉴空衡平，是甚么，照出来就是甚么，有多重，称出来就有多重，把自己主观意见铲除净尽，把自己性格养成像镜子和天平一样。但这些话，说来虽易，做到真难。我自己会说，自己亦办不到。我的著作，很希望诸君亦用鉴空衡平的态度来批评。

乙　史学

有了道德，其次要讲的就是史学。前人解释史学，太过空洞，范围茫然，无处下手。子元〔玄〕、实斋虽稍微说了一点，可惜不大清楚。现在依我的意见，另下解释。

历史范围，极其广博。凡过去人类，一切活动的记载都是历史。古人说，"一部十七史，何从说起？"十七史已经没有法子读通，何况由十七而二十二而二十四呢？何况正史之外，更有浩如烟海的其他书籍呢？一个人想将所有史料，都经目一遍，尚且是绝对不可能之事；何况加以研究组织，成为著述呢？无论有多大的天才学问和精力，想要把全史包办，绝无其事。我年轻时，曾经有此种野心，直到现在，始终没有成功。此刻只想能够在某部的专史，得有相当成绩，便踌躇满志了。所以凡做史学的人，必先有一种觉悟，曰：贵专精不贵杂博。

孔子说："君子于其所不知，盖阙如也。"我们做学问，切勿以为"一物不知，儒者之耻"。想要无所不知，必定一无所知。真是一无所知，那才可耻哟。别的学问如此，史学亦然。我们应该在全部学问中，划出史学来；又在史学中，划出一部分来；用特别兴趣及相当预备，专门去研究它。专门以外的东西，尽可以有许多不知；专门以内的东西，非知到透彻周备不可。所以我们做史学，不妨先择出一二专门工作，作完后，有余力，再作旁的东西。万不可以贪多。如想做文学史，便应专心研究，把旁的学问放开。假使又嫌文学史范围太大，不妨再择出一部分，如王静安先生单研究宋元戏曲史之类。做这种工作，不深知诗史词史，或可以；对于本门，则务要尽心研究，力求完备。如此一来，注意力可以集中，访问师友，既较容易，搜集图书，亦不困难，才不至游骑无归，白费气力。有人以为这样似太窄狭，容易抛弃旁的学问，其实不然。学问之道，通了一样，旁的地方就很容易。学问门类虽多，然而方法很少。如何用脑，如何用目，如何用手，如何询问，搜集，养成习惯，可以应用到任何方面。好像攻打炮台，攻下一个，其余就应手而下了。

有了专门学问，还要讲点普通常识。单有常识，没有专长，不能深入显出。单有专长，常识不足，不能触类旁通。读书一事，古人所讲，专精同涉猎，两不可少。有一专长，又有充分常识，最佳。大概一人功力，以十之七八，做专精的功夫，选定局部研究，练习搜罗材料，判断真伪，抉择取舍；以十之二三，做涉猎的功夫，随便听讲，随便读书，随意谈话：如此做去，极其有益。关于涉猎，没有什么特别法子；关于专精下苦功的方法，约有下面所列三项。

（一）勤于抄录　顾亭林的《日知录》，大家知道是价值很高。有人问他别来几年，《日知录》又成若干卷？顾氏答应他说，不过几条。为什么几年功夫才得几条？因为陆续抄录，杂凑而成，先成长编，后改短条，所以功夫大了。某人日记称，见顾氏《天下郡国利病书》原稿，写满了蝇头小楷，一年年添上去的，可见他抄书之勤。顾氏常说，"善读书不如善抄书"，常常抄了，可以渐进于著作之林。抄书像顾亭林，可以说勤极了。我的乡先生陈兰甫先生作《东塾读书记》，即由抄录撰成。新近有人在香港买得陈氏手稿，都是一张张的小条，裱成册页。或一条仅写几个字，或一条写得满满的。我现在正以重价购求此稿，如能购得，一则可以整理陈氏著作，一则可以看出他读书的方法。古人平常读书，看见有用的材料就抄下来；积之既久，可以得无数小条；由此小条，辑为长编；更由长编，编为巨制。顾亭林的《日知录》，钱大昕的《十驾斋养新录》，陈兰甫的《东塾读书记》，都系由此作成。一般学问如此，做专门学问尤其应当如此。近来青年常问我，研究某事，什么地方找材料。我每逢受此质问，便苦于答不出来。因为资料虽然很丰富，却是很散漫，并没有一部现成书把我们所要的资料凑在一处以供取携之便。就这一点论，外国青年做学问，像比我们便宜多了。他们想研究某种问题，打开百科辞典，或其他大部头的参考书，资料便全部罗列目前。我们却像披沙拣金，拣几个钟头，得不到一粒。但为实际上养成学问能力起见，到底谁吃亏，谁便宜，还是问题。吃现成饭，吃惯了的人，后来要做很辛苦的工作，便做不来了。"谁知盘中餐，粒粒皆辛苦。"一粒米，一颗饭，都经过自己的汗血造出来，入口便更觉异常甘美。我们因为资料未经整理，自己要作〈做〉筚路蓝缕、积铢累寸的工作，实是给我们以磨练学问能力之绝好机会。我们若厌烦，不肯做，便错过机会了。

（二）练习注意　初学读书的人，看见许多书，要想都记得，都能作材料，实在很不容易。某先辈云："不会读书，书面是平的；会读书，字句都浮起来了。"如何才能使书中字浮凸起来？唯一的方法，就是训练注意。昔人常说，好打灯谜的人，无论看什么书，看见的都是灯谜材料。会作诗词的人，无论打开什么书，看见的都是文学句子。可见注意那一项，那一项便自然会浮凸出来。这种工作，起初做时是很难，往后就很容易。我自己就能办得到，无论读到什么书，都可以得新注意。究竟怎样办到的？我自己亦不知道。大概由于练习。最初的方法，顶好是指定几个范围，或者作一篇文章，然后看书时，有关系的就注意，没有关系的就放过。过些日子，另换范围，另换题目，把注意力换到新的方面。照这样做得几日，就做熟了。熟了以后，不必十分用心，随手翻开，应该注意之点立刻就浮凸出来。读一书，专取一个注意点；读第二遍，另换一个注意点。这是最粗的方法，其实亦是最好的方法。几遍之后，就可以同时有几个注意点，而且毫不吃力。前面所述读书贵勤于抄录，如果看不出注意点，埋头瞎抄，那岂不是白抄了吗。一定要有所去取，去取之间，煞费功夫，非有特别训练不可。

（三）逐类搜求 什么叫逐类搜求：就是因一种资料，追寻一种资料，跟踪搜索下去。在外国工具方便，辞典充备，求资料尚不太难；中国工具甚少，辞典亦不多，没有法子，只好因一件追一件。比如读《孟子》，读到"杨朱、墨翟之言盈天下"之语，因有此语，于是去搜寻当时的书，看有什么人在什么地方说过这类的话。《韩非子·显学篇》说："世之显学，儒、墨也。……墨之所至，墨翟也。……自墨子之死也，有相里氏之墨，有相夫氏之墨，有邓陵氏之墨，……墨离为三。"《荀子·非十二子篇》又说："不知壹天下建国家之权称，上功用，大俭约而慢差等，曾不足以容辨异、县君臣，……是墨翟、宋钘也。"孙仲容因得这种资料，加以组织，作《墨学传授考》《墨家诸子钩沉》等文，作得的确不错。为什么能有那样著作？就是看见一句话，跟踪追去。这种工作，就叫做逐类搜求。或由简单事实，或由某书注解看见出于他书，因又追寻他书。诸君不要以为某人鸿博，某人特具天才；其实无论有多大天才，都不能全记；不过方法好，或由平时记录，或由跟踪追寻，即可以得许多好材料。

此外方法尚多，我们暂说三门以为示范的意思。工作虽然劳苦，兴味确是深长。要想替国家作好历史，非劳苦工作不可。此种工作，不单于现在有益，脑筋训练惯了，用在什么地方都有益。诚然，中国史比西洋史难作；但西洋史或者因为太容易的原故，把治学能力减少了；好像常坐车的人，两腿不能走路一样。一种学问，往往因为现存材料很多，不费气力，减少学者能力。这类事实很多。所以我主张要趁年富力强，下几年苦工，现在有益，将来亦有益。读书有益，作事亦有益。

丙　史识

史识是讲历史家的观察力。做一个史家，须要何种观察力？这种观察力，如何养成？观察要敏锐，即所谓"读书得间"。旁人所不能观察的，我可以观察得出来。凡科学上的重大发明，都由于善于观察。譬如苹果落地，是一件很普通的事情，牛顿善于观察，就发明万有引力。开水壶盖冲脱，是一件很普通的事情，瓦特善于观察，就发明蒸汽机关。无论对于何事何物，都要注意去观察，并且要继续不断的做细密功夫，去四面观察。在自然科学，求试验的结果；在历史方面，求关联的事实。但凡稍有帮助的资料，一点都不可放松。

观察的程序，可以分为两种：

（一）由全部到局部　何谓由全部到局部？历史是整个的，统一的。真是理想的历史，要把地球上全体人类的事迹连合起来，这才算得历史。既是整个的，统一的，所以各处的历史不过是此全部组织的一件机械。不能了解全部，就不能了解局部；不能了解世界，就不能了解中国。这回所讲专史，就是由全部中划出一部分来，或研究一个人，或研究一件事，总不外全部中的一部；虽然范围很窄，但是不要忘记了他是全部之一。比如我们研究戏曲史，算是艺术界文学界很小的一部分；但是要想对于戏曲史稍有发明，那就非有艺术文学的素养不可。因为戏曲不是单独发生，单独存在，而是与各方面都有关系。假使对于社会状况的变迁，其他文学的风尚，尚未了解，即不能批评戏曲。而且一方面研究中国戏曲，一方面要看外国戏曲，看他们各方所走的路，或者是相同的，或者是各走各的，或者是不谋而合，或者是互相感应。若不这样做，好的戏曲史便做不出来。不但戏曲史如此，无论研究任何专史，都要看他放在中国全部占何等位置，放在人类全部占何等位置。要具得有这种眼光，锐敏的观察才能自然发生。

（二）由局部到全部　何谓由局部到全部？历史不属于自然界，乃社会科学最重要之一，其研究法与自然科学研究法不同。历史为人类活动之主体，而人类的活动极其自由，没有动物植物那样呆板。我们栽树，树不能动；但是人类可以跑来走去。我们养鸡，鸡受支配；但是人类可以发生意想不到的行为。凡自然的东西，都可以用呆板的因果律去支配。历史由人类活动组织而成，因果律支配不来。有时逆料这个时代这个环境应该发生某种现象，但是因为特殊人物的发生，另自开辟一个新局面。凡自然界的现象，总是回头的，循环的；九月穿夹衣，十月换棉袍，我们可以断定。然而历史没有重复的时代，没有绝对相同的事实。因为人类自由意志的活动，可以发生非常现象。所谓由局部观察到全部，就是观察因为一个人的活动，如何前进，如何退化，可以使社会改观。一个人一群人特殊的动作，可以令全局受其影响，发生变化。单用由全部到局部的眼光，只能看回头的现象，循环的现象，不能看出自由意志的动作。对于一个人或一群人，看其动机所在，仔细观察，估量他对于全局的影响，非用由局部到全部的观察看不出来。

要养成历史家观察能力，两种方法应当并用。看一件事，把来源去脉都要考察清楚。来源由时势及环境造成，影响到局部的活动；去脉由一个人或一群人造成，影响到全局的活动。历史好像一条长练，环环相接，继续不断，坏了一环，便不能活动了。所以对于事实与事实的关系，要用细密锐敏的眼光去观察它。

养成正确精密的观察力，还有两件应当注意的事情：

（一）不要为因袭传统的思想所蔽　在历史方面，我们对于一个人或一件事的研究和批评，最易为前人记载或言论所束缚。因为历史是回头看的；前人所发表的一种意见，有很大的权威，压迫我们。我并不是说，前人的话完全不对。但是我们应当知道，前人如果全对，便用不着我们多费手续了。至少要对前人有所补充，有所修正，才行。因此，我们对于前人的话，要是太相信了，容易为所束缚。应当充分估量其价值，对则从之，不对则加以补充，或换一个方面去观察；遇有修正的必要的时候，无论是怎样有名的前人所讲，亦当加以修正。这件事情，已经很不容易。然以现代学风正往求新的路上走，办到这步尚不很难。

（二）不要为自己的成见所蔽　这件事情，那才真不容易。戴东原尝说："不以人蔽己，不以己蔽己。"以人蔽己，尚易摆脱；自己成见，不愿抛弃，往往和事理差得很远，还不回头。大凡一个人立了一个假定，用归纳法研究，费很多的功夫，对于已成的工作，异常爱惜，后来再四观察，虽觉颇有错误，亦舍不得取消前说。用心在做学问的人，常感此种痛苦。但忠实的学者，对于此种痛苦，只得忍受；发见自己有错误时，便应当一刀两断的即刻割舍；万不可回护从前的工作，或隐藏事实，或修改事实，或假造事实，来迁就他回护从前的工作。这种毛病，愈好学，愈易犯。譬如朱、陆两家关于无极太极之辩，我个人是赞成陆象山的。朱晦翁实在是太有成见了；后来让陆象山驳得他无话可说，然终不肯抛弃自己主张。陆与朱的信，说他从前文章很流丽，这一次何其支离潦草，皆因回护前说所致。以朱晦翁的见解学问，尚且如此；可见得不以己蔽己不是一件容易事情了。我十几年前曾说过，"不惜以今日之我，与昨日之我挑战"。这固然可以说是我的一种弱点，但是我若认为做学问不应取此态度，亦不尽然。一个人除非学问完全成熟，然后发表，才可以没有修改纠正。但是身后发表，苦人所难。为现代文化尽力起见，尤不应如此。应当随时有所见到，随时发表出来，以求社会的批评，才对。真做学问的人，晚年与早年不同；从前错的，现在改了；从前没有，现在有了。一个人要是今我不同昨我宣战，那只算不长进。我到七十，还要与六十九挑战。我到八十，还要与七十九挑战。这样说法，似乎太过。最好对于从前过失，或者自觉，或由旁人指出，一点不爱惜，立刻改正。虽把十年的工作完全毁掉，亦所不惜。

上面所说的这两种精神，无论做甚么学问，都应当有，尤其是研究历史，更当充实起来，要把自己的意见与前人的主张，平等的看待，超然的批评。某甲某乙不足，应当补充；某丙某丁错了，应当修改：真做学问，贵能如此。不为因袭传统所蔽，不为自己成见所蔽，才能得到敏妙的观察，才能完成卓越的史识。

丁　史才

史才专门讲作史的技术，与前面所述三项另外又是一事，完全是技术的。有了史德，忠实的去寻找资料；有了史学，研究起来不大费力；有了史识，观察极其锐敏：但是仍然做不出精美的历史来。要做出的历史，让人看了明了，读了感动，非有特别技术不可。此种技术，就是文章的构造。章实斋作《文史通义》，把文同史一块讲。论纯文学，章氏不成功；论美术文，章氏亦不成功；但是对于作史的技术，了解精透，运用圆熟，这又是章氏的特长了。

史才专讲史家的文章技术，可以分为二部：

子　组织

先讲组织。就是全部书或一篇文的结构。此事看时容易，做时困难。许多事实摆在面前，能文章的人可以拉得拢来，做成很好的史；文章技术差一点的人，就难组织得好。没有在文章上用过苦功的人，常时感觉困难。

组织是把许多材料整理包括起来，又分二事：

（一）剪裁　许多事实，不经剪裁，史料始终是史料，不能成为历史。譬如一包羊毛不能变成呢绒，必有所去，必有所取，梳罗抉剔，始成织物。搜集的工作，已经不容易；去取的工作，又更难了。司马光未作《资治通鉴》之前，先作长编。据说，他的底稿，堆满十九间屋。要是把十九间屋的底稿全体印出来，一定没有人看。如何由十九间屋的底稿做成长编，又由长编做成现在的《资治通鉴》，这里面剪裁就很多了。普通有一种毛病，就是多多的搜集资料，不肯割爱。但欲有好的著作，却非割爱不可。我们要去其渣滓，留其菁华。这件事体，非常常注意不可。至于如何剪裁的方法，不外多作，用不着详细解释。孰渣孰菁，何去何留，常常去作，可以体验得出来。

（二）排列　中看不中看，完全在排列的好坏。譬如天地玄黄四个字，王羲之是这样写，小孩子亦是这样写，但是王羲之写得好，小孩子写得坏，就是因为排列的关系。凡讲艺术，排列的关系却很大。一幅画，山水布置得宜，就很好看；一间屋，器具陈设得宜，亦很好看；先后详略，法门很多。这种地方，要特别注意。不然，虽有好材料，不能惹人注目。就有人看，或者看错了，或者看得昏昏欲睡。纵会搜集，也是枉然。至于如何排列的方法，一部分靠学力，一部分靠天才。良工能教人以规矩，不能使人巧。现在姑讲几种通用的方法，以为示例。

（1）即将前人记载，联络镕铸，套入自己的话里。章实斋说："文人之文，惟患其不已出。史家之文，惟患其已出。"史家所记载，总不能不凭借前人的话。《史记》本诸《世本》《战国策》《楚汉春秋》，《汉书》本诸《史记》，何尝有一语自造？却又何尝有一篇非自造？有天才的人，最能把别人的话镕铸成自己的话，如李光弼入郭子仪军，队伍如故而旌旗变色，此为最上乘之作。近代史家，尤其是乾嘉中叶以后作史者，专讲究"无一字无来历"。阮芸台作《国史儒林传》，全是集前人成语，从头至尾，无一字出自杜撰。阮氏认为是最谨严的方法。他的《广东通志》《浙江通志》，谢启昆的《广西通志》，都是用的此法。一个字，一句话，都有根据。这种办法，我们大家是赞成的，因为有上手可追问。但亦有短处，在太呆板。——因为有许多事情未经前人写在纸上，虽确知其实，亦无法采录；而且古人行为的臧否与批评，事实的连络与补充，皆感困难。——吾人可师其意，但不必如此谨严。大体固须有所根据，但亦未尝不可参入一己发见的史实。而且引用古书时，尽可依做文的顺序，任意连串，做成活泼飞动的文章。另外更用小字另行注明出处或说明其所以然，就好了。此法虽然好，但亦是很难。我尚未用。因为我懒在文章上作功夫。将来打算这样作一篇，以为模范。把头绪脉络理清，将前人的话藏在其中，要看不出缝隙来。希望同学亦如此作去。

（2）用纲目体，最为省事。此种体裁，以钱文子的《补汉书兵志》为最先。（在《知不足斋丛书》内）顶格一语是正文，是断案，不过四五百字。下加注语，为自己所根据的史料，较正文为多。此种方法，近代很通行。如王静安先生的《胡服考》《两汉博士考》，皆是如此。我去年所作的《中国文化史》亦是如此。此法很容易，很自由，提纲处写断案，低一格作注解，在文章上不必多下功夫，实为简单省事的方法。做得好，可以把自己研究的结果，畅所欲言。比前法方便多了。虽文章之美，不如前法，而伸缩自如，改动较易，又为前法所不及。

（3）多想方法，把正文变为图表。对于作图表的技术，要格外训练。太史公作《史记》，常用表："旁行斜上，本于《周谱》"，然仍可谓为太史公所发明。《三代世表》《十二诸侯年表》《六国表》《秦楚之际月表》《功臣侯者表》《百官公卿表》，格式各各不同。因有此体，遂开许多法门。若无此体，就不能网罗这样许多复杂的材料同事实。欧美人对于此道，尤具特长。有许多很好很有用的表，我们可以仿造。但造表可真是不容易，异样的材料便须异样的图表才能安插。我去年尝作《先秦学术年表》一篇，屡次易稿，费十余日之精力，始得完成。耗时用力，可谓甚大。然因此范繁赜的史事为整饬，化乱芜的文章为简洁，且使读者一目了然，为功亦殊不小。所以这种造表的技术，应该特别训练。

丑　文采

次讲文采。就是写人写事所用的字句词章。同是记一个人，叙一件事，文采好的，写得栩栩欲活；文采不好的，写得呆鸡木立。这不在对象的难易，而在作者的优劣。没有文章素养的人，实在把事情写不好，写不活。要想写活写好，只有常常模仿，常常练习。

文采的要素很多，专择最要的两件说说：

（一）简洁　简洁就是讲剪裁的功夫，前面已经讲了。大凡文章以说话少，含意多为最妙。文章的厚薄，即由此分。意思少，文章长，为薄。篇无剩句，句无剩字，为厚。比如饮龙井茶，茶少水多为薄，叶水相称为厚。不为文章之美，多言无害。若为文章之美，不要多说，只要能把意思表明就得。做过一篇文章之后，要看可删的有多少，该删的便删去。我不主张文章作得古奥，总要词达。所谓"词达而已矣"，达之外不再加多，不再求深。我生平说话不行，而文章技术比说话强得多。我所要求的，是章无剩句，句无剩字。这件事很重要。至于如何才能做到，只有常作。

（二）飞动　为甚么要作文章？为的是作给人看。尤其是历史的文章，为的是作给人看。若不能感动人，其价值就减少了。作文章，一面要谨严，一面要加电力，好像电影一样活动自然；如果电力不足，那就死在布上了。事本飞动，而文章呆板，人将不愿看，就看亦昏昏欲睡。事本呆板，而文章生动，便字字都活跃纸上，使看的人要哭便哭，要笑便笑。如像唱戏的人，唱到深刻时，可以使人感动。假使想开玩笑，而板起面孔，便觉得毫无趣味了。不能使人感动，算不得好文章。旁的文章，如自然科学之类，尚可不必注意到这点。历史家如无此种技术，那就不行了。司马光作《资治通鉴》，毕沅作《续资治通鉴》，同是一般体裁。前者看去，百读不厌；后者读一二次，就不愿再读了。光书笔最飞动，如赤壁之战，淝水之战，刘裕在京口起事，平姚秦，北齐北周沙苑之战，魏孝文帝迁都洛阳，事实不过尔尔，而看去令人感动。此种技术，非练习不可。

如何可以养成史才？前人说，多读，多作，多改。今易一字，为"多读，少作，多改"。多读：读前人文章，看他如何作法。遇有好的资料可以自己试作，与他比较；精妙处不妨高声朗诵：读文章有时非摇头摆尾，领悟不来。少作：作时谨慎，真是用心去作，有一篇算一篇，无须多贪作；笔记则不厌其多，天天作都好；作文章时，几个月作一次，亦不算少；要谨慎，要郑重，要多改，要翻来覆去的看；从组织起，到文采止，有不满意处，就改；或剪裁，或补充；同一种资料，须用种种方法去作；每作一篇之后，摆在面前细看；常看旁人的，常改自己的；一篇文不妨改多少回，十年之后还可再改。这种工夫很笨。然天下至巧之事，一定从至笨来。古人文章做得好，也曾经过几许甘苦。比如梅兰芳唱戏唱得好，他不是几天之内成功的；从前有许多笨工作，现在仍继续不断的有许多笨工作，凡事都是如此。

第三章　五种专史概论

五种专史，前文已经提到过。第一，人的专史；第二，事的专史；第三，文物的专史；第四，地方的专史；第五，时代的专史。本章既然叫着概论，不过提纲挈领的说一个大概；其详细情形，留到分论再讲。

甲　人的专史

自从太史公作《史记》，以本纪列传为主要部分，差不多占全书十分之七，而本纪列传又以人为主。以后二千余年，历代所谓正史，皆蹈其例。老实讲起来，正史就是以人为主的历史。

专以人为主的历史，用最新的史学眼光去观察他，自然缺点甚多，几乎变成专门表彰一个人的工具。许多人以为中国史的最大缺点，就在此处。这句话，我们可以相当的承认：因为偏于个人的历史，精神多注重彰善惩恶，差不多变成为修身教科书，失了历史性质了。但是近人以为人的历史毫无益处，那又未免太过。历史与旁的科学不同，是专门记载人类的活动的。一个人或一群人的伟大活动可以使历史起很大变化。若把几千年来，中外历史上活动力最强的人抽去，历史倒底还是这样与否，恐怕生问题了。譬如欧洲大战，若无威廉第二，威尔逊，路易乔治，克里孟梭几个人，历史当然会另变一个样子。欧洲大战或者打不成，就打成也不是那样结果。又如近三十年来的中国历史，若把西太后、袁世凯、孙文、吴佩孚等人——甚至于连我梁启超——没有了去，或把这几个人抽出来，现代的中国是个甚么样子，谁也不能预料；但无论如何，和现在的状况一定不同。这就可见个人与历史的关系，和人的历史不可轻视了。

一个人的性格兴趣及其作事的步骤，皆与全部历史有关。太史公作《史记》，最看重这点。后来的正史，立传猥杂而繁多，几成为家谱墓志铭的丛编，所以受人诟病。其实《史记》并不如此，《史记》每一篇列传，必代表某一方面的重要人物。如《孔子世家》《孟荀列传》《仲尼弟子列传》代表学术思想界最要的人物，《苏秦张仪列传》代表造成战国局面的游说之士，《田单乐毅列传》代表有名将帅，四公子《平原、孟尝、信陵、春申列传》代表那时新贵族的势力，《货殖列传》代表当时经济变化，《游侠列传》《刺客列传》代表当时社会上一种特殊风尚。每篇都有深意，大都从全社会着眼，用人物来做一种现象的反影，并不是专替一个人作起居注。

在现代欧美史学界，历史与传记分科；所有好的历史，都是把人的动作藏在事里头；书中为一人作专传的很少。但是传记体仍不失为历史中很重要的部分。一人的专传，如《林肯传》《格兰斯顿传》，文章都很美丽，读起来异常动人。多人的列传，如布达鲁奇的《英雄传》，专门记载希腊的伟人豪杰，在欧洲史上有不朽的价值。所以传记体以人为主，不特中国很重视，各国亦不看轻。因此，我们作专史，尽可以个人为对象，考察某一个人在历史上有何等关系。凡真能创造历史的人，就要仔细研究他，替他作很详尽的传。而且不但要留心他的大事，即小事亦当注意。大事看环境，社会，风俗，时代；小事看性格，家世，地方，嗜好，平常的言语行动，乃至小端末节，概不放松。最要紧的是看历史人物为甚么有那种力量。

每一时代中须寻出代表的人物，把种种有关的事变都归纳到他身上。一方面看时势及环境如何影响到他的行为，一方面看他的行为又如何使时势及环境变化。在政治上有大影响的人如此，在学术界开新发明的人亦然。先于各种学术中求出代表的人物，然后以人为中心，把这个学问的过去未来及当时工作都归纳到本人身上。这种作法，有两种好处：第一，可以拿着历史主眼。历史不外若干伟大人物集合而成。以人作标准，可以把所有的要点看得清清楚楚。第二，可以培养自己的人格。知道过去能造历史的人物，素养如何，可以随他学去，使志气日益提高。所谓"奋乎百世之上，百世之下，闻者莫不兴起也"。

乙 事的专史

历史的事实，若泛泛看去，觉得很散漫，一件件的摆着，没有甚么关系。但眼光锐敏的历史家，把历史过去的事实，看成为史迹的集团，彼此便互相联络了。好像天上的星辰，我们看去是分散的；天文家看去，可以分出十二宫。无论何种事物，必把破碎的当作集团，才有着眼的地方。研究历史，必把一件件的史迹看为集团，才有下手的地方。把史迹看作集团研究，就是记事本末体。现代欧美史家，大体工作，全都在此。记事本末体是历史的正宗方法。不过中国从前的记事本末，从袁枢起，直到现在，我都嫌他们对于集团的分合未能十分圆满。即如《通鉴记〔纪〕事本末》把《资治通鉴》所有事实，由编年体改为记事本末体，中间就有些地方分得太琐碎，有些地方不免遗漏。也因为《资治通鉴》本身偏于中央政治，地方政治异常简略，政治以外的事实更不用提。所以过去的记事本末体，其共同的毛病，就是范围太窄。我们所希望的记事本末体，要从新把每朝种种事实作为集团，搜集资料，研究清楚。大集团固然要研究，再分小点，亦可以研究。凡集团事迹于一时代有重大影响的，须特别加以注意。

比如晚明时代的东林、复社，他们的举动，可以作为一个集团来研究，把明朝许多事实都归纳到里边，一方面可以看，类似政治团体的活动，以学术团体兼为政治团体，实由东林起，至复社而色彩愈显。这是中国史上一大事实，很值得研究。研究东林、复社始末，方面很多。本来是学术机关，为甚么又有团体的政治运动？一方面可以看出学术的渊源及学风的趋势。另一方面，可以看在野的智识阶级的主张。每逢政治腐败的时候，许多在野学者，本打算闭户读书；然而时势所迫，又不能不出头说话：这种情形，全由政治酝酿而成。非全部异常明瞭，一部很难了解。至于复社，本来是一个团体的别名，同时的其他团体尚多，不过以复社为领袖，成为一个联合会社的性质。我们研究创社人的姓名，及各社员的籍贯，或作小传，或作统计，可以看出复社的势力在于何部，明亡以后，复社的活动于当时政治有何影响，满洲入关，复社人物采取若何态度。从这些地方着手，明末清初的情形可以了如指掌了。

又如清世宗（雍正）的篡位前后情形，可以作为一个集团来研究。把那时候许多事实都归纳到里边。这件事情，比较复社始末，材料难找得多。因事涉宫闱，外人很难知道。但是这件事情，关系很大，是清史主要的部分。假使没有雍正，就不会有乾隆，道咸光宣更不用说了。内容真相若何，牵涉的方面很多。有关于外国的，如喇嘛教与天主教争权，因为世宗成了功，后来喇嘛教得势，天主教衰落。有关于学术的，如西洋科学之输入，因天主教被排斥，亦连带的大受影响，几乎中绝。有关于藩属的，如清代之羁縻蒙古、西藏，亦以喇嘛教为媒介；即经营青海，还是要借重他。这种事情，蒙古、西藏文中稍微有点资料，可以明了一部分；中国文字资料就很少。即如年羹尧的事迹，当然和清史，很有关系，我们看《东华录》及《雍正上谕》的纪载，极其含糊，得不着一个明了的概念。若把所有资料，完全搜出，可以牵连清朝全部历史的关系。所以研究历史的人，应当挑出一极大之事，作为集团，把旁的事实，都归纳到里面，再看他们的关系影响。研究一个集团，就专心把这个集团弄明白了。能得若干人分头作去，把所有事的集团都弄清楚，那末全部历史的主要脉络就可一目了然了。

丙　文物的专史

最古的文物史，要算《史记》的八书。《史记》于本纪列传之外，另作《礼》《乐》《律》《历》《天官》《封禅》《河渠》《平准》等书。后来班固作《汉书》，改称为志，不以人为主，而以某制度或某事物为主。凡所叙述，皆当代的文物典章。自太史公创此例后，后代历史，除小者外，如二十四史，皆同此例。而杜佑所作《通典》，纯以制度为主，上起三代，下至隋唐，一一加以考核。马端临仿其体裁作《文献通考》，范围更大，义蕴更博。《通典》所述，限于一代朝制；《通考》所述，则于朝制之外，兼及社会状况。此种著作，中国从前颇为发达，就是我们所说的文物的历史。《通典》《通考》可谓各种制度的总史，不是各种制度的专史。在杜佑、马端临那个时候，有《通典》《通考》一类著作，便已满足了。此刻学问分科，日趋精密，我们却要分别部居，一门一门的作去。一个人要作经济史，同时又要作学术史，目录学，一定做不出有价值的著述来。要作经济史，顶好就专门研究经济。要作学术史，顶好就专门研究学术。要治目录学，顶好就研究《艺文志》《经籍志》等。不惟分大类而已，还要分小类。即如研究经济史，可以看历代《食货志》。食货中包含财政及经济两大部分，财政经济又各有若干的细目。我们不妨各摘其一项，分担研究，愈分得细愈好。既分担这一项，便须上下千古，贯彻融通。例如专研究食货中的财政的，在财政中又专研究租税，在租税中又专研究关税；那末中国外国及关于关税的资料都要把他搜集起来，看关税如何起源，如何变迁，如何发展，关税不平等的原因事实影响如何，乃至现在的关税会议如何召集，如何进行，关税自主的要求如何运动，一一记载，解释明白。这种的工作，比泛泛然作《通典》《通考》要切实得多，有意思得多，有价值得多。因为整部的文物，很笼统，很含混，无从下手亦不容易研究明白。所以我主张一部分一部分的研究；先分一个大纲，如经济文艺学术民族宗教等，一二十条；再于每条之下，分为若干类，如经济之分为财政租税，文艺之分为文学美术，学术之分为经史，民族之分为原始迁徙同化，宗教之分为道、佛等。择其最熟悉，最相近者，一个时候作一类，或者一个人作一类。久而久之，集少成多，全部文物不难完全畅晓了。

丁　地方的专史

地方的专史就是方志的变相。最古的方志要算《华阳国志》了。以后方志愈演愈多，省有省志，县有县志。近代大史家章实斋把方志看得极重；他的著作，研究正史的与研究方志的各得其半。方志，从前人不认为史；自经章氏提倡后，地位才逐渐增高。治中国史，分地研究，极为重要。因为版图太大，各地的发展，前后相差悬殊。前人作史，专以中央政府为中心，只有几个分裂时代以各国政府所在地为中心，但中心地亦不过几个；——三国有三个，十六国有十六个，——究未能平均分配。研究中国史，实际上不应如此。普通所谓某个时代到某个程度，乃指都会言之；全国十之七八全不是那样一回事。我们试看分述研究的必要。比如一向称为本部十八省的云南。在三国以前，与中国完全无关；自诸葛渡泸以后，这才发生交涉。然而云南向来的发展，仍不与全部历史的发展相同。唐时的南诏，宋时的大理，都是半独立的国家。清初吴三桂据云南，亦取半独立的态度。三藩之乱既平，设置巡抚，始与本部关系较密。然民国十五年来，云南直接受中央辖制者不过二三年，其余诸年仍然各自为政。自古及今，云南自身如何发展；中原发达的时候，云南又受何等影响，有何种变化：这都是应当划分出来，单独研究的事情。又如广东，是次偏的省分，其文化的发达，亦不与中原同。自明以前，广东的人物及事实，不能影响到中原的历史，亦于中原的历史上没有相当的地位。再如安南、朝鲜，现在不属中国，然与中国历史关系很深。安南作中国郡县较广东为早，在黎氏、莫氏独立尚未终了时，欧人东来，遂被割去。若云南当南诏、大理或吴三桂独立未终时，外人适来，恐亦将被割去啊。所以我们对于安南、朝鲜这一类地方，也应当特别研究，不能因为现在已经失掉而置之不理。上面所说的，还是边远省分。说近一点，如中原几省，最初居住的是什么人？河南、山东如何变成为中华民族的中心？后经匈奴、东胡民族的蹂躏，又起了多大变化？这些都是应当特别研究的事情。如欲彻底的了解全国，非一地一地分开来研究不可。普通说中国如何如何，不过政治中心的状况，不是全国一致的状况。所以有作分地的专史之必要。广博点分，可以分为几大区；每区之中，看他发达的次第。精细点分，可以分省分县分都市；每县每市，看他进展的情形。破下工夫，仔细研究，各人把乡土的历史风俗事故人情考察明白，用力甚小，而成效极大。

戊　断代的专史

在整部历史中，可以划分为若干时代，如两汉、六朝、隋、唐、宋、

444

元、明、清；每一个时代中，可以又划分为若干部分，如人的，事的，文物的，地方的。含着若干部分，成为一个时代；含着若干时代，成为一部总史。总史横集前述四种材料，纵集上下几千年的时间。因为总史不易研究，才分为若干时代，时代的专史就是从前所谓断代为史，起自班固，后世因之，少所更改。不过旧时的断代，以一姓兴亡作标准，殊不合宜。历史含继续性，本不可分。为研究便利起见，挑出几样重大的变迁，作为根据，勉强分期，尚还可以。若不根据重大变迁，而根据一姓兴亡，那便毫无意义了。皇帝尽管常换，而社会变迁甚微，虽属几代，仍当合为一个时期。皇帝尽管不换，而社会变迁极烈，虽属一代，仍当分为几个时期。比如南北朝，总共不过百六十七年，而南朝有宋、齐、梁、陈四代，北朝有北魏、北齐、北周三代。若以一姓兴亡分，应当分为四个或三个时期了。然此百六十七年间，社会上实无多大变化，所以我们仍当作为一个时期研究。其次述五代，五代不过五十二年，有梁、唐、晋、汉、周五个朝代。若以一姓兴亡分，应当分为五个时期；然此五十二年间，社会上亦没有多大变化：所以我们应当作为一个时期研究。上面是说皇帝换姓而社会不变的，虽然是分，应当合拢来研究。又有皇帝姓氏不换而社会变迁剧烈的，虽然是合，应当分开来研究。比如有清一代，道、咸而后，思想学术政治外交经济生活，无一不变。不特是清代历史的大变迁，并且是全部历史的大变迁。我们尽可以把道咸以前，划分为一个时期，道、咸以后，另划为一个时期。不必拘于成例，以一姓兴亡作为标准，笼统含糊下去。果尔，一定有许多不便利的地方。历史是不可分的，分期是勉强的。一方面不当太呆板，以一姓兴亡作根据，像从前一样；换一方面，又不当太笼统，粗枝大叶的，分上古中古近世三个时期。比较妥当一点的，还是划春秋为一个时期，战国为一个时期，两汉为一个时期（或分或合均可），三国、两晋、南北朝为一个时期，隋、唐为一个时期，宋、辽、金、元、明为一个时期，清分为两个时期。这种分法，全以社会变迁作标准。在一个时期当中，可以看出思想学术政治经济改换的大势，比较容易下手，材料亦易搜集。不管时期的长短，横的方面，各种事实要把它弄清楚。时代的专史，为全通史的模型。专史做得好，通史就做得好。此种专史，亦可分每人担任一项，分别做去。

以上讲五种专史的概说，以下就要讲五种专史如何做法。按照现在这个次序，一种一种的讲去。同学中有兴趣的，或者有志作史家的，于五种之中，认定一项，自己搜集，自己研究，自己著述，试试看。果能聚得三五十个同志，埋头用功，只须十年功夫，可以把一部顶好的中国全史做出来。人数多，固然好；若不然，能得一半的同志，甚至于十个同志，亦可以把整部历史完全做出。我担任这门功课，就有这种野心。但是能否成功，那就看大家的努力如何了。

分论一 人的专史

第二章 人的专史的对相

所谓人的专史的对相，就是讲那类的人我们应该为他作专史。当然，人物要伟大，作起来才有精采，所以伟大人物是作专史的主要对相，但所谓伟大者，不单指人格的伟大，连关系的伟大，也包在里头。例如袁世凯、西太后人格虽无可取，但不能不算是有做专史价值的一个人物。有许多伟大人物可以做某个时代的政治中心，有许多伟大人物可以作某种学问的思想中心，这类人最宜于做大规模的专传或年谱，把那个时代或那种学术都归纳到他们身上来讲。五种人的专史中，人表的对相不成问题，可以随便点；其余四种，都最重要。大概说来，应该作专传或补作列传的人物，约有七种：

（一）思想及行为的关系方面很多，可以作时代或学问中心的，我们应该为他们作专传。有些人，伟大尽管伟大，不过关系方面太少，不能作时代或学问的中心，若替他作专传就很难作好。譬如文学家的李白、杜甫都很伟大；把杜甫作中心，将唐玄宗、肃宗时代的事实归纳到他身上，这样的传，可以作得精采；若把李白作为中心，要作几万字的长传，要包涵许多事实,就很困难。论作品是一回事,论影响又是一回事。杜诗时代关系多,李诗时代关系少。叙述天宝乱离的情形,在杜传中是正当的背景,在李传中则成为多余的废话。两人在诗界,地位相等,而影响大小不同。杜诗有途径可循,后来学杜的人多,由学杜而分出来的派别亦多。李诗不可捉摸,学李的人少,由学李而分出来的派别更少。所以李白的影响浅,杜甫的影响深。二人同为伟大,而作传方法不同。为李白作列传,已经不易;为李白作年谱或专传,更不可能。反之,为杜甫作年谱,作专传,材料比较丰富多了,所以作专传,一面要找伟大人物;一面在伟大人物中,还要看他的性质关系如何,来决定我们做传的方法。

(二)一件事情或一生性格有奇特处,可以影响当时与后来,或影响不大而值得表彰的,我们应该为他们作专传。譬如《史记》有《鲁仲连传》,不过因为鲁仲连曾解邯郸之围。诚然,以当时时局而论,鲁仲连义不帝秦,解围救赵,不为无关;但是还没有多大重要。太史公所以为他作传,放在将相文士之间,完全因他的性格俊拔,独往独来,谈笑却秦军,功成不受赏。像这样特别的性格,特别的行为,很可以令人佩服感动。又如《后汉书》有《臧洪传》,不过因为他能为故友死义。洪与张超但属戚友,初非君臣。张超为曹操所灭,洪怨袁绍坐视不救,拥兵抗绍,为绍所杀。袁绍、张超、臧洪在历史上俱无重大关系,不过臧洪感恩知己,以身殉难,那种慷慨凛冽的性格,确是有可以令人佩服的地方。再如《汉书·杨王孙传》,不记杨王孙旁的事情,专记他临死的时候,主张裸葬:衣衾棺椁,一概不要,还说了许多理由;后来他的儿子觉得父命难从,却拗不过亲友的督责,只得勉强遵办。他的思想,虽没有墨子那样大,然比墨子还走极端,连桐棺三寸都不要,不管旁人听否,自己首先实行,很可以表示特别思想,特别性格。几部有名的史书,对于这类特别人,大都非常注意。我们作史,亦应如此。伟大人物之中,加几个特别人物,好像燕窝鱼翅的酒席,须得有些小菜点缀才行。

(三)在旧史中没有记载,或有记载而太过简略的,我们应当为他作专传。这种人,伟大的亦有,不伟大的亦有。伟大的,旁人知道他,正史上亦曾提到过,但不详细,我们应当为他作传。譬如墨翟是伟大人物,

《史记》中没有他的列传，仅附见于《孟荀列传》，不过二十几个字。近人孙仲容根据墨子本书及其他先秦古籍，作《墨子列传》及《年表》。这就是一个很好的例。又如荀子是伟大人物，虽有《孟荀列传》，但是太过简略。清人汪中替他作《荀子年表》，胡元仪作《荀卿子列传》。这亦是很好一个例。皆因从前没有列传，后人为他补充；或者从前的传太简略，后人为他改作。这类应该补作或改作之传，以思想家文学家等为最多。例如王充、刘知几、郑樵等，在他们现存的著作中，便有很丰富的资料，足供我们作成极体面的专传。另有许多人，虽没有甚么特别伟大，但事迹隐没太甚，不曾有人注意，也该专为他作传表彰。例如唐末守瓜州的义潮，赖有近人罗振玉替他作一篇传，我们才知道有这么一位义士名将。又如作《儒林外史》的吴敬梓，前人根本不承认这本书有价值，书的作者更不用说了。近人胡适之才替他作一篇传出来，我们才认识这个人的文学地位。这些都是很好的例。总之，许多有相当身分的人，不管他著名不著名，不管正史上没有传或有传而太过简略，我们都应该整篇的补充，或一部分的改作。

（四）从前史家有时因为偏见，或者因为挟嫌，对于一个人的记载，完全不是事实。我们对于此种被诬的人，应该用辩护的性质，替他重新作传。历史上这类人物很多，粗略说起来，可以分下列三种：

（1）完全挟嫌，造事诬蔑。这类事实，史上很多。应该设法辩护。譬如作《后汉书》的范晔，以叛逆罪见杀；在《宋书》及《南史》上的范晔本传中，句句都是构成他的真罪状，后人读起来，都觉得晔有应死之罪，虽然作得这么好的一部《后汉书》，可惜文人无行了。这种感想，千余年来深入人心。直到近代陈澧（兰甫）在他的《东塾集》里面作了一篇《申范》，大家才知完全没有这回事。当时造此冤狱，不过由几位小人构煽；而后此含冤莫雪，则由沈约一流的史家挟嫌争名，故为曲笔。陈兰甫替他作律师，即在本传中，将前后矛盾的语言，及各方可靠的证据，一一陈列起来，证明他绝无谋反之事。读了这篇之后，才知道不特范晔的著作令人十分赞美，就是范晔的人格也足令人十分钦佩。又如宋代第一个女文学家，填词最有名的李清照（易安），在中国史上，找这样的女文学家，真不易得。她填词的艺术，可以说压倒一切男子。就让一步讲，亦在当时词家中算前几名。她本来始终是《金石录》的作者赵明诚的夫人，并未改嫁。但因《云麓漫钞》载其《谢綦崇礼启》，滥采伪文，说她改嫁张汝舟，与张汝舟不和，打官司，有"猥以桑榆之末影，配兹驵侩之下才"等语，宋代笔记遂纷纷记载此事。后人对于李易安，虽然很称赞她的词章，但瞧不起她的品格。到近代俞正燮在他的《癸巳类稿》中有一篇《易安居士事辑》，将她所有的著作，皆按年月列出，证明她绝无改嫁之事，又搜罗各方证据，指出改嫁谣言的来历。我们读了这篇以后，才知道不特易安的词章优美，就是她的品节，亦没有可訾的地方。这类著述，主要工作全在辨别史料之真伪，而加以精确的判断。陈、俞二氏所著，便是极好模范。历史上人物，应该替他做《洗冤录》的，实在不少。我们都可以用这种方法做去。

（2）前代史家，或不认识他的价值，或把他的动机看错了，因此所记的事迹，便有偏颇，不能得其真相。这类事实，史上亦很多。应该替他改正。譬如提倡新法的王安石，明朝以前的人都把他认为极恶大罪，几欲放在奸臣传内，与蔡京、童贯同列。《宋史》本传虽没有编入奸臣一类，但是天下之恶皆归，把金人破宋的罪名亦放在安石头上。这不是托克托有意诬蔑他，乃是托克托修《宋史》的时候，不满意安石的议论在社会上已很普遍了，不必再加议论，所载事迹已多不利于安石，读者自然觉其可恶。但是我们要知道王安石绝对不是坏人，至少应当如陆象山《王荆公祠堂记》所批评，说他的新法，前人目其孳孳为利，但此种经济之学，在当时实为要图。朱子亦说他"刚愎诚然有之，事情应该作的"。他们对于安石的人格，大体上表示崇敬。但是《宋史》本传那就完全不同了，所以我们认为有改作的必要。乾嘉时候蔡元凤（上翔）作《王荆公年谱》专门做这种工作，体裁虽不大对，文章技术亦差，惟极力为荆公主张公道，这点精神却很可取。又如秦代开国功臣的李斯，为二世所杀，斯死不久，秦国亦亡。汉人对于秦人，因为有取而代之的关系，当然不会说他好。《史记》的《李斯传》，令人读之不生好感。李斯旁的文章很多，一概不登；只登他的《谏逐客书》及《对二世书》，总不免有点史家上下其手的色彩。他的学问很好，曾经作过战国时候第一流学者荀卿的学生；他的功业很大，创定秦代的开国规模；间接又是后代的矩范。汉代开国元勋如萧何、曹参都不过是些刀笔小吏，因缘时会，说不上学问，更说不上建设。汉代制度，十之八九从秦代学来。后代制度，又大部分从汉代学来。所以李斯是一个大学者，又是头一个统一时代的宰相，凭他的学问和事功，都算得历史上的伟大人物，很值得表彰一下。不过迟至现在，史料大都湮没，只好将旧有资料补充。看汉人引用秦人制度的地方有多少，也许可以看出李斯的遗型。总之李斯的价值要从新规定一番，是无疑的。

（3）为一种陈旧观念所束缚，带起着色眼镜看人，把从前人的地位身分全看错了。这类事实，史上很多。应该努力洗刷。例如曹操代汉，在历史上看来，这是力征经营当然的结果，和汉高祖、唐太宗们之得天下实在没有甚么分别。自从《三国演义》通行后，一般人都当他作奸臣，与王莽、司马懿同等厌恶。平心而论，曹操与王莽、司马懿绝然不同。王莽靠外戚的关系，骗得政权；即位之后，百事皆废。司马懿为曹氏顾命大臣，欺人孤儿寡妇，狐媚以取天下。这两人心地的残酷，人格的卑污，那里够得上和曹孟德相提并论？当黄巾、董卓、李傕、郭汜多次大乱之后，汉室快要亡掉；曹孟德最初以忠义讨贼，削平群雄。假使爽爽快快作一个开国之君，谁能议其后？只因玩一回挟天子以令诸侯的把戏，竟被后人搽上花脸，换个方面看待。同时的刘备、孙权，事业固然比不上曹操的伟大，人格又何尝能比曹操高尚？然而曹操竟会变成天下之恶皆归，岂非朱子《纲目》以后的史家任情褒贬，渐失其实吗？又如刘裕代晋，其拨乱反正之功，亦不下于曹操。看他以十几个同志，在京口起义，何等壮烈！灭南燕，灭姚秦，把五胡乱华以后的中原，几乎全部恢复，功业何等雄伟！把他列在司马懿、萧道成中间，看做一丘之貉，能算公平吗？宋以后的士大夫，对于曹操、刘裕一类人物，特别给他们不好的批评，一面是为极狭隘极冷酷的君臣之义所束缚，以一节之短处，抹杀全部的长处，一面因为崇尚玄虚，鄙弃事功，成为牢不可破的谬见。对于这类思想的矫正，固然是史评家的责任最大，但叙述的史家亦不能不分担其责。总而言之，凡旧史对于古人价值认识错误者，我们都尽该下番工夫去改正他。

（五）皇帝的本纪及政治家的列传，有许多过于简略，应当从新作过。因为所有本纪，在全部二十四史中，都是编年体，作为提纲挈领的线索，尽是些官样文章，上面所载的都不过上谕日蚀饥荒进贡任官一类事情。所以读二十四史的人，对于名臣硕儒，读他们的列传，还可以看出一个大概；对于皇帝，读他们的本纪，反为看不清楚。皇帝的事往往散见在旁的列传中，自然不容易得整个的概念了。皇帝中亦有伟大人物，于国体政体上别开一个生面，如像秦始皇、汉高祖、汉武帝、汉光武、魏武帝、汉昭烈帝、吴大帝、北魏孝文帝、北周武帝、唐太宗、宋太祖、元世祖、明太祖、清圣祖、清世宗、清高宗，何止一二十个人，都于一时代有极大的关系。可惜他们的本纪作得模糊影响，整个的人格和气象完全看不出来。此外有许多大政治家亦然，虽比皇帝的本纪略为好些，但因为作的是列传，许多有关系的事实不能不割裂到其他有关系的人物的传中去。即如诸葛武侯的事迹，单看《三国志》的《诸葛亮列传》，看不出他的伟大处来，须得把《蜀志》甚至于全部《三国志》都要读完，考察他如何行政，如何用人，如何联吴，如何伐魏，才能了解他的才能和人格。这种政治上伟大人物，无论为君为相，很可以从各列传中把材料钩稽出来，从新给他们一人作一个专传。

（六）有许多外国人，不管他到过中国与否，只要与中国文化上政治上有密切关系，都应当替他们作专传。譬如释迦牟尼，他虽然不是中国人，亦没有到过中国；但是他所创立的佛教在中国思想界占极重要的一部分。为自己研究的便利起见，为世界文化的贡献起见，都有为他作专传的必要。又如成吉斯汗，他是元代的祖宗，但是元代未有中国以前的人物，其事实不在中国本部，可以当作外国人看待。他的动作关系全世界，很值得特别研究。可惜《元史》的记载太简略了，描写不出他伟大的人格与事功。所以我们对于成吉斯汗，可以说有为他作专传的义务。此外，如马可孛罗，意大利人，他的生活大部分在中国，曾作元朝的客卿，他是第一个著书把中国介绍到欧洲去的人，在东西交通史占得重要的位置。我们中国人不能不了解他。又如利马窦、南怀仁、汤若望、庞迪我……诸人，他们在明末清初的时候，到中国来，一面输入天主教，一面又输入浅近的科学。欧洲方面，除教会外，很少人注意他们。中国方面，因为他们在文化上有极大的贡献，我们就不得不特别重视了。又如大画家的郎世宁，他的生活大部分在中国，于输入西洋美术上，功劳很大。他在欧洲美术界只能算第二三等脚色，在中国美术界就要算西洋画的开山祖师。欧洲人可以不注重，我们不能不表彰。更如创办海军的琅威尔，作中国的官，替中国出力，清季初期海军由他一手练出，虽然是外国人，功在中国，关于他的资料，亦以中国为多，西文中寻不出甚么来。这类人物，大大小小，不下一二十个，在外国不重要，没有作专传的必要，在中国很重要，非作专传不可。有现成资料，固然很好；就是难找资料，亦得设法找去。

（七）近代的人学术事功比较伟大的，应当为他们作专传。明以前的人物，因为有二十四史，材料还较易找。近代的人物，因为《清史》未出，找材料反觉困难。现在要为清朝人作传，自然要靠家传行状和墓志之类。搜罗此种史料最丰富的，要算《碑传集》同《国朝耆献类征》二书。其中有许多伟大人物，资料丰富，不过仍须经一番别择的手续。但是有许多伟大人物并此种史料而无之。例如年羹尧，我们虽知他曾作大将军，但为雍正所杀害的情形和原因却很难确实知道。虽为一时代的重要人物而事迹渺茫若此，岂不可惜！又如章学诚，算得一个大学者了，但是《耆献类征》记载他的事，只有两行，并且把章字误作张字。像他这样重要的人物，将来《清史》修成，不见得会有他的列传，纵有列传，也许把章字误成张字，亦未可知，或者附在《文苑传》内，简单的说一两行也说不定。研究近代的历史人物，我们很感苦痛，本来应该多知道一点，而资料反而异常缺乏。我们应该尽我们的力量，搜集资料，作一篇，算一篇。尤其是最近的人，一经死去，盖棺论定，应有好传述其生平。即如西太后、袁世凯、蔡锷、孙文都是清末民初极有关系的人，可惜都没有好传。此时不作，将来更感困难。此时作，虽不免杂点偏见，然多少尚有真实资料可凭。此时不作，往后连这一点资料都没有了。

如上所述，关系重要的，性情奇怪的，旧史不载的，挟嫌诬蔑的，本纪简略的，外国的，近代的人物，都有替他作专传的必要。人物专史的对象，大概有此七种。

说到这儿，还要补充几句。有许多人虽然伟大奇特，绝对不应作传。这种人约有两种：

（一）带有神话性的，纵然伟大，不应作传。譬如黄帝很伟大，但不见得真有其人。太史公作《五帝本纪》，亦作得恍惚迷离。不过说他"生而神明，弱而能言，幼而徇齐，长而敦敏，成而聪明"。这些话，很像词章家的点缀堆砌，一点不踏实；其余的传说，资料尽管丰富，但绝对靠不住。纵不抹杀，亦应怀疑。这种神话人物，不必上古，就是近古也有。譬如达摩，佛教的禅宗奉他为开山之祖。但是这个人的有无，还是问题。纵有这个人，他的事业究竟到甚么程度，亦令人茫然难以捉摸。无论古人近人，只要带有神话性，都不应替他作传。作起来，亦是渺渺茫茫，无从索解。

（二）资料太缺乏的人，虽然伟大奇特，亦不应当作传。比如屈原，人格伟大，但是资料枯窘得很。太史公作《屈原列传》，完全由淮南王安的《离骚序》里面抄出一部分来。传是应该作的，可惜可信的事迹太少了。战国时代的资料本来缺乏，又是文学家，旁的书籍记载很少，本身著作可以见生平事迹的亦不多。对这类人，在文学史上讲他的地位是应该的，不过只可作很短的小传，把史传未载的，付之阙如；有可疑的，作为笔记，以待商榷。若勉强作篇详传，不是徒充篇幅，就是涉及武断，反而失却作传的本意了。又如大画家吴道子，大诗家韦苏州，人物都很伟大，史上无传，按理应该补作。无如吴道子事迹稀少，传说概不足信；韦苏州虽有一时豪侠，饮酒杀人的话，不过诗人口吻，有多方面的解释。这类不作传似乎不好，勉强作传又把史学家忠实性失掉了去。这两种人，有的令人崇拜，有的令人赞赏，有的令人惋惜，本来应该作传，可惜没有资料。假使另有新资料发见，那时又当别论。在史料枯窘状况之下，不能作亦不应作，只好暂时搁下吧。

应该作专传和不应该作专传的人，上面既已说了个标准，其余三种人的专史，——年谱，列传，合传，——也可就此类推，现在不必详说了。

分论三 文物的专史

第四章 文化专史及其做法

狭义的文化譬如人体的精神，可依精神系发展的次第以求分类的方法。文化是人类思想的结晶。思想的发表，最初靠语言，次靠神话，又次才靠文字。思想的表现有宗教、哲学、史学、科学、文学、美术等。我们可一件一件的讲下去。

（中略）

戊　学术思想史

中国学术不能靠一部书包办，最少要分四部：

子　道术史——即哲学史

丑　史学史

寅　自然科学史

卯　社会科学史

四部合起来，未尝不可；然性质既各不同，发展途径又异，盛衰时代又相参差，所以与其合并，不如分开。现在先讲道术史的做法。

子　道术史的做法

中国道术史，看起来，很难做。几千年来的道术，合在一起，要想系统分明，很不容易。不过，若把各种道术分为主系、闰系、旁系三类，好好的去做，也不是很难。主系是中国民族自己发明组织出来，有价值有权威的学派，对于世界文化有贡献的。闰系是一个曾做主系的学派出来以后，继承他的，不过有些整理解释的工作，也有相当的成绩的。旁系是外国思想输入以后，消纳他，或者经过民族脑筋里一趟，变成自己的所有物，乃至演成第二回主系的思想的。几千年来的思想，认定某种属某系，有了纲领，比较的容易做。

主系思想，有价值的，不过两个时代：一、先秦；二、宋明（包括元代）。要做中国道术史，可以分做上下两篇，分讲先秦、宋明两个主系；但非有真实的学问加精细的功夫不可。

所谓闰系，如汉朝到唐初对于先秦的学术，清朝对于宋明，是闰系。因为汉唐人的思想不能出先秦人的范围，清人的思想不能出宋明人的范围。虽然东汉以后已有一部分旁系发生，清朝也有一部分旁系发生，但闰系的工作仍占一部分，不妨分别叙述。

所谓旁系，最主要的是六朝隋唐间的佛学。那时代把佛学输入以后，慢慢的消化，经过一番解释，准备做第二回的主系。这个旁系，和第一回主系先秦没有关系，但是宋明主系的准备。还有一种旁系，就是现代。再追远一点，到明中叶基督教的输入；但那时的关系很微，到最近三四十年才发达。此刻的旁系，比隋唐的佛学还弱的很；将来在学术上的位置很难讲，倒有点像东晋南北朝的样子，离隋唐尚远。东晋时，佛教各派思想都已输入，但研究者仅得皮毛，还没有认真深造的工作。中间经几百年，到隋唐而后才有很体面的旁系出现。因旁系的体面而有融会贯通，自创一派的必要。现在的中国，我们希望，更有一个主系出现，和第一主系第二主系都要不同才好。宋明思想和先秦思想，好坏另是一件事，性质可绝不相同，旁系发达到最高潮，和过去的主系结婚，产生一新主系，这是宋明道术的现象。现在的中国也有这种产生第三主系的要求，但主系产生的迟早，要看我们努力的程度如何。此刻努力，主系可以早出现。此刻不努力，或努力不得其方，恐须迟延到若干年后。但第三主系的产生，始终必可实现，因为现在正是第二旁系输入中国的时期。

若是拿上述那种眼光来做道术史，并不难做。做的时候，全部精神集中到主系。第一主系，范围既广，方面又多，要说明他，是很困难。但是细细辨别起来，也还容易。春秋战国以前，都是酝酿时代；可由《诗经》《书经》《左传》所载，说明白古代思想的渊源。春秋战国——即先秦——是主系的所在。那时各家的著作，打开《汉书·艺文志》或《二十二子》《百子全书》一看，似乎浩如烟海；其实若仔细分别一下，真的先秦书实在不多，屈指可数。做道术史做到先秦，最要紧的是分派。分派的主张，各人不同。司马谈分为六家，刘歆、班固分为九流十家，其实都不很对。老实讲，只分儒、道、墨三家就够了。再细一点，可加上阴阳家及法家。而最重要的仍是前三家。能把这三家认识得清楚，分别得准确，叙述得详明，就很好了。阴阳家如邹衍一派，没有几本书；汉初以后的阴阳家是否先秦邹衍这派，很值得研究。

第一闰系，就是第一主系的余波；从全部思想看来，不能占重要的位置，他的叙述，不能和第一主系平等看待。这时第一要紧的事，就要把各家的脉络提清，看他如何各自承受以前的学风，如何各自解释本派的学说，如何本派又分裂为几派，如何此派又和彼派混合。儒家，战国末已分为八派，须要分别说明。汉朝那般经学家墨守相传的家法，有许多迂腐离奇的思想，须要看他如何受阴阳家的影响。道家如《淮南子》，在闰系中很有价值；那些派别，须要分清。墨家思想到汉朝已中绝，但也有见于他书的；如《春秋繁露》，一部分是阴阳家的思想，另一部分是墨家的思想。

无论那派，当一大师创造提倡之时，气象发皇，有似草木在夏天。其先慢慢的萌芽长叶含苞吐蕊，有似草木在春天。其后落华取实，渐至凋落，有似草木在秋天。又后风采外谢，精华内蕴，有似草木在冬天。譬如第一主系的先秦，各家都忙于创作，未暇做整理的工夫。其先当然是酝酿时期，没有急遽的进步，其后到西汉，各家都不去创作，专事整理。在前未入完成的部分，经这期的人加添润饰，果熟蒂落。在前未应用到社会的部分，经这期的人一一实现到社会应用上去，社会都受其赐了。关于后者，汉朝在政治史上所以占重要位置，在道术史上所以是闰系，都因享受先秦的结果。如儒家，经过西汉二百年儒者的传习理解，已竟深入人心，到东汉便实现到社会上去，像收获果实一样，所以东汉的政治组织，民众风俗，在中国是小小的黄金时代。关于前者，汉朝在秦皇焚书之后，书籍残缺，耆宿凋落，后辈欲治先秦的学问，真不容易。所以一般学者专事解释先秦著作，不知创作。但因古文字可以有多方面的解释，各家墨守祖说，互争小节，思想变为萎靡不振的现象。而且一种学术，无论如何好，总有流弊；况经辗转传说，也不免有失真象；所以一种学术应用到社会上，算是成功，也就因此腐坏，有如果实烂熟而发生毛病一样。所以研究闰系思想，一方面看他们如何整理解释，不忘他们工作的功劳；一方面也要注意他们彼此做无聊的竞争，生出支离破碎的现象。所以叙述闰系和叙述主系不同：对于第一主系的几派，要详细研究其内容的真相；对于第一闰系却可不必。汉朝十四博士的设立，乃至各博士派别的差异，我们可以不必管他。主系须看内容；闰系只看大概，只看他们一群向那里走。我们做第二主系，用此做法，并不很难。

第一旁系的发生，很重要。佛教到底应摆在宗教史还应摆在道术史，很费斟酌。单做佛教史，当然可以详说；但做道术史，则仍以摆在道术中为是。在中国的佛教，惟净土宗及西藏、蒙古的喇嘛教应摆在宗教方面。因为纵使他们有相当的哲理，而在中国本部文化上的影响很少；即西藏、蒙古人之信仰喇嘛，也并不因他有哲理，所以应该收入宗教里。此外，自隋唐以来，最初的毗昙宗到三论宗、摄论宗，小乘的毗昙宗，大乘的教下三家——天台宗、华严宗、法相宗，乃至禅宗，都关于哲理方面。大多数的佛教徒，信宗教的成分，不如研究哲理的成分多。简单讲，除密宗在蒙、藏应列入宗教史以外，其他都应收入道术史。这部分工作，颇不容易。第一：要说明原始佛教何如，印度佛教的分化发展何如。因为要想了解新妇的性情，非先了解她的娘家不可。所以先应忠实的看佛教起原及其分化、发展，然后可叙中国的佛教。第二：东汉、三国、两晋、南北朝是翻译时期，但能吞纳，不能消化。所以应该叙述那时输入的情况何如？输入了些甚么东西？那些译本是否能得原本真相，没有错误。第三：最主要的唐朝教下三家，要集中精神去说明。法相宗从印度由玄奘带来。玄奘以前，只是印度人讲。到玄奘译著《成唯识论》，才开这个宗派。但《成唯识论》是玄奘及其弟子窥基把释伽牟尼以后十家的道术汇合翻译，参以己意，才做成的。此种译著，为功为罪，尚不分明。十家的内容，很难分别；其中以护法为主，而其余九家，不易看出。十家的道术，经过玄奘、窥基的整理，去取之间，很有选择。虽说原是印度人的思想，但其中实参加了中国几个大师的成分。天台宗是智者大师所创，后来印度来的许多大师都很佩服他。认真看起来，天台宗的确和印度各宗不同。许多人攻击他，以为不是真佛教；其实这种不纯粹的洋货，我们治学术史的人尤其要注意。华严宗不是纯粹出自中国，也不是纯粹出自印度，乃出自现在新疆省的于阗。佛教到于阗才发生华严宗，华严宗到中国本部才成熟，至少不是印度的。——所以所谓教下三家，可说完全都是中国的；此外教外别传，如禅宗，神话说是达摩自印度传来的，我们研究的结果，不肯相信。他所谓西方二十八祖，全是撑门面的；实在只有五祖和慧能，纯是中国的学派。所以禅宗的学风，也纯是中国的创作，应该和教下三家同样的用力叙述。

佛教虽是旁系，但做起来的时候，应该用做主系的方法去研究。因为起初虽自外来，但经过中国人消化一次，也含有半创作性。所以除了简单讲印度佛教的起原和变迁以后，主要各宗派，在中国的，应该用研究先秦各家的方法去研究。看他不同之点何在，主要之点何在，这是做中国道术史比较的困难所在。其实也并不困难，因为书籍尽管多，要点只是这几个，不过我们没有研究，心惊便是了。只要经过一番研究，得着纲领，做起史来，实在容易。

旁系之中，附带有他的闰系。讲亦可，不讲亦可。若是顺便讲的话，佛教的创作至唐开元而止，中唐以后及五代，便是佛教的闰系。后来法相宗的消灭，华严宗的衰微，天台宗的分裂为山内山外，禅宗的分为五派，自来讲中国佛教掌故的最喜欢讲这些东西，实在这都是闰系的话，旁系的主要点全在内容的说明。

现在有许多人感觉做中国道术史的困难，以为三国到隋唐实在没有资料。其实，那有一个这么长的时代而没有道术之理？他们把这时代省去，中间缺了一部分，还那里成为道术史？再则，这部分工作如果落空，宋明哲学——第二主系思想——的渊源如何看得出来？所以认真做中国道术史的人，应当对于第一旁系——佛教——加以特别的研究。

再往下就是第二主系——宋明道术。宋儒自称直接孔、孟心传，不承认与佛教有关系，而且还排斥佛教。另一方面对他们反动的人攻击他们，以为完全偷窃佛教唾余，自己没有东西。清代的颜元、戴震和近代的人，连我自己少时也曾有这种见解。其实正反两方都不对：说宋明道术完全没有受佛教的影响固然非是，说宋明道术自己没有立脚点也是误解。简直讲，儒家、道家、先秦、两汉，本有的思想，和印度佛教思想结婚，所产生的儿子，就是宋明道术。他含有两方的血统，说他偏向何方都不对。思想的高下虽可批评，然实在是创作的。先秦主系都是鞭辟近里，把学术应用到社会上去。两汉闰系专门整理解释，离实际生活太远了。宋明学者以汉唐的破碎支离的学问，繁琐无谓的礼节，与人生无关，乃大声疾呼的，说要找到一种人生发动力，才算真学问，所以超越闰系，追求主系本来面目如何，其与社会有如何的关系。宋明道术所以有价值，就在这一点。但他们所谓回到本来面目，是否达到，却不敢说。不过，以古人的话启发他自己的思想，实在得力于旁系的影响。当宋朝的时候，佛教旁系已成了闰系，派别很多。法相宗、华严宗虽已消灭，天台宗、禅宗却分为好几派，和两汉今古文之争一样，互相攻击，对于社会人心倒没有多大关系。但一般学者，因苦于汉唐经学之茫无头绪，总想在佛经上求点心得。如二程、朱子之流，少年皆浮沉于佛教者若干年，想在那方解决人生的究竟。但始终无从满足这种欲望，所以又返而求之于先秦。研究佛经时虽未能解决人生问题，但已受有很深的影响；以后看先秦书籍时，就如戴了望远镜或显微镜，没有东西的地方也变成有东西了。一方面，整个社会经过佛教数百年的熏炙，人人心里都受了感染。所以一二学者新创所谓道学，社会上云起风涌的，就有许多人共同研究，而成为灿烂发皇的学派。

我们研究这个主系，家数虽多，但方面不如第一主系的复杂。第一主系，儒、道、墨三家，分野很清楚。第二主系，许多家数所讨论的不过小问题，不可多分派别。依普通的讲法，可分程朱、陆王二派。其余各小派，可以附带择要叙述，如北宋的邵雍、欧阳修、王安石，南宋的张栻、吕祖谦、陈亮、叶适等。这样，比较的可以容易说明，免去许多麻烦。

再下去是第二闰系，就是清朝道术。但清朝一方面虽是宋明的闰系，一方面又是作未来主系的旁系。所谓第二闰系，即清朝的宋学家。他们一方面作宋明的解释，一方面即作先秦的解释。清朝主要的思想家有影响的真不多。其中有许多大学者，如高邮王氏父子，不能说是思想家；不过工作得还好而已，对于道术史全部分，无大影响。

统观清代诸家，考证家可以补第一闰系的不足，理学家可以做宋明的闽系；中间又有旁系的发生，无形中受了外来的影响，就是颜元、戴震一派。颜、戴并不奉信基督教，也许未读西文译本书，但康熙朝基督教很盛，往后教虽少衰而思想不泯，学者处这种空气中，自然感受影响，也想往自然科学方面走，不过没有成功就是。

现在往后，要把欧美思想，尽量的全部输入，要了解，要消化，然后一面感觉从前学术不足以解决我们的问题，一面又感觉他们的学术也不足以解决他们的问题，然后交感而生变化作用，才可以构成一种新东西。做道术史到最后一章，要叙述现在这个时代，是如何的时代；闽系的工作过去了，旁系的工作还没有组织的进行，发生主系的时间还早——给后人以一种努力的方向。

理想的中国道术史，大概分这几个时代，抓着几个纲领做去，并不困难，或全部做，或分部做，都可以。

五　史学史的做法

史学，若严格的分类，应是社会科学的一种。但在中国，史学的发达，比其他学问更利害，有如附庸蔚为大国，很有独立做史的资格。中国史学史，最简单也要有一二十万字才能说明个大概，所以很可以独立著作了。

史学的书，在《七略》和《汉书·艺文志》，并未独立成一门类，不过《六艺略》中春秋家附属之一。《隋书·经籍志》依魏荀勖《新簿》之例，分书籍为经史子集四部，史占四分之一，著作的书有八百六十七部，一万三千二百卷，比较《汉志》大大的不同，可见从东汉到唐初，这门学问已很发达了。

这还不过依目录家言，实则中国书籍，十之七八，可以归在史部。分部的标准，各目录不概同，《隋志》的四部和《四库全书》的四部，名同而实异，范围很不一致。单就史部本身的范围而论，可大可小；若通盘考察，严格而论，经子集三部，最少有一半可编入史部，或和史部有密切的关系。

如经部诸书，王阳明、章实斋都主张六经皆史之说，经部简直消灭了。宽一点，《易经》《诗经》，可以不算史；《尚书》《春秋》，当然属史部；《礼》讲典章制度风俗，依《隋志》的分法，应归入史部；《尚书》《春秋》《礼》既已入史部，三《传》二《记》也跟了去，经部剩的还有多少？

子部，本来就分得很勉强。《七略》《汉志》以思想家自成一家之言的归子部，分九流十家，比较还算分得好。但那些子书和史部可很有关系。如《管子》和《晏子春秋》《韩非子》讲的史事极多，几乎成为史部著作。汉后思想家很少，综核名实，配不上称子而入子部的最少有一半；那些子书所以存在，全因他纪载了史事。即如《史记》纪载史事，司马迁当初称他《太史公书》，自以为成一家之言，若依规例，自然应归子部。可见子部史部本来难分，前人强分只是随意所欲，并没有严格的分野。

集部，《汉志·诗赋略》所载诸书，纯是文学的。后来的集，章实斋以为即是子，因其同是表示一人的思想。如《朱子全集》《王阳明全集》虽没有子的名称，但已包举本人全部思想，又并不含文学的性质，为什么又入集部，不入子部呢？如《杜甫集》《李白集》纯是文学的，犹可说。若《朱子集》《阳明集》以及《陆象山集》《戴东原集》，绝对不含文学的性质的，拿来比附《汉志》的《诗赋略》，简直一点理由也没有，我们是绝对不认可的。集部之所以宝贵，只是因为他包含史料。如纪载某事、某人、某地、某学派，集部里实在有三分之二带史部性质。就是纯文学的作品包含史料也不必少。如《杜甫集》，向来称做诗史。凡研究唐玄宗、代宗、肃宗诸朝的情形的，无不以《杜甫集》做参考。这还可说特别一点，其余无论那一部集，或看字句，或看题目，可以宝贵的史料仍旧到处都是。不必远征，前年我讲《中国文化史·社会组织篇》，在各家文集诗句里得了多少史料，诸君当能知道。以此言之，纯文学的作品也和史部有关。

所以中国传下来的书籍，若问那部分多，还是史部。中国和外国不同。外国史书固不少，但与全部书籍比较，不如中国。中国至少占什之七八，外国不过三分之一。自然科学书，外国多，中国少。纯文学书，外国也多，中国也少。哲学宗教的书，外国更多，中国更少。

此何以故？中国全个国民性，对于过去的事情，看得很重。这是好是坏，另一问题。但中国人"回头看"的性质很强。常以过去经验做个人行为的标准，这是无疑的。所以史部的书特别多。

中国史书既然这么多，几千年的成绩，应该有专史去叙述他。可是到现在还没有，也没有人打算做，真是很奇怪的一种现象。（名达案：民国十四年九月，名达初到清华研究院受业于先生，即有著《中国史学史》之志，曾向先生陈述；至今二年，积稿颇富，惟一时尚不欲草率成书耳。）

中国史学史，最少应对于下列各部分特别注意：一、史官；二、史家；三、史学的成立及发展；四、最近史学的趋势。

最先要叙史官：史官在外国并不是没有，但不很看重；中国则设置得很早，看待得很尊。依神话说，黄帝时，造文字的仓颉，就是史官，这且不管；至迟到周初，便已看重史官的地位。据金文——钟鼎文——的纪载，天子赐钟鼎给公卿诸侯，往往派史官做代表，去行给奖礼。周公时代的史佚见于钟鼎文就不下数十次，可见他的地位很高。他一人如此，可见他那时和他以前，史官已不是轻微的官了。殷墟甲骨文，时代在史佚之前，已有许多史官名字，可知殷代初有文字，已有史官，《尚书》的《王命》《顾命》两篇，有史官的事实，这是见于书籍的纪元。《左传》纪载晋董狐、齐北史氏的直笔，称道史官的遗烈，可见在孔子以前，列国都有史官，不独天子。孟子说，"晋之《乘》，楚之《梼杌》，鲁之《春秋》，其实一也。"墨子说曾见百国《春秋》。《左传》记晋韩宣子聘鲁，观书于太史氏，得鲁《易象》与《春秋》，可见春秋战国时代，列国都有《春秋》一体的史书，而且都是史官记的，所以后来司马迁叫他"诸侯史记"。晋太康三年，汲郡发掘魏襄王冢，得到的许多书中，有一部似《春秋》，纪载黄帝以来的事实，自晋未列为诸侯以前，以周纪年，自魏未为诸侯以前，以晋纪年，自魏为诸侯以迄襄王，以魏纪年，而且称襄王为今王。这部书，当时人叫他《竹书纪年》，后来佚了，现在通行的是假书，王静安先生所辑的略可靠。据《晋书》所载《竹书纪年》的体裁，《竹书纪年》当然是魏史官所记，和鲁史记的《春秋》一例。其余各国史官所记，给秦火焚毁了，想来大概都是《竹书纪年》一体，而且各国都有史官职掌这事的。还有一点，值得注意。《竹书纪年》的纪载从黄帝、尧、舜一直到战国，虽未必全真，由后人追述的也有，但亦必有所本，不能凭空杜撰。其中所载和儒家传说矛盾的，如启杀伯益，伊尹杀太甲，夏年多于殷，亦必别有所本。他又并不瞎造谣言，有许多记载已给甲骨文钟鼎文证明是事实。这可见魏史官以前有晋史官，晋史官以前有周史官，周史官以前有殷史官，……一代根据一代，所以才能把远古史事留传下来。虽然所记不必全真全精，即此粗忽的记载，在未能证明其为全伪以前，可以断定中国史官的设置是很早很早的。最低限度，周初是确无可疑的已有史官了。稍为放松一点，夏、商就有，亦可以说。中国史学之所以发达，史官设置之早是一个主要原因。

其次，史官地位的尊严，也是一个主要原因。现在人喜欢讲司法独立，从前人喜欢讲史官独立。《左传》里有好几处，纪载史官独立的实迹。如晋董狐在晋灵公被杀以后，书"赵盾弑君"，赵盾不服，跟他辩，他说，你逃不出境，入不讨贼，君不是你弑的是谁？赵盾心虚，只好让他记在史册。又如崔杼杀齐庄公，北史氏要书"崔杼弑君"，崔杼把他杀了，他的二弟又要书，崔杼把他的二弟杀了，他的三弟不怕死，又跑去要书，崔杼短气，不敢再杀，只好让他。同时，南史氏听见崔杼杀了几个史官，赶紧跑去要书，看见北史氏的三弟已经成功了，才回去。这种史官是何等精神！不怕你奸臣炙手可热，他单要挦虎须。这自然是国家法律尊重史官独立，或社会意识维持史官尊严，所以好的政治家不愿侵犯，坏的政治家不敢侵犯，侵犯也侵犯不了。这种好制度不知从何时起，但从春秋以后，一般人暗中都很尊重这无形的纪律，历代史官都主张直笔，史书做成也不让皇帝看。固然，甚么制度，行与不行，都存乎其人，况且史官独立半是无形的法典？譬如从前的御史，本来也是独立，但是每到末世，就变皇帝大臣的走狗。又如民国国会的猪仔，只晓得要钱，那懂得维持立法独立！就是司法独立也不过名义上的，实际上还不是给军阀阔人支配？但是只要有这种史官独立的精神，遇有好史官便可以行其志，别人把他没有法子，差不多的史官也不敢恣意曲笔。

除了这点独立精神以外，史官地位的高贵也很有关系。一直到清代，国史馆的纂修官一定由翰林院的编修兼任。翰林院是极清贵的地方，人才也极精华之选。平常人称翰林为太史，一面尊敬，一面也就表示这种关系。一个国家，以如此地位，妙选人才以充其选，其尊贵为外国所无。科举为人才唯一出身之途，科举中最清贵的是太史，可以说以全国第一等人才做史官了。

史官在法律上有独立的资格，地位又极尊严，而且有很好的人才充任，这是中国史学所以发达的第二原因。但是到民国以后就糟了！自史佚以来未曾中断的机关，到现在却没有了！袁世凯做总统的时候，以国史馆总裁位置王壬秋，其实并不曾开馆。后来就让北京大学吞并了一次，最近又附属于国务院，改名国史编纂处。独立精神到现在消灭，是不应当的。几千年的机关，总算保存了几千年的史迹，虽人才有好坏，而纪载无间缺。民国以来怎么样？单是十六年的史迹，就没有法子详明的知道。其故，只因为没有专司其责的国史馆。

私人作野史，固可以补史官的不及。但如明末野史很发达，而万季野主张仍以实录为主。史官所记固或有曲笔，私人所记又何尝没有曲笔？报纸在今日是史料的渊丛了，但昨天的新闻和今日矛盾，在甲军阀势力下的报纸和在乙军阀势力下的参差，你究竟相信谁来？——所以做史学史到叙述史官最末一段，可以讲讲国史馆的设立，和史官独立的精神与史官地位的尊严之必要。

史学史的第二部分要叙述史家：最初，史家就是史家，不能分开；到后来，仍旧多以史官兼史家。但做史学史，在史官以外，应从史家兼史官的或史家不是史官的看他史学的发展。这部分资料，历代都很少。以一种专门学问自成一家，比较的要在文化程度很高以后。所以《春秋》以前不会有史家。历史学者假如要开会馆找祖师，或者可用孔子，因《春秋》和孔子有密切的关系。孔子虽根据鲁史记作《春秋》，但参杂了很多个人意见。《春秋》若即以史为目的，固然可叫做史。即使在史以外，另有目的，亦可以叫做史。本来，纪载甚么东西，总有目的。凡作史总有目的；没有无目的的历史。孔子无论为哲学上，政治上，有其他目的，我们亦不能不承认他是史家。即使他以纪载体裁发表政见，《春秋》仍不失为史学著作的一种。其后最昭明较著的史家，当然是《国语》《左传》的作者，无论他姓甚名谁,大概推定其年代不出孔子死后百年之内。这个史家是否晋史官,我们也不敢断定。据我看,做《左氏春秋》的人不见得是史官,因史官是国家所设,比较的保守性多,创作性少;但也不敢确定。若是一个史官,则实是一个最革命的史官了。鲁《春秋》和《竹书纪年》大概是同一体裁,都是史官所记,和《左氏春秋》不同。《左氏春秋》的范围很广,文章自出心裁,描写史迹,带有很浓厚的文学性质。真的史家开山祖,当然要推崇这个作者了。这作者的姓名事迹虽待考订,而这部书的价值应该抬高。因为自这部书出现以后,史学的门径才渐渐打开了。《史记》称孔子《春秋》以后,有《左氏春秋》《虞氏春秋》《吕氏春秋》《铎氏微》,都是承风后起的。现在只有《吕氏》《左氏》二种,余皆不存。那些若和《吕氏》一样,不能说;若和《左氏》一样,应属史家之类。汉初有一位史家,名叫陆贾,著了一部《楚汉春秋》。可惜那书不传,不知内容怎样。——以上诸家,都脱不了《春秋》的窠臼。

以下就是司马迁作《史记》,史学因之转变方向。《史记》这书的记载并不十分真确,南宋以后,有许多人加以攻击;但是无论如何,不能不承认是一种创作。他的价值全在体裁的更新,舍编年而作纪传书表;至于事迹的择别,年代的安排,他是没有工夫顾到的。自司马迁以后,一直到现在快出版的《清史》,都用《史记》这种体裁,通称正史。自《隋志》一直到最近的各种《艺文志》和藏书目,史部头一种就是正史,正史头一部就是《史记》。虽说编年体发达在先,但纪传体包括较广,所以唐人称为正史。普通人以为纪传体专以人为主,其实不然。《史记》除纪传以外,还有书表。表是旁行斜上,仿自《周谱》;但《周谱》只有谱,《史记》则合本纪列传书表在一起,而以表为全书纲领,年代远则用世表,年代近则用年表、月表,或年经国纬,或国经年纬,体例很复杂。本纪是编年体,保存史官纪载那部分。书八篇是否司马迁原文,做得好不好,另一问题;但书的内容,乃是文化史,不是单讲个人。《史记》八书所范围的东西已很复杂,后来各史的书志,发展得很厉害。如《汉书》的《艺文志》,《隋书》的《经籍志》,《魏书》的《释道〔老〕志》,多么宝贵。所以纪传体的体裁,合各部在一起,记载平均,包罗万象,表以收复杂事项,志以述制度风俗，本纪以记大事，列传以传人事，伸缩自如，实在可供我们的研究。我们不能因近人不看志表，也骂纪传体专替古人做墓志铭，专替帝王做家谱。我们尽可依各人性之所近去研究正史。如《晋书》好叙琐碎事、滑稽语；《元史》多白话公文；这都保存了当时原形，这都因体裁的可伸可缩，没有拘束。所以司马迁创作这种体裁，实在是史学的功臣。就是现在做《清史》，若依他的体裁，也未尝不可做好，不过须有史学专家，不能单靠文人。自从他这个大师打开一条大路以后，风起云涌，续《史记》者有十八人；其书虽不传，但可见这派学风在西汉已很发达了。

　　司马迁以后，带了创作性的史家是班固，他做的《汉书》，内容比较《史记》还好；体裁半是创作，就在断代成书这点。后来郑樵骂他毁灭司马迁的成法，到底历史应否断代还有辩论的余地，但断代体创自班固则不可诬。从此以后，断代的纪传体，历代不绝，竟留下了二十余部。称中国历史，必曰二十四史。二十四史除《史记》外，都是断代的纪传体。谈起这体的开山祖，必曰班固。所以班固须占史家史的一段。

　　再次是荀悦，即《汉纪》的作者。史的发达，编年在先，纪传在后。司马迁以前，全是编年；以后，纪传较盛，但仍感有编年的必要。《汉纪》即编年体，荀悦的地位同于班固。班固变通代的纪传体为断代的，荀悦也变通代的编年为断代的。所以荀悦也须一叙，以表示这种趋势。

　　第一期的史家有这么多，也有一等二等之分。经过这一期以后，"千岩竞秀，万壑争流"的，史家多极了。据刘知几的计算，自东汉到唐初不下百余家，这是史学极盛时期。单是《晋书》就有十八家做过，自唐代官修《晋书》出而十八家全废。此外宋、齐、梁、陈、北魏、北周、北齐以及稍前的五胡十六国：或编年，或纪传，无不有史，即无不有史家。但那时著作，多半因袭，没有创作。自唐初以前，作者或兼史官，或以私人作史而后来得国家的帮助，国家把他当史官看待，或竟用私人力量著成一书，这都受司马迁、班固的影响。这些人和唐以后不同，都是一个人独立做史，或父子相传，或兄弟姊妹同作。他们的成功与否，成功的大小，另是一问题；但都想自成一家之言，不愿参杂别人的见解，和唐后官修史书完全异致。

唐以后，史学衰歇，私人发宏愿做史家的很少。国家始设立馆局，招致人才，共同修史。这种制度，前代也许有，但都是暂时的；到唐代才立为法制，但有很多毛病，当时刘知几已太息痛恨，而终不能改。刘知几是史官中出类拔群的，孤掌难鸣，想恢复班固的地位而不可能，只好闷烦郁结，著成一部讲求史法的《史通》。他虽没有作史的成绩，而史学之有人研究，从他始。这好像在阴霾的天气中打了一个大雷，惊醒了多少迷梦，开了后来许多法门。这可以让第三部分讲。

宋朝有好几部创作：（1）欧阳修的《新五代史记》，好不好，另一问题；但在史家的发达变迁上，不能不推为一个复古的创作者。他在隋唐五代空气沉闷以后，能够有自觉心，能够自成一家之言，不惟想做司马迁，而且要做孔子，这种精神是很可嘉尚的。他在《新五代史记》以外，还和宋祁同修了《唐书》。《唐书》的志这部分是他做的，很好，只有《明史》的志可和他相比。表这部分，如《宰相世系表》也算创作。所以，欧阳修所著的书，不管他好不好，而他本人总不失为"发愤为雄"的史家。（2）司马光的《资治通鉴》，价值不在《史记》之下。他的贡献，全在体裁的创作。自荀悦作《汉纪》以后，袁宏作《后汉纪》，干宝作《晋纪》，都是断代的编年体。到《资治通鉴》才通各代成一史，由许多史家分担一部，由司马光综合起来。简繁得宜，很有分寸；文章技术，不在司马迁之下。先头作了长编，比定本多好几倍；后来又另作《考异》，说明去取的来由；作《目录》，提挈全书的纲领；体例极完备，《考异》的体例尤其可贵。我们学古人著书，应学他的方法，不应学他的结果。固然考异的方法，司马光也运用得不曾圆满，我们还可纠正；但不相干，只要他能够创作这种方法，就已有莫大的功劳。自有此法以后，一部史书著成，读者能知道他去取的原因，根据的所在。所以司马光在史学的地位，和司马迁差不多相等。（3）司马光附属的第二流史家是朱子，朱子就《资治通鉴》，编成《通鉴纲目》，虽没有做好，自不失为小小的创作。他改直叙的编年体为和《春秋左氏传》一样的纲目体，高一格为纲，低一格为目。其注重点在纲，借纲的书法来发挥他的政治理想，寓褒贬之意。他最得意的地方，如三国的正统改魏为蜀等，其实没有多大关系；其好处在创造纲目体，使读者一看纲就明白一个史事的大概。这种体裁还可运用到编年以外的体裁，纪传可用，书志也可用。如后来钱文子《补汉兵志》，钱德洪作《王阳明年谱》，就用这体。这体的好处，文章干净，叙述自由，看读方便。但创造这体的人是谁，还有问题。《元经》若是王通或阮逸所作，则这体是他们所创，但不可靠。无论如何，用纲目体来做史，自朱子起，则可无疑，所以朱子可称史家。（4）朱子前一点，最伟大的是郑樵。他以为历史如一个河流，我们若想抽刀断水，是不可能的，所以以一姓兴亡为史的起迄，是最不好的。因此，创作一部《通志》，上自极古，下至唐初。这种工作，梁武帝和他的臣子也曾做过，《隋志》载他们做的《通史》有四百八十卷，可惜不传，不知其内容怎样。郑樵在史学界，理论上很有成绩，实际上的工作如做《通志》可谓大失败。《通志》的运气好，至今仍保存。后来史学家批评他，纪传一大堆尽可焚毁，因为全抄各史，毫无新例，只有《二十略》可看。他所以不致失传，也许因为有《二十略》的成功。《二十略》贯通各史书志，扩充文物范围，发明新颖方法，在史学界很占着地位，足令郑樵不朽。（5）此外为袁枢的《通鉴纪事本末》。这书就《资治通鉴》的史事，摘要归类，各标一题，自为起迄。论他纪事，大小轻重，颇觉不伦；论他体例，在纪传编年之外，以事的集团为本位，开了新史的路径，总不愧为新史的开山。（6）还有苏辙、吕祖谦一派的史论家，对于史事下批评。此种史论，《隋志》已载有《三国志评、论》等书，惜已失传，不知其是评史事是评史书，从前纪传体每篇末尾必有几句短评，但没有专门评论的。宋朝有许多专门作史评家的，在史学界有相当的地位。（7）还有罗泌做《路史》，叙先秦以前，选择资料最不精严，但用的方法很多，有许多前人所不注意的史迹他也注意到，在史学界也有点价值。（8）吴缜作《新唐书纠缪》《新五代史记纠缪》，虽专用以攻击欧阳修，但间接促起史家对于史事要审查真伪的注意，开后来考证史事一派，关系比前二种重要得多。——人们只说宋朝理学发达，不知史学也很发达。

一到元明，简直没有史家，史官修的《宋史》《元史》都很糟。中间只有金遗民元好问专门收罗文献，以史为业，可谓有志之士。明朝有许多野史，却没有一个真的著作家。清朝的史学，各种都勃兴，但大体的趋向和从前不同，留在第四部分讲近代史学界趋势时讲。史家的叙述就此停止。

第三部分讲史学之成立及其发展。凡一种学问，要成为科学的，总要先有相当的发展，然后归纳所研究的成绩才成专门。先头是很自由的发展，茫无条理；后来把过去的成绩整理，建设科学；没有一种科学不是如此成立的。所以一个民族研究某种学问的人多，那种学问成立也更早；若研究的人少，发达也更迟。自成为科学以后，又发现许多原则，则该科学更格外发展。先有经验，才可发现原则；有了原则，学问越加进步。无论那门学问，其发达程序皆如此。史学在中国发达得最厉害，所以成立得也最早，这也是和各科学发达程序相同。

又从旁一方面看。凡一种学问，当其未成立为科学以前，范围一定很广，和旁的学问分不清；初成科学时，一定想兼并旁的学问。因为学问总是有相互的关系，无论何学皆不能单独成立，所以四方八面都收纳起来。后来旁的学问也渐渐成为科学，各有领土，分野愈分愈细。结果，要想做好一种学问，与其采帝国主义，不如用门罗主义：把旁的部分委给旁的学问，缩小领土，在小范围内，尽力量，越窄越深。——全世界学问进化分化的原则如此。中国人喜欢笼统的整个的研究，科学的分类很少。这也不能说不好，不见得要分才是好。现在德国人做学问，分得很细；英国人则带海洋性，甚么都含混点：两方面各有好坏。但为研究学问的便利起见，分得精细也有好处。因为要想科学格外发展，还是范围缩小，格外经济。中国史学成立以后的最大趋势就如此。最初很宽，以后愈趋愈细。从前广大的分野，只能认为有关系的部分；把范围缩小，到自己所研究那一点。

中国史学的成立与发展，最有关系的有三个人：一、刘知几；二、郑樵；三、章学诚。此外很多史家，如上文所讲在史学方面，零零碎碎，都讲了些原理原则，把史学的范围意义及方法，都各各论定了。但在许多人里边，要找出几个代表时代特色而且催促史学变化与发展的人，就只有这三个，他们都各有专著讨论史学。刘知几有《史通》；郑樵有《通志总序》及《二十略序》；章学诚有《文史通义》及《湖北通志》《永清志》《亳州志》《和州志》各序例。此三人要把史学成为科学，那些著作有很多重要见解。我们要研究中国史学的发展和成立,不能不研究此三人。此三人的见解,无论谁都值得我们专门研究。现在只能简单的讲些他们的特点何在。

先讲刘知几。刘知几的特点,把历史各种体裁分析得很精细;那种最好,某种如何做法,都讲得很详明。他的见解虽不见得全对,但他所批评的有很大的价值。(1)史学体裁,那时虽未备,而他考释得很完全;每种如何做法,都引出个端绪,这是他的功劳。(2)他当代和以前,史的著作,偏于官修,由许多人合作,他感觉这很不行,应该由一个专家拿自己的眼光成一家之言。他自己做了几十年的史官,身受官修合作不能成功的痛苦,所以对于这点发挥得很透彻。(3)史料的审查,他最注重。他觉得作史的人,不单靠搜集史料而已,史料靠得住靠不住,要经过很精严的审查才可用。他胆子很大,前人所不敢怀疑的他敢怀疑。自《论语》《孟子》及诸子,他都指出不可信的证据来。但他不过举例而已,未及作专书辨伪,而且他的怀疑,也许有错误处。不过他明白告诉我们,史事不可轻信,史料不可轻用。这是刘知几所开最正当的路。其他工作还很多,举其著者,有此三条。

郑樵成绩最大的:(1)告诉我们,历史是整个的,分不开。因此,反对断代的史,主张做通史,打破历史跟着皇帝的观念。历史跟着皇帝,是不妥当的。历史如长江大河,截不断,要看全部。郑樵主要工作在做《通志》,虽未成功,或者也可以说是已失败,但为后学开一门径,也是好的。(2)他把历史的范围放大了许多。我们打开《二十略》一看,如六书、七音、氏族、校雠、图谱,从来未收入史部的,他都包揽在史学范围以内。(3)他很注重图谱,说治史非多创图表不可。他自己做的书表很多,表式也很有新创,图虽没有做多少,但提倡得很用力。——这三点是郑樵的贡献。

章学诚,可以说,截至现在,只有他配说是集史学之大成的人。以后,也许有比他更大的发展,但有系统的著作,仍以《文史通义》为最后的一部。他的特色:(1)他主张史学要分科。以为要做一国史尤其如中国之大,决不能单讲中央政治,要以地方史作基础。所以他对于古代历史的发展，不单看重中央的左史右史，还看重地方的小史。史的基本资料，要从各种方志打底子。从前做史专注意中央政治的变迁，中央政府的人物，中央制度的沿革。章学诚把历史中心分散，注重一个一个地方的历史；须合起各地方志，才可成为真有价值的历史。史官做史，须往各地搜罗文献；即自己非史官，也应各把地方文献搜罗：方志与历史，价值是相当的。(2) 他不注意史料的审查和别择，因为前人已讲得很清楚；他专提倡保存史料的方法。他以为史部的范围很广——如六经皆史——什么地方都是史料，可惜极易散失。所以主张中央和地方都应有保存史料的机关，中央揽总，府、州、县，各设专员。关于这种制度和方法，他讲得很精密。关于史料的总类，也有条理的驾驭。他所作的方志，常分志、掌故、文征三部：志是正式的史书；掌故及文征，保存原始史料。倘使各家方志都依他的方法，历代史料必不致缺乏。他以为保存史料的机关，须用有史学常识的人，随时搜集史料，随时加以审查而保存之，以供史家的探讨。至于如何别择，如何叙述，各家有各家的做法，和保存史料的机关不相干。关于这一点可以说是章学诚的重要主张。在中国一直到现在，还没有这种机关，从前有所谓皇史宬、实录馆，虽也可说是保存史料用的，章学诚以为不行，因为那只能保存中央这一部分的史料。至于正史以外，各行政官都有机关，范围又很大，不单保存政治史料，各种都保存，实在是章学诚的重要发明。这种办法，在中国不过一种理想，未能实行；在外国也做不到，只由博物院及图书馆负了一部分责任而已。章学诚把他看做地方行政的一种，一层一层的上去，最高有总机关管理，各地方分科，中央分部，繁重的很。要把这种画一的章程通行起来，过去的事迹一定可以保存很多。但他的办法也未完备，所保存的只是纸片，没有一点实物，方法也不精密，我们尽可补充改正。(3) 他主张，史家的著作，应令自成一家之言；什么学问都要纳到历史方面去；做史家的人要在历史上有特别见解，有他自己的道术，拿来表现到历史上：必如此，才可称为史家，所作的史才有永久的价值。所以关于史学意义及范围的见解都和前人没有相同的地方；他做史也不单叙事，而须表现他的道术。我们看《文史通义》有四分之一或三分之一是讲哲学的，此则所谓历史哲学，为刘知几、郑樵所无，章学诚所独有，即以世界眼光去看，也有价值。最近德国才有几个人讲历史哲学；若问世界上谁最先讲历史哲学，恐怕要算章学诚了。

以上把三个人重要之点略讲了讲，还有中国普通相传下来的历史观念，三个人都有相当的贡献。第一点，史与道的关系。第二点，史与文的关系。

中国史家向来都以史为一种表现道的工具。孔子以前，不知如何。《春秋》即已讲微言大义，董仲舒说"《春秋》文成数万，其指数千"。司马迁《史记·自序》和《报任安书》都说"亦欲以究天人之际，通古今之变，成一家之言"。此种明道的观念，几千年来，无论或大或小，或清楚，或模糊，没有一家没有。所以很值得我们注意。明道的观念，可分两种：一，明治道；二，明人道。明治道是借历史事实说明政治应该如何，讲出历代的兴衰成败治乱的原因，令后人去学样。明人道，若从窄的解释，是对于一个人的批评、褒贬，表彰好的令人学，指摘坏的令人戒。若从广的解释，是把史实罗列起来，看古人如何应付事物，如何成功，如何失败，指出如何才合理，如何便不合理。这种若给他一个新名词，可以叫做"事理学"。西洋人注重人同物的关系，所以物理学很发达。中国人注重人同人的关系，所以事理学很发达。《资治通鉴》便是事理学的代表，善言人情事理，所以向来称赞他"读之可以益人神智"。《续资治通鉴》就够不上。关于这一点，现在比从前一天一天的少有适用，但仍有效力。从前自秦始皇到清宣统，政治环境及行为，没有多大变迁，所以把历史事实作为标准，相差不远。司马光做《资治通鉴》，所求得的事理标准，所以可供后人资鉴，就因这个缘故。现在虽不能说此种标准已无效，也不能说与从前一样有效，只可以说效力减了许多。各门的条文许多还可应用。如何才可富国，如何才可利民，水利如何兴，田赋如何定，至今仍不失其为标准。至于应用政治的方法，对付外交的手段，从前虽很有标准，现在因环境变迁，政体改易，就无效力；纵使有，也很少了；治道方面如此。人道方面，到现在，到将来，从前的事理标准仍很有效。这点注重明道的精神是中国人的素秉，我们不能放松的。至于窄义的人道方面，褒贬善恶，从前的史家看得很重，而刘知几、郑樵、章学诚看得很轻。前述的记载史事以为后人处事接物的方法，则各派史家皆如此。

简单说，这种态度，就是把历史当做"学做人"的教科书，刘、郑、章三人对此点很注重，其余各人对此也很注重，即非史家亦很注重。譬如曾国藩、胡林翼的功业伟大，若依外国史家的眼光，只注重洪、杨之乱如何起，曾、胡如何去平定他。其实我们读历史，要看他们人格如何，每事如何对付，遇困难如何打破，未做之前如何准备，这一点比知道当时呆板的事实还要重要。洪、杨之起灭及曾、胡之成功，已成过去，知道又有何用处？我们读史，看曾、胡如何以天下为己任，如何磨练人才，改革风气，经万难而不退转，领一群书呆子，自己组织了无形的团体，抗起大事来做，各省不帮他而反加以掣肘，他们以一群师友感激义愤，竟然成功：此种局面，在中国史上是创见。我们要问为什么能如此，此即人道学事理学的研究。看历史的目的各有不同：若为了解洪、杨之乱，当然注重战争的真相和结果；若为应付世事，修养人格，结交朋友的关系，则不可不注重人与人相与的方面。

中国史注重人的关系，尤其是纪传体。近来的人以为这种专为死人做传记，毫无益处。其实中国史确不如此，做传乃是教人以应世接物之法。诚然，有许多事实含了时代性，可以省略；但大部分不含时代性。所以中国史家对于列传的好不好，与将来有没有利益，很有斟酌，不肯轻懈。一个人所做的事，若含时代性，则可以省略；若不含时代性；在社会上常有，则不能不注重。这要看史家眼光和手腕如何，史书的价值也随之而定。——总说一句：这种以史明道的学术之发达及变迁，为研究中国史学史所不可不注重之点，在外国是没有的。

其次，史与文的关系。中国文看得很重，孔子已说"文胜质则史"。史体与文有重要的关系。全书如何组织，才算适当，刘、郑、章三家讲得很多，旁人亦讲得不少。一篇文章如何组织，刘、郑、章三家讲得很多，韩愈、柳宗元一般文人也讲得不少。章学诚做《文史通义》，文和史在一块儿讲。关于史的文如何做法，章氏有许多特别见地。虽其所讲方法所作体例，我们看去似系他自创，他却说都有所本，实则一部分自前人，一部分还是他自创。如讲叙事方法，从前做传专叙个人，他可常常以一事做传名。如《湖北通志·检存稿》，非人的传有许多，把人的事含在一起。又或传中有表，也是前人文里所不敢参杂的。诸如此类，对于文的史，史的文，发挥得很透彻。这种讲史与文的关系，往后很发展，但可以以章学诚为一结束。——以上讲第三部分——中国史学之成立及其发展——完。

第四部分应该讲最近中国史学的趋势，有许多好的地方，有许多不好的地方。最近几年来时髦的史学，一般所注重的是别择资料。这是自刘知几以来的普通现象，入清而甚盛，至今仍不衰。发现前人的错误而去校正他，自然是很好的工作。但其流弊乃专在琐碎的地方努力，专向可疑的史料注意，忘了还有许多许多的真史料不去整理。如清代乾嘉学者，对于有错字的书有许多人研究，对于无错字的书无人研究。《荀子》有错字，研究的有好几家，成绩也很好。《孟子》无错字，研究的便很少。此可以说是走捷径，并非大道。其实读《孟子》《荀子》的目的在了解孟子、荀子的学术，以备后来拿来应用。若专事校勘考证，放着现成的书不读，那就不是本来的目的了。

还有一种史料钩沉的风气。自清中叶到现在，治蒙古史很时髦。因《元史》太简陋，大家都想方法，搜出一条史料也很宝贵。近来造陇海铁路，发现了北魏元氏百余种墓志铭，好写字的人很高兴，治史的人也高兴。因为《魏书·宗室传》缺了一卷，治史的人便根据那些墓志铭来补起来。其实《魏书》纵不缺略，大家也没有这们〔么〕好的精神去看《宗室传》。近来史学家反都喜欢往这条补残钩沉的路走，倒忘了还有更大的工作。

还有一种，研究上古史，打笔墨官司。自从唐人刘知几疑古惑经以后，很少人敢附和，现在可附和他了不得。这种并不是不好，其实和校勘、辑佚无异。譬如郑玄笺注的《毛诗》《三礼》已够研究了，反从《太平御览》《册府元龟》去辑郑注《尚书》和《易经》，以为了不得。乾嘉以来的经学家便是这样风气。其实经学不止辑佚，史学不止考古。

推求以上诸风气，或者因受科学的影响。科学家对于某种科学特别喜欢，弄得窄，有似显微镜看原始动物。欧洲方面应该如此，因为大题目让前人做完了，后学只好找小题目以求新发明，原不问其重要与否。这种风气输入中国很利害。一般学者为成小小的名誉的方便起见，大家都往这方面发展。这固然比没有人研究好，但老是往这条捷径走，史学永无发展。我们不能从千真万确的方面发展，去整理史事，自成一家之言，给我们自己和社会为人处事作资治的通鉴；反从小方面发展，去做第二步的事：真是可惜。不过这种大规模做史的工作很难，因为尽管史料现存而且正确，要拉拢组织，并不容易。一般作小的考证和钩沉、辑佚、考古，就是避难趋易，想侥幸成名，我认为病的形态。真想治中国史，应该大刀阔斧，跟着从前大史家的作法，用心做出大部的整个的历史来，才可使中国史学有光明、发展的希望。我从前著《中国历史研究法》，不免看重了史料的搜辑和别择，以致有许多人跟着往捷径去，我很忏悔。现在讲《广中国历史研究法》，特别注重大规模的做史，就是想挽救已弊的风气之意。这点我希望大家明白。

  寅　社会科学史的做法（略）

  卯　自然科学史的做法（略）

  己　文学史（略）

  庚　美术史（略）

> （1926年9月中至1927年5月底在清华学校讲授，初名"历史研究法"，周传儒、姚名达笔记，原刊1926年10月—12月、1928年2月—5月《清华周刊》第384—394期、第428—439期；商务印书馆1930年4月初版）